本书系复旦大学人文社会科学研究项目《西北中国疆域化的历史进程》（项目编号2020CSZZ002）阶段性成果，并由上海市高校高峰高原学科建设经费资助出版。

混一戎华

元朝统一中国的历史进程

温海清 著

Integrating the Han-Chinese and other Ethnic Groups:
The Unification of China under the Yuan Regime
Wen Haiqing

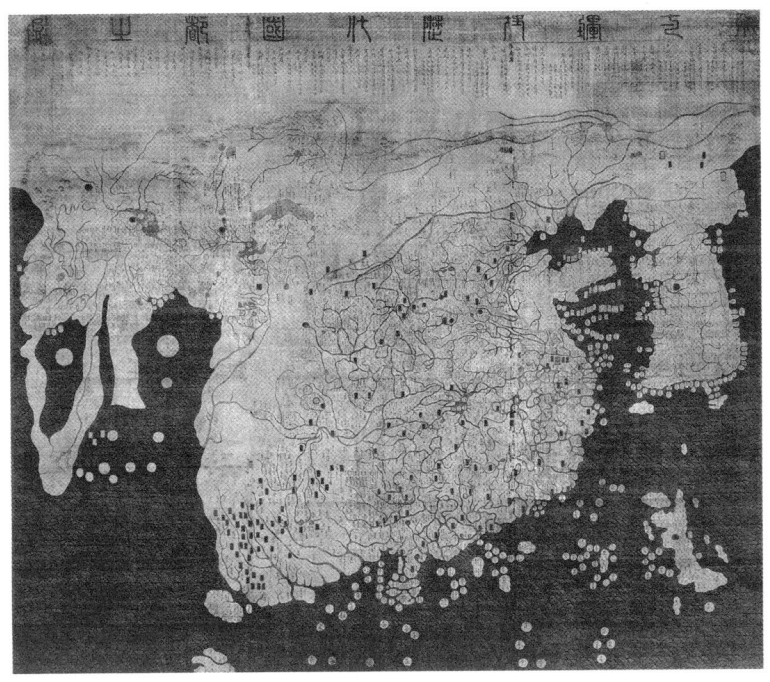

上海古籍出版社

复旦大学中古中国研究中心丛刊
编辑委员会

主　编

仇鹿鸣

编　委

（以姓氏拼音为序）

邓　菲（复旦大学文史研究院）
冯培红（浙江大学历史学院）
姜　鹏（复旦大学历史学系）
马孟龙（复旦大学历史学系）
仇鹿鸣（复旦大学历史学系）
任小波（复旦大学历史地理研究中心）
孙英刚（浙江大学历史学院）
唐　雯（复旦大学中文系）
温海清（复旦大学历史学系）
徐　冲（复旦大学历史学系）
游自勇（首都师范大学历史学院）
余　蔚（复旦大学历史学系）
余　欣（浙江大学古籍研究所）
张金耀（复旦大学中文系）
张小艳（复旦大学出土文献与古文字研究中心）
朱　溢（复旦大学文史研究院）
朱玉麒（北京大学中国古代史研究中心）

书 系 缘 起

在学术出版过度繁荣的当下,各种"大典""巨制"俯拾皆是,"标志性成果"风起云涌,我们推出这套丛刊,究竟意义何在?我不断扪心自问。

我总想起,当初激励我投身"不古不今之学"的唐代大史学家刘知幾的一段话。子玄撰成《史通》后,惧其不传于世,喟曰:"夫以《史通》方诸《太玄》,今之君山,即徐、朱等数君是也。后来张、陆,则未之知耳。嗟乎!倘使平子不出,公纪不生,将恐此书与粪土同捐,烟烬俱灭,后之识者,无得而观。此予所以抚卷涟洏,泪尽而继之以血也。"是知古人不轻言著述,凡有所作,必殚精竭虑,巧构精思,冀藏之名山,垂为后世之轨则。非我辈后生,斐然狂狷,读书未遍,率尔操觚可比。

我又记起,在京都大学人文科学研究所访学之时,高田时雄教授跟我讲过一则轶事:第一任所长狩野直喜先生认为,初学者理当埋头读书,而不应急于发表成果。因此,当时有一条不成文的规矩,新进研究者三年内不许写论文。我深深地为这个故事所蕴含的学问之真精神所感动。在量化原则下,今之学者沦为计件民工,每日为炮制"速朽之作",完成指标而苦斗。若有人天真地提起"千秋事业"之说,恐怕会沦为同行笑柄。然而,我们真的要沿着这条道路一直走下去吗?我常常寻思,一个真正的学者,起点和终极到底在何方?也许有人会讲,既是"无涯之旅",则无所谓起止。那么,立场呢?学者治学的基本立场在哪里?古人曰"文章千古事",今人云"在学术上应该发扬比慢的精神",我们是否仍可作为信念而坚守?在"美丽人生"与"追求学术之彻底性"之间,我们应该如何抉择?

这些纠结,想必也是我的这些志同道合的学侣们的忧思。于是我们向往建立一个乌托邦,期盼在这个"艰难时世"努力生存的同时,有一泓荒漠甘泉,可以给我们枯槁的心灵带来慰藉;有一方文明的沃土,可以让思想的苇草惬意地生长;有一片无垠的天地,可以让我们信马由缰。由此,有了"中古中国共同研究班"的成立。

所谓的研究班,只是一个没有建制的民间同仁团体,却代表了我们的学术理想。两年前,一群研究中古时代历史、语言、文学与艺术的年轻人聚集在一起,商讨在学术日益泡沫化的今天,我们如何安身立命,是否能为中国学术做点什么。随后研究班悄然成立,致力于在互相砥砺中提升自我学术境界,并探索共同研究模式在中国学术生态中生发的可能性。研究班是一个开放的学术共同体,而不是党同伐异的山头。核心成员来自复旦历史系、文史研究院、汉唐文献工作室、出土文献与古文字研究中心、中文系等五个单位,共十二位学者。此外,还有许多研究生、访问学者、校外和海外研究者,作为"观察员"和通讯成员加入。每两周组织一次 workshop,主要安排为新作发表与讨论、史料会读、学术信息交流与评论,至今已连续举行 36 次。如切如磋、如琢如磨的氛围,让我们怡然自得,乐以忘忧。理解当今学术生态下"青椒"处境的贤达,想必不难体会,这样完全依赖学问自身魅力而运作的"非营利性社团",坚持到今日,是多么的不易!

我们的活动,逐渐引起相关院系和学校的关注,对我们深表"同情的了解",施予各种援手,鼓励我们将实验继续下去,并从"211 三期"和"985 三期"项目中拨给专项经费予以资助,希望能将我们的苦心孤诣,呈现在世人面前。因之,我受命策划这套丛书,作为见证梦想与现实张力之间的"试金石"。虽然不免有些俗套,我们仍想借此对所有给予包容和支持的人们,尤其是章清教授、金光耀教授、邹振环教授、杨志刚教授、葛兆光教授和陈尚君教授,表达由衷感激之情。

书系以"中古中国知识·信仰·制度"为名,收录研究班主要成员的作品,表明了我们共同研究旨趣之所在。第一辑付梓的,除了我自己的那本不过是往日杂稿的拼盘,其余大都是博士论文经数年打磨而写定的心力交"萃"之佳作。第二辑将要刊行的,则是研究班成立后历次往复匡谬正俗之结晶。尽管立意和方法不尽相同,但都代表了新一代学人对"基底性命题"的求索与回应。古人有云:"登山始见天高,临壑方觉地厚。不闻先圣之道,无以知学者之大。"况乃天道幽邃,安可斐然。同道乐学,博采经纬(研究班集体会读之《天地瑞祥志》,中多祯祥灾异、纬候星占之言),思接千载(诸君治学范围,上启秦汉,下探宋元,绵历千年),今略有所成,裒为一编。虽不敢"期以述者以自命",然吾深信,绝不至于"粪土同捐,烟烬俱灭"。

在一次讲演中,我曾吟咏艾略特(Thomas Stearns Eliot)的《烧毁的诺顿》(*Burnt Norton*,中译参汤永宽译本,略有改动),以表达对人类历史之深邃与荒诞的敬畏和感动。现在,我想再度征引这首诗,作为对我们研究班的祝福,也作为这篇缘起的"论曰":

Time present and time past	现在的时间和过去的时间
Are both perhaps present in time future,	也许都存在于未来的时间,
And time future contained in time past.	而未来的时间又包容于过去的时间。
If all time is eternally present	假若全部时间永远存在
All time is unredeemable.	全部时间就再也都无法挽回。
What might have been is an abstraction	过去可能存在的是一种抽象
Remaining a perpetual possibility	只是在一个猜测的世界中
Only in a world of speculation.	保持着一种恒久的可能性。
What might have been and what has been	过去可能存在和已经存在的
Point to one end, which is always present.	都指向一个始终存在的终点。
Footfalls echo in the memory	足音在记忆中回响
Down the passage which we did not take	沿着那条我们未曾走过的甬道
Towards the door we never opened	飘向那重我们从未开启的门
Into the rose-garden. My words echo	进入玫瑰园。我的话就这样
Thus, in your mind.	在你的心中回响。
But to what purpose	但是为了什么
Disturbing the dust on a bowl of rose-leaves	更在一钵玫瑰花瓣上搅起尘埃
I do not know.	我却不知道。
Other echoes	还有一些回声
Inhabit the garden. Shall we follow?	栖身在花园里。我们要不要去追寻?

* * * *

本书系自2012年以来已陆续出版三辑，共计刊行专著十四种、论文集三种，在学界颇受好评。随着复旦大学中古中国研究中心的成立，书系自本辑起正式更名为"复旦大学中古中国研究中心丛刊"。

各色名目的"中心"自是当代中国学术的重要特征，作为研究者，我们并没有太多"必先正其名"的执念，更加珍视的是隐于书系身后，以复旦大学中古中国共同研究班的形式展开的学术报告会，自2009年以来一直坚持每两周举行一次，至今已逾十年。研究班刚开始举行的时候，常艳羡日本、中国台湾学者组织的类似研究会可以持续十余年乃至更久，并以此为榜样，当初亦未敢奢望坚持如此之久，所幸尚能在热闹多变的世局中维系一相对纯粹的学术小环境。此外，差可自矜的是多年来研究班一直保持开放的风气，参与其中的老师、同学无论年辈，皆围绕每次报告的具体问题，平等坦率地展开学术论诘，而非表面上的行礼如仪。早期旁听研究班的同学，也有不少逐渐成长为崭露头角的青年学者。

与十余年前洋溢的乐观主义的氛围稍异，近年来，谈论人文学科危机者日多，身处转变时代，我们自无法预知未来的走向。若稍回溯近百年来中古史研究的演进，这一领域大约交织着三个重要的学术传统：以陈寅恪为代表的从常见史料中读出前人所未见问题的发明之学、以敦煌吐鲁番文书研究为代表的关注新材料的发现之学、在问题意识及研究视野上注重与国际接轨的预流之学。这几个传统之间并非没有紧张，但广泛利用各种材料的自觉及对不同研究方法的融会，或可成为在题无剩义之处追索的起点。当下的学术考评机制，造就了"重论文轻专著"的流弊，我们依然坚信对于人文研究而言，高水平的学术著作具有更加重要与长久的价值，足以成为学者本人乃至某个学科真正意义上的"代表作"，这也是书系继续出版的价值所在。

余欣 仇鹿鸣 执笔
复旦大学中古中国研究中心丛刊编委会

目 录

书系缘起 ………………………………………………………… 1

绪论 ……………………………………………………………… 1
  一、蒙元统一中国的传统叙述及其反思 ………………………… 1
  二、从匈奴到蒙古：北方游牧政权南进历程概观 ……………… 8
  三、史料与文本检讨 ……………………………………………… 28
  四、篇章及要旨述略 ……………………………………………… 33

第一章　臣服或毁灭：蒙元对外征伐政策的演进 ……………… 51
  一、问题缘起 ……………………………………………………… 51
  二、西域杀使：花剌子模的故事与"天命观"支配下的蒙古对外
     交往 …………………………………………………………… 55
  三、金杀蒙古使臣：蒙古游牧政权与中原农耕政权关系的转变 …… 63
  四、南宋杀使毁书：宋元妥协的可能性问题再检讨 …………… 68
  五、讨论：臣服而不毁灭？ ……………………………………… 82

第二章　成吉思汗征西夏：蒙古灭夏问题再反思 ……………… 90
  一、从成吉思汗"五征"西夏说谈起 …………………………… 91
  二、蒙古征夏过程中对西夏政策演变的再梳理与反思 ………… 96
  三、成吉思汗与失都儿忽：蒙夏之间最后的较量 ……………… 108
  四、西夏之于蒙古高原和中原的角色与地位问题再析 ………… 116

第三章　窝阔台的武功：成吉思汗灭金"遗言"问题再考察 …… 124
一、引言 …… 124
二、成吉思汗临终"遗言"的不同文献叙述 …… 128
三、《元史·太祖本纪》所载灭金"遗言"问题析解 …… 136
四、灭金：合罕皇帝窝阔台的武功 …… 154
五、小结："灭金"功业的不同历史叙述 …… 163

第四章　蒙哥的意志与忽必烈的犹疑：取南宋还是攻大理 …… 169
一、问题提出：东、西方史料记载的差异 …… 169
二、"灭南宋"与"征大理"：蒙哥与忽必烈之间争斗问题新解 …… 179
三、"斡腹"源来：南宋西南边臣将帅对蒙古军队举动之臆说 …… 191
四、余论 …… 205

第五章　忽必烈的抉择：敕死文天祥与处置故宋遗留问题 …… 211
一、天祥被执："速死"抑或"不死"？ …… 211
二、敕死文山：文天祥见杀缘由再析 …… 225
三、"闽僧"谁何：兼及元王朝对故宋遗留政治问题的处置 …… 233
四、余论 …… 248

第六章　文天祥"死国"：另一种"宋亡"历史观 …… 252
一、小引 …… 252
二、文天祥抗元复宋活动中的角色与地位 …… 255
三、文天祥死国事件的不同历史叙述 …… 259
四、文天祥死国事件在元代史著中的呈现 …… 266

结语：大元一统 …… 270

参考文献 …… 279

绪　　论

一、蒙元统一中国的传统叙述及其反思

蒙古为何与此前北方游牧人群不同，进占华北之后又跨淮越江而南，最终统一中国？① 这一基本问题迄今鲜少被当作一个学术议题正面进行探讨。

蒙元统一中国的传统叙述非常典型地体现在下述话语中：

> 自封建变为郡县，有天下者，汉、隋、唐、宋为盛，然幅员之广，咸不逮元。汉梗于北狄，隋不能服东夷，唐患在西戎，宋患常在西北。若元，则起朔漠，并西域，平西夏，灭女真，臣高丽，定南诏，遂下江南，而天下为一。②

这段源于当时代的叙述凸显出蒙元在疆域一统方面超迈前代的历史功绩。当然，该叙述显然也有意无意忽视了此前由北方游牧人群所建立的

---

① 蒙古时代（The Mongol Era，13—14 世纪）不仅在中国历史上具有奠定"大中国"的重大历史意义，于世界历史而言同样具有突出地位。成吉思汗及其后世子孙统治所及的地域范围约占欧亚旧大陆的三分之二，欧亚旧大陆的联动和发展所呈现出的面貌就是当日世界的图景，将蒙古帝国置于全球史的背景来理解和探讨成为近年世界蒙古史学界关注的重大议题。
② 宋濂等撰：《元史》卷五八《地理志》，中华书局，1976 年，第 1345 页。《元史》虽编纂于明初，不过此处说法当本于元时代旧说，应无疑义。

北魏以及辽、金王朝。① 这几个王朝作为高度集权化的政治实体均曾"奄有中夏",在完成中国跨区域整合过程中起过重大历史作用。② 北魏王朝统治地域范围主要在华北,辽王朝所支配的中原农耕区及于幽云十六州之地,金王朝所占农耕区域的南界达于淮水流域。及至蒙元时代,江淮以南整个南部中国地区首度统合于由北方游牧人群所建立的元王朝统治之下。

蒙元统一中国的这一传统叙述,当日俯拾可见。

元初名臣胡祗遹写道:

> 自古至今,指挥渡江,一举而统一南北者能几家?以魏文帝之英

---

① 该叙述将宋与汉、隋、唐并列,同为"有天下者",应是指"大一统"之义而言。在探讨"大一统"问题时,宋往往易被忽视。元成宗大德七年郑介夫《上书陈太平策》便称言:"钦惟圣朝,布威敷德,临简御宽,极地际天,罔不臣服。混一之盛,旷古所无。三代以降,自周至今二千年间,得大一统者,惟秦汉晋隋唐宋而已。秦隋旨以贻谋不远,旋踵败亡;汉唐虽传数十世,其间又乱日常多,治日常少。古今一统,其难如此。"杨念群据此指出,明初在"正统性"构建方面承接了元代的一些思想遗产,且比较强调对"大一统"疆域的占有这一要素,甚至有意与宋代历史划清界限。宋是否具有"大一统"地位,元代其实存有两种不同观点。黄文仲《大都赋(并序)》称:"厥后能一统者,秦汉晋隋唐而已。西至乎玉关,东至乎辽水,北至乎幽陵,南至乎交趾。得纵省失横,有此者无彼。大哉天朝!万古一时。渌江成血,唐不能师。今我吏之辽阳、高丽,银城如铁,宋不能窥。今我臣之回鹘、河西,汉立铜柱,马无南蹄。今我置府,交占云黎。秦筑长城,土止北陲。"黄文仲为论证大元超越"秦汉晋隋唐",拈出唐、宋、汉、秦与之比对,似又并未忽视宋的地位。明初刻本《新编事文类聚翰墨全书》刊载《大都赋》时,更是明确写作"秦汉晋隋唐宋而已"。明初刻本为何会加上宋?元人将宋与秦汉晋隋唐并列,并不鲜见。姚燧称:"然由书契而来至于今,唐、虞、夏、商、周五代略而不道,视秦、汉、晋、隋、唐、宋六代一家天下者,若皆惭德于吾元,亦人生旷世所难遇者。"吴师道写道:"三代而后,混一天下者凡六姓:秦、汉、晋、隋、唐、宋。享国年久称汉、唐,晋未久而分裂,宋稍久而播迁,秦、隋最先亡。"从上所引可知,元人对于宋"大一统"地位问题有不同的观点,无论是基于疆域因素或是以"正统性"立场所作论列,均尚需细加分疏。参阅黄淮、杨士奇编《历代名臣奏议》卷六七《治道》,上海古籍出版社,1989年,第916页上;周南瑞:《天下同文前甲集》卷一六,明常熟毛氏汲古阁影抄元大德刻本,台北图书馆藏;刘应李辑:《新编事文类聚翰墨全书》(后甲集)卷八,明初刻本;姚燧撰,查洪德编辑点校:《姚燧集·牧庵集》卷九《朝阳洞记》,人民文学出版社,2011年,第130页;吴师道撰,邱居里等点校:《吴师道集》卷一〇《秦隋论》,浙江古籍出版社,2012年,第299页;杨念群:《"天命"如何转移:清朝"大一统"观的形成与实践》,上海人民出版社,2022年,第112—114页。

② 姚大力指出,辽、金在"北亚—东北亚的中国边疆帝国的国家建构模式"中起到过重要历史作用。参阅姚大力《跨区域版图整合是怎样实现的:中国史被忽略的一个方面》,《江汉论坛》2023年第3期。

明才勇,而天以长江限南北之辔;苻坚以百万之师,败衂奔溃而不可止。我朝奋起朔方,受天眷命,并诸强聚落,灭完颜金,下回纥,臣高丽,平吐蕃、河西、畏乌诸别种。惟经略江淮,历四朝五十年而后武功告成,实出于皇帝陛下圣算神策,威明独断……①

《元文类·帝号》称:

> 至我太祖皇帝而大命彰,大号著,大位正矣。于是东征西伐,莫敢不庭,大王小侯,稽首奉命。而圣子神孙,德日以隆,业日以盛,灵旗所向,如草偃风。至于世祖皇帝天经地纬,圣武神文,无敌于天下矣。试尝论之,金在中原,加之以天讨,一鼓而取之,得九州之腹心。宋寓江南,责之以失信,数道而举之,致四海之混一。若夫北庭、回纥之部,白霫、高丽之族,吐蕃、河西之疆,天竺、大理之境,蜂屯蚁聚,俯伏内向,何可胜数! 自古有国家者,未若我朝之盛大者矣。②

蒙元当时代人对于统一进程的叙述,各有侧重,各存缺失。今天人们对于蒙元统一中国历史进程的叙述,所遵循的大体就是蒙元当日的传统叙述。

细读蒙元统一中国的传统叙述,或有两层要旨需予揭明。

其一,这一传统叙述显示蒙元攻取各地域政权进而统一中国的先后顺次,同时展露此一统之势不可阻挡。若以时间线索简言之:1206 年,成吉思汗统一漠北诸部,建立大蒙古国家。1209 年,蒙古降服畏兀儿。1218 年,蒙古灭西辽(哈剌契丹)。1227 年,蒙古灭西夏。1234 年,蒙古灭金。1247 年,蒙古逐渐将吐蕃地区纳入统治。1254 年,蒙古攻灭大理。1276

---

① 胡祇遹撰,魏崇武、周思成校点:《胡祇遹集》卷一一《效忠堂记》,吉林文史出版社,2008 年,第 286 页。
② 苏天爵编,张金铣校点:《元文类》卷四〇《帝号》,安徽大学出版社,2020 年,第 765—766 页。又,元明善称:"天命圣元,帝临天下。太祖辟国,剪金灭夏。世祖一统,乃屋宋社。维此宋屠,元戎是祸。"参阅元明善《清河集》卷六《河南行省左丞相高公神道碑》,清光绪宣统间江阴缪氏刻、宣统二年汇印《藕香零拾》本。

年,元灭南宋,统一江南。① 蒙元统一中国的历史进程可谓一目了然,先弱后强,由近及远,给人一种理势所必然的基本认识。

其二,该传统叙述无不彰显太祖成吉思汗、世祖忽必烈在这一历史进程中的特殊地位和作用。太祖建立大蒙古国家后征夏伐金并征西域,世祖灭大理复又平宋而混一天下。② 元明善对成吉思汗的洪业写道:"粤若稽太祖法天启运圣武皇帝,诞膺景运,龙奋朔方,灭克烈主王可汗,乃蛮主太阳可汗,以至西夏、西域、金源,次第平。"③郝经于中统二年(1261)致南宋丞相书中称扬忽必烈:"今主上既以正立,一时豪杰,云从景附,全制本国,奄有中夏,挟辅辽右、白霫、乐浪、玄菟、秽貊、朝鲜,面左燕、云、常、代,控引西夏、秦陇、吐蕃、云南,则玉烛金瓯,未为玷缺,藩墙不穴,根本强固,倍半于金源,五倍于契丹。"④郝经彼时所言尚不包括后来世祖取江南的历史功绩。当时及后世在认识这段历史时,通常会认为太祖已有统一天下的远谋,世祖则很早就有混一天下的雄心,所谓"太祖素有并吞天下之志","帝(世祖)在潜邸,思大有为于天下"。⑤

此外,有传统叙述常将蒙古征伐世界(the Mongol conquest)视作是继承成吉思汗的遗产而来,成吉思汗要求后世子孙不断进征。成吉思汗西征前夕曾对诸子说,"天下地面尽阔,教您各守封国";成吉思汗临终前甚

---

① 据《元史》载,至元三年(1266)十月,八室时享,"文舞曰《武定文绥之舞》,武舞曰《内平外成之舞》。第一成象灭王罕,二成破西夏,三成克金,四成收西域、定河南,五成取西蜀、平南诏,六成臣高丽、服交趾"。灭王罕或被视为成吉思汗统一蒙古诸部的标志。参阅《元史》卷六八《礼乐二》"制乐始末"条、卷七〇《礼乐四》"宗庙乐舞"条,第1695、1751页。
② 《征伐·平宋》称:"惟太祖皇帝以来,西夏、回纥、高昌、六诏、交州、三韩以及中原,悉为臣庶,独宋未下。我世皇遂能一六合,车书混,光岳之气,以上接百王之统。呜呼盛哉!"参阅《元文类》卷四一,第803页。
③ 元明善:《清河集》卷二《太师淇阳忠武王碑》。又见《元文类》卷二三,第428页。另据《建国号诏》载:"我太祖圣武皇帝,握乾符而起朔土,以神武而膺帝图,四震天声,大恢土宇,舆图之广,历古所无。"参阅《元史》卷七《世祖四》,至元八年十一月条,第138页。
④ 郝经撰,张进德、田同旭编年校笺:《郝经集编年校笺》卷三八《复与宋国丞相论本朝兵乱书》,人民文学出版社,2018年,第1022页。
⑤ 苏天爵辑撰,姚景安点校:《元朝名臣事略》卷五《中书耶律文正王》,中华书局,1996年,第74页;《元史》卷四《世祖纪》,第57页。

至曾留下"灭金"遗言。① 贵由汗时期到访蒙古高原的加宾尼写道,成吉思汗制定了法令,"只要他们自己还没有遭到屠杀,他们就要使全世界降服于他们","他们有成吉思汗的遗命,如果可能,要征服所有的民族";贵由汗致信教皇英诺森四世声称,"仰承天主之气力,从东到西,摧毁了整个大陆"。② 波斯史家志费尼称成吉思汗是"征服世界的汗",他曾写道,"世界征服者成吉思汗颁发举世服从的诏令"。③ 这类传统叙述极易给后世读史者留下这样一种历史认识,即自成吉思汗时代以来蒙古就有征服世界的观念,④并有次第灭夏、金以及南宋并进而一统天下的"宏图"。

倘若遵循上述传统叙述来认识和理解蒙元统一中国的历史进程,究竟会有哪些弊病,又会衍生出怎样的问题呢?

蒙元统一中国的传统叙述是在该历史进程完结之后所作叙述,它当然是出于"后见之明"。如果拘泥于蒙元当时代人对历史发展所叙述的逻辑顺次来对该历史进程加以解释,那必定会遗漏许多重要的历史关节,甚至容易出现错误。马克·布洛赫曾说:"如果认为,历史学家考察历史的顺序必须与事件发生的先后完全吻合,那真是个极大的错误。虽然,他们事后会按历史发展的实际方向叙述历史,但在一开始,却往往如麦特兰所言是'倒溯历史'的,这样更为便利。任何研究工作,其自然步骤往往是由已知推向未知的。"⑤

"后见之明"在历史解释中常存有重大弊病。王汎森写道:"后见之明

---

① 乌兰校勘:《元朝秘史》(校勘本)第 256 节,中华书局,2012 年,第 356 页上;《元史》卷一《太祖本纪》,第 25 页。
② [英]道森编,吕浦译,周良霄注:《出使蒙古记》,中国社会科学出版社,1983 年,第 25、37 页;[法]伯希和著,冯承钧译:《蒙古与教廷》,中华书局,1994 年,第 14 页。
③ [伊朗]志费尼著,何高济译,翁独健校:《世界征服者史》(上册),内蒙古人民出版社,1981 年,第 95、101 页。
④ 正如学者已指出,13 世纪蒙古人普遍认为成吉思汗家族统治整个世界是长生天所赋予的使命,这在当时几乎是一项常识。征服世界的计划是否可以追溯到成吉思汗的时代,这仍是一个极富争议的问题。参阅 Peter Jackson, "World-Conquest and Local Accommodation: Threat and Blandishment in Mongol Diplomacy", in Judith Pfeiffer and Sholeh A. Quinn (eds.), *History and Historiography of Post-Mongol Central Asia and the Middle East Studies in Honor of John E. Woods*, Wiesbaden: Harrassowitz Verlag, 2006, p.3.
⑤ [法]马克·布洛赫著,张和声、程郁译:《历史学家的技艺》,上海社会科学出版社,2021 年,第 25—26 页。

式的推断有一个特色,因为太了解后来的结局,所以不知不觉地误以为对于历史行动者而言,未来是'已知'的。"① 史学工作者应尽可能以历史行动者自身的逻辑来观察和理解历史,断不能以事后诸葛的逻辑去作论断,认定历史行动者的所作所为是在按照某种早已预设好的规划行事,且必定以此达成后来大家所熟知的那个最终的历史走向。历史的发展并非线性,它从来就有各种可能。史学工作者通过探求未曾发生过的种种可能性问题,可以更加真切地揭示历史的复杂多面。② 每段历史进程的发展变化都是在复杂历史时空情境下诸种因素纠缠互动的结果。

蒙古欲图征服世界的那种观念并非出于成吉思汗且由他开始实施,它其实是由其后世子孙逐步推进、突破而达成,最后藉由编史者依当政者的思想、观念以及现实政治需要而将其加以叙事处理。③ 成吉思汗时代,"初攻夏伐金原无统治的计划,目的不过掠夺玉帛子女与强征贡赋而已"。④ 第一次西征围攻不花剌城(Bukhārā),志费尼借用一位逃出该城的幸存者的话描述蒙古人:"他们到来,他们破坏,他们焚烧,他们杀戮,他

---

① 王汎森:《执拗的低音:一些历史思考方式的反思》,三联书店,2020年,第41页。王汎森还写道:"'后见之明'式的思考方式,则偏向于以结果推断过程,用来反推回去的支点都是后来产生重大历史结果的事件,然后照着与事件进程完全相反的时间顺序倒扣回去,成为一条因果的锁链。但是在历史的发展过程中,同时存在的是许许多多互相竞逐的因子,只有其中的少数因子与后来事件发生历史意义上的关联,而其它的因子的歧出性与复杂性,就常常被忽略以至似乎完全不曾存在过了。……必需摆脱'后见之明'式的,或过度目的论式的思维,才能发掘其间的复杂性、丰富性及内在的张力。"参阅王汎森《中国近代思想文化史研究的若干思考》,载《新史学》2003年第14卷第4期,第177—194页。
② 侯旭东写道:"以历史的结局(根据后人或今人才具有的后见之明)作为确定性与必然的体现,将过去倒叙成向既定结果或当下前进的必然性的直线单向展开,没有意识到结果不过是一种成为现实的'可能',其他被视为无关的细节或史实(从确实出现过看,亦属"事实",但从结果看,行事者的意图未必实现,亦可称为"可能性")则从历史叙述中隐没,同时消失的还有时人的能动性,造成封闭的历史。"参阅侯旭东《告别线性历史观》,《理论与史学》第2辑,中国社会科学出版社,2016年。
③ 蒙元时期出现的蒙古人所要统治的地域范围为"日出至日落之地",这是一种抽象概念性的说法,且更早的北方游牧人群也有类似的说辞。参阅乌兰《蒙古文历史文献中涉及"国"及其相关概念的一些表述方法》,见氏著《文献学与语文学视野下的蒙古史研究》,中国社会科学出版社,2021年,第548—552页。
④ 萧启庆:《元朝的统一与统合:以汉地、江南为中心》,载氏著《内北国而外中国:蒙元史研究》(上册),中华书局,2007年,第19页。

们抢劫,然后他们离去。"①杉山正明写道,历史叙述通常将蒙古第二次西征的目标确定为斡罗思、东欧和欧洲全境,这是一种"近乎于依据'文明进行的历史创作'"。事实上,蒙古第二次西征的目标应是钦察草原,蒙古人对于"草原带"的"游牧民"的兴趣要大得多。与此类似,旭烈兀西征通常被说成是为征服伊朗,或是为消灭报达的阿拔斯王朝,或是为征服直至埃及的中东地区,这也是一种"结果论"的观点,实际情形恐怕并非如此。② 杉山正明虽未就上述议题作细致考察,但其敏锐的反思意识值得重视。

作为蒙古第一代游牧统治者,成吉思汗之世所完成的只是对游牧世界的整合。③ 成吉思汗征西夏、窝阔台灭金以及忽必烈攻大理、取南宋,④蒙元在统合诸政权过程中各有其复杂性,均应置于一个逐渐演变的过程来予以考察。蒙元统一中国的进程,并非如传统叙述中所展露的那样先后有序、势不可挡,"[蒙古攻]打西夏,前后用了二十二年(1205—1227),灭金用了二十三年,灭宋的战争,竟长达四十四年之久"。⑤ 蒙元统一中国的具体历史过程是在各种复杂情境促发下展开的,它曾面对过诸种困难和多种可能的选择。蒙元大统一的局面实际上也是由几代大汗接力所完成,它起初并不存在一个长算远略。

---

① 《世界征服者史》(上册),第123页。
② [日]杉山正明著,乌兰译:《蒙古帝国与其漫长的后世》,北京日报出版社,2020年,第113、126、141页。
③ 巴菲尔德说:"成吉思汗的世界观念是以草原为中心的。当他去世的时候,蒙古帝国由之前被突厥人所统治的草原地区及其周边的定居领地构成。控制草原部落,而非征服汉地或伊朗地区,是其最初的目标。""蒙古最大的转变发生在成吉思汗孙子辈掌权之时,他们最终放弃了草原观念。"参阅托马斯·巴菲尔德著、袁剑译《危险的边疆:游牧帝国与中国》,江苏人民出版社,2011年,第260页。
④ 据《元史》称:"元之有国,肇基朔漠。虽其兵制简略,然自太祖、太宗,攻夏剪金,霆轰风飞,奄有中土,兵力可谓雄劲者矣。及世祖即位,平川蜀,下荆襄,继命大将帅师渡江,尽取南宋之地,天下遂定于一,岂非盛哉。"参阅《元史》卷九八《兵一》,第2507页。
⑤ 韩儒林主编:《元朝史》(上册),人民出版社,1986年,第99页。赵翼说:"元自太祖起兵,灭国四十,降西夏,取金中都,又攻西域,至东印度国遇角端始还。太宗继之,灭金,侵宋,西征钦察,去中国三万余里。追宪宗又命世征大理,兀良合台征交趾。至世祖时,用兵已四十余年,世祖即位又攻讨三十余年。自古用兵,未有如是久者。"参阅赵翼撰、王树民校正《廿二史札记校证》卷三〇《元世祖嗜利黩武》,中华书局,1984年,第686页。

蒙元当时代人对于统一中国进程的传统叙述构成后世讲述那段历史的基础,然而这种"后见之明"式的历史叙述必定会面临诸多解释困境。或应对两个问题加以反思:其一,蒙元政权先后攻取西夏、金、大理以及南宋等政权的具体过程究竟如何,其间有无其他各种历史的可能?① 其二,成吉思汗和忽必烈作为历史的行动者在面对各种复杂情势时,又有何种反复多变的可能选择?对上述两个问题的追问贯穿全书,是本书所关心的两大核心问题。

本书对蒙元统一中国的传统历史叙述框架进行反思性研究,力图揭示诸多历史的"可能",以丰富历史的诸种面向、诸多层次。历史叙述只是对历史的部分描绘,历史本身的曲折多变远比历史叙述更为复杂。史学工作者应将化约的历史叙述还原回它本就丰富且错综复杂的历史本身,让那些被遮蔽且未被记载的历史得以彰显。蒙元当日的历史叙述是当时代人基于自身所处现实环境对历史所作的叙述,而后世不同时代人们对于这段历史的再解释和再叙述自然又会带有他们自身的时代背景和关切,这必然会留下不同时代的印痕。同样,今天的史学工作者以今人的眼光来重新解析这段历史,与蒙元当时代的历史叙述以及其后不同历史时代对这段历史的叙述相比,又必定会呈现出很不一样的历史面貌。

二、从匈奴到蒙古:北方游牧政权南进历程概观

若要就蒙古为何跨越江淮而南的议题进行讨论,通常会追问两个紧密相关的基本问题:其一,自匈奴以至契丹、女真等北方游牧人群,它们有无一统中原以及江南的意愿与力量?其二,蒙古是否在全然具备充分条

---

① 彼得·杰克逊写道,蒙古统治相对快速的扩张过程,显然比人们普遍所认为的要更微妙、更多样。Peter Jackson, "World-Conquest and Local Accommodation: Threat and Blandishment in Mongol Diplomacy", in *History and Historiography of Post-Mongol Central Asia and the Middle East Studies in Honor of John E. Woods*, p.18.

件之后才统一中国,它的具体过程究竟若何,又有何特殊之处?

匈奴在与秦汉的较量中逐渐形成强大的政治实体后,它的目标并没有要南下攻取中原。据《史记》载,匈奴单于致书西汉文帝称:"以天之福,吏卒良,马强力,以夷灭月氏,尽斩杀降下之。定楼兰、乌孙、呼揭及其旁二十六国,皆以为匈奴。诸引弓之民,并为一家。北州已定,愿寝兵休士卒养马,除前事,复故约,以安边民,以应始古,使少者得成其长,老者安其处,世世平乐。"①汉文帝致匈奴单于书有云:"先帝制:长城以北引弓之国,受命单于;长城以内冠带之室,朕亦制之。"②对于汉语文献是否完整、准确记录了匈奴一方的原意或应持审慎态度,设若抛开汉语文献叙述本身所存在的无可避免的某种天然局限性不论,上述记载某种程度上显示,汉、匈各有自己所认定的政治、文化以及地理边界,汉、匈之间应是平等而互补的两端。③ 尽管后来的历史发展表明,随着双方力量的变化,这种局面最终走向瓦解。匈奴屡屡向南侵扰与汉政府不断北向进取均有其各种缘由,但与欲图"一统"天下无关。

千载之后,岁在己卯(1219)。成吉思汗遣近侍刘仲禄持诏延聘长春真人丘处机,诏书云:"制曰:天厌中原,骄华太极之性。朕居北野,嗜欲莫生之情……七载之中成大业,六合之内为一统。非朕之行有德,盖金之政无恒。是以受之天祐,获承至尊。南连赵宋,北接回纥,东夏西夷,悉称臣佐。念我单于国千载百世以来未之有也。"④成吉思汗此时正在西征途中,并无南下一统天下的雄心,诏书中言及蒙古当时控制的地域范围已属

---

① 司马迁撰:《史记》(点校本二十四史修订本)卷一一〇《匈奴列传》,中华书局,2019年,第3501页。
② 同上书,第3508页。
③ 关于匈奴在与秦汉接触中逐渐发展起来的讨论,狄宇宙(Nicola Di Cosmo)认为中原向北方草原的推进引发危机,这一危机成为匈奴更严格等级制度产生和更具凝聚力的军事组织诞生的催化剂。汉初与匈奴结成的关系则增强了匈奴经济力量,反过来又为匈奴的生存和扩张提供了关键的支撑。详可参阅狄宇宙著、贺严等译《古代中国与其强邻:东亚历史上游牧力量的兴起》,中国社会科学出版社,2010年,第195—232页。
④ 陶宗仪撰:《南村辍耕录》卷一〇《丘真人》,中华书局,1959年,第120—121页。这份诏书出自汉人手,自不待言。匈奴单于莫顿曾使隆遗高后曰:"孤偾之君,生于沮泽之中,长于平野牛马之域,数至边境,愿游中国。"参阅班固撰《汉书》卷九四上《匈奴传》,中华书局,1962年,第3754—3755页。

广大。

从匈奴到蒙古的长程历史发展观察，或可稍加分疏。匈奴、突厥与回鹘等人群并未统治过中原农耕定居区域，对于南面中原汉地并无兴趣。匈奴已如前述，不必多言。关于突厥，据史载："俟斤死，弟他钵可汗立。自俟斤以来，其国富强，有凌轹中夏志。朝廷既与和亲，岁给缯絮锦彩十万段。突厥在京师者，又待以优礼，衣锦食肉者，常以千数。齐人惧其寇掠，亦倾府藏以给之。他钵弥复骄傲，至乃率其徒属曰：'但使我在南两个儿孝顺，何忧无物邪。'""佗钵益骄，每谓其下曰：我在南两儿常孝顺，何患贫也！"马长寿认为："近世治突厥史者，皆以它钵此语是指齐周二国皇帝，唯胡三省注《通鉴》卷一七一言：'在南两儿谓尔伏、步离二人，所部分西北，皆南近中国。'此说似较允当。""在南两儿"无论具体所指为谁，它均表明突厥并无意南进一统天下。① 尽管文献称突厥"有凌轹中夏志"，②不过突厥南侵更多的只是抄掠而已。③ 同样，回鹘也是如此。回鹘虽曾助唐平叛，但并无直接统治中原汉地的兴趣。

拓跋鲜卑、契丹、女真以至蒙古，他们均曾统治过中原农耕定居区域，一代代北方人群呈现出不断南向突破的趋势。南宋对于蒙古迅速崛起于北方，一开始就深藏各种隐忧。嘉定九年（1216），时任江东计度转运副使的真德秀奏论边事称，蒙古联合西夏攻金，金被迫南迁，国势日蹙，必然灭亡。他认为当下南宋面临的形势，与女真于政和四年（1114）叛辽、宣和七年（1125）灭辽并于灭辽当年冬天便随即南犯中原的形势相似，当日崛兴的蒙古与昔日方兴的女真一般无异，"宜以政宣为鉴"，防备蒙古"窥我江

---

① 参阅令狐德棻等撰《周书》（点校本二十四史修订本）卷五〇《突厥传》，中华书局，2022年，第990页；魏徵等撰：《隋书》（点校本二十四史修订本）卷八四《北狄传》，中华书局，2019年，第2099页；马长寿：《突厥人和突厥汗国》，广西师范大学出版社，2006年，第22页，注释1。
② 巴菲尔德写道："传统史书经常将草原游牧力量视为最终目的是为了统治中原的恶敌。"参阅巴菲尔德《危险的边疆：游牧帝国与中国》，第191页。
③ 关于突厥人于历史之重要性，学界现在更趋向于重视它在内陆亚洲地区东西间的交流，而非南北问题。参阅张广达、许正弘《征服者与统治者——唐末五代以来内亚诸草原帝国与中原农耕地区政权的抗争和互动之复杂性》，《东吴历史学报》2023年第43期，第1—6页。

淮"。真德秀写道:"若昔五胡之乱,江左粗安者,盖以群丑并争,莫能相一,故吾江表得以偷旦夕之安。及苻坚既灭慕容,旋起吞晋之谋。元魏已并诸国,遂萌饮江之志。……未可为江左苟安之计也。"①另一位南宋大臣李曾伯也曾写道:"臣窃惟自有天地即有华夷,是虽帝王盛世不能无边患,然黄旗紫盖,运在东南,中国正朔系焉。自古北寇其有倾国之力以肆侵轶者,非惟弗克以逞志,每多不戢而自焚。如苻坚之淝水、逆亮之采(石)江是也。"②

在长期面对北方强邻的南宋人眼中,前秦苻坚、北魏太武帝以及金海陵王都是北方民族历史上必欲南进的典型代表。③ 元人许衡曾论及前代"北方奄有中夏"诸多政权,除魏、辽、金外,他特别提到十六国中的前赵、后赵、前燕、前秦、后秦、南燕、南凉、西秦、后燕、夏等十国,不过没有提及西凉、北凉、前凉、后凉、北燕、成汉六个政权。④ 或是因后六者统治地域未及中原。十六国中前秦曾一度短暂统一北方,结束十六国纷争再次统一北方的则是拓跋鲜卑人所建立的北魏王朝。后世在论及南北对峙局面下有意南进一统的势力,自然会更多关注到前秦和北魏,而不及于其他诸多虽由北方人群所建立的政权。尽管十六国不少政权曾"奄有中夏",但因未曾统一过北方,南进一统中国与这些政权并无多少关联性,本书对这些政权不予讨论。兹以前秦苻坚、北魏太武帝以及金海陵王南进事例,略陈

---

① 真德秀撰:《西山先生真文忠公文集》卷五《江东奏论边事状(丙子十二月十二日上)》,《四部丛刊》初编景明正德刊本,上海书店印行,1989年。《续宋中兴编年资治通鉴》《通鉴续编》等,都征引真德秀此论边事状。参阅刘时举撰、王瑞来校《续宋中兴编年资治通鉴》卷一四,丙子嘉定九年(1216)条,中华书局,2014年,第348—353页;陈桱:《通鉴续编》卷二〇,乙亥嘉定八年(1215)十月条,日本内阁文库本,第20册,第11页a—b。
② 李曾伯撰:《可斋续稿后》卷九《回宣谕》,《宋集珍本丛刊》影印清钞本,线装书局,2004年,第84册,第665页。
③ 类似表达甚多,如真德秀另又称:"今房酋奔窜,河北、山东,盗贼纵横,鞑人、夏人攻击未已。使遂灭亡,则中原云扰,奸雄乘之,必若苻坚之时。万一稍能自立,则狼子野心,必未可保。将若逆亮之时,皆可深虑。愿深味孔子远虑之言,力行仲舒强勉之说,与大臣图之。"魏了翁亦称言:"此处正当冲要,若放令鞑骑南牧,则庐信、黄蕲最切,莫不有饮江之虑矣。"参阅《西山先生真文忠公文集》卷四一《刘文简公神道碑》;魏了翁:《重校鹤山先生大全文集》卷三七《李舍人》,《四部丛刊》景宋本。
④ 参阅许衡撰、许红霞点校《许衡集》卷七《时务五事·立国规摹》,中华书局,2019年,第264—266页。

一二。

前秦苻坚欲图南进一统天下的意愿非常强烈。据史载:"坚引群臣会议,曰:'吾统承大业垂二十载,芟夷逋秽,四方略定,惟东南一隅未宾王化。吾每思天下不一,未尝不临食辍餔,今欲起天下兵以讨之。……'……坚曰:'自古大事,定策者一两人而已,群议纷纭,徒乱人意,吾当与汝决之。'"①"初坚承石氏之乱,至是民户殷富,四方略定,东极沧海,西并龟兹,南苞襄阳,北尽沙漠,唯建业一隅未能抗伏。坚每与侍臣谈话,未尝不欲平一江左。"②苻坚力排众议,决意南伐,最终以失败收场,国势大衰。

关于拓跋鲜卑,《魏书·序纪》云:"其(黄帝)裔始均……爰历三代,以及秦汉,獯鬻、猃狁、山戎、匈奴之属,累代残暴,作害中州,而始均之裔,不交南夏,是以载籍无闻焉。"③从《魏书》叙述语气可知,拓跋鲜卑有意区别于此前匈奴等北方游牧人群,这一叙述的背景或与漠北柔然势力的存在有关,它给北魏造成巨大压力;④或也正如姚大力所言,该类叙述表明拓跋鲜卑人相比其他北方人群"显然受到当日中原文化更强烈得多的影响"。⑤

北魏统治重心由北方南进偏向中原是个渐进的过程。拓跋鲜卑壮大之后是否必然南进?其实不然。据《魏书·序纪》载,建国十四年(351),"帝曰:'石胡衰灭,冉闵肆祸,中州纷梗,莫有匡救,吾将亲率六军,廓定四海。'乃敕诸部,各率所统,以俟大期。诸大人谏曰:'今中州大乱,诚宜进取,如闻豪强并起,不可一举而定,若或留连,经历岁稔,恐无永逸之利,或有亏损之忧。'帝乃止"。⑥这段叙述虽体现出拓跋什翼犍有趁中原内乱

---

① 房玄龄等撰:《晋书》卷一一四《苻坚下》,中华书局,1974年,第2912页。
② 释慧皎撰,汤用彤校注:《高僧传》卷五,中华书局,1992年,第182页。
③ 魏收撰:《魏书》(点校本二十四史修订本)卷一《序纪》,中华书局,2017年,第1页。
④ 太和初,高祖孝文帝"议伐蠕蠕(柔然)",左仆射穆亮力主出兵征伐,中书令高闾反对:"昔汉时天下一统,故得穷追北狄,今南有吴寇,不宜悬军深入。"北魏自视中原,有别于漠北诸部。参阅《魏书》卷五四《高闾传》,第1317页。
⑤ 尽管姚大力此语是针对《魏书·序纪》所记载的拓跋鲜卑人对远古的记忆"而言之,比之于突厥、蒙古等族的祖先传说,受到中原文化的影响更大。这一判断放到此处来观察或许也同样适合。参阅姚大力《论拓跋鲜卑部的早期历史——读〈魏书·序纪〉》,载氏著《北方民族史十论》,广西师范大学出版社,2007年,第1页。
⑥ 《魏书》卷一《序纪》,第13页。

南下的想法,但最后却为诸部落大人所阻。当时鲜卑人其实并无实力南进。

逮至太武帝拓跋焘统一北方后,北魏是否就已有意南取刘宋而一统天下?恐怕也不尽然。据《南史》载,宋文帝元嘉十三年(436),檀道济被杀,"魏人闻之,皆曰:'道济已死,吴子辈不足复惮。'自是频岁南伐,有饮马长江之志。"①当时及后世称拓跋焘有"饮马长江之志",应源于此。另据《魏书》载:"真君末,车驾南伐,将出彭城。"其时,北魏李孝伯与南朝张畅交涉时有一段对话:

> 孝伯曰:"君藉此虚谈,支离相对,可谓遁辞知其所穷。且主上当不围此城,自率众军直造瓜步。南事若办,城故不待攻围;南行不捷,彭城亦非所欲也。我今当南,欲饮马江湖耳。"畅曰:"去留之事,自适彼怀。若魏帝遂得饮马长江,便为无复天道。"孝伯曰:"自北而南,实惟人化,饮马长江,岂独天道?"畅将还城,谓孝伯曰:"冀荡定有期,相见无远。君若得还宋朝,今为相识之始。"孝伯曰:"今当先至建业以待君耳。恐尔日君与二王面缚请罪,不暇为容。"②

从此段对话可知,所谓"饮马长江"之辞,一方面是北朝对南朝的威吓,南朝人对此则深感紧张而彰显了这一说辞。太武帝拓跋焘并无强烈意愿要南伐统一江南,更多只是虚张声势而已。他一生大部分时间所关注的仍然是北方的问题以及北魏内部的各种矛盾。太平真君十一年(450)九月,拓跋焘"舆驾南伐"。正平元年(451)正月丙戌,"大会群臣于江上","丁亥,舆驾北旋"。③ 太武帝南伐又旋即北返,一方面自然是北魏尚无实力灭刘宋,另一方面也表明太武帝并无意久驻南方。

---

① 李延寿撰:《南史》卷一五《檀道济传》,中华书局,1975年,第447页。
② 《魏书》卷五三《李孝伯传》,第1282、1286页。
③ 《魏书》卷四《世祖太武帝纪》,第122—123页。

直至高祖孝文帝时,北魏南伐之意凸显,迁都洛阳便是体现。① 太和十七年(493),"[九月]丁丑,戎服执鞭,御马而出,群臣稽颡于马前,请停南伐,帝乃止。仍定迁都之计"。② 是知,孝文帝南进之策在北魏内部遭遇巨大阻力。"高祖初谋南迁,恐众心恋旧,乃示为大举,因以胁定群情,外名南伐,其实迁也。旧人怀土,多所不愿,内惮南征,无敢言者,于是定都洛阳"。③ 孝文帝迁都洛阳事成,却并未得到拓跋鲜卑贵族的全力支持,反对南迁的贵族并非少数。孝文帝迁都洛阳之举于民族融合具有重大历史意义,但对于北魏王朝自身而言却未必是件好事,不久北魏便走向覆亡。历代史家对此多有批评之辞,毋须多言。

金海陵王完颜亮南进伐宋常被视为一段"插曲"。《金史·佞幸传》所载人物,多与进言海陵王南征事相关。④《张仲轲传》载:"海陵与仲轲论汉书,谓仲轲曰:'汉之封疆不过七八千里,今吾国幅员万里,可谓大矣。'仲轲曰:'本朝疆土虽大,而天下有四主,南有宋,东有高丽,西有夏,若能一之,乃为大耳。'海陵曰:'彼且何罪而伐之?'仲轲曰:'臣闻宋人买马修器械,招纳山东叛亡,岂得为无罪。'……海陵曰:'然则天与我也。'既而曰:'朕举兵灭宋,远不过二三年,然后讨平高丽、夏国。一统之后,论功迁秩,分赏将士,彼必忘劳矣。'"⑤《李通传》载:"海陵恃累世强盛,欲大肆征伐,以一天下,尝曰:'天下一家,然后可以为正统。'通揣知其意,遂与张仲轲、马钦、宦者梁珫近习群小辈,盛谈江南富庶,子女玉帛之多,逢其意而先道之。海陵信其言,以通为谋主,遂议兴兵伐江南。"为找到兴兵南伐南宋之由头,"海陵谓全曰:'汝见宋主,即面数其焚南京宫室、沿边买马、招致叛亡之罪,当令大臣某人某人来此,朕将亲诘问之,且索汉、淮之地,如不从,即厉声诋责之,彼必不敢害汝。'海陵盖使王全激怒宋主,将以为南

---

① 有记载称,"是年,魏扬声当饮马长江",这个说辞正是在魏孝文帝时才愈显突出。参阅《南史》卷四一《萧颖胄传》,第1047页。
② 《魏书》卷七《高祖纪下》,第205页。
③ 《魏书》卷五三《李冲传》,第1298页。
④ 金海陵王南侵事,另可参阅佚名《炀王江上录》,清钞杂史五种本。
⑤ 脱脱等撰:《金史》(点校本二十四史修订本)卷一二九,中华书局,2020年,第2936—2937页。

伐之名也"。① 元时代修《金史》严厉批评海陵南伐："其南征造战舰江上，毁民庐舍以为材，煮死人膏以为油，殚民力如马牛，费财用如土苴，空国以图人国，遂至于败。"②海陵王之后，金世宗已无意南进。③

由以上梳理可知，北方游牧政权及其所建王朝对于南进的意愿其实并不强烈。1210年代中期，南宋面对蒙古在北方强势崛兴并肆力攻金，正是鉴于之前苻坚、太武帝与海陵王这几位帝王南进历史所生发出的一种警觉意识，认为蒙古肯定会灭金且在此之后也必定要南下攻宋。前秦苻坚、北魏孝文帝以至金海陵王毕竟只是北族历史上少数的几位有意南进的帝君，他们都是各自王朝经营中原数代之后才锐意南进，并不能代表普遍的状况。蒙古跨淮越江而南也应置于这种渐进的过程来反思，无论成吉思汗还是忽必烈，恐怕起初都并没有要不断南向进而统一天下的雄心。④

与上述讨论相对应的另一个问题是，南方农耕定居世界的人群是否有向北推进一统朔漠的意愿和想法呢？且容稍加陈说。

早在先秦时代，中原农耕定居社会便已出现一种处理与包括北方游牧人群在内周边人群关系的指导思想，所谓"古者天子守在四夷"。⑤ 秦

---

① 《金史》卷一二九，第2937—2938页。
② 《金史》卷五《海陵纪》，第130页。
③ 据史载："初，海陵炀王亮之伐江南，兵民内外怨叛，世宗以贤厚，为上国部众推立。长子允升，次子允猷，皆有勋劳。大定三年，立允升为皇太子，诸子皆封王。允升惟嗜酒，喜游猎，胆勇能用兵，每劝世宗南伐混一天下，世宗不听。"当然，金朝面对宋军江淮防线，也难轻易突破，现实的困难也令金王朝不敢轻易南进。参阅张师颜撰《南迁录》，清道光十一年六安晁氏木活字排印《学海类编》本。
④ 学界通常认为鲜卑、契丹、女真都是有志于中原的典型，这种旧有认识，需予反思。辽起初其实也无意于南方农耕定居社会，扶立后晋石敬瑭统治契丹南面农耕地带，就能说明契丹并不愿意直接统治中原汉地。辽太宗耶律德光南下一度控御中原，不过面对中原地区不由得发出"我不知中国之人难制如此"的喟叹，并说道："吾在上国，以射猎为乐，至此令人悒悒。今得归，死无恨矣。"金则有其特殊性，《金史·兵志》称："金兴，用兵如神，战胜攻取，无敌当世，曾未十年遂定大业。"女真崛起后建立金朝并南进而据有中原农耕定居社会的进展非常迅速。参阅司马光《资治通鉴》卷二八六，后汉高祖天福十二年(947)二月、三月条，中华书局，1956年，第9474、9479页；《金史》卷四四，第1061页。
⑤ 杜预注：《春秋左传集解》第二五《昭公六·二十三年》，上海人民出版社，1977年，第1504页。

代李斯谏止伐匈奴时就进言:"得其地不足以为利也,遇其民不可役而守也。"①莽新大将尤严说:"臣闻匈奴为害,所从来久矣,未闻上世有必征之者也。后世三家周、秦、汉征之,然皆未有得上策者也。周得中策,汉得下策,秦无策焉。"②尤严所言"汉得下策",直指汉武帝虚耗国力远征匈奴。

汉匈之间关系前已述及,无需多言。

唐政权具有游牧人群的元素,"唐朝作为从武川迁徙到中原文化地带游牧族群后代所建立的政权",③与传统中原王朝存有些许不同的特性。唐太宗击败东突厥后接受诸蕃君长之请为"天可汗":"制曰:'我为大唐天子,又下行可汗事乎?'群臣及四夷咸称万岁。是后以玺书赐西域、北荒之君长,皆称'皇帝天可汗'。诸蕃渠帅死亡者,必诏册立其后嗣焉。临统四夷,自此始也。"④唐太宗自诩称:"靺鞨远来,盖突厥已服之故也。昔人谓御戎无上策,朕今治安中国,而四夷自服,岂非上策乎!"⑤这应是唐当时代汉地史家对太宗的赞誉,体现的是中原所推崇的"古者天子守在四夷"的理想秩序。不过,元人许有壬对此评断道,唐王朝"虽一天下","其詟朔漠",一度可号令漠北诸部,然而只是"一时怀柔,不能一家",不过"虚名羁縻"而已。⑥ 中原农耕王朝对于北方游牧区域的统治,也仅停留于"羁縻"层面,并不能施以直接治理。

宋人对于汉武帝、唐太宗开疆拓土的评骘尤可留意。虽然汉武帝、唐太宗对北方地区有所进取,但终为后世所批评。司马光对汉武帝评论称:"孝武穷奢极欲,繁刑重敛,内侈宫室,外事四夷,信惑神怪,巡游无度,使

---

① 《史记》卷一一二《平津侯主父列传》,第 3578 页。
② 《汉书》卷九四下《匈奴传》,第 3824 页。
③ 唐前期委实可称幅员广袤的统一盛世,统治者既"为农耕地区编户齐民的皇帝,同时被草原游牧族群尊为天可汗"。而从 8 世纪中叶直到晚唐五代时期主要族群政权的互动来看,唐帝国对于孕育胡汉统合与多民族国家的形成具有十分重要的作用,就此意义而言,或许不亚于 13 世纪的影响。参阅张广达、蔡长廷、许正弘《唐宋变革时期中原王朝与内陆亚洲主要族群政权的互动》,《东吴历史学报》2022 年第 42 期,第 1—22 页。
④ 杜佑撰,王文锦等点校:《通典》卷二〇〇《边防十六·北狄七》,中华书局,2016 年,第 5473 页。
⑤ 《资治通鉴》卷一九三,贞观三年(629)十二月壬午条,第 6179 页。
⑥ 许有壬撰:《至正集》卷三一《〈大元本草〉序》,《元人文集珍本丛刊》第 7 册,第 166 页上。

百姓疲敝，起为盗贼，其所以异于秦始皇者无几矣。"①宋太宗诏文武群臣各陈备边御戎之策，户部郎中张洎奏称："北戎为患中国，自古而然，夏、商以还，桀暴滋甚。备御之术，简册具存。或度塞以鏖兵，或和亲而结好，或诱部落以分其势，或要盟誓以固其心，谋议纷纭，咸非得策。举其要略，唯练兵聚谷，分屯塞下，来则备御，去则无追，是矣。"②尽管北宋被视为有继承自周世宗以来的"混一天下之志"，③但只是限于恢复汉唐故疆。宋人口中的"汉唐旧疆"是对外开拓和政治交往的一种政治话语，它又是随现实政治变化而具有执行意义的一项政治框架。④无论该政治话语具体变化若何，它体现出宋时代南方农耕定居社会对于朔漠北荒之地仍秉持汉唐以来此疆彼界的传统观念。⑤

朱元璋在给元朝末代皇帝的信中称扬元疆域的广阔："古者帝王混一止乎中原，四夷不治，惟殿下之祖宗，四海内外，殊方异类，尽为土疆，亘古所无。"⑥然而，他在致书北元皇帝昭宗时称："曩因彼先皇知天命而北往，遂得善终。且中国实汉朝之故地，胡本不可久居。"朱元璋一再提及"我中国之旧疆"，就是指"汉朝之故地"，而非元朝的广大疆域。⑦这正是此前汉匈关系的写照，南北各有自身所认定的政治、文化和地理界限。尽管明

---

① 《资治通鉴》卷二二，第758页。
② 李焘撰：《续资治通鉴长编》卷三〇，端拱二年（989）春正月，中华书局，1995年，第666页。
③ 《续资治通鉴长编》卷四，乾德元年（963）二月壬辰，第84页。
④ 黄纯艳：《"汉唐旧疆"话语下的宋神宗开边》，《历史研究》2016年第1期。
⑤ 宋所面对的北方情势已大不同于汉唐。宋神宗曾与二三大臣论事时尝言及外部形势："裕陵尝因便殿与二三大臣论事，已而言曰：'……盖北有狂虏，西有黠羌，朝廷汲汲然，左枝右梧，未尝一日不念之。二房之势所以难制者，有城国，有行国，古之夷狄，能行而已，今兼中国之所有矣。比之汉唐，最为强盛。'大臣皆言：'陛下圣虑及此，二房不足扑灭矣。'上曰：'安有扑灭之理？但用此以为外惧则可。'观此言则勤兵远略，非帝之本心也。而开边生事黩武虐民，皆邀功之臣启之也，其罪可胜言哉。"辽和西夏除据有其原来居地外，又向南逐渐深入中原农耕定居区，比之汉对匈奴、唐对突厥时代的情形已大不相同。参阅王炜撰《道山清话》，民国十六年至十九年武进陶氏景宋咸淳《百川学海》本。
⑥ 宋濂撰：《洪武圣政记》卷二，吴元年（1367）九月戊戌，明钞本。
⑦ 参阅朱元璋撰、胡士萼点校、刘学铣审定《明太祖集》卷五《与元幼主书》，黄山书社，1991年，第79页；张廷玉等撰：《明史》卷三二六《外国七·拂菻传》，中华书局，1974年，第8458页。

王朝曾一度想经略塞外朔漠,成祖朱棣"五出漠北,三犁庭"。① 逮至正统十四年(1449)发生"土木堡之变",明王朝北向拓展的努力便停止,之后基本维持秦汉来以长城为界的传统农牧边疆。

宋、明时代对于北方游牧政权,更多表现为"内夏外夷"之辨。② 元末明初人胡翰迎合元明政局变动排斥异族统治,格外强调夷夏有别。胡翰写道:"中国之与夷狄,内外之辨也。以中国治中国,以夷狄治夷狄,势至顺也。……而后世务勤远略,欲以冠带治之,始失天下之大势矣,非一朝一夕之故也。"他批评唐太宗:"太宗承武德之后,以百战之师,命李靖等将之,擒颉利,降伊吾,平党项,四通吐蕃、回纥,南致谢元深,空人之国,俘人之众,骛然自以秦始皇、汉武帝不若也。魏征言之不听,颜师古、李百药言之又不听,好须臾之名,忘将来之患。卒从温彦博之议,虚漠南之境,徙其部落居吾内地,留其君长,备吾屯卫,而帝加号天可汗,刻之玺书,是以夷狄自处矣。以夷狄处者以夷狄与之,以魏晋处者以魏晋与之,《春秋》之义也。"③明中期丘濬说:"必欲腥膻之丑类、侏离蓝缕之夷獠,皆冠带以列位,稽颡而来朝,以此为遗后之策,以此为足以慰神灵之所想望,是乃秦

---

① 明人对成祖此举评论道:"当时不无苦其劳费,然迄今二百年虏所以不敢大肆凭陵者,则其余威之震,后世所藉赖不浅也。"以上参阅高岱撰《鸿猷录》卷八《三犁虏庭》,明万历四十五年阳羡陈于廷刻《纪录汇编》本。宫崎市定认为,比之汉武帝、唐太宗派遣将领进征漠北,明成祖御驾亲征可谓空前之举,其意图是为恢复大元帝国,颇有元世祖继承者的色彩。此为一说。当然,若视为超越乃父功绩而有意为之,亦未可知。宫崎市定:《洪武から永樂へ:初期明朝政權の性格》,《東洋史研究》第 27 卷第 4 号,1969 年,第 380—385 页。

② 或许是受宋人影响,历宋入元人戴表元也有此种意识。戴表元称:"河山以内,更群帝王之化,文华礼俗,日滋岁盛,遂与其地愈远,不相往来,谓之荒服之外。夫外之不耻,远之不怒,亦已可矣。幸各不失其俗,亦已善矣。吾国名为有异于彼,何尝能百年不悖乱,而俗兼治辽绝荒忽、不可通车辙马迹之处乎? 西汉以来,夸君幸将,贪空名而酝酷祸,以至于唐人之事如此,盖可悲而不可羡也。"他对汉武帝、唐太宗持批评意见。戴表元撰,陆晓冬、黄天美点校:《戴表元集·剡源集》卷四《唐画西域图记》,浙江古籍出版社,2014 年,第 113 页。此段元明之际汉人族群意识变动问题,多得益于张佳对元代夷夏观念的讨论。需指出的是,任何时代"你群"与"我群"的区别都是存在的,从来不会因为"大统一"的大环境而消失,也不会因为政权更迭而发生根本性的改变。参阅张佳《"胡元"考:元代的夷夏观念潜流》,《图像、观念与仪俗:元明时代的族群文化变迁》,商务印书馆,2021 年,第 49—104 页。

③ 胡翰撰:《胡仲子集》卷一《正纪》,清同治七年至光绪八年永康胡氏退补斋刻、民国间补刻《金华丛书》本。

皇、汉武夸大喜功之私心,非帝王内夏外夷、大中至正之道也。"①

从汉、唐、宋、明时代情况分析可知,南方农耕定居社会人群及其所建王朝多数情形下也并无一统朔漠的意愿,这不只是因为力量有所不逮的问题;而在此方面有所进取的秦始皇、汉武帝、唐太宗,后世的评断又偏负面。从匈奴至蒙古,表面看来北方游牧人群及其所建政权不断南进,然而几位锐意南进的著名代表人物都是各自王朝历经数代经营汉地之后的帝王,北方游牧政权起初并无南进农耕地区的意愿和力量。如此说来则又不无矛盾,若大部分情形下北南双方均无意南进或北上,蒙古又为何会不断南进突破而最终一统中国呢?

学界研究此前主要聚焦于游牧经济特性和游牧社会政治实体演进这两方面,就其与外部世界尤其是农耕定居社会之间的密切关系进行论述,揭示出北方游牧政权逐渐南向深入农耕定居地区并施以统治的深刻缘由。

巴菲尔德(Thomas J. Barfield)从外部世界对游牧社会高级政治体(游牧国家)的形成和发展产生重要影响的经典论断,迄今为止仍是对该问题最具解释力的回答。这一论述的基本要旨是,游牧社会因其自身经济的不稳定性和非自给自足性而"依赖"农耕社会,游牧人群需通过贸易或掠夺的方式与后者打交道,而当南方出现强大的中央集权王朝时,游牧人群就需要建立起强大的超部族政治实体以相对抗。② 这一假设或理论,当然存有其缺陷。

哈扎诺夫(Anatoly M. Khazanov)对于巴菲尔德的这一解释模式就持谨慎态度。③ 不过哈扎诺夫承认,游牧经济的特性是促使他们与外部世界发生联系的内在驱动力。游牧社会在经济与社会政治组织两方面都受到外部世界的影响,在与外部世界的互动中走向更高级的政治组织形态(国

---

① 丘濬撰:《大学衍义补》卷一四八《治国平天下之要·驭夷狄》,明成化刻本。
② 详可参阅巴菲尔德《危险的边疆:游牧帝国与中国》。
③ 参阅 Anatoly M. Khazanov, "Nomads in the History of the Sedentary World", in Anatoly M. Khazanov and Andre Wink (eds.), *Nomads in the Sedentary World*, London: Routledge, 2001, pp.14-15.

家化)。"所有类型的游牧都是非自给自足的,因此不能孤立于外部世界而独立运作。它们的差异存在于对外部世界相适应的方式和方法上,其需求和目的并不存在差异。一般情况下,游牧社会内部越分化,它与外部世界的接触与互动就会越积极。而反过来看也是如此,与外部世界接触越深入和越多层面,则会促使游牧人群间的社会分化和贫富差距加剧"。"游牧社会适应外部世界的具体方式的选择,取决于其全体成员的经济需求,以及个别阶层和群体的社会政治抱负。……对于游牧社会来说,外部世界不是消极的背景,而应将其视为在这种互动中的一种积极活跃的力量"。①

狄宇宙(Nicola Di Cosmo)对巴菲尔德的理论也提出批评:"关于游牧民族必须与强大的农耕国家有交流才会发展为国家,事实上也有历史的反证。第一个突厥帝国出现于6世纪中期,此时中国并无统一的强大国家。又如契丹在唐灭亡后(907年)和宋建立前(960年)就已经建立。在女真(并非游牧族群)征服北部中国之前,与宋朝间并无明显的经济联系。而金代中国在蒙古的崛起过程中也并未担任主要角色。匈奴帝国出现在公元前209年,当时中国已经处于内战边缘。匈奴繁荣发展的时间亦在汉代早期——此时中华帝国的政治基础还很薄弱。"②然而狄宇宙同样认为,游牧社会受到邻近农耕定居社会的影响可能要比它受到的其他类型、其他地区游牧社会的影响更大。游牧社会向定居社会的政治传统借鉴一些制度是毫无疑问的,尤其是那些既有游牧地区又占有定居农耕区的政权,农耕区发达的政治统治和官僚管理传统必定会起到十分重要的影响,如契丹辽、女真金、蒙古以及后世的满洲。③

北方游牧人群为何不断南侵农耕定居社会?傅礼初(Joseph Fletcher)和司律思(Henry Serruys)等学者从经济层面提出经典解释,认为贸易是双方关系稳定与否的决定性因素。札奇斯钦等人更是发展了这一理论(假

---

① Anatoly M. Khazanov, *Nomads and the Outside World*, Madison: University of Wisconsin Press, 1994, p.198.
② 参阅狄宇宙(Nicola Di Cosmo)《内亚史上的国家形成与阶段划分》,田欢译,载伊佩霞、姚平主编《当代西方汉学研究集萃》(中古史卷),上海古籍出版社,2016年,第45页。
③ 参阅《古代中国与其强邻:东亚历史上游牧力量的兴起》,第200—205页。

说),提出决定和平还是战争的关键因素是贸易。当边境贸易维续,双方即可保持和平;若边境贸易不畅,游牧人群就会南下进攻。① 不过,巴菲尔德在对该书的简要书评中指出,历史学家和考古学家都须超越"贸易"这类宽泛的概念,将它作为对任何事物本身的解释。相反,学者们需要平等地关注双方,尤其是所涉及的社会具有非常不同的文化价值观和经济需求以及不同的政治组织。②

除贸易受阻论外,还有其他各种解释,如掠夺本能、天性嗜利说,以及虏性狠狠、气候变迁、人口膨胀、扩大统治、文化不同等。③ 上述各种原因的讨论自然也会引发诸多的反思。④ 学者们的讨论忽视了一个基本区分,游牧人群每次南侵都有其特殊的缘由,若是临时性的抄掠或许应是以经济利益为目的;若是以整个政权的规模或名义南伐则应是权力欲的驱使,如抢夺奢侈物用于赏赐等。⑤

----

① 札奇斯钦:《北亚游牧民族与中原农业民族间的和平战争与贸易之关系》,(台北)正中书局,1973 年。Sechin Jagchid and Van Jay Symons, *Peace, War, and Trade along the Great Wall: Nomadic-Chinese Interaction through Two Millenia*, Bloomington, Indiana: Indiana University Press, 1989.
② Thomas J. Barfield, Review of *Peace, War, and Trade along the Great Wall: Nomadic-Chinese Interaction through Two Millenia* by Sechin Jagchid and Van Jay Symons, *Journal of Field Archaeology*, Vol.18, No.2 (1991), pp.241–243.
③ 参阅王小甫《唐、吐蕃、大食政治关系史》,三联书店,2021 年,第 282—285 页。
④ 内田吟风细致梳理公元前 209 年至公元 91 年间匈奴南侵的记录,得出结论认为,匈奴发动战争并非因饥馑,面临饥馑时反而是退兵求和而非战争,"在他们动用武力的时候,并不是处于饥饿期,而是在食物充足、兵力强盛的时期"。狄宇宙对于有关游牧经济依赖华夏产品而通过"贸易和劫掠"以平衡这种不足的理论,以及"对谷物的需要激发起了游牧族的入侵,从而产生了防御的需求"这种假设加以反思,他从那些与长城有直接关联的历史事件中推断认为:"不是游牧族群,而恰恰是华夏诸侯国对北方地区的商贸发展有着更浓厚的兴趣,并且最终以修建长城的方法将这些地区兼并为己有。因为这些长城正是修建在用于畜牧生产的大片草地之中。"内田吟风撰、童岭译、余太山审校:《古代游牧民族侵入农耕国家的原因——以匈奴史为例的考察》,《西域研究》2016 年第 4 期;狄宇宙:《古代中国与其强邻:东亚历史上游牧力量的兴起》,第 183—184 页。
⑤ 奢侈品在游牧社会政治、经济乃至文化中具有重要地位,对奢侈品的需求也是刺激蒙古政权不断向外征伐的动力。爱尔森认为:"创造出不断增长的期待并使之得到满足,这构成了成吉思汗及其后裔帝国的核心特征。""统治者需要运用巨大的财富以稳固权力和实施有效治理……王权最直观地表现为物质财富的数量、质量及多样性的结合。""蒙古宫廷赏赐、派发的珍珠与其他的宝货并没有满足家臣们日益增长的期待值,反而只会激发他们的贪婪和欲望。"托马斯·爱尔森著,马晓林、张斌译:《珍珠在蒙古帝国:草原、海洋与欧亚交流网络》,上海人民出版社,2023 年,第 2、82、86 页。

萧启庆对这个问题检讨并认为："游牧君长的对内政治设想和帝国意识，也是触动他们对外侵略的原因。就对内政治设想而言，对农耕社会的掠夺、贸易和战争，是游牧君长吸引部众，绝对化其权力的重要因素。就意识形态而言，游牧民族的独立主权与普遍王权的观念，常是促成他们与农耕国家发生冲突乃至发动征服战争的心理原动力。""游牧民族自古便有君权神授的观念，由此而衍生出主宰世界的普遍王权的观念。这一观念更导致他们屡次发动征服农业地区的战争。"①萧启庆此处所论涉及另一个重大问题，即游牧社会政治实体的演进与发展。

拉铁摩尔（Owen Lattimore）特别重视从社会与环境交互影响的角度思考："游牧社会在根据其一部分得自非游牧社会的财富及权力以调整其经济时，就必须同时修改其社会机构。这种新的既得权益的性质使它不再成为纯粹的游牧社会。"他提出游牧人群统治的周期循环说。游牧政权一般经历四个阶段：最初阶段的统治中仅包括游牧人群，统治者可以直接获得马、羊和羊毛等，以及直接控制贸易产品。第二阶段扩展至一个"混合国家"，被统治的人群中包含有非游牧人群，并获得一定的贡赋。第三阶段则是统治者各种利益间的冲突出现，保持草原生活的游牧民被负责守护属地的游牧人所抛弃，后者在第三代甚至第二代就会"非游牧化"，他们占据的属地是税收来源最多的地区，获得大部分的赋税。第四阶段即最后一个阶段，统治者内部分化，"当占有实际财富而没有实权的一方与虽然贫乏却掌有实权的一方之间的差异无法忍受时，这个混合的国家即告分裂，边地游牧人就要在政治上'回到游牧制度去'"。拉铁摩尔同时指出，这一情形似乎只发生于游牧社会结构上层，而不在底层。②

巴菲尔德对于拉铁摩尔游牧统治周期循环说提出异议，认为匈奴的例证即不属于此类型。③ 他在论及匈奴"内部组织"问题时写道："它是一种'帝国联盟'（imperial confederacy），在外交与军事事务方面独裁专断，

---

① 参阅萧启庆《北亚游牧民族南侵各种原因的检讨》，《食货月刊》1972年第1卷第12期，第1—11页。
② 拉铁摩尔著，唐晓峰译：《中国的亚洲内陆边疆》，江苏人民出版社，2005年，第211页、第333—338页。
③ 参阅《危险的边疆：游牧帝国与中国》，第15—16页。

跟一般的国家类似,但在处理内部问题上却是协商及联盟结构。单于的权力来源于其作为战争首领以及中原与草原部落之间的单一调节人的双重角色。匈奴在外交与战争方面对汉朝所采取的战略,是以匈奴帝国政府从草原外部资源开发中所获得的财政和政治稳定性为基础建立起来的。匈奴国家结构与其说是自身进化的结果,不如说是游牧部众为了解决其自身组织的问题,以便能有效地掌控中原的一种结构性反应。"①

狄宇宙则从"危机—军事化—集权化"的过程阐释历史视野中匈奴国家的建立问题。在社会和经济危机中,军事贵族的政治权力得到提高,新领导者的崛起并获得成功,"就会靠废掉那些陈腐的旧部族阶层来施行新的政治统治"。在国家创立后,军队规模随之扩大,"当贵族阶层所要求的资源远远超过了传统经济所提供的资源的时候,对于社会的生产基础来说,获得外部的能力就是国家机构出现的关键,也是国家的生存、它的对外关系、它的超越于政治的军事计划和领土边界问题出现的关键。……他们最终的目的是要使收入的贡物和生活费用、奖励、贵族精英者的定期生活津贴、军队和国家机构等各项支出之间达到平衡。从进贡的资源中抽取税收的能力是内亚'游牧型'国家的迫切需要,它成为维护国家的单一政府结构所关注的压倒一切的问题"。这很好地解释了为何游牧国家需要不断向外征伐。而"'超部落'首领神圣的圣礼授权是政治集权化过程的关键。……新的类似国家的政体建立以后所进行的军事扩张,并不是其具有新鲜旺盛的生命力的结果,相反,它是国家格式化进程本身的一个组成部分。军事活动需要用这样一些手段来奖励军事首领、建立等级制,在这样的等级中,皇室成员占据着居高临下的地位"。②

---

① 《危险的边疆:游牧帝国与中国》,第47页。姚大力指出:"自从公元前一千纪中叶游牧经济在蒙古高原产生后,相继有一系列游牧帝国在那里产生,直到它进入蒙古时代。西方学术界把它们称为'如影随形的帝国'(shadow empires),即为了更有利于从实行专制君主官僚制的中原王朝取得'权贵专用商品'(prestige goods),于是在实现内部统治方面本不需要帝国组织的情况下,为提高与庞大且集权的南方帝国'讨价还价'(bargain)的政治资本而建立起来的帝国式部落联盟。"参阅姚大力《跨区域版图整合是怎样实现的:中国史被忽略的一个方面》。另可参阅姚大力《匈奴帝国与汉匈关系的演化——早期北亚史札记》,《中华文史论丛》2021年第2期。
② 《古代中国与其强邻:东亚历史上游牧力量的兴起》,第211—214页。

上述讨论无不表明一个基本事实,即游牧社会政治组织的发展与外部世界农耕定居社会之间的关系十分紧密。游牧世界在与外部世界的接触中促使其自身内部政治组织结构形态得以发展。① 至于蒙古及其时代,北方游牧社会政治实体的演进过程又是如何,它会呈现出怎样的特点呢?②

舒尔曼(H. F. Schurmann)在讨论13世纪蒙古赋役征收体制问题时,就是从其统治外部世界(农耕定居社会)渐进的过程来阐述,认为蒙古帝

---

① 大卫·史尼思(David Sneath)在《无头领的国家:贵族秩序、亲属社会与游牧内亚的曲解》一书中对内亚游牧社会国家的性质和形成提出不同的解释。该书重新思考"国家"和"非国家"两种社会类型,并设想了一个"无头领国家"模式来解释内亚游牧人群政权的性质。该类国家是一种由权力持有者之间的横向关系形成的"类似国家"的权力配置,他们并不相互从属于一个政治中心。换言之,几乎所有的国家权力运作都存在于地方层面,并实际上独立于中央官僚机构。该书认为,贵族决定了政治权力的大小、规模和集中程度。蒙元时代处于真正的政治集权时代,"成吉思汗的帝国政体代表了一种草原统治者和贵族所能够构建的更为集中的政治结构,这种中央集权使其被视为类似国家,因为它在某种程度上符合韦伯式的理想类型。然而,成吉思汗后裔中央集权的高潮相对较快地结束,而由此产生的政治秩序也正揭示出游牧政权所赖以建立的权力根基。作为一种政治形式,这种基本政治秩序的本质直接挑战了中央集权国家的传统观念","贵族秩序跨越了集权国家和分权国家之间的鸿沟——它通常提供了一种共通的权力模式和话语,可使其快速融合"。巴菲尔德批评道:"史尼思关注的中心是蒙古。在清王朝时期,游牧人群确实沦为固定旗单位内的属民,这些旗由与属民有永久联系的王公所掌控。将这个模型投射到更早时期则会更加成为问题,它需要更详细的分析才能使其具有说服力。作者纵览两千年的草原历史,强调十进制军事单位和长期统治王朝的存在,但并未能详加分析。特别是他未能解释那里的游牧政体在高度中央集权的政权(匈奴、突厥、回鹘、蒙古)与无头领统治的政权之间为何会交替出现。其他学者会将此归因于游牧人群与中原的关系,但史尼思坚持认为,蒙古的游牧政治组织是内部而非外部动力的产物。然而,他只是推测了这可能会是如何发生的。与此类问题相似,国家的定义也过于宽泛,以致于失去了所有真正的意义。""史尼思所说的无头领国家,其他学者会称之为一种联盟。"巴菲尔德的批评确实是直击要害的。参阅David Sneath, *Headless State: Aristocratic Orders, Kinship Society, and Misrepresentations of Nomadic Inner Asia*, New York: Columbia University Press, 2007, pp.1 - 2, 179, 203; Thomas Barfield, Review of *The Headless State: Aristocratic Orders, Kinship Society, and the Misrepresentation of Nomadic Inner Asia* by David Sneath, *Comparative Studies in Society and History*, Vol.51, No.4, 2009, pp.942 - 943.

② 傅礼初从超部落政治组织发展的角度回答了蒙古人为什么要向定居社会扩张的缘由,即要维持一个帝国的一体化就不得不推进和持续地进行扩张,"通过荣耀和获取丰厚利润的战事,将各部联合在一起"。因此,蒙古人发动此类史无前例的巨大征服的答案就在此。傅礼初此处的说法偏于一般,暂备一说。参阅Joseph Fletcher, "The Mongols: Ecological and Social Perspectives", *Harvard Journal of Asiatic Studies*, Vol.46, No.1, 1986, pp.28 - 29, 32 - 39.

国的演进可分为三个阶段：第一阶段大致相当于成吉思汗在位的部落大联盟时期(1206—1227)，蒙古人并无意永久占领被征服区，并不设想对被征服农耕定居社会进行任何永久性的统治，他们一旦摧毁敌人便退回草原。第二阶段大体始于1234年金王朝覆灭前后，蒙古统治者按草原分封方式处理被征服定居社会的民众，力图将游牧部落联盟的统治原则延用于被征服的农耕定居区域。这一阶段充满混乱，在蒙古统治下，各征服农耕定居社会仍维持原来当地的统治方式。第三阶段是农耕定居社会的传统国家力量大规模恢复时期，中原汉地开始于1260年忽必烈上台，伊朗地区则始于1294年合赞汗(Ghāzān)登位。在这两个地区的统治中，蒙古因素在越高的统治层级影响越大，在越低的层次则影响越小。如在中原汉地，基层统治仍是汉式的，而上层则是蒙古式的(外来的)。[1]

尽管舒尔曼的论文发表很早，但他所提出的解释性框架至今仍极具说服力。倘若将这一划分用于分析蒙古对中原的征伐，便可发现蒙古向外征服的过程有阶段变化特征。作为第一代蒙古游牧统治者，成吉思汗是一位纯粹的游牧者，他"像更早进入蒙古地区的任何匈奴或突厥首领一样远离边界"，[2]其思维以及观念与匈奴、突厥游牧统治者相类似。及至窝阔台时代，蒙古统治地域扩大且已不再局限于游牧世界，其统治策略也必然随之发生变化。狄宇宙便写道，早期蒙古国家(1206—1259)应该分为两个不同时段，"成吉思汗的统治高度延续了以往的贸易—朝贡管理模式"，他要求西夏和金纳贡，"蒙古政策仍然基本依靠掠夺"，"只有在窝阔台时期，为了有利征服和直接统治，蒙古人才将贸易—朝贡模式放弃"，"只有在下一个建立在直接税收基础上的建国阶段，蒙古在中国和波斯的政体才转变成完全和直接的利用定居人口地方资源，以及更进一步的将游牧族群和定居人口的两种统治方式结合起来"。[3]

而从另一层面言之，学界普遍认为13世纪蒙古征伐是世界及内亚历史

---

[1] H. F. Schurmann, "Mongolian Tributary Practices of the Thirteenth Century", *Harvard Journal of Asiatic Studies*, Vol.19, No.3/4, 1956, pp.304–307.
[2] 《危险的边疆：游牧帝国与中国》，第16页。
[3] 狄宇宙：《内亚史上的国家形成与阶段划分》，《当代西方汉学研究集萃》(中古史卷)，第64页。

上的一个分水岭,"把成吉思汗以前与成吉思汗时代划分开来是内亚史上一个被广泛接受的观念"。① 蒙古时代游牧社会出现巨大且深刻的转变,成吉思汗时代蒙古草原游牧社会完成其共同体的整合,这不仅给蒙古人群自身带来深刻影响,也给13世纪以后内亚其他人群留下相当广泛的影响。②

纵观从匈奴到蒙古诸游牧政权的南进历程,蒙古的不同之处究竟体现在何处呢? 在这个问题的讨论上,魏特夫(Karl A. Wittfogel)于20世纪前半叶所提出的理论仍是不可回避的。尽管该理论提出的年代甚早且存有缺失,但仍不失其学术价值和解释活力。魏特夫将十六国和北魏视为渗透王朝,辽、金、元、清诸朝为征服王朝,而辽与元又有其相似的面向。③ 魏特夫特别提到西辽与蒙古帝国之间的关联性问题。西辽依靠其政治组织效能控制了阿姆河与戈壁之间的疆域,魏特夫赞同此前由英国学者霍沃斯(Henry H. Howorth)所提出的观点,西辽的这个政治组织作为一种统治模式,后来的蒙古帝国就是根据这个模式而建立,并在蒙古帝国的形成过程中起了相当大的帮助作用。④ 尽管学界在对蒙古帝国是否与

---

① 狄宇宙:《内亚史上的国家形成与阶段划分》,《当代西方汉学研究集萃》(中古史卷),第37页。狄宇宙同时又指出,尽管蒙古人的崛起和扩张的确为一分界线,但这样的分界还不足以构成"阶段"。更重要的是,史学家必须先建立起蒙古人历史和其他内亚帝国历史的联系,因为只能先有一定的历史延续性或一贯性,所谓的"终结"或"断裂"才变得有分析价值。参阅狄宇宙《内亚史上的国家形成与阶段划分》,《当代西方汉学研究集萃》(中古史卷),第38页。
② 学界对此已有充分认识。以《剑桥内亚史》的编撰为例,1990年赛诺主编第一卷《剑桥早期内亚史》,2009年狄宇宙主编第二卷《剑桥内亚史:成吉思后裔时代》。第一卷的撰写范围涉及的内亚人群从匈奴以迄契丹、女真;第二卷的内容则集中讲述了从成吉思汗及其子孙后裔建立的蒙古世界帝国的历史和遗产,以及它对现代世界的影响。第二卷涵盖的时段从12世纪开始,一直延续至16—19世纪清王朝和俄罗斯在内亚地区确立其优势政治地位之时。该卷特别突出蒙古征服期间以及之后所形成的各色政权(或国家)在世界历史上的重要性。参阅 Denis Sinor (ed.), *The Cambridge History of Early Inner Asia*, Cambridge University Press, 1990; Nicola Di Cosmo, Allen J. Frank, and Peter B. Golden (eds.), *The Cambridge History of Inner Asia: The Chinggisid Age*, Cambridge University Press, 2009。第一卷汉译本已出版,详可参阅丹尼斯·塞诺主编、蓝琪译《剑桥早期内亚史》,商务印书馆,2021年。
③ Karl A. Wittfogel and Feng Chia-sheng, *History of Chinese society: Liao, 907 - 1125*, Pennsylvania: Lancaster Press, 1949, pp.1 - 32。该书"导言"部分由唐统天等译,刊于王承礼主编《辽金契丹女真史译文集》第1辑,吉林文史出版社,1990年,第1—95页。
④ Karl A. Wittfogel and Feng Chia-sheng, *History of Chinese Society: Liao, 907 - 1125*, p.3.

西辽的统治模式相同的问题上存有争议,①但都不否认西辽对于蒙古帝国发展所具有的重要影响。这一影响的最直接表现就是,蒙古人后来的发展正是获得了来自西域有农耕经验的突厥系等人群的支持。

另一方面则正如巴菲尔德所观察到的,在所有统治华北地区的北族王朝中,只有蒙古人来自漠北草原。草原游牧帝国在与中原王朝打交道时所采取的策略,是从远处榨取中原的资源;在中原与草原的中央权威瓦解导致的混乱局面下,源于东北地区的王朝则乘机崛起,这些王朝致力于征服农耕地区并施以统治,同时也会阻止草原游牧势力的崛起或扩张。"然而,蒙古人在两个方面与众不同。他们是在反抗一个稳固的外族王朝的镇压中崛起并逐步拓展起来的,而且他们也真正征服了华北地区并建立起自己的王朝。这就使得蒙古人不同于其他的草原游牧力量"。② 蒙古人灭金占据华北地区后,自然便会获得熟悉农耕社会的女真人、契丹人的支持。

或许正是由于获得了来自中亚色目人群和源自东北的女真人、契丹人的支持,蒙古人已不同于此前的所有游牧人群,③他们的南进便变得更为突出。逮至忽必烈时代,又与此前蒙古诸汗统治时期大不一样,忽必烈

---

① 彭晓燕(Michal Biran)认为这个观点很成问题。哈喇契丹王朝(西辽)是中亚历史上将中原汉地、草原和伊斯兰世界三者有机融合于一起的独一无二的王朝,它虽与蒙古帝国在某些层面具有一定的相似性,但并不是蒙古帝国的原型(prototype),它们之间的差异很大。详可参阅 Michal Biran, *The Empire of the Qara Khitai in Eurasian History: Between China and the Islamic World*, New York: Cambridge University Press, 2005, pp.202-211.
② 《危险的边疆:游牧帝国与中国》,第251—252页。巴菲尔德写道:"蒙古地区的草原部落在边疆政治中的作用至关重要,但却没有成为中原的征服者;而东北地区,由于其政治与生态因素,成为当本土王朝因为内乱而崩溃时外族王朝的滋生地。"巴菲尔德批评魏特夫的理论,认为后者忽略了匈奴、突厥以及回纥等草原帝国的重要性,且强调的是经济而非政治组织,从掩盖了一些显而易见的事实。参阅《危险的边疆:游牧帝国与中国》,第14—15页。
③ 张帆在反思魏特夫有关中国古代诸北族王朝类型划分理论的基础上也曾论及蒙古的独特之处。北魏和金虽占有中原,却并未有效控制漠北;匈奴与突厥虽有效统治漠北,却未能将势力伸入中原,始终是比较纯粹的游牧政权;辽占有中原部分区域,但统治中心在东北地区,且对漠北的控制并不牢固。"而大蒙古国则有所不同,它既崛起于并牢固控制了漠北,同时又完成了对中原乃至中亚等大片农耕地区的征服,形成了一个疆域辽阔的游牧—农耕帝国"。参阅张帆《元朝的特性——蒙元史若干问题的思考》,《学术思想评论》第1辑,辽宁大学出版社,1997年,第461—462页。

对于南方农耕定居社会已有相当的认识。随着蒙古军事上的步步成功，必然也会逐渐催生并强化忽必烈的统一观念和意识。

蒙元统一中国究竟有何特殊之处？若从历史发展线索和规律言之，蒙古的不断南进，某种程度上或可认为是在辽、金两朝渐次南向基础上的持续推进，①而从匈奴至蒙古是否有规律可循呢？答案是否定的。历史学对于问题的索解，重视的是每次历史变化的具体过程以及造成相应过程的各种复杂要素，并凸显其特殊性。试图以某种规律来解释历史，总难免陷于捉襟见肘的窘境。蒙元不断南进突破而最终一统中国，在每一特定阶段，每位帝王或可汗都会面对不同且复杂的历史情境，它必然存有多种选择的可能。本书意在考察蒙元统一中国历史进程中诸多关键历史事件的具体状况以凸显其复杂性，从而对历史演进的过程和诸种可能性问题提出不同于以往的解释。

三、史料与文本检讨

研治中国北方民族史通常会面临这样的尴尬：有关元及元以前北方游牧人群的历史文献绝大部分由汉文所书写。在研读这些文献史料时，不仅应该特别留意汉文文献本身形成的背景和过程、文本的结构与来源，以及撰述者的立场与观念等；还应该从北方游牧人群的视角去追问与反思：游牧人群会怎么思考和看待这些文献记载呢？游牧人群自身所书写的极其有限的文献史料，又会对哪些问题表现出特别的关切呢？这是民族史研究者应该具备的一种自觉意识。

13—14世纪蒙古统治地域广袤，蒙元史研究涉及多语种文献，核心史料主要有蒙古语文献、汉语文献和波斯语文献，后两者占绝大部分，其中汉语文献所占比重又最大。不同语种文献史料之间可以勘合互证。《蒙古秘史》(下文简称《秘史》)由蒙古草原史家所撰就，《元史》与《史集》则

---

① 蒙古西征的持续推进则有突厥人导夫先路，突厥人曾与萨珊波斯争夺中亚并与拜占庭帝国有交往，当然，还有西辽。

由蒙古帝国东、西部两大继承王朝（或后续王朝）的明王朝和伊利汗朝的史官们所编纂，这是最为基础性的三种史料文献。它们各有自身史学编纂传统，汉文史学的编纂传统既不同于草原史家传统，也不同于穆斯林世界以及基督教世界编年史家的传统。

东、西方文献史料在记载各自地域状况时各有侧重，东方史料记载西方世界的信息越远越薄弱，西方史料记载东方世界的信息也愈远愈疏薄。尽管西方史料对于东方世界的记载晦暗不明，且有很多错误或不准确之处，但它不经意间异于东方文献且看似枝末之处，却可引起足够的注意。东方史料文献的隐晦传统为大家所熟知，与西方文献互异的记载可促使史学研究者回过头来重新审视，东方史料文献中原本严丝合缝的某些记载或许会被松动，重建新的历史叙述便成为可能。

另一方面是对史料文献的反思和文本的检讨。13世纪蒙古史料文献具有一种偏向性特征，作为主体史料的汉文史料与波斯文史料都有倾向性叙述立场。① 它与蒙元当时代现实政治的变化有密切关系：一是蒙古帝国的汗位由窝阔台系转移至拖雷系，窝阔台时代的史事及其后裔的历史，需要进行批判性的理解和思考；二是蒙古帝国分裂崩解之后，不同地域出现的史料必定带有其自身特色，由此会出现叙述上的差别。傅礼初（Joseph Fletcher）曾指出，大部分史料出自波斯和中原汉地定居社会历史

---

① 关于史料记载的偏向性立场问题，兹以贵由汗在不同文献中的记载为例，稍加说明。志费尼将贵由汗描绘为精力充沛的人，而拉施特却将贵由汗描写成体弱多病。志费尼写道："在合罕的所有儿子中，贵由以他的英武、严峻、刚毅和驭下而最知名；他是长子，处理危难最富实践，而且对福祸最有经验。"拉施特称："贵由生来体质虚弱，他大部分时间患有某种疾病。但是，他大部分日子里昼夜纵情酒色。由于纵情酒色成习，致使他的疾病加重。"又，贵由汗受教于基督教徒，所以与基督教较亲近，基督教徒从四面来到贵由汗廷。然而正如巴托尔德所注意到的，在尤兹札尼书（即《纳昔儿史话》，*Tabaqat-i Nasiri*，下文征引该文献时再另行出注）中，"批判贵由仇视伊斯兰教的记述，其词气远较此为激烈"。尤兹札尼提到贵由汗的时候，就像提到察合台的时候一样，绝不放过机会加上 malʻūn（"可恶的"）或 laʻanaallāh（"愿我主降祸于他"）等字样。以上参阅《世界征服者史》（上册），第 294、301—302 页；[伊朗] 拉施特（Rashīd al-Dīn）主编，余大钧、周建奇译：《史集》第 2 卷，商务印书馆，1997 年，第 224、220 页；Morris Rossabi, *Khubilai Khan: His Life and Times*, Berkeley and Los Angeles: University of California, 1988, p.235；[俄] 巴托尔德著，张锡彤、张广达译：《蒙古入侵时期的突厥斯坦》（下册），上海古籍出版社，2011 年，第 546—547 页。

学家之手,他们普遍地浸淫着正统观念,强调拖雷系的正统地位;彼得·杰克逊(Peter Jackson)也持相同见解,认为主要的史料都具有明显的偏袒性。① 因此,在引入汉文和波斯文史料作讨论时应作反思性的理解,并始终保持这种自觉的批判意识。

自晚清西北史地之学兴盛以来,使用域外史料解读元史,已是蒙元史学者们的自觉。然而今天已不止于简单地"互证互鉴",对于不同语种史料文献更加系统而深密的分析越来越为东西方学者所重视。如史料文献形成的背景、撰述者的偏向立场,②以及文本的生成过程与逻辑等。历史编纂与蒙元当时代的政治有着相辅相成的紧密关系。兹以近年来两位西方学者对东西方史料文献所作深刻剖析为例,稍予说明。

艾骛德(Christopher P. Atwood)是西方学者中对汉文史料文献特别关注并具有突出的文献学功力的学者,他特别重视"用语言学的方法来阅读'不合常理'的中文资料",这不仅体现在他长期以来对《圣武亲征录》一书的深度研究,从最近他译注的汉文早期蒙古史料文献的出版亦可窥知。③ 他对东西方史料文献在不同史学编纂传统影响下所形成的不同历史叙述非常重视。例如,他通过对蒙金战争中蒙古遭遇的一场罕见失败的战争,在四种不同史学编纂传统下对该史事的不同叙述进行全方位的考察,从其矛盾和差异中揭示出一段"隐藏丑闻"。这四种史学编纂传统分别是金朝的编史传统、蒙古的编史传统,以及来源于蒙古语材料的汉文史料编纂传统(《元史》)与波斯文史料编纂传统(《史集》)。他写道:"如何关注蒙古征服华北的全部史学编纂传统以及在分析中利

---

① Joseph Fletcher, "The Mongols: Ecological and Social Perspectives", *Harvard Journal of Asiatic Studies*, Vol. 46, No.1, 1986, p.27;Peter Jackson, "The Dissolution of the Mongol Empire", *Central Asiatic Journal*, Vol.22, No.3/4, 1978, pp.188-191.

② 正如《世界征服者史》的英译者波伊勒所注意到,他曾对该书作者志费尼评论称:"为蒙古人服务的志费尼……事实上他说了很多恭维他主子的话,甚至力图证明入侵是实现天意。"同时,志费尼与花剌子模沙的王室有着传统关系,他对该王朝的覆灭也存有惋惜之情,并对摩诃末之子扎兰丁,借助成吉思汗之口来对他表达钦佩之情。参阅《世界征服者史·英译者序》,《世界征服者史》(上册),第30—33页。

③ Christopher P. Atwood (trans.), *The Rise of the Mongols: Five Chinese Sources*, Cambridge MA: Hackett Publishing Company, 2021.

用史料批判,可以产生另一种叙事,与单独考察任何一个传统而得到的叙事差别很大,且说服力会强得多。"不同的史学编纂传统的叙述之间会存有巨大的鸿沟,史学工作者应将历史叙述者("文士和历史学家们")的观点与历史行动者(那些实际制造事件的将领们)的观点进行区分。①

另一位学者斯特凡·卡莫拉(Stefan Kamola)对于波斯文史料《史集》的深入研究同样值得重视。他指出,拉施特的历史著作通常反映的是"当代政治",而不是"真实的过去(the actual past)"。尽管他力求在某些方面的准确性,但为满足"赞助人"在意识形态方面的需求,很明显也乐于编造一些"过去"。② 他于近年出版的《创制蒙古历史:拉施特与〈史集〉》一书,更是在对拉施特个人生活和历史写作工作全面考察基础上,揭示了当时代正在经历的巨大社会变革以及伊利汗宫廷各派系的冲突分裂。该书最可引起注意的,是对于拉施特有关蒙古历史的写作和抄写人员的重写所呈现出的问题,以及文本本身存有许多空白而有待更新和补充的不完整性问题。该书指出,要确定拉施特的确切人生轨迹,或者为他的蒙古历史确认一个权威的文本,就会丧失掉丰富的附带信息,这些信息正嵌于混杂且经常相互矛盾的历史记录之中。通过其独特的文本证据审视拉施特的人生和工作,是为突出资料之间的差异而非解决它,通过这个方法可探索文本作者和抄写员在书写和重写最近或遥远过去历史的动机。有时出于非常个人的考虑,可能会导致作者或某个抄写员将某些语词而非其他语词落于纸页。③ 斯特凡·卡莫拉的讨论,可以说已全面深入文本内核,而非止于文字记载的表层。

史料文献因其特定时代背景有其选择性,不符合编纂者意愿或时代

---

① Christopher P. Atwood, "Pu'a's Boast and Doqolqu's Death: Historiography of a Hidden Scandal in the Mongol Conquest of the Jin", *Journal of Song-Yuan Studies*, Vol.45, 2015, pp.239 - 278.
② Stefan Kamola, "Untangling the Chaghadaids: why we should and should not trust Rashīd al-Dīn", *Central Asiatic Journal*, Vol.62, No.1, 2019, pp.69 - 90.
③ Stefan Kamola, *Making Mongol History, Rashid al-Din and the Jamiàl-Tawarikh*, Edinburgh: Edinburgh University Press, 2019, pp.vii - viii, 121 - 153.

的文字被汰除,王汎森称之为"自我禁抑"。① 史料文献所叙述的历史永远只是部分,且叙述的历史未必是真实发生的历史;而未被叙述的历史却未必就没有发生过,它正需要史学工作者予以揭示。蒙古征伐失败的事例常被历史叙述所遮蔽,现已有越来越多反思性研究。或可举一例。有关 1241—1242 年蒙古侵入匈牙利王国造成重大破坏和人口损失,以及因气候环境因素导致蒙古撤军等历史问题,这既是匈牙利人集体记忆中的一段,也是现代学者讲述这段历史时的基本叙述话语。不过,匈牙利学者最近通过对大量的文本材料、新的考古证据以及该地区定居数据进行综合研究,认为该国大部分地区并没有遭到严重破坏,蒙古军队对当地人口、定居点和基础设施的破坏分布非常不均衡,对环境和气候因素在 1242 年蒙古撤军中起决定性作用的观点表示怀疑。蒙古无法实现其关键目标,如抓获国王或驱使其臣服等,在穆希战役(Battle of Mohi)中蒙古人就已考虑撤军,因为他们正面临着来自该地区其他敌对势力的协调反击。该研究认为,对于蒙古撤军进行细致入微的多原因解释是必要的,较之以往东西方文献所作的叙述,应更多地考虑到当地持续顽强的抵抗和蒙古军事上的失败。②

保罗·韦纳(Paul Veyne)在对"事件与文献"所作的讨论中指出,历史是对事件的叙述,这种叙述有其根本的局限,"在任何情况下,历史学家称之为一个事件的,都不是直接地和完整地被掌握的;它总是不完整和侧面的",因为它是通过文献来表达的。而在本质上,"历史是通过文献进行的认识过程。历史的叙述超越文献之外,因为没有一个文献可以是历史事件本身"。③ 真实发生的历史已无法全部窥知,史书叙述的"历史"是经过选择之后所留存下来的,它有很大的主观性。

---

① 王汎森:《权力的毛细管作用:清代的思想、学术与心态》,北京大学出版社,2015 年,第 345—442 页。
② József Laszlovszky, Stephen Pow, Beatrix F. Romhányi, László Ferenczi, Zsolt Pinke, "Contextualizing the Mongol Invasion of Hungary in 1241 – 42: Short-and Long-Term Perspectives", *Hungarian Historical Review*, 7, No.3 (2018), pp.419 – 450.
③ [法]保罗·韦纳(Paul Veyne)著,韩一宇译:《人如何书写历史》,华东师范大学出版社,2018 年,第 5—6 页。

拉铁摩尔说:"文献材料多半是政治性记录,而且零散、模糊。因此,学者们多半从文本批评入手,试图把政治记载拼凑起来,使之能够联贯一气。"①这应是史学从业者的一种职业自觉。历史的真相再无可能完全复原,今天的史学工作者需要站在自身所处的时代、所面对的困境以及所应具备的常识(即以今日之眼光),来对历史提问并寻求解答。当然,对于历史文献叙述的分析与评议,既应避免求之过甚,又当避免陈义过高。

四、篇章及要旨述略

元朝统一中国的历史进程包含大蒙古国时期和元王朝统治时期这两个有着密切关系却又有所不同的历史阶段。元最终完成大一统,用当时代人的言语称之为"混一",②意指将广大农耕定居区与游牧和半游牧区域以及相应各色人群统合在一起。"戎华"一语,实则北魏已有"廓定四表,混一戎华"之说,③本书借以表达由北方游牧人群所建大一统王朝的特殊性。

---

① 《中国的亚洲内陆边疆》,第 220 页。
② 日本学者樱井智美在讨论元代"混一"南北问题时留意到,"混一"一词出现的时代较晚,是在灭亡南宋之后才出现。参阅樱井智美《元代江南士人にとっての「中國」——「混一南北」の意味から考える》,《东洋史研究》第 78 卷第 1 号,2019 年,第 70—104 页。
③ 《魏书·世祖纪》对太武帝拓跋焘功业评述道:"世祖聪明雄断,威灵杰立,藉二世之资,奋征伐之气,遂戎轩四出,周旋险夷。扫统万,平秦陇,翦辽海,荡河源,南夷荷担,北蠕削迹,廓定四表,混一戎华,其为功也大矣。"诚然,北魏时代"混一戎华"的具体所指,与蒙元时代很不一样,蒙元"混一"的范围还包括塞北与江南,以及吐蕃、西域诸地。元人口中表达"混一"之语,其前缀多有不同,如"国朝混一""大元混一""皇元混一""圣朝(元)混一""国家混一"等,却极少使用"华夷混一"(或"混一华夷")或"华夷一统"之类的描述。从蒙元当日语境观察,以"华夷混一"或"华夷一统"来表达元代并不合时宜。不过,蒙元时代确实又有数例表述可见及。《析津志》有言,"混一华夷,至此为盛",这是描写大聚会时的场景。金元之际耶律楚材称:"泾渭同流无间断,华夷一统太平秋。"元人黄镇成诗云:"生énto华夷混一年,老从耕凿遇尧天。"元明之际人谢应芳写道:"虎豹九关冠有豸,华夏一统佩无牛。"仅有的少数几例说法,并不能代表整个蒙元时代的情状。或需提及的是,元刻《新编纂图增类群书类要事林广记》有一幅"华夷一统图",其思想史意义有待讨论。另又见三处"华夏一统""混一华夏"之语,大德十一年十二月元武宗诏书称:"仰惟祖宗应天抚运,肇启疆宇,华夏一统,罔不率从。"(转下页)

本书主要对大蒙古国和元王朝先后攻取西夏、金、大理以及南宋等政权的具体过程进行反思性研究，特别注重从蒙古内部情势的发展来析解从成吉思汗到窝阔台再到蒙哥以至忽必烈时代的每一次历史转变。成吉思汗和忽必烈这两位大汗在蒙元统一进程中的地位和作用尤显突出，用元人自己的话来表述就是："我祖宗积德累世，至于太祖皇帝，肇启土宇，建帝号。又七十余年，世祖皇帝始一天下，以致至元之治，厥惟艰哉！""我国家之得天下，与三代同。自太祖起朔漠而膺帝图，世祖挥天戈以一海内。"①成吉思汗作为第一代游牧统治者，有其自身的特点和局限；而忽必烈创建元王朝也有其特殊性，他身边所围绕的谋臣以及他早年的关注点均与农耕定居社会关系密切，他对中原汉地以及南部中国相对已有较为深切的认识。

本书各章主要涉及大蒙古国与元王朝政治史方面的内容，这一系列问题具有一定的系统性，它们均关涉蒙元统一中国的历史进程这个主题。文天祥的事例为本书所关注的一大问题，同样涉及该主题。元王朝在军事上取得巨大成功之后，终因统治过程中反元力量的复兴而引起激烈冲撞，文天祥兴兵抗元以及他被俘、被杀的历史问题，就是蒙元统合江南过程的一个缩影。本书主要篇章安排如下。

第一章以蒙元使臣被杀或遭囚的视角重新思考蒙元的对外政策问题，从总体上考察其对外政策的逻辑变化过程，为后续各章讨论蒙古与元

（接上页）《经世大典》有言："粤若皇元，肇基朔方，神功大业，混一华夏。"苏天爵称："国家龙兴朔幕……故能克成武功，混一华夏。"此三处表述似嫌偏狭，仍当视作少数特例，不必深论。以上参阅《魏书》卷四下《世祖纪下》，第128页；熊梦祥：《析津志辑佚·岁纪》，北京古籍出版社，1983年，第216页；耶律楚材撰，谢方点校：《湛然居士文集》卷七《洞山五位颂》，中华书局，1986年，第164页；黄镇成撰：《秋声集》卷三《早春感兴》，明洪武十一年黄钧刻本；谢应芳撰：《龟巢稿》卷八《秋兴七首》，清光绪二十一至三十三年武进盛氏恩恩斋刻、宣统间汇印《常州先哲遗书》本；陈元靓编：《新编纂图增类群书类要事林广记》卷之二《地理国经门·华夷之图》，元至顺建安椿庄书院刻本；陈高华等校注：《元典章》卷一《诏令卷一·武宗统天继圣钦文英武大章孝皇帝·至大改元诏》，中华书局、天津古籍出版社，2011年，第19页；《元文类》卷四〇《经世大典序录·赋典总序》，第773页；苏天爵撰，陈高华、孟繁清点校：《滋溪文稿》卷一五《武略将军河南淮北蒙古都万户府千户武君墓碣铭》，中华书局，1997年，第250页。

① 余阙撰，付明易校注：《青阳先生文集》卷五《元统癸酉廷对策》，上海古籍出版社，2022年，第85页。

王朝向外征伐的转变及其演进奠定基调。蒙元在对外交往中推行六项事大要求,若对方接受便"称藩"臣服,拒绝则"亡国"毁灭,"称藩"与"亡国"应区别对待。高丽、畏兀儿等政权接受"六事"条件,得以维系统绪不灭;金、南宋以及蒙古帝国西部的一些政权则因拒绝该条件,终致毁灭。抗拒"六事"要求的政权,几乎无一例外都出现过杀害或囚禁蒙元使臣的极端事例,由此形成一种近乎"模式化"的故事:蒙古遣使移书招谕在前,若遇杀使毁盟则罪责在彼,武力相加于后而覆亡必至。本章重新检视"六事"政策以及贯穿其中的所有使臣见杀、被囚事例,指出蒙古不断对外征伐主要是受欲图征服世界的"天命观"以及所谓成吉思汗"大札撒"要求后世子孙不断进征这两大因素的影响。与蒙古西向征伐所接触的诸种政权不同,蒙古与金、蒙元与南宋之间的对峙持续数十年之久,双方关系的走向呈现出阶段性的变化和更丰富的可能性;金、南宋本可走向臣服而维持其统绪不坠,金国皇帝可称藩为河南王,南宋亦可称臣纳贡。成吉思汗对金的政策实际仍停留在传统的农耕与游牧旧有关系层面,至窝阔台时期才发生根本转变,金最终以国灭收场。蒙元与南宋对峙数十年,检讨忽必烈时期元王朝在灭宋问题上的犹豫以及外交往复中出现的一些反复,可观察到灭南宋其实并非必然选项。

第二章对蒙古灭夏问题再予讨论与反思。蒙夏之间关系复杂,许多问题仍待澄清。学界此前认为成吉思汗"五次"御驾亲征西夏,这应是对《元史·太祖本纪》的误读。重新检讨1209—1210年蒙夏战争之后达成的议和,西夏在从征问题上其实持有保留条件;而数年后成吉思汗于西征前夕要求西夏遣军从征,实属违背协议的加码之举。蒙古灭夏由多重因素促成,西夏与金、宋以至高丽等政权之间互动的复杂情势变化应是重要缘由之一。西夏末主终向蒙古投诚,成吉思汗却违背约定将其处死,史料记载有不小的差异,解读这些差异可分辨出当日历史叙述的背景。通过梳理东西方主要史料文献对西夏的记载,或可观察到西夏之于蒙古高原和中原的不同地位与角色意义。

第三章从文献、文本与历史三个维度对成吉思汗灭金"遗言"问题及相关史事重新进行讨论。《元史·太祖本纪》记载成吉思汗临终前留下灭金"遗言",在其他具有同等史料地位的文献中却不见相应内容,该记载十分可疑。本章通过梳理东西方诸种文献中相关记载的差异,并深入分析《元史·太祖本纪》最末两年纪事的内容和存在的问题,揭示诸种文献记载所呈现的具体差异状况,以及《元史·太祖本纪》最末两年纪事文本的来源与生成逻辑。成吉思汗最后一次南下目标是西夏,灭金是窝阔台的志业与武功。在灭金问题上,元时代有意遮蔽窝阔台而拔高成吉思汗甚至突显拖雷,于此便可理解当日为何要将灭金战略植于所谓成吉思汗"遗言"之中而加以彰显。

第四章主要以所谓"斡腹"之谋为主线,反思性地讨论蒙古进征大理国的缘起以及蒙哥与忽必烈兄弟之间的争斗问题。忽必烈进征大理国向来被描绘成是蒙古对南宋所实施的"斡腹"之谋。然而,依据东西方史料记载差异可知,蒙古人起初并无以大理"斡腹"而捣袭南宋的图谋。忽必烈之所以往攻大理,是因面对南宋川蜀地区强固防守力量时不得已而采取的权宜之举。忽必烈长时间未对南宋展开正面进攻,应是引发蒙哥对他猜忌和不满的主要缘由。蒙哥御驾亲征,以川蜀作为突破口,而此正是蒙古灭宋所长期奉行的固有战略;忽必烈实早已意识到此战略之弊,其被彻底扭转则要迟至刘整降蒙以后。"斡腹"说很大程度上是南宋西南边鄙帅臣对蒙古军队军事行动本能警觉的反应,其由来已久,且渊源有自。

第五章围绕文天祥被杀史事展开分析,意在究明如下四点:其一,文天祥被元军俘获之后的心路历程实有变化,在最初求"速死"与最终"只求一死"之间,当还存有"不死"想法的可能。其二,忽必烈终敕文天祥以死,当日元廷官方说辞甚为简单,仅将其归咎于薛宝住匿名告变之事。事实上,文天祥被杀是多重因素共同作用的结果,既与当日元廷内部各种政治势力间的角力有关,又与反元局势的变化密切相关。其三,文天祥被处死之事涉及一位谏言者"闽僧",他的身份问题应从南方汉僧与西番僧杨琏真加等人合谋盗掘南宋攒宫的历史事件中去索解。杭州径山妙高和尚很可能与这位"闽僧"有着千丝万缕的关联。其四,宋末元初盗掘南宋攒宫事件的余响,后又展延至元明易代之际,它又蕴含着当日朱明政权为其代元而张本的现实政治考虑。蒙元统一中国的进程当然不能局限于战争史这一主题,它还应涉及在这一统合过程中具体历史人物在面对时代剧烈变动时个体的进退出处,其中所蕴含的复杂性实在是说不清道不明,后来者无法轻易断言。文天祥的事例呈现出元王朝下江南之后进一步统合南方历史进程的一个独特缩影。元在军事上攻取南宋之后,如何收拾江南民心是元王朝完成真正一统过程中所必须面对的问题。围绕文天祥死事问题重新检讨,一方面既揭示出元初对旧宋问题处置的重大现实政治问题,另一方面则可观察到故宋旧民对于新元接纳与否的问题。

第六章就文天祥"死国"事件与元人的另一种"宋亡"历史观之间的关联问题展开讨论。本章以文天祥"死国"事件为中心,针对南宋"不亡于厓山之崩,而亡于燕市之戮"的说法,讨论元人有关"宋亡"的另一种历史叙述问题。本章通过钩稽文天祥勤王抗元直至其被杀期间不为人所习知的遗文轶事,揭示出宋亡元兴之际文天祥在反元复宋活动中所扮演的特殊角色与地位,当日人们对于文天祥中兴宋朝抱有切实的期待。通过比较元代各类文献所记文天祥当年"死国"事件中的不同叙述重点,可以观察到诸种"文天祥传"的书写差异及其相互关系,其中邓光荐所撰《丞相传》对于文天祥死国事件的叙述最为重要,且影响最大。文天祥殉节死国意味着宋已不可复,这种独特的"宋亡"历史观,在元时代的史学作品中有所呈现,相关史著正可从这个角度引以解析。

本书六章主体内容均曾以专题论文形式先期在学术刊物上发表过,兹作简要交代。第一章原题《臣服或毁灭:使臣见杀、遭囚视阈下的蒙元对外政策再检讨》,刊于《文史》2021年第3辑;第二章原题《蒙古灭夏问题再讨论》,刊于《中华文史论丛》2024年第4期;第三章原题《成吉思汗灭金"遗言"问题及相关史事新论——文献、文本与历史》,刊于《史林》2021年第3期;第四章原题《再论蒙古进征大理国之缘起及蒙哥与忽必烈间的争斗问题——以所谓"斡腹"之谋为主线》,刊于《中华文史论丛》2016年第1期;第五章原题《文天祥之死与元对故宋问题处置之相关史事释证》,刊于《文史》2015年第1辑;第六章原题《文天祥殉节与宋亡历史观》,刊于《复旦学报》(社会科学版)2021年第5期。在将上述诸篇论文整合成此书时，又做了增补修订，并对错误疏失处加以更正。

本书对蒙元攻取南宋的具体历史过程未辟专章阐述，但不少章节其实已涉及这一议题。尤其是在蒙元犹豫于是否要灭南宋的问题上，第一章和第四章就有相当篇幅的探讨。蒙元与南宋关系史的研究成果至为丰富，不过前人研究几乎都将蒙元灭南宋视为必然。受这一旧有思考路径所限，许多问题其实已被遮蔽。① 倘若跳出这一旧有思路窠臼，或可反思性地重新梳理从成吉思汗至忽必烈时期蒙元对南宋政策演变的具体过程，窥见它被遮蔽的另一面。因与本书要旨关联紧密，兹略加叙述。

自成吉思汗时期至忽必烈时代，蒙古在对待南宋问题上究竟是如何逐渐变化的呢？

蒙宋之间早期接触大体始于嘉定七年(1214)，蒙古遣使至南宋，要求南宋出兵联合攻金。1221 年，南宋派苟梦玉出使蒙古至中亚见到成吉思汗。1223 年，他再度出使蒙古，蒙宋之间很可能达成了夹攻金的协议。② 成吉思汗西征归来，1226 年御驾征西夏，并于次年在此番征途中去世。李鸣复曾说道："往者宝庆丁亥(1227)，鞑尝遣两金牌至蜀，大书伪号于牌之上，自谓为天所锡，附以幅纸，几百有余言，狂僭异常，悖嫚无礼。大概只欲吾投拜，否则厮杀耳。彼所谓投拜，即吾之所谓和也。吾以讲好为和，彼则以投拜为和。金非不通好也，通好而不投拜，其祸卒不可解，于他国亦然。此岂可不深致其虑哉！"③此时蒙古对于南宋，更多只是虚张声势，欲图迫使南宋不得援金，且要求南宋合作。本书一再强调成吉思汗作为蒙古第一代游牧统治者，他并无谋宋远略，关于此点，由第三章辨析成吉思汗灭金"遗言"的问题，便可窥知。

---

① 既有研究成果非常丰富，李天鸣所著《宋元战史》、胡昭曦主编的《宋蒙(元)关系史》以及陈世松等撰写的《宋元战争史》三部著作，是关于蒙元灭宋战争问题最为详赡的研究。这几部著作基本上采纳的就是蒙元统一中国的传统历史叙述框架，对统一战争的具体过程有非常充分而详实的讨论。详可参阅李天鸣《宋元战史》，(台北)食货出版社，1988 年；胡昭曦主编，邹重华副主编：《宋蒙(元)关系史》，四川大学出版社，1992 年；陈世松、匡裕彻等：《宋元战争史》，内蒙古人民出版社，2010 年。
② 参阅陈高华《早期宋蒙关系和"端平入洛"之役》，载氏著《元史研究论稿》，中国社会科学出版社，2020 年，第 167—188 页。
③ 《历代名臣奏议》卷三三八《御边》，第 4388 页上。

至太宗窝阔台时代,蒙古对于攻取南宋始有切实的行动,这在蒙古灭金之后成为明确的事实。窝阔台为何要攻宋? 史书未提及具体缘由。① 据《史集》载,1234 年,"窝阔台合罕在阿昔昌草原指派自己的儿子阔出和拙赤-合撒儿的儿子宗王忽秃忽前往被称为南家思的摩至那。他们进向[那里],夺取了襄阳府和江陵府,并在途中洗劫了吐蕃地区"。②《元史·太宗本纪》载,太宗六年(1234)秋,"帝在八里里答阑答八思之地,议自将伐宋,国王查老温请行,遂遣之"。七年乙未(1235),"遣诸王拔都及皇子贵由、皇侄蒙哥征西域,皇子阔端征秦、巩,皇子曲出及胡土虎伐宋,唐古征高丽"。③ 对照《秘史》可知,窝阔台将诸子侄分派各地攻伐,长子西征可称各支精锐尽出,足可体现窝阔台当时的优先目标是在西面;遣皇子曲出太子(又作阔出太子)征南宋,显示南宋并未被蒙古列为最优先征伐的对象。④ 1235 年,"冬十月,曲出围枣阳,拔之,遂徇襄、邓,入郢,

---

① 如以 1234 年"端平入洛"爆发蒙宋之间直接冲突作为标志,该事件的具体原因何在? 陈高华敏锐地指出,此前蒙宋之间达成联合灭金的协议,关于蒙古应许河南地予南宋作为条件的传统说法,其实是存有很大问题。事实上,并不存在蒙古许河南地予南宋的承诺。"端平入洛"事件的起因,背信弃义的并非蒙古,而是南宋。"端平入洛"之役确是由南宋方面所发动,宝祐三年(1255)二月,"给事中王埜言:'国家与大元本无深仇,而兵连祸结,皆原于入洛之师轻启兵端。'"九月,权中书舍人陈大方言:"刘子澄端平入洛之师……一败涂地,二十年来,为国家患者,皆原于此。""端平入洛"之役与窝阔台下令征南宋几乎同时发生,它们之间当有所关联。参阅脱脱等撰《宋史》卷四四《理宗四》,中华书局,1985 年,第 854、856 页;陈高华:《早期宋蒙关系和"端平入洛"之役》,《元史研究论稿》,第 179—182 页。
② 《史集》第 2 卷,第 59—60 页。
③ 《元史》卷二,第 34 页。另据《元史·塔思传》载:"甲午(1234)秋七月,朝行在所。时诸王大会,帝顾塔思曰:'先皇帝肇开大业,垂四十年。今中原、西夏、高丽、回鹘诸国皆已臣附,惟东南一隅,尚阻声教。朕欲躬行天讨,卿等以为何如?'群臣未对,塔思曰:'臣家累世受恩,图报万一,正在今日。臣虽驽钝,愿仗天威,扫清淮、浙,何劳大驾亲临不测之地哉!'帝悦曰:'塔思虽年少,英风美绩,简在朕心,终能成我家大事矣。'……命与王子曲出总军南征。"参阅《元史》卷一一九,第 2939 页。
④ 尽管有说法称,窝阔台有意让阔出将来继承他的汗位,但并不能据此判定南宋被列作最优先征讨对象,从阔出南征的军队及将领配置上即知。耶律楚材诗云:"宋朝微寖灭,皇嫡久成戍。政乱人思变,君愚自底亡。右师潜入剑,元子直临襄。杀气侵南斗,长庚壮玉堂。弓犹藏宝玉,剑未识干将。皇业超千古,天威耸八荒。"诗末署"乙未闰月上旬日",应作于 1235 年。"元子直临襄",应是指皇子阔出太子征南宋至襄阳一线。参阅《湛然居士文集》卷一四《云汉远寄新诗四十韵因和而谢之》,第 305—306 页。

虏人民牛马数万而还"。1236年十月,"皇子曲出薨",阵亡于征宋前线。①

窝阔台去世后,在蒙古大汗位悬空之际,蒙古攻宋并未停顿。李曾伯于1243—1244年间曾记载,"谍传丑类骨肉相残","边谍所传,敌情日异,鞑贼不归于朔漠,战舰大治于汴河,此其益蓄于奸谋,岂可姑待以常岁","比寿城浚筑之方新,而丑类攻围之孔棘"。②蒙宋前线小规模冲突仍持续不断,双方处于相持状态。

贵由汗在位时间短促。据《史集》,贵由登位之后,"他派遣速别台把阿秃儿和察罕那颜率领无数军队前往汉地和蛮子地区附近"。③尽管蒙宋之间仍持续有战事,④但贵由汗并无暇顾及南宋问题,他最为关切的是蒙古帝国西面的事务。⑤

历经三代蒙古大汗,第四任大汗蒙哥的关注重心始倾向于南宋。蒙哥熟稔内亚草原事务,于中原汉地及南部中国的了解有限。此时,蒙古帝国西部是朮赤-拔都系的势力范围,拔都汗的影响力要超过大汗蒙哥。蒙哥派遣大弟忽必烈向南攻宋,次弟旭烈兀则领军往中西亚方向突进。虽然相关史料显示两位皇弟出征所配置的军队数量大体一致,但蒙哥对忽必烈进取方向的重视程度可以说要高出几分。蒙哥灭宋的态度很坚决,不仅命忽必烈征宋,之后更是御驾亲征,这更加凸显出他对于攻取南宋的极端重视。本书第四章对蒙哥锐意灭宋与忽必烈疑惧攻宋的问题已作反思性剖析。

---

① 《元史》卷二《太宗本纪》,第34—35页。另据《元史·张柔传》载:"乙未(1235),从皇子阔出拔枣阳,继从大帅太赤攻徐、邳。……庚子(1240),诏柔等八万户伐宋。"《元史·察罕传》载:"皇子阔出、忽都秃伐宋,命察罕为斥候。"此后数年,察罕一直在攻宋前线。参阅《元史》卷一四七、卷一二〇,第3474—3475、2956页。
② 李曾伯撰:《可斋杂稿》卷一六《淮阃乞祠奏》《(奏申辞免除待制并赐金带奏)三辞免奏》,《宋集珍本丛刊》影印清钞本,线装书局,2004年,第84册,第320—321页。
③ 《史集》第2卷,第219页。
④ 据《元史·察罕传》载:"定宗即位……命拓江淮地。"蒙古遣汉军将领史权、张柔等攻淮南、泗州;南宋方面有称:"北兵屡至"。参阅《元史》卷一二〇《察罕传》,第2956页;《元史》卷二《定宗纪》,第39页;《宋史》卷一五七《选举三》,淳祐九年(1249)条,第3686页。
⑤ 其中最引人瞩目的便是定宗征拔都事件。详可参阅杨志玖《定宗征拔都》,载氏著《元史三论》,人民出版社,1985年,第67—76页;刘迎胜:《读〈定宗征拔都〉》,载氏著《蒙元史考论》(上册),兰州大学出版社,2014年,第210—215页。

逮至蒙哥末年转至忽必烈统治之际,蒙古所面对的南宋仍是一个巨型的农耕定居社会,它所拥有的实力不可轻忽。忽必烈之所以犹疑攻宋,正因蒙古攻宋面临巨大的挑战。尽管史料记载有限,但仍可以发现,当日谏止蒙哥伐宋者,应不乏其人。据《元史·刘敏传》载,宪宗时期,"帝伐宋,幸陕右,敏舆疾请见,帝曰:'卿有疾,不召而来,将有言乎?'敏曰:'臣闻天子出巡,义当扈从,敢辞疾乎!但中原土旷民贫,劳师远伐,恐非计也。'帝弗纳,敏还,退居年丰"。① 刘敏显然反对蒙古攻宋。

另一位深可关注的是郝经。郝经在蒙古灭宋问题上同样持反对态度。1256 年,郝经应忽必烈之诏去往开平,他曾"进七道议七千余言",内中言及"宋不足图"。② 这某种程度上既反映出当时代并非少数人持有这种观点,同时也正折射出忽必烈在灭宋问题上的犹疑。

1259 年,蒙古攻宋面临空前危机,郝经上《东师议》《班师议》,力陈息兵止战。郝经批评道:"国家自平金以来,惟务进取,不遵养时晦,老师费财,卒无成功,三十年矣。蒙哥罕立,政当安静以图宁谧,忽无故大举,进而不退,畀王东师,则不当亦进也而遽进。"③

郝经在《东师议》中批评蒙古几十年征战不休:

> 故自汉、唐以来,树立攻取,或五六年,未有逾十年者,是以其力不弊,而卒能保大定功。……国家建极开统垂五十年,而一之以兵,遗黎残姓,游气惊魂,虔刘劓荡,殆欲歼尽。自古用兵,未有如是之久且多也,其力安得不弊乎!④

他又批评蒙古攻宋举措失当:

> 且括兵率赋,朝下令而夕出师,躬擐甲胄,跋履山川,阖国大举,

---

① 《元史》卷一五三《刘敏传》,第 3610 页。
② 《元史》卷一五七《郝经传》,第 3698 页。
③ 同上书,第 3705 页;《郝经集编年校笺》卷三二《班师议》,第 832 页。
④ 《郝经集编年校笺》卷三二《东师议》,第 823 页。

以之伐宋而图混一……岂有连百万之众,首尾万余里,六飞雷动,乘舆亲出,竭天下,倒四海,腾掷宇宙,轩豁天地,大极于遐徼之土,细穷于委巷之民,撞其钟而掩其耳,啮其脐而蔽其目,如是而用奇乎?……今限以大山深谷,扼以重险荐阻,迂以危途缭径,我之乘险以用奇则难,彼之因险以制奇则易。况于客主势悬,蕴蓄情露,无虏掠以为资,无俘获以备役,以有限之力,冒无限之险,虽有奇谋秘略,无所用之。①

郝经同时还提醒到,南宋国力不弱:

况彼渡江立国,百有余年,纪纲修明,风俗完厚,君臣辑睦,内无祸衅,东西南北,轮广万里,亦未可小。自败盟以来,无日不讨军实而申警之,彷徨百折,当我强对,未尝大败,不可谓弱,岂可蔑视?②

正是在这一年,蒙哥死于攻宋征途。郝经呼吁蒙古退兵:

既闻凶讣,即当遣使遍告诸师各以次还,修好于宋,归定大事,不当复进也而遽进。以有师期,会于江滨,遣使喻宋,息兵安民,振旅而归,不当复进也而又进。既不宜渡淮,又岂宜渡江?既不宜妄进,又岂宜攻城?若以机不可失,敌不可纵,亦既渡江,不能中止,便当乘虚取鄂,分兵四出,直造临安,疾雷不及掩耳,则宋亦可图。如其不可,知难而退,不失为金兀术也。师不当进而进,江不当渡而渡,城不当攻而攻,当速退而不退,当速进而不进。役成迁延,盘桓江渚,情见势屈,举天下兵力不能取一城,则我竭彼盈,又何俟乎!③

---

① 《郝经集编年校笺》卷三二《东师议》,第822—824页。
② 同上书,第827页。
③ 郝经还提及南宋所具备的优势:"彼既上流无虞,吕文德已并兵拒守,知我国疵,斗气自倍。两淮之兵尽集白露,江西之兵尽集龙兴,岭广之兵尽集长沙,闽越沿海巨舶大舰比次而至,伺隙而进。如遏截于江、黄津渡,邀遮于大城关口,塞汉东之石门,限鄂、复之湖泺,则我将安归?"参阅《郝经集编年校笺》卷三二《班师议》,第833页。

相比之前的几位蒙古大汗,忽必烈对南宋有更加深切的了解,他在对待南宋问题上非常犹豫。有观点认为,忽必烈派遣郝经出使南宋是一种战略欺骗,这是仍未跳出"后见之明"旧有思考窠臼的表现。郝经反对灭宋的主张是一贯的,且忽必烈此时也并无足够的力量灭宋。南宋除军力强大外,另一优势就是依地理险峻据守,元在给南宋的国书中称言:"论天时,则炎瘴一无畏惮;论地险,则江海皆所习知。"① 然而,炎瘴、江海实为元方面深所忌惮。② 在元军灭宋一路高歌奏凯的历史叙述下,元军的失利和败绩自然记载得相对较少。尽管今天得见的历史记载大多将南宋防守虚弱和军事上的失利描写得极为充分,但偶尔可见的史料却透露出,中统、至元之际,元方眼中的南宋绝不可小觑。③

元下江南的历史结局为人们所熟知。在忽必烈是否笃定取南宋问题上,当时或后世在叙述这段历史时,经常会有倾向性的描绘。据《元史》载,至元三年(1266),"帝尝坐便殿,阅江南、海东舆地图,欲召知者询其险易,左丞相伯颜、枢密副使合达,以君祥应旨,奏对详明,帝悦,酌以巨觥。顾谓伯颜曰:'是儿,远大器也。'"④ 该记载显示忽必烈一直在筹谋取宋,此类记载其实很容易掩盖当时忽必烈在取宋问题上的犹疑。

从元初北方士人在灭南宋问题上所持不同态度,就可窥见忽必烈及元廷的犹豫。因历史的最终走向是元灭了南宋,文献在叙述北方士人的态度时,大多会体现在支持灭宋这个面向上。据史载,"世祖皇帝欲平江南,诸老以东南为谏者数人,耶律丞相独不谏,曰:'此举必取,今谏者日后定羞了面皮。'公明天文,知气运历数而然",⑤ 耶律铸显然是支持灭宋的。

刘因在灭宋问题上的态度,更是常被人们道及。他对宋不无感情,苏

---

① 王恽撰,杨晓春点校:《玉堂嘉话》卷四《和宋书》,中华书局,2006年,第105页。
② 刘因写道:"渡江之役,而良佐与焉。自江淮抵闽越,触炎热瘴疠,遂病不起。时气运方厄,而南北之人病死相藉,奄然一息,孰能胜之?"南方瘴疠之可怖,于此可窥。参阅刘因撰、商聚德点校《刘因集》卷一一《送翟良佐序》,人民出版社,2017年,第190页。
③ 郝经于中统元年上奏称:"臣又切见江上退师以来,宋人颇有轻中国之心。"建言要防御备宋。参阅《郝经集编年校笺注》卷三二《备御奏目》,第851页。
④ 《元史》卷一五四《洪君祥传》,第3631页。
⑤ 盛如梓撰:《庶斋老学丛谈》卷上,《知不足斋丛书》本,第2b页。

天爵称:"王师伐宋,先生作《渡江赋》以哀之。"①至元六年(1269),刘因作《渡江赋》,借"燕北处士"之口称言:"孰谓宋之不可图耶?"②抛开刘因个人是"幸宋"或"哀宋"之情感倾向不论,该赋借北燕处士和淮南剑客的口吻互诘,深切反映出当时元廷在灭宋问题上的争论。从其诗文可知,刘因主张灭宋一统天下,他曾写道:"至元十一年,诏大丞相伯颜诸将兵伐宋。有志之士咸喜,乘此际会,思效计勇以自奋。……铭曰:自北而南,天开元基。辽渐燕垂,金奠淮夷。厌分裂耶,孰彻藩篱?白雁一举,横绝天池。彼瘴海兮藏鲸鲵,巨鼇如城兮尾如旗。安得壮士兮驱而守之。"③

而与前述相较,反对灭宋者的相关史料记载则必定鲜少。④至元三年,名儒许衡曾言:"以北方之俗,改用中国之法,非三十年不可成功。在昔金国初亡,便当议此。此而不务,诚为可惜。顾乃宴安逸豫垂三十年,养成尾大之势。祖宗失其机于前,陛下继其难于后,外事征伐,内抚疮痍,虽曰守成,实如创业。规摹之定,又难于向时矣。"⑤这与郝经对蒙古灭金之后仍不断用兵南进的批评是一致的。

许衡明确反对灭宋:"襄阳下,上欲遂有江南,先生以为不可,其辞甚秘。"⑥据《元史·世祖纪》载,至元十年(1273)夏四月,"时将相大臣皆以

---

① 《滋溪文稿》卷八《静修先生刘公墓表》,第112页。
② 《刘因集》卷二七《渡江赋》,第449页。有论者称:"最能反映刘因拥护元蒙态度的作品是《渡江赋》。这篇赋正面写了元军南下灭宋的军事行动,它的政治倾向本来是十分清楚明确的,但由于种种原因,前人却有过很不相同的看法,有'欲存宋'说(想保全宋朝),'幸宋之亡'说(庆幸宋军的灭亡),'哀宋'说(对宋朝的灭亡感到可悲)等。"参阅商聚德《刘因评传》,南京大学出版社,1996年,第55—56页。
③ 《刘因集》卷八《怀孟万户刘公先茔碑铭》,第149、151页。刘因《虎甲》诗云:"气势江淮一旦空,故教金甲虎生风。峥嵘铁骑千夫勇,凛冽寒威百兽雄。不信貔貅御万灶,岂知狐兔动幽丛。圣朝千古征南录,亦有孙君治造功。"参阅《刘因集》卷二〇《遗诗二》,第375页。
④ "邱琼山曰:尝观元初一时腹心股肱之臣,虽多中国之人,然受其豢养,贪其富贵,忘其身之为华,并无一人一言劝其存宋者。虽以刘因之贤,犹作《渡江赋》以欣幸之,而有'战则为士,降则为奴'之语,他又何责哉!铣按,孙承泽《天府广纪》云:'郝经素与保定刘因相善,因尝言宋不宜伐,经每言于世祖,世祖然之,遂奉使入宋。及被留,因恐祸及,著《渡江赋》,非本怀也。'余谓此可释文庄之疑,而白文靖之心矣。"浦铣辑,何新文、路成文校证:《历代赋话校证·历代赋话续集》卷一一,上海古籍出版社,2007年,第317—318页。
⑤ 许衡撰:《许衡集》卷七《时务五事·立国规摹》,第267页。
⑥ 《元朝名臣事略》卷八《左丞许文正公》,第176页。

声罪南伐为请,驿召姚枢、许衡、徒单公履等问计。公履对曰:'乘破竹之势,席卷三吴,此其时矣。'帝然之"。同年九月"丙戌,刘秉忠、姚枢、王磐、窦默、徒单公履等上言:'许衡疾归,若以太子赞善王恂主国学,庶几衡之规模不致废坠。'"①许衡于此时退隐,或许与他反对灭宋不无关联。

刘因和许衡的事例表明,当日元廷关于是否要下江南的问题争议很大。忽必烈之所以一再要求大臣们讨论,正体现出他在灭宋问题上的犹豫。据《刘武敏碑》载,刘整"始上书策宋必平,时廷臣哗然异之,以为虚国病民,未见收其成功可岁月计者,不谋一喙。而天聪独奋然,曰惟汝予同。为大兴兵如所策",云云。②"廷臣哗然异之"之谓,足可窥见当时反对灭宋者不在少数!③

另一方面,南宋在面对蒙古崛起以及次第攻灭诸政权时,又是怎样的反应呢?

蒙古崛兴于漠北的消息,南宋朝廷很快便获知。起初,南宋部分廷臣以为可以乘金蒙相持之势,伺机北进收复旧疆。这是促成开禧北伐的一大背景。南宋有识之士逐渐意识到,蒙古攻金有旧日金灭辽之势,南宋安危与此相系。至1214年,蒙宋之间已有直接接触。④ 真德秀于甲戌(1214)二月上札子称:"然久驻淮壖,日聆边报,或云鞑靼之众已陷燕山。"⑤1215年(贞祐三年),蒙古联夏攻金,南宋意识到蒙古犯金之后必将攻宋:"两河既为鞑靼所扰,山东畔之。金人东阻河,西阻潼关,地势益蹙,

---

① 《元史》卷八《世祖五》,第149、151页。许衡诗云:"自怜孤力膺邪议,常欲幽居远市尘。"参阅《许衡集》卷一一《病中杂言》,第374页。
② 《元朝名臣事略》卷二之三《丞相楚国武定公》,第36页。姚燧继而又写道:"燧尝读望诸君书,善作者不必善成,善始者不必善终,未尝不兴慨叹于武敏,开用兵端,视南国为奇货,思图形丹青,垂誉竹帛,于今与后者,如取诸怀。及襄阳下,方戍淮西,功已不出乎己。大师南伐,复分兵淮东,渡江捷闻,一失声而死。岂先福始祸者,诚如道家所忌耶!"引文出处同前。以刘整为代表的部分南宋降臣在推动忽必烈灭宋议题上所起的重要作用,或可与前一时代略加比较。秦桧在与金交涉书中写道:"宋之有天下,九世宥德,比隆汉、唐,实异西晋。切观大金今日计议之士,多前日大辽亡国之臣。画筹定计,所以必灭宋者,非忠于大金也,假威大金以报其怨尔。"参阅王明清《挥麈录·第三录》卷之二《秦会之陈议状》,上海书店出版社,2001年,第190页。
③ 忽必烈取宋并不容易,元人写道:"世祖之取江南,或日中未食,或中夜以兴,艰难混一,非偶然而致也。"余阙:《青阳先生文集》卷五《上贺丞相书》,第87页。
④ 参阅陈高华《早期宋蒙关系和"端平入洛"之役》,《元史研究论稿》,第168—169页。
⑤ 《西山先生真文忠公文集》卷三《使还上殿札子》。

遂有南窥淮、汉之谋,兵端复起矣。"①丙子(嘉定九年,1216年),真德秀奏论边事便提出,今日蒙古攻金之势,与政和、宣和年间女真叛辽、灭辽并进犯中原的历史相似,朝廷应以此为鉴早作防备。

> 厥今庸人之论有二:不日虏未遽亡,犹可倚为屏蔽,则日中原方扰,未暇窥我江淮。凡此皆误国之言,不可不察也。……及苻坚既灭慕容,旋起吞晋之谋。元魏已并诸胡,遂萌饮江之志。今新虏鸱张,尽有河朔,而杨、刘群盗,又皆往往服从。臣恐与五胡角立之势殊,未可为江左苟安之计也。……若或上下悠悠,养成深患,机会浸失,事变日殊,臣实未知其所终也。②

南宋对于蒙古军以及后来元军的种种警觉以及担忧,集中表现出来的就是对于所谓"斡腹"灭宋这种"图谋"所深怀的诸多隐忧。这种隐忧长期存在,并持续至南宋灭亡。

蒙元与南宋之间长期对峙,给人的印象通常是蒙元不断突破进取,而南宋则始终处在疲于应付的状态。此处以李曾伯复襄事件为例,或可窥见蒙宋攻守双方的另一面。襄阳于端平初年曾一度遭弃置,十五六年之后又渐为南宋所重视,其后又发展成蒙宋双方争夺的焦点。对于这一变化过程,周密曾写道:

> 襄阳遭端平甲午(1234)叛军之祸,悉煨于火。直至淳祐辛亥(1251),李曾伯为江陵制帅,始行修复。时贾似道开两淮制阃,心忌其功,尝密奏于朝,谓"孤垒绵远,无关屏障"。至开庆(1259)透渡之际,穆陵犹忆此语,欲弃襄阳而保鄂,而似道乃谓在今则不可弃矣。③

---

① 李心传撰,徐规点校:《建炎以来朝野杂记》"乙集"卷一九《女真南徙》,中华书局,2016年,第845页。另据《通鉴续编》载,"太祖十年(1215)十月"条引此称:"时两河已为蒙古所残毁,山东、辽东又为群盗所据,金势既蹙,遂有南窥淮汉之谋。"参阅《通鉴续编》卷二〇,第20册,第11页a。
② 《西山先生真文忠公文集》卷五《江东奏论边事状(丙子十二月十二日上)》。
③ 周密撰,吴企明点校:《癸辛杂识·别集下》之《襄阳始末》,中华书局,1988年,第305页。

襄阳为形胜要地,"襄阳天下之脊,古今重地,南北必争,实为国家旧境"。① 淳祐十年(1250)三月,李曾伯为"京湖安抚制置使、知江陵府";次年(1251)十一月,"京湖制司表都统高达等复襄、樊"。② 李曾伯调任京湖后便积极谋划抢占先机经理襄阳。

蒙宋双方此前对襄阳并不重视,"京湖沿边诸城十五六年付之榛莽,彼此视如弃地"。③ 双方都在观望,均不敢轻举妄动。1250—1251年间,正值蒙古汗位纷争之际,李曾伯奏称:"诸酋人之骨肉方争,中国之机会难得,陛下念虑及此,真宗社之福也。……但今两路城之未复者曰襄、郢、随、枣、安、信、鄀、复、武当、荆门凡十郡(房元无城),未暇一一枚举。而襄阳天下之脊,国之西门,古郢荆岑通襄脉络,将大为经理之计,抑姑为徐进之规。私虑我必守者彼所必争,其进锐者其退易速。"④ 李曾伯呼吁朝廷加强提防,不能因"敌哨不入",便放松警惕。

南宋率先采取行动,蒙古方面才相应出现反应。"去春既城古郢,已启贼心,所以有李幹臣欲用五千人来据襄阳之报。臣虑虏果出此,我无宁日,纵欲以兵取将襄中如汉中矣"。⑤ 李曾伯建议宋廷应抓住时机,预先布置:"至于公朝责任,则近得庙堂密谕,因闻贼有窥襄之意。令遣调数百

---

① 《可斋杂稿》卷一八《出师经理襄樊奏》,第359页上。
② 《宋史》卷四三《理宗三》,第844页。据《宋史全文》载,淳祐十一年十一月丙申,"京湖制臣言,调遣都统高达、晋德入襄樊,措置经理汉江南北,并已肃清,积年委弃一旦收复……御笔:襄阳要区,积年未曾经理,每关忧顾。李曾伯受任边阃,抗志远图,俾襄、樊二城一日复旧,计虑密而用力多矣。且按兵殿敌,观听无哗,缮城峙粮,规略素定,必耕屯之并举,与守备以俱全,载嘉忠勤,宜示褒劝"。参阅汪圣铎点校《宋史全文》卷三四《宋理宗四》,中华书局,2016年,第2809—2810页。
③ 《可斋杂稿》卷一六《(辞免宝文阁学士京湖制置大使奏)三辞免奏》,第330页。李曾伯上奏称:"襄自丙申失守,委弃十五六年,城壁颓毁,灌莽弥望,一向撄时度力,养威伺衅,未暇修复。"参阅《可斋杂稿》卷一八《回奏经理事宜》,第358页。
④ 《可斋杂稿》卷一八《荆阃回奏四事》,第352页。李曾伯另一处写道:"今其伪位未定,骨肉交争,傥或事会之可投,毋亦拱手而弗顾。"参阅《可斋杂稿》卷一八《手奏荆阃事宜》,第354页。
⑤ 《可斋杂稿》卷一六《(辞免宝文阁学士京湖制置大使奏)三辞免奏》,第330页。关于李幹臣,据《元史》载:"李桢,字幹臣……从皇子阔出伐金……桢表言:'襄阳乃吴、蜀之要冲,宋之喉襟,得之则可为他日取宋之基本。'定宗嘉其言。庚戌(1250),赐虎符,授襄阳军马万户。"蒙古授李幹臣襄阳军马万户,正是对南宋举动的一种反应。参阅《元史》卷一二四《李桢传》,第3051页。

人先入为主,臣不敢有违,见因互市,已调兵六百人屯于城中。……臣又恭准圣谕,守襄之传,不必问其来否,当乘此暇隙,亟作家基,以互市谕酋长,欵其他谋。……贼虽声言守襄,近据边报传闻,其酋李幹臣者亦五千,守襄为惮,继欲守樊,又传止欲守裕矣,臣皆曾备申密院。贼谋甚狡,彼苟无大气力,决不轻进重地。"①

淳祐十一年三、四月间,针对南宋朝廷的反复争论,李曾伯写道:"臣恐日力易失,未免委属官郑士铉躬诣朝廷请命,以决可否。正此夙夜鞠躬,以俟图效犬马之愚,以报陛下,继得士铉书,具传庙堂指授,志在必为。……而况襄、樊二城,咫尺宛洛,久弃勿取,取之必争,今往必得,得之贵守。"②"目前使当为惟征惟筑之计,事定乃能用且耕且战之图。事绪孔繁,关系不小。若非主盟之坚凝,孰敢任责之轻易?臣得士铉书,丞相犹虑浮言之惑,恐同列之沮。观此则丞相虽合上意,他人未必叶心。万一始谋勿坚,中道而画,却恐贻笑夷狄,启衅封疆。此不容不预以密奏者。欲乞圣慈与迩臣熟议,早赐乾断。"③

南宋正式出师经理襄阳,"乃者三月之末……而江黄之师倏集筑境上,三军将士相与讙传,臣恐此声已至敌国,贼闻此而先据之,则重贻天顾忧。……选调师旅,乘此春哨初退,夏潦方生,布宣皇灵,径趋岘首。已于四月二十日庚戌,躬率将帅,祃告明神,就以是日巳时遣行。爰遵便旨,命荆鄂副都统制高达任责经理襄阳城壁,总统诸项军马。京湖制置使司帐前副都统制晋德同共任责经理襄阳城壁。……惟是创残弃地,密迩丑类,今欲三数月仓卒之间,复还十五年高深之旧,百色当办,非财勿行,一物不牢,前功尽废。"④南宋恢复襄阳之后,李曾伯同时意识到:"今襄阳既复,房必所必争。秋风一生,必以忿兵加我。"⑤

而在蒙元方面,起初确实一直无意于襄阳。太宗七年(1235),皇子曲

---

① 《可斋杂稿》卷一八《手奏回谢御札戒谕荆阃事宜》,第356—357页。
② 《可斋杂稿》卷一八《回奏经理事宜》,第358页。
③ 《可斋杂稿》卷一八《回奏宣谕经理》,第357页。
④ 《可斋杂稿》卷一八《出师经理襄樊奏》,第359—360页。另可参阅《宋史》卷四三《理宗三》,淳祐十一年十一月丙申条,第844—845页。
⑤ 《可斋杂稿》卷一九《奏以鄂州分司并归节制》,第361页。

出"徇襄、邓"。八年(1236),"襄阳府来附,以游显领襄阳、樊城事"。十年(1238),"襄阳别将刘义叛,执游显等降宋。宋兵复取襄、樊"。癸卯(1243)春,"张柔分兵屯田于襄城"。① 钱大昕曾指出:"盖自刘义降宋以后,元已弃襄而不有,亦不立镇戍。至淳祐辛亥(1251),始复屯重兵于此,非以兵力取之。在宋虽有拓边之劳,在元未有失地之实也。"② 宪宗壬子二年(1252)七月,"诏谕宋荆南、襄阳、樊城、均州诸守将,使来附"。③ 逮至至元初年,刘整献策称:"襄阳吾故物,由弃弗戍,使宋得窃筑为强藩,复此,浮汉入江,则宋可平。"④ 随着攻宋战略调整,元对襄阳的重视逐渐加强。

从蒙宋双方于1250—1251年间围绕襄阳地区的经营上可看到,南宋率先行动,遂而引发蒙古方面的警觉。双方相互角力,襄阳地位再度凸显,最后发展为宋元之间具有决定性的战略争夺点。⑤ 若仅以此番南宋恢复襄阳之举来观察,蒙元与南宋之间长期对峙,与其说是蒙元一直在积极主动谋划取宋,不若说是双方长期周旋且随时、势变化而不断调整策略的过程。在探讨蒙元统一中国的历史进程时,若以"后见之明"的视角观察,必定会将此视为不可避免之"势",且所有时间节点上发生的事件都是在

---

① 《元史》卷二《太宗本纪》,第34—38页。
② 钱大昕还写道:"《元史·宪宗纪》不载高达取襄樊,盖自戊戌(1238)以后,襄樊已为宋土矣。又考姚燧撰《邓州赵长官碑》云:'乙未(1235),太子南征还,合邓、均、唐三州民徙雉阳西三县。明年丙申,襄樊亦徙雉阳。是丙申襄阳失守之时,蒙古已徙其民于雉阳。区区空城,本不作留戍计也。'"参阅钱大昕《十驾斋养新录》卷八《复襄樊年月不同》,上海书店出版社,1983年,第184—185页。
③ 《元史》卷三《宪宗本纪》,第46页。
④ 《元文类》卷五九《湖广行省左丞相神道碑》(姚燧撰),第1193页。
⑤ 襄阳于绍兴初年为南宋收复后,一直是京湖地区的军事重镇。京湖地区的军事布置主要围绕襄阳、鄂州、江陵三地展开,三地的战略地位在不同时期有所差别。嘉定之后,襄阳曾一度为京湖地区军事屯驻重心。然而端平甲午后,襄阳为弃地,直至李曾伯复襄,襄阳才再度成为军事重地。尽管李曾伯复襄之后,南宋因内部各种复杂因素的纠葛,襄阳在南宋防御战略棋局中的地位或不若江陵、鄂州,但其重要性得到抬升则是明显的事实,尤其是在元攻宋战略由川蜀地区调整到荆襄地区之后。详细讨论可参阅熊燕军《战略错位与宋蒙(元)襄樊之战——从南宋援襄诸军的构成谈起》,《宋史研究论丛》第14辑,2013年;周曲洋:《南宋荆湖地区军事补给体制的构建与运作——兼论宋元襄樊之战失利之原因》,《学术研究》2016年第3期;曾祥波:《宋末襄阳围城陷落的一个内部原因:以李曾伯、贾似道关于襄樊战略地位的矛盾为起点》,《国学学刊》2020年第2期。

该"势"主导下渐次出现的一种必然。然而,设若回到当时代具体时间节点上去考察,事实恐怕并非全然如此。或可目之为"势随时变",即每一时间节点上出现的新变化都可能会造成一种新"势"。

第一章　臣服或毁灭：蒙元对外征伐政策的演进

一、问题缘起

"臣服"或"毁灭",这是13世纪蒙古对外交往不妥协政策的基本要义。1246年曾到访过蒙古汗廷的意大利传教士加宾尼说,蒙古人"决不同任何民族讲和,除非它们首先向他们投降";"除非敌人投降,鞑靼人是绝不停战的……他们有成吉思汗的遗命,如果可能,要征服所有的民族"。① 与之同时,蒙古大汗贵由在给教皇英诺森四世的回信中称:"倘若你们渴望和平,希望把你们之幸福托付给我们,你教皇应该立即亲率基督教显贵前来朝见,缔结和平,仅在此时我们才能知道,你们确实渴望与吾人讲和。倘若你不遵从天主及我等之命令,不接受来此朝见之谕旨,届时我们将认为你们决意与我们为敌。彼时将如何,我们不知,天主知之也。"②

13世纪中叶志费尼写道:"成吉思汗在遣往四方诏谕各族归降的使信中,从来不施加威胁、恐吓,这倒是古代暴君的手法,他们经常拿他们广阔的领土、大量的甲兵粮草来吓唬他们的敌人;相反地,蒙古人最严重的警告是:'如你们不屈服,也不投降,我们怎知道如何呢? 古老的天神,他知道。'"③志费尼语似矛盾,通常出现于最末语句中的警告正是蒙古人赤裸裸的威胁与恐吓,这被认为是自成吉思汗时代以来蒙古对外交往中所形

---

① 《出使蒙古记》,第25、37页。
② 《蒙古与教廷》,第14页。
③ 《世界征服者史》(上册),第28—29页。

成的强硬不妥协政策。一般以为,该政策形成的转捩点在成吉思汗征服花剌子模后,①并延续至忽必烈时代。成吉思汗的强硬不妥协外交政策(本书所用"外交"一语,其意与今日国际政治语境下的"外交"一词含义有别),成为"大札撒"(汉译"大法令"),为后世蒙古统治者所谨守。

在成吉思汗这一对外政策的指引下,各地区、诸政权呈现出不同命运,巴菲尔德概括性地指出:"那些顺应新形势的地区(东北、高丽、畏兀儿等政权)避免了蒙古人毁灭性的军事行动,并保留了自己的首领。而那些拒绝蒙古和平建议或违背之前协议的地区(金朝、西域西部以及西夏)则屡次成为战场,生灵涂炭……由于这些王朝违约在先,它们被直接并入蒙古帝国中。"②而在拒绝臣服于蒙古人的外交方式选择上,有一个现象特别突出,当日绝大多数政权都出现过杀害或囚禁蒙元使臣的事例。③

杀害、囚禁使臣的极端事件出现,意味着外交妥协断绝,蒙古毁灭性的进征随之而至,从花剌子模到金再到南宋,莫不如此。"兵交,使在其间可也","古人兵交,使在其间","两国交争,不杀来使",④这是基本的外交规则。塞诺曾指出,中古时代内亚人群在外交实践中对外交豁免原则极为重视,

---

① 高荣胜注意到讹答剌事件在蒙古对外关系中的转折性地位,并对其意义作出阐释。参阅高荣胜《关于蒙古征服动因及其"天下观"的思考》,载氏著《元史浅识》,凤凰出版社,2010年,第1—19页。
② 《危险的边疆:游牧帝国与中国》,第255—256页。
③ 本书所关注的蒙古遣使,并不限于战争之前,处于战争状态中的遣使行为,也包含在内。而关于使臣身份的认定,凡代表蒙元利益与各方交涉者,均纳入讨论之列,不限于持有"国书"的正式外交使节。蒙元时代"使臣"一词,汉文较为常见写作"乙里只",《秘史》中蒙古语对音写作"额勒赤"(elčis)或"额勒臣"(elčin)。这个词在蒙古时代对外交往关系中显得非常突出。它源于突厥语,13—14世纪通过蒙古语传播到欧亚大陆许多其他语言,如波斯语、阿拉伯语等。有学者指出,该词在13世纪之前的原意是"政治家(Staatsmann)"。在中古蒙古语中,它首次被用作"大使、特使、信使"。这个词后来又被重新借用到中古突厥语中,具有"使臣"的含义。参阅杨志玖《〈新元史·阿剌浅传〉证误》,《元史三论》,第163—170页;Marton Vér,"Who were the elčis in the Mongol period?",该文全文尚未见及,摘要可检索:http://mongol.huji.ac.il/sites/default/files/Ver_Diplo_2016.pdf。
④ 杜预注,孔颖达疏:《春秋左传正义》卷二六,上海古籍出版社,1990年,第449页上;方回:《桐江集》卷六《乙亥前上书本末》,影印《宛委别藏》本,江苏古籍出版社,1988年,第387页;陈建:《皇明通纪法传全录》卷六,《续修四库全书》第357册影印浙江图书馆藏明崇祯九年刻本,上海古籍出版社,2002年,第115页上栏。

使臣生命安全的维护是最基本的法则,也是外交实践中的关键因素。① 13 世纪及之前在宋与辽、夏、金等政权之间的外交往还中,大量使臣奔走其间基本都得以保全,②为何到蒙古时代却屡屡出现使臣见杀、遭囚的事件?蒙古于对外交往中为何总是以一种既强势却又屡屡遭辱受害的形象示人?

蒙元外交的一般故事,遣使宣谕在前,武力相加于后。据至元二十八年(1291)元廷招谕海外的一份诏书宣称:"朕惟祖宗立法,凡不庭之国,先遣使招谕,来则按堵如故,否则必致征讨。"③"遣使招谕"要求对方投诚妥协的具体内容有哪些呢?至元四年(1267),元王朝诏谕安南提出六项具体要求:"俾其君长来朝,子弟入质,编民,出军役,纳赋税,置达鲁花赤统治之。"④简言之,即入觐、献质、括户、从征、纳贡、置监,共六事。此六项要求,就是蒙古对外交往不妥协政策的具体内容。这应是渐次形成的稳定而全面的纳降政策,最基本的四项如入觐、献质、从征、纳贡,则是自成吉思汗以来便已形成。

学者们大多以上述六事作为蒙古对外交往的基本原则来进行讨论,涉及对象有畏兀儿、高丽、吐蕃、安南及东南亚地区诸政权。⑤ 而对于蒙元

---

① [美]丹尼斯·塞诺著,北京大学历史系民族史教研室译:《中古内亚的外交实践》,《丹尼斯·塞诺内亚研究文选》,中华书局,2006 年,第 223—243 页。
② 宋金时代虽出现宇文虚中、王伦等使臣被金扣押以至杀害,但仍为小概率事件。此不多论。
③ 《元史》卷二一〇《外夷三·瑠求》,第 4667 页。据《礼典总序·遣使》载:"昔我国家之临万方也,未来朝者遣使喻而服之,不服则从而征伐之。"参阅苏天爵《元文类》卷四一,第 791 页。
④ 《元史》卷六《世祖三》,第 116 页。点校者在"编民""出军役"间未点断,不妥。据《至元四年七月谕安南诏》称:"太祖皇帝圣制:凡有归附之国,君长亲朝,子弟入质,编民数,出军役,输纳税赋,仍置达鲁花赤统治之;以数事请表来附之深诚也。"所谓"数事",即指六事。另据《元史》载,中统四年(1263),免高丽"置驿"事,即"立站"事,亦是一项具体要求。参阅黎崱撰、武尚清点校《安南志略》卷二,中华书局,2000 年,第 47—48 页;《元史》卷五《世祖二》,第 95 页。
⑤ 寓目所及,列举如次: Thomas Allsen, "The Yüan Dynasty and the Uighurs of Turfan in the 13th Century", In Morris Rossabi (ed.), *China among Equals: The Middle Kingdom and Its Neighbors, 10th–14th Centuries*, Berkeley and Los Angeles: University of California Press, 1983, pp.243-280;[日]乙坂智子:《元代『内附』序論——元朝の対外政策をめぐる課題と方法》,《史境》第 34 号,1997 年;乙坂智子:《元朝の対外政策——高麗・チベット君長への処遇に見る『内附』体制》,《史境》第 38・39 号,1999 年;[日]森平雅彦《事元期高麗における在来王朝体制の保全問題》,《モンゴル覇権下の高麗:帝国秩序と王国の対応》第 9 章,名古屋大学出版会,2013 年;Sun Laichen(孙来臣), "Imperial Ideal Compromised: Northern and Southern Courts Across the New Frontier in the Early Yuan Era", In James A. Anderson and John K. Whitmore(eds.), *China's Encounters on the South and Southwest: Reforging the Fiery Frontier over Two Millennia*, Brill: Leiden and (转下页)

与金、南宋及内亚其他政权的讨论则较少涉及，①主要缘由或是后述诸政权拒绝六事要求，不适合以此角度讨论，不过这为此处讨论留下了空间。拒绝六事要求的各个政权，几乎都出现过囚、杀蒙元使臣的极端事件，由此演化为一种近乎"模式化"的外交故事：采取军事行动前，蒙古人通常先向对方派遣使臣，移书招谕，讲求道义上占据高点；由于其妥协要求过于强硬且充满威胁，杀使毁盟之事频现；蒙古作为受害方，罪责在彼，武力随之而至，则覆亡必矣。此类故事屡屡再现，成为大蒙古国与元王朝向外讨伐诸政权前夕对外交往中的一种基本模式。

蒙元使臣屡遭囚、杀的现象，早已引起研究者的注意。苗冬关注到大蒙古国与元王朝在向南宋、高丽、安南、日本等地区派遣使臣的相关问题时指出："元代出使境外的使臣之中，很多被杀或被囚，或不能顺利达成使命，命运比较悲惨，这与蒙古人的'天下观'和当时的军事政治形势有关。"②这一解释具有启发意义。

本章主要包含三方面内容：一是对大蒙古国时期至元代前期蒙元使臣见杀、遭囚的相关史事作全面清理，试图揭示蒙元外交如何逐渐成型并配合其军事征伐的展开；二是解析蒙元使臣见杀、遭囚事件背后的逻辑线索，重点关注六事政策的推行，以探讨各地区、诸政权对该政策的接受与拒斥；三是试图对蒙元对外政策的思维意识作一探究，并以金和南宋作为具体检讨对象，欲图反思它们是否有接受六事臣服条件而延续其政权的可能性问题。

（接上页）Boston, 2014, pp. 193 – 231; Francesca Fiaschetti, "The Six Duties: Yuan Diplomatic Interactions with East and Southeast Asia", *Archivum Eurasiae Medii Aevi*, Vol.23 (2017), pp. 81 – 101;于磊：《元朝"六事"外交模式再探》，《史林》2023年第1期。

① 彼得·杰克逊讨论过蒙古外交中的威慑与怀柔问题，主要讨论对象涉及蒙古帝国西面地区，不过并未从使臣的角度来进行探讨。Peter Jackson, "World-Conquest and Local Accommodation: Threat and Blandishment in Mongol Diplomacy", in *History and Historiography of Post-Mongol Central Asia and the Middle East Studies in Honor of John E. Woods*, pp.3 – 22.

② 苗冬指出蒙元使臣被杀比例高达10%，参阅苗冬《元代使臣研究》第六章《蒙元帝国对外派遣的使臣》，南开大学博士学位论文，2010年，第180—227页。然而，更多囚、杀蒙元使臣的事例（尤其是蒙古帝国西部及其继承政权）及以何种口径统计出此数字，未见详述。另需说明的是，蒙元使臣见杀、遭囚事件并不能代表蒙元与外部政权之间展开外交活动的所有场合，且此类极端事件在外交活动中仅占少数。不过正是此类极端事件的出现，意味着外交活动走向终结。

二、西域杀使：花剌子模的故事与"天命观"支配下的蒙古对外交往

蒙古人为何会将目光投向中亚？按照经典史家（如格鲁塞、多桑等）的观点，成吉思汗欲图与西方建立商贸关系而派遣商业使团，不料花剌子模国讹答剌城（Utrar/Otrar）的守城长官将商队所携物品洗劫并把他们杀害，这就是著名的讹答剌事件。蒙古第一次西征由此引发。这一史事在东西方文献中均有记载。

《秘史》记载："太祖征回回，为其杀使臣兀忽纳等百人。""成吉思汗说：'怎么能让回回国人切断我们的金縻绳，咱们要为咱们的兀忽纳等一百名使者报仇雪冤，出征回回国。'"①据《元史》载，太祖十四年（1219），"西域杀使者，帝率师亲征，取讹答剌城"。② 耶律楚材亦称："有讹打剌城……此城渠酋尝杀大朝使命数人、贾人百数，尽有其财货。西伐之意始由此耳。"③罗依果（Igor de Rachewiltz）认为："成吉思汗派遣的'使节'实际上是负责商队的商人，这些商队的首领或首领们持有蒙古宫廷的文书，（从蒙古人的角度来看）拥有官方使节或大使（elčin）的身份。事实上，正是由于他们作为额勒臣的特殊地位，才使他们的谋杀成为不可避免的战争原因。"④

而据《世界征服者史》载，忽毡的阿合马等三人到东方大汗的国土上来经商，成吉思汗友好地接待他们，并派出由"四百五十名穆斯林"组成的商队随他们去花剌子模"算端的国土"做生意。成吉思汗致信算端，表达发展商贸往来的意愿和友好："从今后，因我等之间关系和情谊的发展，那

---

① 《元朝秘史》（校勘本）第 254 节，第 352 页下；余大钧译注：《蒙古秘史》第 254 节，河北人民出版社，2001 年，第 431 页。
② 《元史》卷一《太祖本纪》，第 20 页。
③ 耶律楚材撰，向达校注：《西游录》，中华书局，1981 年，第 2 页。
④ Igor de Rachewiltz(trans.), *The Secret History of the Mongols: A Mongolian Epic Chronicle of the Thirteenth Century*, Vol.2, Brill: Leiden and Boston, 2004, p.923.

仇怨的脓疮可以排除,骚乱反侧的毒计可以洗净。"然而,当商队抵达讹答刺城时,守城长官亦勒纳尤在征得算端的同意之后,杀死商队成员并掠去财物。一位商队成员因提前获知消息得以逃脱,①向成吉思汗报告了相关情况,"这些消息如此影响汗的情绪,以致无法平静下来……成吉思汗独自登上一个山头,脱去帽子,以脸朝地,祈祷了三天三夜,说:'我非这场灾祸的挑起者;赐我力量去复仇吧。'于是他下山来,策划行动,准备战争"。成吉思汗出征之前,又"先派一个使团去见算端,警告他说:他决心讨伐他,报杀商之仇。因为'提出警告者有理'"。②

《史集》记载的讹答刺事件情节,与《世界征服者》大体一致。不过,《史集》所载成吉思汗致花刺子模算端信件的内容更为丰富,姿态稍显"谦逊"且毫不张扬,信中盛赞对方的伟大,并称对方是"我的爱子和最好的穆斯林",希望两国能共同维护道路往来安全,建立亲睦的关系。当成吉思汗得知使臣被杀消息后,"他祈祷、哭泣了三天三夜"。③

从《世界征服者史》《史集》记载可知,成吉思汗先遣使移书,之后使臣被杀受辱,所有罪责在对方。然而,正如《史集》汉译者们已注意到的那样:"拉施特对成吉思汗和花刺子模王作战原因的解释是片面的,他表达了成吉思汗系诸汗的官方史学的观点。根据另一些史料(涅撒维书等),我们可以推想,征服性战争是由成吉思汗发起的。"④人们在探讨讹答刺事件的时候,基本都是沿用经典史家的观点,认为其改变了蒙古帝国的命运和欧亚大陆的历史,⑤其标志性意义毋庸置疑。不过,对于蒙古帝国和花刺子模国两大国家发生战争的真正缘由的探讨,反而所论不深。

巴托尔德非常重视奈塞维(即涅撒维,撰有《札兰丁传》)的叙述。据奈塞维书的记载:花刺子模沙(算端)先派遣商队至成吉思汗处聘问,成

---

① 据《纳昔儿史话》载,为确保安全,那位得间逃脱的人是一名驮夫,通过沙漠道路东返。H. G. Raverty(trans.), *Ṭabaqāt-i Nāṣirī: A General History of the Muhammadan Dynasties of Asia*, Vol.2, New Delhi: Oriental Books Reprint Corporation, 1970, p.967.
② 《世界征服者史》上册,第90—93、95页。
③ 《史集》第1卷第2分册,第259—260页。
④ 《史集》第1卷第1分册,第262页,注释1。
⑤ 参阅[美]亨利G·施瓦茨撰、瞿大风译《讹答刺事件新考》,《蒙古学信息》1999年第4期。

吉思汗后派使臣偕商队至花剌子模,且花剌子模沙在河中接见了成吉思汗的使臣,两国首领间缔结了和约。之后,成吉思汗才又派出一个商队前往花剌子模,讹答剌事件就发生在此次遣使活动中,而该事件的发生完全是由讹答剌守城长官自作主张的结果。①

阿拉伯史学家伊本·阿西尔所著《全史》,在述及蒙古侵入突厥斯坦和河中地区时,也叙述了蒙古之所以起兵的原因,并提供了另外的说法。该书记载成吉思汗派出的商队抵达讹答剌时,守城长官向花剌子模沙报告了这一消息,花剌子模沙下令将商队成员杀掉,并将财物洗劫。不过,伊本·阿西尔在叙述完此事之后,非常明确地指出,这是有关蒙古侵入穆斯林世界的另一个原因。换言之,蒙古之所以侵入穆斯林世界,尚有其他原因。据《全史》载,讹答剌事件发生前,花剌子模沙在征服河中地区时,就得知另一支来自蒙古的军队已出现在哈剌契丹,并已占领喀什(Kashghar)、八剌沙衮(Balāsāghūn)等地,且花剌子模沙还曾与这支蒙古军队发生过接触。花剌子模在迅速发展壮大的过程中,已使周邻感到威胁。正因如此,《全史》注释者特别指出,成吉思汗之所以进军花剌子模,是阿拔斯哈里发(Abbasid Caliph)邀请蒙古人前来攻击花剌子模。而对于蒙古此次兴师问罪并带来极严重的后果,伊本·阿西尔暗含深意地郑重说道:"发生了什么事,我不会去提它。往好处想,不要问事实。"②针对伊本·阿西尔所记是哈里发招来蒙古人进攻的问题,巴托尔德早已指出,这与欧洲传说是弗雷德里克二世招来蒙古人的说法相类,都是没有根据的臆测。③

伊本·阿西尔还写道,讹答剌事件发生后,花剌子模沙曾派出密探打探成吉思汗的意图,在得知后者势强力大时,他有些后悔杀使、抢夺财物。不过在经过一番考量后,他还是决定整军备战。而就在这时,成吉思汗再

① *Histoire du Sultan Djelal ed-Din Mankobirti*, Paris: Ernest Leroux, 1895. 转引自《蒙古入侵时期的突厥斯坦》下册,第450—454页。
② D. S. Richards(trans.), *The Chronicle of Ibn al-Athīr for the Crusading Period from al-Kāmil fi'l-ta'rīkh. Part 3: The Years 589 – 629/1193 – 1231, The Ayyūbids after Saladin and the Mongol Menace*, Farnham, Surrey: Ashgate, 2008, p.205.
③ 《蒙古入侵时期的突厥斯坦》下册,第455页。

次派出的一位使臣和几位随从到来,他们用威胁的语气质问花剌子模沙。花剌子模沙便把使臣杀掉,并将该使臣随从的胡子剃掉,送回至成吉思汗处;也以同样强硬的威胁口吻,称自己并不惧怕成吉思汗。① 战争由此开启。

西域杀使在前,蒙古进征于后。值得注意的一项重要事实是,在花剌子模与蒙古的外交往来中,是花剌子模派出商队在先,此一事实常被选择性忽视。史书将成吉思汗描绘成遭受屈辱之后的不得已之举,不无讳饰之嫌。当日一大历史背景是,成吉思汗的大蒙古国家和花剌子模沙的国家并驾齐驱地处于发展中,一个在窥探西方,另一个在窥探东方,两强相遇,发生冲突恐难以避免。② 这对于理解和认识蒙古第一次西征的缘起,其重要性或许更值得重视。

蒙古对花剌子模的战争取得巨大胜利,他们在对外交往中变得更为强硬,一改初与花剌子模接触时的那种稍显"谦逊"的姿态。第一次西征后期,蒙古的一支偏师曾突进至罗斯公国。据《诺夫哥罗德编年史》载,1224年,蒙古人突然出现时,当地人完全不知所措,不知这些人从何处来、操何种语言、信仰何种宗教,只知道他们自称为鞑靼人(Tartars)。蒙古人获知罗斯大公们(Knyazes)正组织力量试图反抗时,便派出使臣去到罗斯大公处:"听说你们听信波洛维茨人(Polovets)的话,正欲防备我们;我们并没有占领你们的土地、城镇或村庄,不是来与你们为敌。我们是受上天的指令来追击我们的农奴、马群和异教徒波洛维茨人,你们该与我们和平相处。如果他们逃奔你们,把他们赶走,取走他们的财物。我们已听闻他们伤害你们甚多,正因如此,我们正在与他们作战。"但罗斯大公们没有听信这些,他们把蒙古使臣全部杀掉,并据守第聂伯河以备蒙古人。蒙古人随后再次派出使臣,说道:"由于你们听信波洛维茨人,并杀害我们的使臣,正欲攻击我们,可是我们没有攻击你们,就让上天来决定所有这一切

---

① D. S. Richards(trans.), *The Chronicle of Ibn al-Athīr for the Crusading Period from al-Kāmil fī'l-ta'rīkh. Part 3: The Years 589 – 629/1193 – 1231, The Ayyūbids after Saladin and the Mongol Menace*, pp.205 – 206.
② 《蒙古入侵时期的突厥斯坦》下册,第443—455页。

吧。"这一次罗斯大公们将使臣释放,但仍拒绝投降。①

蒙古人因追击"敌人"而进入罗斯公国领地,又因后者庇护了蒙古人的敌人,且随后派出的使臣又被罗斯大公杀害,蒙古人与当地人的战争便不可避免。贵由汗后来在给教皇英诺森四世的信中指责罗斯大公杀害蒙古使臣事:"竟敢不逊,杀害我每使臣。"②而所谓"就让上天来决定所有这一切吧",或正是蒙古人以"天命"所属的另一种表达,气势甚盛。

1238年,蒙古人隔河屯兵于梁赞城外,派遣一位女巫和两位随从作为使臣去与梁赞大公斡旋,提出包括人员和马匹在内所有物品的十分之一交给蒙古人作为解围条件,然而梁赞大公们没有理睬他们的要求,也没有让她们进城,并说道:"除非我们全都死了,所有的一切才归你们。"③外交斡旋无望,战争再次不可避免。蒙古要求对方交出人员和马匹等物品十分之一的条件,相较前述六事,并不那么苛严。另据加宾尼的记述,蒙古人对投降者的要求是:第一,"应随同他们的军队一同前进,进攻任何民族";第二,"应交出一切东西的十分之一,不仅是财物,人也包括在内。他们在十个男孩中带走一个,对女孩也同样处理。他们把这些孩子带回本国,留着当奴隶。其余的人,他们编入户籍,并按照他们的风俗予以处理"。④ 这里则主要涉及六事中的从征、纳贡、括户等几项。

塞诺曾注意到一封蒙古人写给匈牙利国王的劝降信,内中有言:"我,察因(Chayn),天子的使者,已经被天子授权,在世界上提拔那些归顺他的人,推翻其对手。我对你匈牙利国王感到疑惑,尽管我已经三十次向你派出信使,你从来没有送他们中的任何一人返回我处,也没有见到你自己的信使或书信。"塞诺认为该信应写于1241年蒙古进攻匈牙利之前,并推测该信可能是由拔都所发出。针对信中提及蒙古使团消失的描述,塞诺指出:"无从知晓这种违背豁免规则的行为,是不是接下来导致入侵匈牙利

---

① Robert Michell and Nevill Forbes(trans.), *The Chronicle of Novgorod 1016 - 1471*, New York: AMS Press, 1970, pp.65 - 66.
② 《蒙古与教廷》,第19页,以及第23页注释45。
③ *The Chronicle of Novgorod 1016 - 1471*, pp.81 - 82.
④ 《出使蒙古记》,第37页。

的原因之一。"蒙古攻击匈牙利的目标不是要占领领土,而是试图想捉住逃跑的国王;而蒙古实行屠城等行为,则是因为"蒙古的使者失踪了,可能被谋杀了"。①

1257年,旭烈兀遣使哈里发并声言:"如果你服从我们的命令,那就不要和我们敌对,国土、军队、臣民仍将留下给你。如果你不听我们的劝告,想反抗我们,和我们敌对,那就部署军队,指定战场吧,一旦我动了怒,率领军队进向巴格达,那么尽管你躲到天上或地下,如果你想顾惜自己的古老家族,那你就聪明地接受我的劝告,如果你不听,那我倒要看看神的意志究竟如何。"哈里发毫不示弱且拒绝臣服,将旭烈兀的使臣打发回去。使臣出城便遭百姓围堵,"他们辱骂急使,撩起、撕破他们的衣服,并[向他们身上]吐痰,一旦他们说什么话,就抓住他们的话,对他们进行凌辱"。哈里发宰相得知这一情况后,马上派来军队,"急使们被解救出来,并被送上了路"。旭烈兀得知使臣遭辱之后大怒,战争旋踵而来。②

逮至1260年,蒙古帝国内部出现危机。当年,旭烈兀遣使至埃及马姆鲁克算端忽都思·贝尔巴斯(Qutuz)处,并带去一封劝降信。据《史集》载,旭烈兀派遣急使同四十名那可儿及使团前往密昔儿(埃及),声称:"伟大的上帝选择了成吉思汗及其家族,把地上各地区一下子赐给了我们。正如所有人都应知道的,凡是拒绝归顺的人就要连同其妻子、儿女、族人、奴隶和城市一块消灭……因此,如果你归顺我们的至尊,你就纳贡、觐见,请求[给你]派军事长官,否则就准备作战。"忽都思与统将们商议应对之策,其中一位说"讲和也没用,因为他们的允诺不可靠"。最终,"便在夜里

---

① 参阅丹尼斯·塞诺《中古内亚的外交实践》《蒙古人在西方》,载《丹尼斯·塞诺内亚研究文选》,第232—233、273—274、281页。塞诺认为,"Chayn一定是qan称号的误写。在拉丁文献中,qan常被拼成cam","推测"此人为拔都,并称"这是最有可能的假设"。事实上,"察因"应是"赛音汗"(或作"撒因汗")的音变,赛音汗就是指拔都汗无疑。此承姚大力师提示。
② 参阅《史集》第3卷,第49—56页。关于民众对蒙古使臣的行为,据《阿美尼亚史》载,1239年,蒙古将领绰儿马罕欲取阿美尼亚首都阿尼城,遣使谕降遭拒,"使者将退,民众执使者杀之。绰儿马罕遂围其城。"城破后遭屠戮。转引自[瑞典]多桑著、冯承钧译《多桑蒙古史》(下册),上海书店,2001年,第29—30页。

把急使们处死,黎明时势在必行地决定作战"。① 另据马姆鲁克史家伊本·富拉特(Ibn al-Furāt,1334—1405)描述,旭烈兀的劝降信中虽然暗含有伊斯兰术语,并且引用《古兰经》,不过该信依旧表达了传统的蒙古人的世界观:蒙古人奉天命统治世界,拒绝就是反叛,都将被摧毁;而逃脱绝无可能,应立即投降。然而,蒙古的外交威胁并未奏效,忽都思处死了蒙古使臣,并将他们腰斩,首级则被挂于开罗城。这是蒙古人首次被枭首示众。② 蒙古与马姆鲁克之间的战争随之展开。此次战争以蒙古的失败告终,大将乞忒不花战败被俘就戮。这就是著名的阿因扎鲁特(Ain Jalut)之战。

该战役标志着蒙古帝国向西征伐已进入强弩之末的阶段,具有转折性意义。不过,虽遭遇阿因扎鲁特之败,蒙古人的斗志反而被激发,蒙古帝国西部势力在对外交往中仍然自大且强硬。1260年代伊利汗曾致信基督教世界,欧洲的东方学家们研究指出,若与1246—1254年间蒙古大汗致教皇的信件加以比较,这些信件正是"蒙古人不可一世"的最好例证。然而,至1274年阿八哈汗(Abaqa)为寻求结盟而再度致信基督教世界时,虽仍宣扬伊利汗统治的强大,但较之以往已有改变,它并没有提及成吉思汗及其子孙负有天命统治世界,因而再也没有要求对方臣服的问题了。③

西欧基督教世界没有出现囚、杀蒙古使臣的事例。据加宾尼所述,当时蒙古方面有意派遣使臣随同他一道回去,但加宾尼拒绝了该提议。他表达了诸种担忧,其中一项就是,"害怕他们会被杀死","曾经发生过这样一件事:当跟随我们的仆人们应枢机主教的要求穿着鞑靼人的衣服到他那里去时,他们在途中几乎被日耳曼人用石头砸死,因此不得不脱去那样的衣服。鞑靼人的风俗是:决不同杀死他们使者的人们讲和,直至对他们

---

① 《史集》第3卷,第80、81—82页。
② Ibn al-Furāt, Ta'rīkh al-duwal wa'l-mulūk. 转引自 Reuven Amitai-Preiss, *Mongols and Mamluks: The Mamluk-Ilkhanid War, 1260 – 1281*, Cambridge: Cambridge University Press, 1995, p.36。
③ Denise Aigle, "The Letters of Eljigidei, Hülegü and Abaqa: Mongol overtures or Christian Ventriloquism?" *Inner Asia*, Vol. 7, No. 2, 2005, pp.143 – 162.

报了仇为止"。① 于此或可推知,当日蒙古使臣被杀的几率实在不低。

花剌子模因杀害成吉思汗使臣而招致问罪之师,罗斯大公因向蒙古的敌人提供庇护并将使臣杀害且拒绝输臣而被讨伐,匈牙利国王因将蒙古使团消失于无形而被攻击并遭屠城,哈里发因拒绝款附并羞辱蒙古使臣而招致毁灭,马姆鲁克算端忽都思则因将蒙古使臣枭首而致双方兵戎相见。蒙古对外征伐前夕的模式故事屡屡出现:遣使在前,使臣被杀遭辱于后,进征旋至。在上述事件中,可以发现一个普遍现象,蒙古人常以负有"天命"而统治世界自居。②

这种欲图统治世界的"天命观"应源于成吉思汗,成吉思汗的这种观念又受更早的先导者如突厥人群的影响。不过值得注意的是,蒙古人欲图征服全世界的那种假设其实也是值得警惕的,他们的最初目标并非如此。③ 爱尔森(Thomas Allen)在引述安部健夫的研究时指出,成吉思汗对花剌子模和西夏的真实态度并非要将对方毁灭,而是希望能如畏兀儿一样,使其臣服于蒙古人。④ 巴菲尔德也认为,"蒙古人并不想真正征服西夏,他们对提供供奉及军队的协议心满意足……不管是畏兀儿还是西夏统治者都没有被迫宣布放弃主权"。⑤ 蒙古人对罗斯公国的统治实际上没有大规模地加以改变,保加利亚则选择臣服蒙古人,塞诺对此就曾不无深意地说道:"蒙古人留下的世界观具有比欧洲人更伟大的种族宽

---

① 参阅《出使蒙古记》,第66—67页。
② 丹尼斯·艾格尔(Denise Aigle)在"腾格里护佑下的世界征服"这一主题下,有两篇论文涉及蒙古帝国西部势力与外部世界的交往问题,分别为《从"不妥协"到失败的联盟:蒙古与拉丁西方外交交往的思考》《旭烈兀给叙利亚最后一位阿尤布统治者的信:一种模式的构建》,参阅 Denise Aigle, *The Mongol Empire between Myth and Reality: Studies in Anthropological History*, Leiden and Boston: Brill, 2015, pp.158 – 218。
③ Peter Jackson, *The Mongols and the West: 1221 – 1410*, Harlow: Pearson Longman, 2005, pp.45 – 47。
④ Thomas Allsen, "The Yüan Dynasty and the Uighurs of Turfan in the 13th Century", in *China among Equals: The Middle Kingdom and Its Neighbors, 10th – 14th Centuries*, p.249;安部健夫:《西ウィグル国史の研究》,中村印刷出版部,1955年。安部健夫书汉译本参阅宋肃瀛、刘美崧、徐伯夫译《西回鹘国史的研究》,新疆人民出版社,1985年,第24—37页。
⑤ 参阅《危险的边疆:游牧帝国与中国》,第254页。关于蒙古征西夏,下一章将予分析检讨。

容性。"①

那么,蒙古人对金和南宋的态度又如何,是以必欲毁灭对方为目的吗? 诚如大家所知,蒙古与帝国西部上述诸政治势力之间的外交往复都是在很短的时间内所触发、完成的,而这与蒙古对金、南宋分别长达四分之一个世纪、半个世纪之久的接触和战争是完全不能相提并论的。因此,在面对臣服或毁灭的选项时,后两者会呈现出更丰富的图景和可能。

三、金杀蒙古使臣:蒙古游牧政权与中原农耕政权关系的转变

蒙古对金发动战争,其实一直没有好的理由。蒙古与金为世仇,蒙古部早期首领俺巴孩被塔塔尔人抓住后转交给金,俺巴孩派使者传话给亲属说:"你每将五个指甲磨尽,便坏了十个指头,也与我每报仇。"②成吉思汗时期,"帝始议伐金。初,金杀帝宗亲咸补海罕,帝欲复仇。会金降俘等具言金璟肆行暴虐,帝乃定议致讨,然未敢轻动也"③。"金之降者,皆言其主璟杀戮宗亲,荒淫日恣。帝曰:'朕出师有名矣。'"④蒙古灭克烈部后,"乃遣札八儿使金,金不为礼而归。……札八儿既还报,太祖遂进师"⑤。成吉思汗对金发动攻击,为宗亲报仇是一大理由;而使者札八儿为金所轻,或只是说辞。关于蒙古攻金的缘起,党宝海注意到《纳昔儿史话》的记载,已作较为细致的梳理,⑥此不赘述。

巴菲尔德曾指出,与传统草原游牧势力的"外部边疆战略(即所谓经

---

① 《蒙古人在西方》,《丹尼斯·塞诺内亚研究文选》,第 305 页。
② 《元朝秘史》(校勘本)第 53 节,第 17 页下。
③ 《元史》卷一《太祖本纪》,第 13 页。
④ 《元史》卷一一九《木华黎传》,第 2930 页;苏天爵辑撰:《元朝名臣事略》卷一《太师鲁国忠武王》,第 2 页。王理写道:"完颜璟割虐下民,赵叡爽盟背约,自伐丧其国家。"参阅《元朝名臣事略》之《王序》,第 3 页。
⑤ 《元史》卷一二〇《札八儿火者传》,第 2960 页。
⑥ 党宝海:《外交使节所述早期蒙金战争》,《清华元史》第 3 辑,商务印书馆,2015 年,第 159—187 页。

济敲诈)"不同,到蒙古时代,情形已发生巨大转变,"征服中原并不是蒙古人最初的目标,颇具讽刺意义的是,这种征服仅仅是他们将曾经计划加以敲诈的金朝彻底摧毁之后所造成的后果"。① 在巴菲尔德看来,蒙古攻金是为获取经济利益,不过金却不以传统中原方式即献岁币乞和,而是选择战争以回应。然而,在金遭蒙古重创后,双方互遣使臣进行外交斡旋的努力也在进行。②

太祖九年(1214),"金主遂遣使求和,奉卫绍王女岐国公主及金帛、童男女五百、马三千以献"。③ 而据《通鉴续编》载,太祖八年(1213),"蒙古使乙里只如金","议和,且请昏也"。次年,"金主然之,乃遣承晖往乞和,且许以公主归之。金银缯帛各万两匹,太祖皇帝许之"。④ 1215 年,蒙古"遣乙职里往谕金主以河北、山东未下诸城来献,及去帝号为河南王,当为罢兵。不从"。⑤

太祖十六年(1221),金遣乌古孙仲端奉国书至铁门关请和,"称帝为兄。不允"。1222 年秋,"金复遣乌古孙仲端来请和,见帝于回鹘国。帝谓曰:'我向欲汝主授我河朔地,令汝主为河南王,彼此罢兵,汝主不从。今木华黎已尽取之,乃始来请耶?'仲端乞哀,帝曰:'念汝远来,河朔既为我有,关西数城未下者,其割付我。令汝主为河南王,勿复违也。'仲端乃归"。太祖二十二年(1227),"金遣完颜合周、奥屯阿虎来请和。帝谓群臣曰:'朕自去冬五星聚时,已尝许不杀掠,遽忘下诏耶。今可布告中外,令彼行人亦知朕意。'"⑥成吉思汗对金国款附提出的具体要求是称藩、纳土,而金反复多次权衡之后,终未答应。

正如海老泽哲雄所注意到的,至太宗窝阔台时期,蒙古灭金的意图发生了转变。窝阔台登基时对金的态度已趋强硬,"金遣阿虎带来归太祖之

---

① 参阅《危险的边疆:游牧帝国与中国》,第 252 页。
② 详参任崇岳《论蒙金关系》,《社会科学辑刊》1986 年第 6 期;海老泽哲雄:《モンゴルの対金国外交》,《駒沢史学》(52),1998。
③ 《元史》卷一《太祖本纪》,第 17 页。
④ 《通鉴续编》卷二〇,第 5 页 a、第 6 页 b。
⑤ 《元史》卷一《太祖本纪》,第 18 页。
⑥ 同上书,第 21、22、24 页。

赗,帝曰:'汝主久不降,使先帝老于兵间,吾岂能忘也,赗何为哉!'却之。遂议伐金"。① 之后,窝阔台遣速哥使金:

> 命使金,因俾觇虚实,语之曰:"即不还,子孙无忧不富贵也。"速哥顿首曰:"臣死,职耳。奉陛下威命以行,可无虑也。"……及见金主,曰:"天子念尔土地日狭,民力日疲,故遣我致命,尔能共修岁币,通好不绝,则转祸为福矣。"谒者令下拜,速哥曰:"我大国使,为尔屈乎!"金主壮之,取金卮饮之酒曰:"归语汝主,必欲加兵,敢率精锐以相周旋,岁币非所闻也。"速哥饮毕,即怀金卮以出。速哥虽佯为不智,而默识其地理阨塞、城郭人民之强弱。既复命,备以虚实告;且以所怀金卮献。帝喜曰:"我得金于汝手中矣。"复以赐之。始下令征兵南伐。②

太宗在遣速哥出使时,对其被杀或遭囚的可能性已作充分估计。是知,当日蒙古使臣遭遇不测的概率实在不低。③ 速哥此番出使金国,表面上是要求金纳"岁币"以"通好",较之成吉思汗时代似有所退让;不过这只是虚辞,根本目的在于刺探金国情报。

大致在速哥之后,太宗又派遣唐庆使金。唐庆在成吉思汗时期(1227)就曾作为使臣出使过金国。壬辰岁(1232),唐庆再度出使金国:

> 壬辰,太宗复以庆为国信使,取金质子,督岁币,以金曹王来,见帝于官山。七月,使庆再往,令金主黜帝号称臣,金主不听,庆辄以语侵之。金君臣遂谋害庆,夜半,令兵入馆舍,杀庆,及其弟山禄、兴禄,

---

① 《元史》卷二《太宗本纪》,第29页;海老泽哲雄:《モンゴルの対金国外交》。
② 《元史》卷一二四《速哥传》,第3051—3052页。
③ 1215年,蒙古在与原金辽东地区的交往中,曾出现蒙古人员被杀事件。耶律留哥人觐成吉思汗,成吉思汗遣"蒙古三百人"往其地取三千人为质,留哥副统帅可特哥率众叛,"杀所遣三百人,惟三人逃归"。所谓"蒙古三百人"当非全为军士,而"惟三人逃归",则与讹答剌故事颇相类。同年,辽东张鲸附蒙后复叛,成吉思汗责问张鲸,要求其遣弟张致为质,张鲸背遁被杀,张致则"杀使者应其兄"。参阅《元史》卷一四九《耶律留哥传》、卷一五〇《石抹也先传》,第3513、3542页。

并从行者十七人。①

唐庆此番使金目的是促降,要求金国纳质、贡赋(岁币)、称藩(称臣),不过遭金哀宗拒绝。唐庆更因"语侵"金主,而遭致杀身之祸。《归潜志》有细节描绘:

> 秋七月,北兵遣唐庆等来使,且曰:"欲和好成,金主当自来好议之。"末帝托疾,卧御榻上,见庆等掉臂上殿,不为礼。致来旨毕,仍有不逊言,近侍皆切齿。既归馆,饷劳。是夕,飞虎军数辈,愤庆等无礼,且以为和好终不能成,不若杀之快众心。夜中,持兵入馆,大噪,杀庆等。馆伴使奥屯按出虎及画二人亦死。迟明,宰执趋赴馆视之,军士露刃,诣马前请罪,宰相遑遽慰劳之,上因赦其罪,且加犒赏。京师细民皆欢呼踊跃,以为太平,识者知其祸不可解矣。②

从金遗老这段文字可知,当时唐庆来使,就是要求金国投诚款附。所谓"金主当自来好议之",即要求君长入觐。唐庆作为使节,依恃蒙古强大军力为后盾,表露出"不为礼"的倨傲姿态,在金主面前故意"掉臂",且出言不逊,最终引来杀身之祸。次年(1233)四月,金鉴于蒙古情势,问罪当时参与唐庆事件的宰执官员,"治罪杀唐庆事。故相侯挚亦见杀"。③

另据史载,"飞虎军士申福、蔡元擅杀北使唐庆等三十余人于馆,诏赏其罪,和议遂绝"。④ 金蒙和议不成,又"擅杀北使唐庆以速金亡"。⑤ 赵翼曾说:"则庆之死,又是金主所使矣。案是时哀宗方以曹王讹可出质求退兵,岂复敢杀使招衅?此必元人借口以为兵端也。""金之先以和误人,而其后转以不和自娱。"⑥

---

① 《元史》卷一五二《唐庆传》,第 3600 页。
② 刘祁撰,崔文印点校:《归潜志》卷一一,中华书局,1983 年,第 124 页。
③ 同上书,第 130 页。
④ 《金史》卷一七《哀宗上》,第 420 页。
⑤ 《金史》卷四四《兵志》,第 1071 页。
⑥ 《廿二史札记校证》卷二九《金元二史不符处》、卷二八《金以坏和议而亡》,第 652、635 页。

与金国杀使形成鲜明对照的是,蒙古不杀来使。① 元好问曾述及冯延登出使蒙古事:

> 以[正大]八年春(1231)奉国书见于虢县之御营。有旨问:"汝识凤翔帅否?"对曰:"识之。"……又问:"汝能招之使降即贳汝死。不则杀汝矣。"曰:"臣奉书请和,招降岂使者事乎?招降亦死,还朝亦死,不若今日即死之为愈也。"明日,复问:"昨所问,汝曾思之否?"对如前。问至再三,君执义不回。又明日,乃谕旨云:"汝罪应死,但古无杀使者理耳。"君须髯甚伟,乃薙去,迁之丰州。②

蒙古不杀金使,而"薙去"其须,却是种蒙古式的羞辱。元好问作为金遗民,他对冯氏的赞扬以及对蒙古的曲笔维护,于此可窥一斑。

由上述可知,窝阔台时期蒙古对金政策已发生巨大转变,灭金已无可避免,而金则杀使以回应。揆诸史料,灭亡金国并未成为成吉思汗生前的首要任务。③ 1215 年,"蒙古兵所向皆下,金主遣使求和。太祖皇帝欲许之,谓撒没噶曰:'譬如围场中獐鹿,吾已取之矣。独余一兔,盍遂舍之。'撒没噶不肯,遣人谓金曰:'若欲议和可,去帝号、称臣,当封汝主为王。'故议不成"。④ 成吉思汗灭金的意愿并不强烈。直到他去世之前或许也应

---

① 据塞诺引述的西方基督教文献可知,蒙古大将拜住曾处死过一位来使,之后当拜住想再处死另一位不遵守外交策略而拒绝行三跪拜之礼的使节时,遭到蒙古其他高级官员的反对。这是唯一一处蒙古杀使事例。或有更多事例,待博雅者补正。参阅丹尼斯·塞诺《中古内亚的外交实践》,《丹尼斯·塞诺内亚研究文选》,第233 页。
② 元好问撰,姚奠中主编,李正民增订:《元好问全集》卷一九《国子祭酒权刑部尚书内翰冯君神道碑铭》,山西古籍出版社,2004 年,第 454 页。另见《金史》卷一二四《冯延登传》,第 2849 页。
③ 1214 年之后,蒙古对金提出具体要求,一是未下州郡归附,二是剥夺帝号。参阅海老沢哲雄《モンゴルの对金国外交》,第 202—207 页。另,郝经曾写道:"自浍河之战(1211),乘胜下燕、云,遂遗兵而去,似无意于取者。"参阅《郝经集编年校笺》卷三二《东师议》,第 824 页。
④ 《通鉴续编》卷二〇,第 11 页 a。亦见《建炎以来朝野杂记》"乙集"卷一九《鞑靼款塞蒙国本末》,第 852 页。

是如此,而他留下的所谓灭金"遗言",则更是疑窦丛生。①

在成吉思汗时代,中原农耕定居社会对于蒙古人来说是相当陌生的,维持南方原有王朝统治秩序的存在,于当日蒙古人而言是一个重要选项。可堪比较的是契丹与后晋之间的关系。石敬瑭以割地、岁输(纳贡)、称儿诸事项而臣服于辽,以换取辽对后晋政权的承认和支持;后晋在辽人眼中为"南朝汉儿"。待石敬瑭去世,后晋内部政局出现变动,继任者石重贵改变对辽政策,不愿称臣,并主动挑起纷争。契丹派往后晋的使臣经常被杀,这导致契丹倾力南下,后晋终于国亡。②

成吉思汗时代蒙古与金之间的关系,与此前汉唐以来游牧政权与农耕定居政权间的关系,应视为仍停留在传统的外交关系层面。这种关系的打破,则要到窝阔台以后,前文在述及窝阔台面对金使臣时的强硬表态,就已充分透露了这一点。自窝阔台时期以来,蒙古对农耕定居社会的统治已不再陌生。③

四、南宋杀使毁书:宋元妥协的可能性问题再检讨

宋元对峙情形下,元与南宋有无可能延续南北共存模式?或在接受

---

① 关于成吉思汗临崩前留下灭金"遗言",恐怕只是后世的一种说法而已。本书第三章对这个问题有详细辨析。
② 详可参阅《资治通鉴》卷二八〇至卷二八五,第 9138—9326 页;薛居正撰:《旧五代史》(点校本二十四史修订本)卷七五至卷八五,中华书局,2015 年,第 1139—1313 页;欧阳修撰:《新五代史》(点校本二十四史修订本)卷八至卷九,中华书局,2015 年,第 91—116 页。
③ 艾骛德于 2019 年在中国人民大学所作的一场报告《法律规范和末日之梦:漫长蒙古世纪的政体间关系》中,针对蒙古人何时开始征服世界的问题时指出:"并不始于成吉思汗时代,而是始于窝阔台汗时代。""1234 年,窝阔台汗……表示想要征服宋朝的意愿。而从贵由汗时代开始蒙古人坚信征服世界是长生天的任务和成吉思汗的遗产。但是在进行征服之前,必须宣布敌人的罪行。比如,贵由汗在给罗马教皇的信中,吹嘘受到长生天的宠爱,要求教皇亲朝,谴责杀害使臣的罪行。但尚未直接说征服欧洲是天意,这种矛盾是高度意识形态的外交政策体系的典型特征。"参阅"澎湃·私家历史",2019 年 12 月 4 日。

元一统的同时保存赵宋对江南一隅的控制,如巴尔尤阿而忒斤家族统治畏兀儿之地、高丽王室仍然掌控朝鲜半岛那般? 在当日双方的外交斡旋努力中,有何种信息值得注意并该如何加以解析呢? 本节主要就此种"可能性"问题稍作不同于以往的探讨。

成吉思汗曾派主卜罕使宋,为金所阻挠;后又遣郝和尚拔都使宋,"往返数四,以辩称"。① 此时宋蒙间有金为缓冲,双方未发生严重冲突。逮至窝阔台登极后,蒙古灭金已提上议事日程,蒙宋间的接触和对抗随之加剧。太宗登位次年(1230),遣李邦瑞出使南宋,不过南宋对此反应冷淡。② 太宗三年(1231),蒙古为借道宋境灭金,遣搠不罕使宋:

> 遣搠不罕诣宋假道,且约合兵。宋杀使者,拖雷大怒曰:"彼昔遣苟梦玉来通好,遽自食言背盟乎!"乃分兵攻宋诸城堡。③

另据《通鉴续编》载,当年秋七月,"沔州统制张宣,诱杀蒙古行人速不罕于青野原"(原注:蒙古太弟闻速不罕死,曰:"宋自食言,背盟弃好,今日之事,曲直有归矣。")。④ 耶律铸认为,"此其伐宋之端也"。⑤ 蒙宋间原本"通好"的局面,由此打破,双方逐渐走向对抗。

1233 年,蒙廷又遣王檝持国书使宋。王檝先后五次奔走斡旋,"以和议未决,隐忧致疾,卒于南"。⑥ 对于王檝使宋,真德秀说:"虏酋元不晓和

---

① 《元朝秘史》(校勘本)第 251 节,第 346 页上;《元史》卷一五〇《郝和尚拔都传》,第 3553 页。杨德华认为,汉文史料提及 1213 年使宋渡淮三人,包括主卜罕、郝和尚拔都在内。参阅杨德华《蒙古与南宋的外交》,《云南师范大学学报》(哲学社会科学版)1989 年第 3 期。
② 《元史》卷一五三《李邦瑞传》,第 3620 页。
③ 《元史》卷一一五《睿宗传》,第 2886 页。"苟梦玉来通好"事,发生于 1221 年,"宋主宁宗遣国信使苟梦玉通好乞和,太祖皇帝许之,敕宣差噶哈护送还其国"。参阅耶律铸撰《双溪醉隐集》卷二《述实录(四十韵)》,文渊阁《四库全书》本。手头无其他版本,权且参用此本。
④ 《通鉴续编》卷二一,第 21 册,第 19 页 b—第 20 页 a。
⑤ 《双溪醉隐集》卷二《凯歌凯乐词九首并序》《述实录(四十韵)》。
⑥ 《元史》卷一五三《王檝传》,第 3613 页。

字,只是要人投拜,而其部下乃将投拜之语改为讲和。"李鸣复称:"吾以讲好为和,彼则以投拜为和。"①郝经后来也说:"王檝挟两国而庇一身,言于北则以为降,使于南则以为和,终于两国交兵,而身以之毙。"②陈高华已拈出真德秀、李鸣复等人相关言辞,指出王檝使宋并非"议和",而是要求南宋方面"投拜"。③

窝阔台灭金后,便将征伐目光投向南宋。太宗六年(1234)秋,窝阔台便有意"自将伐宋";④七年(1235),"皇子阔端征秦、巩,皇子曲出及胡土虎伐宋";八年(1236),曲出死于攻宋前方。⑤ 在战事不断的情形下,蒙古再次派出使臣议和。与太宗初年遣速哥使金事相类似,太宗末年辛丑岁(1241),遣月里麻思"使宋议和","以通国好"。月里麻思行前告诫从行者七十余人云:"吾与汝等奉命南下,楚人多诈,倘遇害当死焉,毋辱君命。"之后果遭南宋囚禁多年,"囚之长沙飞虎寨三十六年而死"。⑥ 而据南宋方面史料观察,月里麻思其实是要求南宋"投拜":"使(月里麻思)至但谓来投拜,非谓来议和也。""臣尝问月里蔑思来意,其人致酋语,极不逊。"⑦月里麻思遭拘被毒死事,元人戴表元曾述及:

  正使月吕蔑思,偶以中毒死,其余者十四人,散处不知存在。而赵君徙宝庆,得及兵至城下生还。……握节衔命如赵君,可以言使臣

---

① 《西山先生真文忠公文集》卷一八《讲筵手记》;《历代名臣奏议》卷三三八,第4388页。
② 《郝经集编年校笺》卷三七《宿州与宋国三省枢密院书》,第983页。
③ 陈高华:《王檝使宋事实考略》,《元史研究新论》,上海社会科学院出版社,2005年,第220—237页。
④ 窝阔台曾言:"今中原、西夏、高丽、回鹘诸国皆已臣附,惟东南一隅,尚阻声教。朕欲躬行天讨,卿等以为何如?"参阅《元史》卷一一九《塔思传》,第2939页。
⑤ 《元史》卷二《太宗本纪》,第34—35页。
⑥ 《元史》卷一二三《月里麻思传》,第3036—3037页。耶律铸称:"后戊戌年(1238)七月,哩密什等百人使宋,竟拘留不遣。"哩密什即月里麻思,此疑年代错误。参阅《双溪醉隐集》卷二《述实录(四十韵)》。
⑦ 刘克庄撰,辛更儒笺校:《刘克庄集笺校》卷一四二《虚斋资政赵公》,中华书局,2011年,第5663页。关于王檝、月里麻思使宋,均要求南宋"投拜"而非"议和",参阅陈高华《王檝使宋事实考略》一文。另,鲁布鲁克在面对蒙古人问询关于"讲和"一语时,有意避免直接回答,因为对此问题的理解,蒙古人与对方很不一致。参阅《出使蒙古记》,第167—168页。苗冬也已指出此点,参阅苗冬《元代使臣研究》,第185页。

矣,得一令长,归见天日而死,万万无恨。功赏厚薄不足置齿牙也,而兵交受人使问,至于三十六年不得报,死者且尽,而谋国之人不知,此不可以为寒心乎?①

于此可知,对于南宋囚、杀使事,戴表元提出了极严厉的批评。

终太宗、定宗之世,于蒙古人而言,灭宋是一项巨大的挑战。② 逮至宪宗蒙哥时期,蒙古灭宋的欲望愈加强烈,以致蒙哥御驾亲征,最后竟殒命钓鱼城下。大蒙古国时期,皇子(曲出)、皇帝(大汗)均死于攻宋前线,南宋对于蒙古人来说确实是一个极强大的敌手。

中统元年(1260),忽必烈甫上台便派郝经使宋,"奉持国书,以死自誓"。③ 当是之时,忽必烈内有幼弟阿里不哥争位危机,对外则以示好为要。廉希宪向忽必烈提出,一方面要"恩结"高丽,另一面"宜遣使与宋讲好"。"上善其言,乃遣使入宋"。④ 当年四月,"以翰林侍读学士郝经为国信使,翰林待制何源、礼部郎中刘人杰副之,使于宋"。郝经使宋的目的是,"告即位,且定和议"。⑤

早在1256年,郝经曾"进七道议七千余言",内中有言:"古之一天下者,以德不以力。彼今未有败亡之衅,我乃空国而出,诸侯窥伺于内,小民凋弊于外。经见其危,未见其利也。王不如修德布惠,敦族简贤,绥怀远人,控制诸道,结盟饬备,以待西师,上应天心,下系人望,顺时而动,宋不

---

① 《戴表元集·剡源集》卷一八《题赵考成遗事后》,第364—365页。
② 1234年,蒙宋联合灭金后,蒙宋间直接对峙。对于端平入洛事件,陈高华认为,此次蒙宋间的冲突是由南宋方面发起,蒙古先许地后背盟的说法并不可信,但蒙古侵宋是必然之举。王颋则认为,蒙古灭金后,曾将河南北部己方所掌握的遗民大规模迁往河北,此举表明蒙古无意经营河南,自亦无意与南宋发生战争。由此观之,该问题仍有讨论空间。参阅陈高华《早期元蒙关系和"端平入洛"之役》,《元史研究论稿》,第167—188页;王颋:《端平入洛:收复三京与蒙、宋的开战》,《西域南海史地探索》,中国人民大学出版社,2010年,第49—64页。
③ 王恽撰,杨亮等校订:《王恽全集汇校》卷六四《祭郝奉使墓文》,中华书局,2013年,第2742页。
④ 《元史》卷一二六《廉希宪传》,第3087页;《元朝名臣事略》卷七《平章廉文正王》,第128页。
⑤ 《元史》卷四《世祖一》,第65页;《元史》卷一五七《郝经传》,第3708页。

足图也。"① 忽必烈当时以经为儒生,颇不以为然。1259 年,郝经先后上《东师议》《班师议》,力主弭兵息战,冀望南北共存。《东师议》中写道:"大军压境,遣使喻宋,示以大信,令降名进币,割地纳质。"②《班师议》内有云:"即当遣使遍告诸师,各以次还,修好于宋,归定大事,不当复进也而遽进。以有师期会于江滨,遣使喻宋,息兵安民,振旅而归……先命劲兵把截江面,与宋议和,许割淮南、汉上、梓夔两路,定疆界、岁币,置辎重,以轻骑归渡淮,乘驿直造都,则从天而下。"③ 郝经明确提出,南宋应降名(称藩)、进币(岁币)、割地(定疆界)、纳质。此与蒙古六事要求,稍有不同。

然而就在郝经使宋之际,又发生蒙古使臣被杀事件。岁己未(1259),忽必烈"诏苫彻拔都儿与脱欢领兵百人同宋使谕鄂州使降,抵城下,鄂守将杀使者以军来袭,苫彻拔都儿与之遇,奋击大破之"。④ 郝经后来提及此事时说:"至于武昌,先遣王一清开喻,而彼守臣执而杀之,又射杀一肺腑大官,于是始下令具攻具。以为肉薄骨并,杀人盈城,实非本心。故虽合长围,而攻之不急也。若彼国当时不杀信使,少加以礼,可退师成盟。"⑤

1260 年 4 月,忽必烈鉴于蒙古内部情势,不得不与南宋作出妥协。他在写给南宋皇帝的国书《和宋书》中表示,"即位之始,首议寝兵,用示同仁,以彰兼爱,期于休息元元焉,天下共飨有生之乐而已";又称蒙古与南宋之间,"非如女直、西夏,恶积仇深而不可解者也"。然而,信中又一以贯之地表达了蒙古人的强硬姿态:

> 自今作始,咸取一新。故先之以信使,申之以忱辞,告宝位之初登,明朕心之已定。惟亲王上宰,能报聘之一来;则保国乐天,必仁智之两得。苟尽事大之礼,自有岁寒之盟。若乃忱大位之难继,虑诡道之多方,坐令失图,自甘绝弃,则请修浚城池,增益戈甲,以待秣马利

---

① 《元史》卷一五七《郝经传》,第 3698 页。
② 《郝经集编年校笺》卷三二《东师议》,第 825 页。
③ 《郝经集编年校笺》卷三二《班师议》,第 832—834 页。
④ 《元史》卷一二三《苫彻拔都儿传》,第 3031—3032 页。
⑤ 《郝经集编年校笺》卷三七《宿州与宋国三省枢密院书》,第 982 页。

兵,会当大举。论天时,则炎瘴一无畏惮;论地险,则江海皆所习知。必也穷兵极讨,一决存亡而后已。力之所至,天其识之,祸自彼挑,此无可慊。在我者至诚可保,在彼者听所择焉。毋循前例,止作虚文。①

这份"国书"当为忽必烈身边汉人谋臣以雅言形式译出,通读此信可知,元一方面希望能与南宋和议,另一方面又姿态甚高:要求南宋遣"亲王上宰"报聘,"尽事大之礼",并威胁称,若犹豫不决,必将兵戈相向。此与前举六事要求不同,甚至不必君长入觐。② 因之,该"国书"是否与蒙古语原文完全一致,不免令人疑惑,更强硬的话语及要求,恐已有所回避。

郝经持这份"国书"南来,肯定不会为南宋所接受。贾似道将郝经拘于真州。当年七月,"上谓宰执曰:'北朝使来,事体当议。'贾似道奏:'和出彼谋,岂容一切轻徇?倘以交邻国之道来,当令入见。'"③由于贾似道阻挠,南宋朝廷虽知使来,却不知具体所为何来。郝经屡次三番向南宋三省枢密院、皇帝、丞相、两淮制置使等上书陈情,要求释归,均无果而终。

1260年夏,郝经被滞留于宿州期间,作《宿州与宋国三省枢密院书》,内中称:"机会之来,所系甚大,不可因仍苟且,执于一偏而泥于虚文,以为我国情状不可测,摈而不以信义待。是几一失而暴国之祸复起矣,当国者宜重慎而审之也。"并声称此番前来议和,与当年王㒜使宋不同。是年秋,又作《宿州再与三省枢密院书》,特别提及高丽降附事以谕南宋:"盖以朝廷初发二使,一入高丽,一入宋国。使高丽者未入其境,而使者两辈继至,项背相望,一贺登宝位,一请复故疆。主上嘉之,而许其请,且于北京、辽东搜括高丽人户,送还本国,于是高丽遣子入侍。"④高丽款附蒙古,愿意

---

① 《王恽全集汇校》卷九六《和宋书》,第3873—3874页。
② 至元十年(1273),元廷宣谕缅甸,"诚能谨事大之礼,遣其子弟若贵近臣僚一来,以彰我国家无外之义"云。君长不必亲入朝,并非绝然不可。参阅《元史》卷二一〇《外夷三·缅》,第4656页。
③ 《宋史》卷四五《理宗五》,第874页。
④ 以上参阅《郝经集编年校笺》卷三七,第981—983、988页。

入觐、纳质,其国得以保全。①

中统二年(1261)五月,郝经滞于南宋未归,元廷派员赴南宋,"访问国信使郝经等所在,仍以稽留信使、侵扰疆场诘之"。② 五月初五日,又致牒文于南宋三省,询问国使郝经安在,并质问南宋"反启边衅",内中称:

> 夫信与义,自古所恃以为国者也,一旦弃捐,自有任其责者矣。向也大驾巡狩北庭以平内难,今渠魁授首,已于正月廿六日还宫饮至。顷因行台入觐,陛见之日具以奏闻,请重兵压境以问其故……今就委本路发使详问焉,若复迟疑不决,秋高马肥,至日别有区处。③

据《宋史》称,"经之留,谋出贾似道,帝惑其言不悟。盖似道在鄂时,值我世祖皇帝归正大位撤兵,似道自诡有再造之功,讳言岁币及讲和之事,故不使经入见"。④ 由于贾似道暗中阻挠,宋廷对郝经来使事,掌握信息不多,一直未予有效响应。当年七月,元廷发布"谕将士举兵攻宋"诏,指责南宋扣押使臣,声言:"往来之礼遽绝,侵扰之暴不已。彼尝以衣冠礼乐之国自居,理当如是乎?……卿等当整尔士卒,砺尔戈矛,矫尔弓矢,约会诸将,秋高马肥,水陆分道而进,以为问罪之举。"⑤

至中统四年(1263)二月,元廷再次诘问南宋拘使事,"以王德素充国信使,刘公谅副之,使于宋,致书宋主,诘其稽留郝经之故"。⑥ 南宋依然

---

① 尽管高丽愿"永为东藩",履行国王亲朝、子弟入质等六事要求,但置驿、籍户、出军、输粮等事,高丽并未履行。虽屡被督促责备,但最终并未被强迫实施。详可参阅陈得芝《忽必烈的高丽政策与元丽关系的转捩点》,载氏著《蒙元史与中华多元文化论集》,上海古籍出版社,2013年,第267—282页。
② 《元史》卷四《世祖一》,第70页。
③ 《王恽全集汇校》卷六七《中书省牒宋三省文》,第2895—2896页。另据《中堂事纪》(中),知此作于中统二年五月初五,而该处所录《移宋三省牒文》,文辞稍有出入,且更加强硬:"若和议可否,即当速遣重使与我行人偕来;其或逗遛岁月,别有异议,请选帅徒,具戈甲,预致师期,相与会猎于江南之地可也。于斯二者,惟所择焉……冀早示定议,毋坐失良图,以贻后悔。"参阅《王恽全集汇校》卷八一,第3373页。
④ 《宋史》卷四五《理宗五》,第878页。
⑤ 《元史》卷四《世祖一》,第72页。
⑥ 《元史》卷五《世祖二》,第91页。

未予理会。郝经被囚在当日所形成的巨大影响力不可忽视,它成为元攻南宋的重要口实。至元十一年(1274)颁布的诏旨称:"古者兵交,使在其间,惟和与战,宜嗣报音。其何与于使哉? 而乃执之,卒不复命。至如留此一二行李,于此何损,于彼何益,以致师出连年,边境之间,死伤相籍,系累相属,皆彼宋自祸其民也。"①后世在对理宗一朝的评论中写道:"郝经来使,似道讳言其纳币请和,蒙蔽抑塞,拘留不报,自速灭亡,吁,可惜哉!"②

郝经被南宋拘滞之后,元和南宋之间的战争虽时有发生,但大规模的冲突仍极少。至元三年(1266)八月,"阿朮略地蕲、黄,俘获以万计"。③ 这是元军主动出击且规模较大的一场战役。逮至至元四年(1267)后,元攻宋的号角再次吹响,这与南宋降将刘整的极力建言关系甚大。刘整"本非南人",他于金末投宋,后又于中统二年举城降元。④ 他在南宋受到吕氏家族的排斥,降元之初及其后,亦常遭元方面的排斥和不信任。⑤

至元四年(1267)十一月,刘整赴阙奏攻宋方略,提出先攻襄阳:

> [刘整]进言:"宋主弱臣悖,立国一隅,今天启混一之机。臣愿效犬马劳,先攻襄阳,撤其扞蔽。"廷议沮之。整又曰:"自古帝王,非四海一家,不为正统。圣朝有天下十七八,何置一隅不问,而自弃正统邪!"世祖曰:"朕意决矣。"⑥

刘整这一建议得到忽必烈的积极响应。一般认为,刘整提出取宋方略:

---

① 《元文类》卷九《兴师征江南谕行省官军诏》,第168页。
② 《宋史》卷四五《理宗五》,第889页。
③ 《元史》卷六《世祖三》,第112页。
④ 《元史》卷四《世祖一》,第71页。
⑤ 《元史》卷一四九《刘整振传》,第3518—3519页。有关刘整的新近研究,参看翟禹《刘整病卒时间及原因探讨:宋元之际降将研究之一》,《内蒙古社会科学》(汉文版)2016年第2期。
⑥ 《元史》卷六《世祖三》、卷一六一《刘整传》,第116、3786页。

"攻蜀不若攻襄,无襄则无淮,无淮则江南可唾手下也。"①不过,此一灭宋方案,在当时或为常识。早在贵由汗时期,西夏人后裔李桢曾提出:"襄阳乃吴、蜀之要冲,宋之喉襟,得之则可为他日取宋之基本。"②1259年,郝经亦曾明言:"先荆后淮,先淮后江。彼之素论,谓'有荆襄则可以保淮甸,有淮甸则可以保江南'。"③元人揭傒斯更是明言:"整之谋亦非整之谋也,陈亮上孝宗封事料敌之言也。"④刘整降元带给南宋最大的冲击,实是他将南宋沿江防线的虚实悉数透露给了元廷。据虞集撰《大元故奉国上将军行中书省参知政事广东道宣慰使都元帅刘公神道碑铭》载:"画守江之策,上下数千里间,要害阨塞,深浅远近缓急之势,备御屯战之宜,舟骑粮草之数,纤细不遗……悉献其策,上受之。"⑤

至元五年(1268)之后,元对南宋的战事始加剧,首当其冲的目标自然就是襄阳。然而,元廷又在外交上对南宋加以安抚。至元六年(1269)七月,"又诏谕宋国官吏军民,示以不欲用兵之意"。⑥ 至元十年(1273)二月,襄阳破。当年四月,"时将相大臣皆以声罪南伐为请,驿召姚枢、许衡、徒单公履等问计,公履对曰:'乘破竹之势,席卷三吴,此其时矣。'帝然之"。⑦ 王恽亦曾言:"[至元]十年,宋将吕文焕以襄阳内附,圣天子赫然有扫清六合、混一车书之意。"⑧然而,忽必烈的灭宋决心

---

① 《癸辛杂识·别集下》之《襄阳始末》,第306页。
② 《元史》卷一二四《李桢传》,第3051页。中统初,郭侃提出"平宋之策":"宋据东南,以吴越为家,其要地,则荆襄而已。今日之计,当先取襄阳,既克襄阳,彼扬、庐诸城,弹丸地耳,置之勿顾,而直趋临安,疾雷不及掩耳,江淮、巴蜀不攻自平。"郭侃之父郭宝玉,曾建言成吉思汗灭金之策,平金、灭宋之策,似乎均出自该家族。此类记载是否可信,尚需再议。参与《元史》卷一四九《郭侃传》,第3525页。
③ 《郝经集编年校笺》卷三二《东师议》,第826页。
④ 揭傒斯撰,李梦生标校:《揭傒斯全集》卷九《题昔剌史宋图后》,上海古籍出版社,2012年,第470页。
⑤ 转引自王茂华、刘冬青《虞集〈刘垓神道碑〉考析》,《河北大学学报》(哲社版)2007年第6期。
⑥ 《元史》卷六《世祖三》,第122页。另据《世祖本纪》,至元六年六月至十一月,每个月份都有高丽相关的史事记载。高丽问题在元王朝当日实录中如此频密出现,某种程度上也反映出忽必烈欲尽快处理高丽问题,以便全力应对南宋。详可参阅《元史》卷六《世祖三》,第122—123页。
⑦ 《元史》卷八《世祖五》,第149页。
⑧ 《王恽全集汇校》卷四八《开府仪同三司中书左丞相忠武史公家传》,第2279页。

第一章 臣服或毁灭：蒙元对外征伐政策的演进 77

与信心其实仍然不足。

至元十一年（1274）正月，前线将领入觐，极力谏言灭宋。阿里海牙上言："荆襄自古用武之地，汉水上流已为我有，顺流长驱，宋必可平。"阿尤言："臣略地江淮，备见宋兵弱于往昔，今不取之，时不能再。"忽必烈仍犹豫不决，"帝命相臣议，久不决"。① 后又召史天泽问询，在获得诸多大臣、将领支持下，六月庚申，忽必烈才诏谕行中书省及蒙古、汉军万户千户军士，决心全力攻宋："今遣汝等，水陆并进，布告遐迩，使咸知之。"② 这一年，忽必烈还向巴思八请法，助力攻宋。③

至元十二年（1275），元攻宋形势大好，南宋诸郡均望风降败。然而，忽必烈最终下宋的犹豫仍未能完全消解。宋元之间的外交斡旋仍在继续，宋也在顽强抵抗。正月，忽必烈召杨恭懿至宫中占卜，"上御香殿，以大师南伐，使久不至，方念之深，欲筮之。时以日者待诏公车，百十为辈，独以命公，盖以其道德素著，可交神明者，其言颇秘"。④ 忽必烈对前线的担忧是十分明显的。与此同时，元廷又"遣兵部尚书廉希贤、工部侍郎严忠范、秘书监丞柴紫芝，奉国书使于宋"。⑤ 忽必烈派遣廉希贤等人出使南宋的背景是："丞相伯颜遣员外郎石天麟诣阙奏闻。世皇喜，顾谓侍臣曰：'朕兵已到江南，宋之君臣必知畏恐，兹若遣使议和，邀索岁币，想无不从者。'遂敕伯颜按兵，乃命礼部尚书廉希贤、侍郎严忠范、计议官宋德秀、秘书丞柴紫芝等，赍奉国书使宋。"⑥ 以此观之，忽必烈此时仍未有最终灭

---

① 《元史》卷八《世祖五》，第153页；《元史》卷一二八《阿尤传》，第3120页。另据《丞相河南定武王》载："十一年正月，公入觐，因奏兵事曰：'臣久在行间，备见宋人兵弱于昔，削平之期正在今日。'上付相臣议，久不决。公复奏曰：'今圣王临御，释乱朝不取，臣恐后日又难于今日。'上喜曰：'卿言允契朕意。'"参阅《元朝名臣事略》卷二，第27页。
② 《元史》卷八《世祖五》，第155页。
③ 据王磐所撰《帝师发思八行状》云："时至元十一年，皇上专使召之，岁杪抵京。王公宰辅士庶离城一舍，结大香坛，设大净供，香华幢盖，大乐仙音，罗拜迎之。所经衢陌，皆结五彩翼其两傍，万众瞻礼，若一佛出世。时则天兵飞渡长江，竟成一统，虽主圣臣贤所致，亦师阴相之力也。"参阅释念常撰《佛祖历代通载》卷二一，日本大正新修大藏经本。
④ 《姚燧集·牧庵集》卷一八《领太史院事杨公神道碑》，第279页。
⑤ 《元史》卷八《世祖五》，第160页。
⑥ 《南村辍耕录》卷一《独松关》，第14—15页。

宋之意，甚至想议和以获取岁币。①

二月壬子日，宋贾似道遣宋京、阮思聪诣行中书省，"请还已降州郡，约贡岁币。伯颜使囊加带同阮思聪还报命，留宋京以待，使谓似道曰：'未渡江时，入贡议和则可，今沿江诸郡皆已内属，欲和，则当来面议也。'囊加带还，乃释宋京"。庚午日，"宋贾似道至扬州，始遣总管段佑送国信使郝经、刘人杰等来归"。宋表达和议的意愿比较积极，而元方面也在稍后"传旨令诸将各守营垒，毋得妄有侵掠"。② 其时，阿朮与伯颜议曰："且和议未定间，昨我船出，彼已乱射，又执我逻骑四人，宋人无信，惟当进兵。若避似道不击，恐已降州郡今夏难守。若实欲和，俟渠自来。"③此处所谓"和议未定"，当指外交努力仍在进行。元方面一再要求与贾似道面议。

三月，元使臣于独松关被杀，"国信使廉希贤、严忠范等至宋广德军独松关，为宋人所杀"。④《平宋录》记该事件原委甚详，当时廉希贤要求派兵护送使宋，伯颜认为不妥，"廉尚书等坚请护送，遂许之。翌日，遣兵数百人护送至独松岭，皆被宋兵所害，果如所料"。独松关事件虽是守关将领所为，与宋太后、皇帝等无关，但显然事态十分严重。南宋方面表示要搜捕斩首相关人员以谢罪，"望大兵不欲东向，愿输岁币"。伯颜将计就计，决定再遣使至临安，以窥探南宋事体究竟如何。吕文焕等向伯颜推荐议事官张羽，称他"为人端悫刚决，兼有才略，其人可往"。伯颜采纳该建议。四月乙丑，"遣张羽与宋人同之临安，至苏州遇害，时人莫不伤之"。⑤ 元使臣再度被杀。

---

① 或有论者认为，为获取钱财资源以封赏诸王，忽必烈灭宋是必然之举。然仅从经济角度言之，收取岁币比战争所能获得的经济收益恐怕更为可观。胡祗遹曾说："国家自平金以来，有事于宋，五六十年而后混一，岂不艰哉！"董士选说道："国家竭中原之力以平宋，不得不取偿于南方，然新附之地人心惊疑。"云云。灭宋过程不易，且战争本身所付出的成本，实在高昂。参阅《胡祗遹集》卷二三《民间疾苦状》，第489页；吴澄：《吴文正公集》卷三二《元荣禄大夫平章政事赵国董忠宣公神道碑》，《元人文集珍本丛刊》第3册，第542页下。
② 《元史》卷八《世祖五》，第161、163、164页。
③ 《元朝名臣事略》卷二《丞相河南定武王》，第28—29页。
④ 《元史》卷八《世祖五》，第164页。据《宋史·瀛国公》载，德祐元年（1275）三月，"张濡部曲害大元行人严忠范于独松关，执廉希贤至临安，重创死"。参阅《宋史》卷四七，第928页。
⑤ 刘敏中：《平宋录》卷上，清《守山阁丛书》本，第9—10页；《元史》卷一二七《伯颜传》，第3105—3106页。

五月,忽必烈遣爱薛召回伯颜,"欲移南伐之事讨之",①此番召回伯颜或为对付漠北海都之乱。与此同时,忽必烈晓谕前线将领,"毋轻敌贪进,方暑,其少驻以待"。② 是知忽必烈此时仍在担心南宋事。或是在权衡利弊之后,忽必烈又将伯颜先遣回南宋前线。

八月,伯颜南返,"付以诏书,俾谕宋主"。"奉诏谕宋君臣,相率来附,则赵氏族属可保无虞,宗庙悉许如故"。③

十二月辛丑,南宋遣将作监柳岳持国书向伯颜乞和,垂泣而言:"今日事至此者,皆奸臣贾似道失信误国耳。"伯颜回应说:"主上即位之初,奉国书修好,汝国执我行人一十六年,所以兴师问罪。去岁,又无故杀害廉奉使等,谁之过欤?如欲我师不进,将效钱王纳土乎?李主出降乎?尔宋昔得天下于小儿之手,今亦失于小儿之手,盖天道也,不必多言。"④当时,南宋还提出:"请尊世祖为伯父,而世修子侄之礼,且约岁币银二十五万两,帛二十五万匹。"⑤南宋似仍幻想维持之前宋辽、宋金的那种旧有模式,然而时过境迁,妥协余地已不复存在。

至元十三年(1276)正月,宋廷"遣监察御史刘岊奉表称臣,上大元皇帝尊号曰仁明神武皇帝,岁奉银绢二十五万,乞存境土以奉蒸尝"。⑥ 同时,向元上表诏云:

> 宋国主臣谨百拜奉表于大元尊兄皇帝陛下……臣眇然幼冲,遭

---

① 屠寄撰:《蒙兀儿史记》卷一一七《爱薛传》,中国书店,1984年,第723页上。
② 据《元史·张弘范传》载:"[至元]十二年五月,帝遣使谕丞相毋轻敌贪进,方暑,其少驻以待。弘范进曰:'圣恩待士卒诚厚,然缓急之宜,非可遥度。今敌已夺气,正当乘破竹之势,取之无遗策矣。岂宜迁缓,使敌得为计耶?'丞相然之,驰驿至阙,面论形势,得旨进师。"《左丞相淮安忠武王》亦载,至元十二年五、六月间,"有诏,时方暑炽,不利行师,俟秋再举。王上奏曰:'百年逋寇,已扼其吭,风驰电掣,取之恐后,少尔迟回,奔波江海,遗患留悔矣!'上语使者曰:'诏尔丞相,朕不从中制也。'十二年七月,诏王入朝,进右丞相"。参阅《元史》卷一五六,第3681页;《元朝名臣事略》卷二,第18页。另,《元帅张献武王》有类似记载,"上遣使谕丞相毋轻敌贪进,其少进以待",并将此系于至元十一年底,疑误。参阅《元朝名臣事略》卷六,第103页。
③ 《元史》卷一二七《伯颜传》,第3106页;《元史》卷八《世祖五》,第169页。
④ 同上书,第3107—3108页。
⑤ 同上书,第3108页。
⑥ 《宋史》卷四七《瀛国公》,第937页。

家多难。权臣似道背盟误国,臣不及知,至勤兴师问罪,宗社阽危,生灵可念。臣与太皇日夕忧惧,非不欲迁避以求苟全,实以百万生灵之命,寄臣一身。……伏望圣明垂慈,念祖母、太皇耄及,卧病数载,臣在疚,情有足矜。不忍臣三百余载宗社,遽至坠绝,曲赐裁处,特与存全。实拜皇帝陛下再生之赐,则赵氏子孙,世世有赖,不敢弭忘。①

至此,南宋希望"称藩",以延续宗社不坠,不过遭元廷拒绝。

南宋覆亡,当时、后世多谓其"杀使毁书"而致兵祸:"宋寓江南,责之以失信,数道而举之,致四海之混一。"②元人柳贯写道:"论者谓吾元之兴,而宋之亡,其逆其顺,理实昭然。故前乎仪真之羁留,而岁币之食言;后乎独松之要伐,而命戒之不受。则兵交使在,其间所为讲信修睦之意,自尔背之,天亦岂能独佑哉!"③揭傒斯说:"故宋战亦亡,和亦亡,况二者俱不能之耶? 然非贾似道误国失信,无以正皇元出师之号;非刘整之叛,无以周知渡江之谋,天也。"④陶宗仪在述及廉希贤被杀事时感叹道:"宋之亡也,非有桀纣之恶,特以始之以拘留使者肇天兵之兴,终之以误杀使者激世皇之怒耳。藉使独松之使不死,宋之存亡未可知,其亦有数也与。"⑤钱大昕曾极为直白地说道:"幽囚郝经等,置和议于不问,致蒙古兴问罪之师,其曲在宋不在蒙古也。"⑥

前述忽必烈在灭宋前夕的谨慎和诸种担忧,某种程度上正折射出他在灭宋问题上的犹豫与不安。⑦ 郝经南来斡旋,不可认为仅仅只是一种战

---

① 据称,"德祐之亡也,奉表等文,皆无肯任其责者"。以上俱见《癸辛杂识·别集下》之《德祐表诏》,第 285—286 页。
② 《元文类》卷一六《贺平宋表》、卷四〇《杂著·帝号》,第 297、765 页。
③ 柳贯撰,柳遵杰点校:《柳贯诗文集》卷八《严忠范谥节愍》,浙江古籍出版社,2004 年,第 177—178 页。
④ 《揭傒斯全集》卷九《题昔剌史宋图后》,第 470 页。
⑤ 《南村辍耕录》卷一《独松关》,第 14—15 页。
⑥ 《十驾斋养新录》卷八《宋季耻议和》,第 171 页。
⑦ 当日名儒许衡明确反对灭宋:"伐宋之举,一时名公卿人售攻取之略,先生言:'惟当修德以至宾服,若以力取,必戕两国之生灵,以决万一之胜负。'及宋既平,未尝以失计为慊,世祖亦未尝亦是少之。"以此推知,当时反对灭宋的声音恐怕不在少数,只是被后来的历史编纂者们有意无意地忽略掉了。欧阳玄对于许衡在灭宋问题上的态度写道:"宁(转下页)

略"欺骗",①郝经所传递的要求南宋妥协臣服的信息,代表了当日元廷的真切意图,即要求南宋尽事大之礼。宋亡前夕,至元十二年二月,宋降臣张晏然等应诏赴阙,忽必烈对其所提"不令赵氏乏祀者"的要求,作出肯定答复。② 所谓"不令赵氏乏祀者",或当指保国不灭。③ 虽这只是一种说辞,但其可能性不容忽视。南宋若款附元王朝,其藩国地位或可确立。

宋末元初人谢枋得曾说:"皇帝本无灭宋之心,郝奉使将命来南,欲使南北百万亿苍生,同享太平之乐,至仁也。"④这是当时代人的意见。所谓"同享太平之乐",实包含了前文所述南宋末帝"德祐表诏"中的那层意思。伯颜在平宋之后拜表称贺中言:"彼知穷蹙,迭致哀鸣。始则有为侄纳币

(接上页)不预平宋之功,而必使'以德行仁'之言,无负于孟轲。"铭云:"初问伐国,对以不兵。上远公猷,不在宋平。"而明人薛敬轩评述道:"鲁斋不陈伐宋之谋,其志大矣。""鲁斋不对伐宋之谋,'伐国不问仁人'之意也。"参阅欧阳玄撰、汤锐校点整理《欧阳玄全集》卷九《元中书左丞集贤大学士国子祭酒赠正学垂裕佐理功臣大传开府仪同三司上柱国追封魏国公谥文正许先生神道碑》,四川大学出版社,2010年,第 182—183 页;参阅许衡撰《许衡集》,第 514 页。

① 赵翼在评论忽必烈时曾写道:"当其视初宋为敌国,恐不能必克,尚有慎重之意,遣使议和。"参阅《廿二史札记校证》卷三〇《元世祖嗜利黩武》,第 686 页。
② 《元史》卷八《世祖五》,第 162 页。
③ 所谓"不乏祀"者,当理解为保其宗社,一如元对高丽、安南等政权所实行的策略,"不改国俗,依旧管领","不更旧俗,以保其宗社","凡衣冠典礼风俗百事,一依本国旧例,不须更改"。参阅魏志江、李廷青、陶莎等校注《高丽史校注》卷三六《忠惠王世家》,江苏人民出版社,2024 年,第 980 页;李齐贤:《益斋乱稿》之《在大都上中书者堂书》,[韩]崔昌源等辑:《韩国文集中的蒙元史料》(上),广西师范大学出版社,2014 年,第 143 页下栏;《安南志略》卷二《大元诏制》,"中统元年世祖致安南诏书",第 46 页。森平雅彦以蒙古统治下的高丽为例,讨论了"不改土风"的问题,高丽的王朝体制(如官制、王室等)基本得以保全其自身的自治和独立性。详可参阅森平雅彦《事元期高丽における在来王朝体制の保全问题》。
④ 谢枋得撰、熊飞等校注:《谢叠山全集校注》卷一《上丞相留忠斋书》,华东师范大学出版社,1994 年,第 5 页。谢枋得接着说道:"贾似道执国命十六年,欺君罔上,误国残民,其恶不可一二数。拘行人,负岁币,满朝无一人敢言其非;兵连祸结,亡在旦夕,满朝无一人敢声其罪。善类亦可自反矣!天怒于上,人怨于下,国灭主辱,理固宜然,天实为之,人岂能救之哉!大元之礼三宫,亦可谓厚矣;大元保全亡国之臣,亦可谓有恩矣。""太母轻信二三执政之谋,挈祖宗三百年土地人民,尽献之皇帝,无一字与封疆之臣议可否,君臣之义亦大削矣。三宫北迁,乃自大都寄帛书曰:'吾已代监司帅臣,具姓名归附,宗庙尚可保全,生灵尚可救护。'三尺童子知其必无是事矣,不过给群臣以罢兵耳。以宗社为可存,以生灵为可救,阳给臣民以归附,此太母之为人君,自尽为君之仁也。知祖宗不可存,生灵不可救,不从太母以归附,此某为人臣,自尽为臣之义也。"参阅《谢叠山全集校注》卷一《上丞相留忠斋书》,第 5、8 页。

之祈,次则有称藩奉玺之请。顾甘言何益于实事,率锐卒直抵于近郊。"①妥协称藩,时机已逝。

蒙元所灭诸多政权中,惟南宋帝、后与皇室得以保全,②而西夏、金皇帝以及花剌子模算端、阿拔斯哈里发等最高统治者都在国灭中身死。此为不同。

五、讨论:臣服而不毁灭?

蒙古与元王朝使臣见杀、遭囚事例,并不限于上所述。

高丽虽降附蒙元,也曾发生过杀蒙古使臣事。太祖十九年(1224),"盗杀使者,遂绝不来"。太宗三年(1231),蒙古以高丽杀使者,"命撒礼塔征其国",复降;四年(1232),高丽又"杀所置官",蒙古再度兴师问罪。③ 蒙古一直难以完全压服高丽,但高丽也在一定程度上满足了蒙古的部分臣服要求,如入觐、纳质等,因此高丽并未"亡国"。忽必烈以嫁女等怀柔手段调整双方关系,最后蒙丽之间形成一种"义虽君臣,而欢若父子"的关系。④

元曾多次遣使招谕日本。据今人研究,忽必烈起初并无用兵日本意

---

① 《元史》卷一二七《伯颜传》,第3111页。
② 元人写道:"惟我国家,待降以宾。藐江南之赵孤,能纳土而称臣。既宠之以封爵,复全之以终身。彼南巢之放,犹有惭于古人,孰大乎?吾天子之仁!"参阅《天下同文前甲集》卷一六《大都赋》。
③ 参阅《元文类》卷四一《高丽》,第803页;《元史》卷二〇八《高丽》,第4608页;《元史》卷二《太宗本纪》,第31页。屠寄曾评述:"蒙兀用兵高丽,其始本代平契丹之乱,兵以义动者也。合赤温与约岁遣蒙兀使副十人往收其贡赋,简易可从,深得字小之策。果能守约,始终不肆诛求,三韩之国,永为不侵不叛之臣矣。然其后屡烦兵力,损折良将,虽衅由盗杀信使,拒命征兵,殆亦皇太弟斡赤斤国王监国时,御之失其道与。"参阅《蒙兀儿史记》卷三八《吾也而传》,第325页下。关于1224年高丽杀使事,乌云高娃依据高丽史料指出,杀害蒙古使臣著古与的是东夏蒲鲜万奴的部下。参阅乌云高娃《元朝与高丽关系研究》,兰州大学出版社,2012年,第27—28页。
④ 《元史》卷六《世祖三》,至元三年八月条,第111页。忽必烈时期元丽关系的转变,参阅陈得芝《忽必烈的高丽政策与元丽关系的转捩点》。

第一章　臣服或毁灭：蒙元对外征伐政策的演进　83

图,后来考虑是为筹划海道伐宋。① 至元三年八月,忽必烈在晓谕日本的诏书中威胁称:"以至用兵,夫孰所好？王其图之。"②至元十七年(1280),"日本杀国使杜世忠等"。次年正月,元廷命阿剌罕等率十万人征日本。③ 元征日本以失败收场,因此史书记载谏止之臣不少。赵良弼回应忽必烈征日问询时称"勿击便",徐世隆上疏谏止,"已而帝意悟,其事亦寝"。④

蒙元在与东南亚诸政权的外交往来中,也反复出现使臣见杀、遭辱事例。蒙古征大理,使臣被杀。癸丑(1253)"秋八月,师次临洮。遣玉律尤、王君候、王鉴谕大理,不果行";"十一月辛卯,复遣玉律尤等使大理";十二月,"帝既入大理,曰:'城破而我使不出,计必死矣。'己未,西道兵亦至,命姚枢等搜访图籍,乃得三使尸,既瘗,命枢为文祭之"。⑤ 元征爪哇,"爪哇黥使者孟琪",后又"杀使者以叛"。⑥ 元讨占城,"以执国使,兴师问罪"。⑦

综上可知,蒙元使臣见杀、遭囚的现象在当日东、西方世界十分普遍。⑧ 兹就蒙元对外交往中此类模式化故事,从以下两方面稍作粗浅讨论,以为本章作结。

---

① 参阅王启宗《元世祖诏谕日本始末》,《大陆杂志》第32卷第5期,1966年;[日]爱宕松男:《鎌倉時代の對外交涉——日元關係》,《愛宕松男東洋史學論集》第四卷《元朝史》,三一書房,1988年,第385—401頁。
② 《元史》卷六《世祖三》,第112页。
③ 《元史》卷二〇八《日本》,第4628页。
④ 《元史》卷一五九《赵良弼传》,第3746页;《元史》卷一六〇《徐世隆传》,第3770页。
⑤ 《元史》卷四《世祖一》,第59页。另据《张文谦传》载,"国主高祥拒命,杀信使遁去"。参阅《元史》卷一五七,第3696页。
⑥ 《元史》卷一六二《高兴传》,第3805—3806页。
⑦ 《元文类》卷四一《占城》,第815页。
⑧ 据《元史》,宪宗时期,"斡脱赤(铁哥父)亦贵用事,领迦叶弥儿(今克什米尔)万户,奏曰:'迦叶弥儿西陲小国,尚未臣服,请往谕之。'诏偕近侍以往。其国主不从,怒而杀之,帝为发兵诛国主"。迦叶弥儿杀蒙古使臣,引来蒙古军队征讨。另据《瓦萨夫史》,1310/1311年,伊利汗国君主完泽笃(Oljaitu)要求德里算端国的阿老丁·卡尔吉降附、奉女,后者将使臣拘押,并用象群将使臣的18名随从踩死。蒙古使臣见杀、遭囚事件,在14世纪蒙古帝国西部继承王朝的历史中依然延续。参阅《元史》卷一二五《铁哥传》,第3075页;转引自 Peter Jackson, *The Delhi Sultanate: A Political and Military History*, Cambridge University Press, 1999, p.225。

其一,不同时期、不同地域且背景差异殊甚的诸多政权,为何不约而同都因囚、杀蒙元使臣而走向毁灭? 蒙元对外政策及对外思维的发展过程如何呢?

一部蒙古部统一草原的历史以及蒙古帝国征伐欧亚旧大陆的历史,被书写为以铁木真为核心的弱小部族面临种种被抛弃、被背信弃义而奋起反抗的历史。成吉思汗曾遣使致责王汗背己,①愤怒而委屈地控诉花剌子模杀使,这都是斥责对方违背盟誓、道义于先,在舆论上占据主动。蒙古对外用兵的一般故事是,先遣使"移书责以大义,谕以祸福";②若对方拒绝,以至出现囚、杀使臣等极端行为,则武力相加。所谓"杀使毁书"而启宋亡之端,就是此类"模式化"故事。因此,在几乎所有的外交往复过程中,蒙古人都以一种受害遭辱于前、兵戈相向于后的形象示人。

蒙元使臣屡屡招致祸害,深层次的缘由是不"臣服"即"毁灭"的这种强硬外交政策令对方无法接受,而使臣在外交过程中所夹杂的个人情绪化的表达则是其罹祸的直接缘由。前文述及唐庆"语侵"金主、月里麻思"致酋语,极不逊"而终于罹祸,可为明证。值得注意的是,蒙古之所以决定灭西夏,并非因西夏囚、杀蒙古使臣,③而是因为西夏虽表示臣服却不履行从征、纳质等要求,④

---

① 苗冬指出,成吉思汗遣使致责王罕,强调对方过错在先,将挑起战争的责任推给对方。艾骛德关注到"王汗的诉状","是成吉思汗对敌人背信弃义害人行径的一系列控诉话语"。参阅《元代使臣研究》,第 42—49 页;Christopher P. Atwood, "The Indictment of Ong Qa'an: The Earliest Reconstructable Mongolian Source on the Rise of Chinggis Khan",载沈卫荣主编《西域历史语言研究集刊》第 9 辑,科学出版社,2017 年,第 267—302 页。此文汉译见陈春晓译《王汗的诉状:记录成吉思汗崛起故事的最早可复原性蒙古史料》,余太山主编:《欧亚译丛》第 4 辑,商务印书馆,2018 年,第 227—270 页。
② 《至正集》卷六一《元故中顺大夫同知吉州路总管府事李公神道碑铭并序》,第 280 页下。
③ 蒙古攻西夏甘州城时,曾遣使谕降,守城将士合谋,"并杀使者"。仅见此例。此乃一城池之事,影响有限,且与蒙古灭西夏大局无关,应当另论。参阅《元史》卷一二〇《察罕传》,第 2956 页。
④ 《秘史》指责西夏方面,"不践言","所以两次征进"。参阅《元朝秘史》(校勘本)第 268 节,第 379 页上。

且在言辞上曾讥讽过成吉思汗，①终招致征讨以至国灭。西夏对蒙古"讥讽"言语产生的具体情境，今已不得其详，但由此而带来的外交上的严重后果，则是十分明显的事实。对于《秘史》所记西夏方面出言不逊在先的说法，或该保持审慎态度，真实情形恐与此正相反。外交上的激烈言辞，正是关系发生转变的表征，若无法及时止息，必致大祸。

蒙元对外政策有一个发展过程。宋辽、宋金、宋夏之间曾以岁币换取和平，蒙金之间也曾一度以岁币换和平。② 这延续了此前中原农耕政权与游牧社会之间那种传统的旧有外交模式。至窝阔台时期，旧有的岁币外交模式不被接受，蒙古对金已抛弃此种模式，其目标就是要灭金。蒙哥汗时期对南宋，也是以灭亡后者为目标。然而，到忽必烈时期又曾出现反复，元与南宋之间起初或存"和议"的可能，这很大程度上是鉴于南宋的强大，岁币外交就是其选项，南宋也确曾屡屡提出奉岁币请和。元之后灭宋且又不止于南宋，仍继续对外征讨，这其中有什么思维逻辑在起作用呢？

在蒙元对外政策的发展过程中，有两大思维要素起着重要的支配作用：一是所谓成吉思汗要求后世子孙不断进征的"大札撒"，二是蒙古人欲征服世界的"天命观"。

每任大汗都需要对外征伐以获取武功，它成为自成吉思汗以来所形成的一种惯例。对于当日的黄金家族成员来说，它就是"大札撒"，就是"国法"，每一位大汗都须谨守。③ 窝阔台灭金而成就其武功，宪宗欲灭南宋也是为获取武功，忽必烈灭大理、亡南宋更是其武功。逮至大德年间，

---

① 西夏大臣阿沙敢不曾讥讽成吉思汗："你气力既不能，不必做皇帝。"1226 年秋，成吉思汗再度征西夏，指责对方"将言讥讽"，夏主不儿罕予以否认，阿沙敢不却说："是我说来，要与你厮杀时，你到贺兰山来战。"成吉思汗得知消息后说："他说如此大话，咱如何可回，虽死呵也去问他。"参阅《元朝秘史》(校勘本)第 256、265 节，第 357 页上、第 375 页下—376 页上。

② 蒙古对金和议的要求逐渐转变，1213—1214 年，蒙古要求金廷献公主、购买马匹等物以换取和平；1215 年，蒙古大规模残金后，要求未下州郡投降、去帝号、索要岁币；1232 年，蒙古要求金去帝号、纳质子及索要孔元措等特定人物。参阅海老沢哲雄《モンゴルの对金国外交》。

③ "大札撒"今已不存。需指出的是，成吉思汗并没有以灭国敌方、一统天下为目标，当日他更没有征服世界的长远规划。因而，征服世界当然不会出现在大札撒里。

有大臣建言成宗应出兵讨伐八百媳妇国,因成宗"未有武功以彰休烈"。① 明乎此便能理解为何忽必烈对于王磐谏止其征日本时的激烈反应:"磐入谏曰:'日本小夷,海道险远,胜之则不武,不胜则损威,臣以为勿伐便。'帝震怒,谓非所宜言,且曰:'此在吾国法,言者不赦,汝岂有他心而然耶?'"②忽必烈灭宋之后,欲图向外征服的野心仍在继续,某种程度上就是这种思维意识在起作用。③

蒙古人又常以征服世界的"天命观"自居。正如前述,这种天命观的形成始于成吉思汗,而其更早的渊源恐怕是受到突厥人的影响。④ 在谈及

---

① 《元史》卷一三六《哈剌哈孙传》,第 3293 页。另据《丞相顺德忠献王》载:"辛丑,同列以或者议倡言:'世祖以神武开一统,功盖万世。陛下未有伐国拓地之举,以彰休烈。'"《元史·董士选传》载,完泽建言出师征八百媳妇国,对成宗说:"江南之地尽世祖所取,陛下不兴此役,则无功可见于后世。"这些叙述更直接鲜明。参阅《元朝名臣事略》卷四,第 58 页;《元史》卷一五六,第 3678 页。
② 《元史》卷一六〇《王磐传》,第 3755 页。
③ 忽必烈对日本以及东南亚方向上的进征,应是受到"混一"天下观念的影响,所谓"日本密迩高丽,开国以来,时通中国",这与中原汉地的影响不无关系。而从另一方面来看,若征伐以元的失败收场,则会有另外一番说辞。元征日本失败后,至元末年又有"请征海国流求"之议,大臣不忽木说道:"吾元疆理天下,四表之间,横目万发,何所不臣,何资鱼虾之国,始广土众民哉。况冒至险航不测,出万有一安之途,未必利也。"出征流求事因此止息。成宗时出征八百媳妇国以失败告终,据《元史·董士选传》载:"时丞相完泽用刘深言,出师征八百媳妇国……帝入其言,用兵意甚坚,故无敢谏者。士选率同列言之,奏事殿中毕,同列皆起,士选乃独言:'今刘深出师,以有用之民而取无用之地。就令当取,亦遣使谕之,谕之不从,然后聚粮进兵,视时而动。岂得轻用一人妄言,而致百万生灵于死地?'帝色变,士选犹明辨不止,侍从皆为之战栗,帝曰:'事已成,卿勿复言。'士选曰:'以言受罪,臣之所当。他日不言罪臣,臣死何益!'帝麾之起,左右拥之以出。"这些事例表明,蒙元对外征伐的思维意识随形势而变化,不再提及"国法"的问题。参阅《元史》卷六《世祖三》,第 111 页;《元朝名臣事略》卷四《平章鲁国文贞公》,第 65 页;《元史》卷一五六,第 3678 页。
④ 这种"天命观"只是一种抽象观念的表达。至于蒙古人与突厥人在天命观支配下,对于游牧世界以外地区的征伐和统治究竟有何种继承(同)和发展(不同),则有待进一步讨论。萧启庆指出,游牧人群向外征伐有一种王权神授的观念,以"天"为最高主宰。匈人(Huns)王阿提拉(Attila)曾宣扬受上帝之命为世界之王,西突厥可汗室点密曾向拜占庭使者表达突厥人要征服世界,蒙古人更是声称受"长生天(腾格里)"之命要征服和统治世界,贵由汗印玺上刻着:"天上之上帝,地上之贵由汗,上帝之力量,一切人类之皇帝之玺。"学者们倾向于认为,游牧人群这种欲图主宰世界的观念,或许与中原汉地或波斯的普遍王权观念以及基督教世界教会观念有所关联。详可参阅萧启庆《北亚游牧民族南侵各种原因的检讨》;Herbert Franke(傅海波),*From Tribal Chieftain to Universal Emperor and God: The Legitimation of the Yüan Dynasty*, München: Verlag der Baerischen Akademie der Wissenschaften, 1978;《出使蒙古记》,第 42 页。

天命观问题时,爱尔森认为在思想意识层面,蒙古人与汉人有共同之处。不过,蒙古人对于负有"天命"是要求臣服者履行实在的义务以确保其要求能得到实现,而汉人的"天命"则多体现在象征意义的层面。按照蒙古人的说法,"这通常意味着对犯罪国家的破坏以及对其主体的部分歼灭和奴役"。在这样的政治体系中,没有平等的主权国家之间的关系,例如宋与其北部邻国辽和金之间的那种关系。① 蒙古要求臣服者履行投诚义务,而对于不臣服者则意味着毁灭,因此其征服不可妥协。

其二,走向毁灭的政权,特别是南宋,是否有接受臣服条件而避免走向毁灭的可能?

蒙元的六项事大要求,于对方而言几无妥协余地:接受意味着"称藩"臣服,拒绝则意味着"亡国"毁灭。"称藩"与"亡国",并不一定必然地须作等量齐观。南宋若寻求妥协而接受蒙古的臣服条件,有无可能如高丽、畏兀儿等政权那样向元王朝投诚款附而不致灭国呢?蒙元与南宋对峙数十年时间之久,从前文检讨忽必烈在灭宋问题上的犹豫以及双方外交的不断往复中可以发现,灭宋并非是一以贯之的必然选项。

蒙古人依靠各地"君长"统治当地,所谓"国家自开创以来,凡纳土及始命之臣,咸令世守"。② 输诚者可维持其原来的统治秩序,蒙古人则施以间接统治。蒙古确实在一些地区采取这种统治措施。在蒙古帝国西面,亚美尼亚(Armenia)、谷儿只(Georgia)的王公们选择臣服于蒙古人,同意贡赋和从征。蒙古人则保留当地的管理机构并依靠当地精英集团统治当地。③ 费尔干纳(Ferghana)、河中(Transoxania)地区也有一些地方政权臣服成吉思汗,蒙古保留当地统治权。伊朗中南部地区包括法尔斯(Fars)、克尔曼(Kirman)和亚兹德(Yazd)等地方政权也自愿臣服于蒙古。

---

① Thomas Allsen, "The Yüan Dynasty and the Uighurs of Turfan in the 13th Century", in *China among Equals: The Middle Kingdom and Its Neighbors, 10th – 14th Centuries*, pp.267–269.
② 《元史》卷一二六《廉希宪传》,第 3090 页。
③ Robert. P. Blake and Richard N. Frye (eds.), "History of the Nation of the Archers (The Mongols) by Grigor of Akanc", *Harvard Journal of Asiatic Studies*, Vol.12, No.3/4 (1949), p.297; Thomas T. Allsen, "Mongols and North Caucasia", *Archivum Eurasiae Medii Aevi*, Vol.7 (1987–1991), pp.5–40.

因该地区特殊的地理和气候环境,伊朗的蒙古统治者伊利汗国保留了这些附庸王朝,对这一地区施以间接统治。这些地区享有半自治地位,通过婚姻、纳税等形式与蒙古统治者保持密切关系。① 蒙古帝国偏东部方向,"在高丽虽设征东行省,却由高丽王室统治。对于畏兀儿族,设有大都护府,由巴尔尤阿而忒斤家族统治。吐蕃直属宣政院管辖,由萨思迦派出身的帝师施行政教合一的统治"。② 当日南宋与元王朝若循这种模式,并无不可。

《中庸》有言:"车同轨,书同文,行同伦。"程钜夫说:"凡天所覆,日所照,莫不臣属,而为一家。于是斯民得见一统太平之盛,此我朝之有大功德于天下,而天之所以爱斯民也!"③这是汉文化传统影响之下划一天下的一统观。而到蒙元时代,这一状况逐渐发生变化。吴澄说:"自古一统之世,车必同轨,书必同文,行必同伦。今则器用各有宜,不必同轨也;文字各有制,不必同文也;国土各有俗,不必同伦也。车不同轨,书不同文,行不同伦,而一统之大未有如今日。"④元王朝一统天下后,仍时常能在当日诏旨中见到各地域的不同称谓,如汉儿田地、蛮子田地、河西田地、哈剌章田地、畏吾儿田地以及西番国土、达达国土等。⑤ 这其中绝大部分都是

---

① 详可参阅 Chen Edith Xin, *Southern Iranian Vassal States under the Ilkhanate: 1220-1300*, Academic dissertation at Princeton University, 2021。
② 参阅萧启庆《元朝的统一与统合:以汉地、江南为中心》,《内北国而外中国:蒙元史研究》(上册),第 21—22 页。蒙藏间交涉事颇值注意。1244 年,阔端遣使携信至藏,谕请萨迦班智达速到凉州会面,劝喻勿以任何理由推拖:"吾今已将各地大权在握,如果吾指挥大军(前来),伤害众生,汝岂不惧乎? 故今汝体念佛教和众生,尽快前来! 吾将令汝管西方众僧。"萨迦班智达在致藏地僧、俗领袖的《致番人书》中说:"彼等性情果决。故不准口称归顺而不遵彼之命令者,对此必加摧灭。畏兀儿之境未遭涂炭且较前昌盛,人民财富皆归其自有,必阇赤、库吏及别乞均由彼等自任之。汉地、西夏、阻卜等,于未灭亡之前,将彼等与蒙古一样看待,但彼等不遵命令,攻灭之后,别无出路,只得归降。"参阅阿旺贡噶索南著、陈庆英等译注《萨迦世系史》,西藏人民出版社,2002 年,第 77—78、89 页。
③ 程钜夫:《程雪楼文集》卷一六《济南公世德碑》,《元代珍本文集汇刊》,台北"中央"图书馆编印,1970 年,第 613 页。
④ 吴澄:《吴文正公集》卷一五《送萧九成北上序》,第 281 页。
⑤ 有学者引入"政治泛区"概念对此作辨析,参阅丁一《元代监司道区划考——兼论元代政治泛区的划分》,《中国历史地理论丛》2012 年第 1 期。吴澄在《经筵讲议·帝范君德》提及"国土""田地、国土"等,从其语境即可理解为政权或国家。据《秘史》,"俺翁吉剌家在前口子里,不与人争国土百姓","国土"对应蒙古语"兀鲁思";拔都差人回窝阔台处报告,"皇帝叔叔的福荫,将十一种国土百姓,都收捕了",此处"国土"(转下页)

蒙古征服各地区之前原诸政权所辖地域，与大家习知的元代行省划一天下有很大不同，①这在很大程度上代表的是当日蒙古人自身的"世界观""天下观"。换而言之，在维持蒙古一统的局面下，只要接受六项事大要求，各存其当地统治者，并无不可。② 诚如前述，金皇帝本可为"河南王"；南宋"不亡"，亦非绝不可能。

当然，这只是另一种可能的历史走向。然而，历史毕竟没有如此这般地走来，它恰正折射出金与南宋的顽强与不屈。历史的最终结局呈现的只是原来历史进程中诸多面相中的一种而已，其他的诸种可能则往往被有意或无意地遮蔽掉了，但它并不是不曾存在过。

（接上页）对应蒙古语"合邻"，旁译作"邦"。"合邻"（hari），外国、外人、外族之意，相当于汉语"夷狄"；该词也多用于隶属或臣服的场合。1307 年汉蒙合璧《孝经》中有"qamuq qari ulus"，汉译"万国"。蒙古人对于不同语境中的"国土"意涵，有明确区分。参阅《吴文正公集》卷四四，《元人文集珍本丛刊》第 4 册，第 49 页；《元朝秘史》（校勘本）第 64 节、第 275 节，第 22 页下—23 页上、第 387 页上—388 页上；乌兰：《蒙古文历史文献中涉及"国"及其相关概念的一些表述方法》，《文献学与语文学视野下的蒙古史研究》，第 552 页。

① 高丽作为"东藩"之国，元廷虽曾数次置"征东行省"，不过目的并非取消其藩国地位，其主要缘由有两点，一是忽必烈征日本之需，二是高丽王室内部和群臣间的内争。参阅陈得芝《忽必烈的高丽政策与元丽关系的转捩点》。

② 舒尔曼指出："起初，蒙古人着眼的并不是领土而是人口，统治者封授给贵族的是人口而非领土，因此，隶属关系是人身性的而非领土性的。然而，当逐渐意识到被征服定居社会的人口总是定居在特定的区域内，这种人身隶属的观念很快转变为领土的观念。""蒙古社会是一种等级部落社会，每个人都臣属于其'主子（ejen）'，位于等级中最高的是汗或大汗。服属关系是人身性的，而非抽象的或领土性的。"蒙古对于新获地区进行直接统治的兴趣不大，蒙古初下华北时，就是采取一种间接统治的模式。参阅 H. F. Schurmann, "Mongolian Tributary Practices of the Thirteenth Century", *Harvard Journal of Asiatic Studies*, Vol.19, p.305, 309。

第二章　成吉思汗征西夏：蒙古灭夏问题再反思

有关蒙古灭夏的标准历史叙述通常会循着这样的解释逻辑：成吉思汗于北方蒙古高原统一游牧诸部后，无可避免地会像他们的先辈匈奴和突厥一样向南方进发。① 蒙古灭夏是必然之举，而且从征服战略的难易程度言之，肯定也应是以灭夏为先，因为西夏要比金弱小得多。②

然而检诸相关史事，此类叙述仍可再作分疏。蒙夏之间战和持续二十三年（1205—1227），一个最基本且最为直接的疑问便是，蒙古为何要"六征"西夏，太祖成吉思汗又缘何"五征"西夏？尽管蒙夏间战事本身曲折复杂的具体过程大体上清楚，但学界很少反思蒙夏之间外交妥协屡次反复的个中缘由。成吉思汗时期蒙古对外方略有一个渐进发展的过程，蒙夏之间妥协的反复应置于这个过程中来加以理解。

本章对蒙古攻夏的过程再作考察，欲图反思性地解读蒙夏关系的演进。在这一反思中特别注重不同的观察视角，汉文史料的叙述与蒙古、波斯文的叙述有一定的差别，前者往往将西夏视为与辽、金、两宋并峙的重要一角，而后两者对西夏的角色定位却稍显不同。

---

① Henry Desmond Martin, *The Rise of Chingis Khan and His Conquest of North China*, Baltimore: The Johns Hopkins Press, 1950, p.113.
② 参阅《宋蒙（元）关系史》，第 1 页；《宋元战争史》，第 8 页；史卫民：《中国军事通史》第 14 卷，军事科学出版社，1998 年，第 36 页；David Curtis Wright, "The Mongol Conquest of Xi Xia", in Timothy May and Michael Hope (eds.), *The Mongol World*, New York: Routledge, 2022, p.90; Michal Biran and Hodong Kim (eds.), *The Cambridge History of the Mongol Empire*, Vol. 1, Cambridge University Press, 2023, p.34.

一、从成吉思汗"五征"西夏说谈起

蒙夏间战和持续多年,学界常分作三阶段:1205—1208 年,以经济掠夺为主;1209—1224 年,以破坏金夏关系、结成蒙夏军事联盟为目的,试图攻金;1225—1227 年,以扩大疆域为目标的兼并战争。① 西方学界新编《蒙古的世界》一书,在蒙古灭夏一章中将蒙夏战争分两阶段,前一阶段为 1205—1209 年,后一阶段则从 1209 年以至夏亡。② 德斯蒙德·马汀于 20 世纪前半叶对 1205—1227 年间蒙古数次征西夏的原因、经过进行详细考察,并对其历史影响加以探讨。③

蒙古"六征"西夏是一项常识,六次经略分别为:1205 年,力吉里寨、经落思城之役;1207—1208 年,斡罗孩城之役;1209—1210 年,兀剌海、克夷门、中兴府之役;1217—1218 年,中兴府之役;1224 年,银州之役;1225—1227 年,灭夏之战。④ 马汀认为:"关于此次(1207 年)和此前(1205 年)的突袭,大多数史书都称成吉思汗随军亲往。然而,在 1208 年乃蛮汗古出鲁克(Küchlüg)和蔑儿乞汗脱黑脱阿·别乞(Toqto'a Bäki)的力量被击败之前,成吉思汗的南行是不大可能如此之早的。而自从成吉思汗在合剌也儿的石河的不黑都儿麻(Boukh Dour-ma)源头击败以上诸势力后,

---

① 参阅陈育宁、汤晓芳《蒙古与西夏关系略论》,《民族研究》1988 年第 5 期。
② David Curtis Wright, "The Mongol Conquest of Xi Xia", *The Mongol World*, pp.89–100.
③ 德斯蒙德·马丁撰,陈光文译,杨富学校:《1205 至 1227 年间蒙古与西夏的战争》,《西夏研究》2013 年第 3 期。马丁所著《成吉思汗的崛起及其对华北的征伐》一书是西方学者较早对蒙古经略华北所作系统讨论的著作,该书收录了这篇文章。参阅 Henry Desmond Martin, *The Rise of Chingis Khan and His Conquest of North China*。另,克恰诺夫撰有《蒙夏之战与西夏的灭亡》一文,对蒙夏关系以及蒙古征西夏的战争有较细致的研究,参阅 Е. И. Кычанов. *Монголо-тангутские войны и гибель государства Си Ся*, Татаро-монголы в Азии и Европе, М., Наука, 1977 г, стр. 46–61。
④ 参阅韩儒林主编《元朝史》,第 100—105 页。美国学者陆宽田(Luc Kwanten)引述捷克东方学者鲍哈(Pavel Poucha)的观点,罗列蒙古六征西夏:1202 年、1207 年、1209—1210 年、1211—1213 年、1214—1219 年、1225/1226 年。该说法存在较多问题。参阅 Luc Kwanten, "Chingis Kan's conquest of Tibet. Myth or Reality?", *Journal of Asian History*, Vol.8, No.1 (1974), p.7。

他已成为漠北不可战胜的主人,1209 年,他准备好了亲征西夏。"①尽管《秘史》记载成吉思汗首次出征西夏的时间确实是在 1209 年,②不过此前两次亲征,《太祖本纪》《史集》均有明确记载,且战争本身属抄掠性质,不易否定。据《亲征录》,辛未岁(1211),"遣将脱忽察儿率骑二千,出哨西边",贾敬颜指出,"出哨西边者,据《史集·帝纪》及《部族志·弘吉剌》,防后路也。所谓后路,盖防蒙古、克烈、乃蛮等已降之众,乘大军之出,起而谋变也"。③虽时至 1211 年,成吉思汗仍对蒙古高原诸部已降势力有所担忧,但这并不妨碍他南下抄掠。马汀的推论,或不足信。

关于成吉思汗"五征"西夏的说法,自晚清民初以来,常为学界所道及。不过,这一说法值得辨析。

洪钧写道:"太祖征西夏,合失生。"他在小字注中说道:"太祖凡五征西夏,不知何役,当是在前。"④屠寄明确称:"太祖之征西夏,前后凡五役,其四在征西域前,其一在征西域后。"⑤太祖"五征"西夏说,此后为学者们所乐道。

岑仲勉在讨论元初原西夏境内五城历史地理变迁问题时曾屡次言及"元太祖征西夏者五役""太祖五征西夏""征夏五役",他所认为的五役是:1205 年,"征夏第一役经落思城";第二役,"丁卯夏,顿兵。秋,再征西夏。冬,克斡罗孩城","二年丁卯秋(1207),再征西夏,克斡罗孩城";第三役,"太祖四年,由黑水城北兀剌海西关口入河西,获西夏将高令公。克兀剌海城","三役克斡罗孩后,过克夷门,即进薄中兴府";第四役,1217 年,"四役径书围中兴府";1226 年,太祖第五

---

① 参阅德斯蒙德·马丁《1205 至 1227 年间蒙古与西夏的战争》。马丁此说,或是受符拉基米尔佐夫的影响,后者说道:"有些史料说在征服乃蛮以前,曾经征讨过唐兀惕,而另一次则在 1207 年。但是这些战役中,成吉思汗或许没有亲自参加过,或者甚至对于唐兀惕没有太大兴趣。"符拉基米尔佐夫著,余元盦译注,余大均、余静修订:《成吉思汗传》,上海三联书店,2007 年,第 91 页。
② 《元朝秘史》(校勘本)第 249 节,第 344 页上。
③ 贾敬颜校注,陈晓伟整理:《圣武亲征录校注》,中华书局,2020 年,第 209、212 页。另可参阅《史集》第 1 卷第 1 分册,第 266 页;《史集》第 1 卷第 2 分册,第 226—227、348 页。
④ 洪钧撰,田虎校注:《元史译文证补校注》卷一五《海都补传》,河北人民出版社,1990 年,第 211 页。
⑤ 屠寄:《蒙兀儿史记》卷第五九《贾塔剌浑传》,第 439 页下。

次征西夏。① 此外,《多桑蒙古史》称:"1218 年,成吉思汗四征西夏,围其都城。夏主李遵顼奔西凉。"②周良霄认为:"1218 年,当成吉思汗伐金胜利返回还后,又曾第四度出征西夏,围其都城。夏主李遵顼奔西凉,蒙古军旋即撤还。"③上述学者均认为成吉思汗"五征"西夏。

成吉思汗五次亲征西夏说,所依据的史料来源应是《太祖本纪》:"岁乙丑(1205),帝征西夏,拔力吉里寨,经落思城,大掠人民及其橐驼而还。""二年丁卯(1207)秋,再征西夏,克斡罗孩城……三年戊辰春,帝至自西夏。""[四年己巳(1209)春]帝入河西。……克兀剌海城……进至克夷门,覆败夏师……遣太傅讹答入中兴,招谕夏主,夏主纳女请和。""是年(十三年,1218),伐西夏,围其王城,夏主李遵顼出走西凉。""二十一年[丙戌](1226)春正月,帝以西夏纳仇人(赤)[亦]腊喝翔昆及不遣质子,自将伐之。"④冯承钧列举"成吉思汗诸役","五次"亲征西夏便是据《太祖本纪》而来。⑤

学界其实早已注意到太祖"五征"西夏之说不确,"蒙古先后六次出兵,其中成吉思汗亲率大军出征四次"。⑥ 检读《太祖本纪》可知,1218 年蒙古围攻西夏都城,并未明言此次战役由成吉思汗亲领。《史集》《亲征录》《通鉴续编》《秘史》等史书也未提及此役由成吉思汗御驾亲征。

《史集》记载成吉思汗四次亲征西夏:第一次,牛年(1205),"成吉思汗征集军队去征讨被称作唐兀惕的合申地区。[他们进入该地区后,]先到了力卜勒乞寨……将寨墙和基础全部平毁。他们从那里进到克邻-罗失城,……[接着,]他们又占领了唐兀惕若干其他地区,进行了洗劫"。第二次,兔年(1207),"由于唐兀惕地区经常作乱,不纳贡赋(māl),没有表示

---

① 岑仲勉:《元初西北五城之地理的考古》,《中外史地考证(外一种)》(下册),中华书局,2004 年,第 518—543 页。
② 《多桑蒙古史》,第 78 页。
③ 周良霄:《元史》(中国断代史系列),上海人民出版社,2019 年,第 146 页。此外,王颋也持成吉思汗五度亲征西夏说,参阅王颋《城觅一路:"兀剌海"方位与蒙古经略西夏诸役》,《西域南海史地研究》,上海古籍出版社,2005 年,第 183—202 页。
④ 《元史》卷一《太祖本纪》,第 13、14、20、23 页。
⑤ 冯承钧译:《马可波罗行纪》,上海书店出版社,2001 年,第 127—128 页。
⑥ 《蒙古与西夏关系略论》。

[应有的]尊敬,成吉思汗再次出兵征讨他们,当时他将整个地区征服"。第三次,1210年秋,"[这时]成吉思汗征讨又名合申的唐兀惕去了。他到达阿里孩城,整顿了唐兀惕领地。唐兀惕王将女儿嫁给了他"。第四次,1225年,成吉思汗西征回到蒙古本土,"当他听得唐兀惕地区复叛,便发兵出征,将那个地区征服了"。①《史集》所记四次亲征西夏事,与《太祖本纪》一致,1218年亲征之役不见记载。

《亲征录》有成吉思汗四次亲征的记录。第一次:乙丑,"征西夏,攻破力吉里寨,经落思城,大掠人民,多获橐驼以还"。第二次:丁卯"秋,再征西夏。冬,克斡罗垓城";"戊辰(1208)春,班师至自西夏"。第三次:庚午(1210)秋,"复征西夏,入李王朝,其主失都儿忽出降,献女为好"。第四次:乙酉(1225)"秋,复总兵征西夏";"丙戌春,至西夏。一岁间尽克其城";"丁亥(1227),灭其国以还"。② 自丙子(1216)至甲申(1224)期间,该书没有记录成吉思汗亲征西夏事。

据《通鉴续编》,成吉思汗亲征西夏史事如次:泰和五年(1205),"遂攻西夏,破力吉里寨及落思城,大掠而还";1207年九月,"蒙古取夏斡罗垓城";1209年五月,"蒙古入夏灵州,夏主安全降(太祖皇帝入灵州夏主安全降,献女为好,夏自是益衰)";1217年,"蒙古围夏兴州,夏主遵顼出奔西凉州";1225年,"蒙古太祖皇帝伐夏,取肃甘州、西凉府"。③ 1217—1219年间,该书也未载成吉思汗征夏事。陈桱编纂剪裁时,应不至于刊落成吉思汗亲征大事。

关于1218年蒙古攻夏战役中成吉思汗是否亲征的问题,马汀认为:"成吉思汗派遣一支军队去西夏以迫使其屈服。""《蒙兀儿史记》以外的所有史书,均记载这支军队由成吉思汗指挥,但鉴于在北部和西部发

---

① 《史集》第1卷第2分册,第207、209、213、272页。《史集·部族志·唐兀惕部落》记载成吉思汗数度攻西夏的具体过程,不过同样未提及1218年成吉思汗亲征西夏之事。参阅《史集》第1卷第1分册,第235—237页。
② 《圣武亲征录校注》,第187、191、197—206、301—305页。
③ 《通鉴续编》卷一九至卷二一,第19册,页23b、27a-b、32a;第20册,页16a;第21册,页4b。

生的事件,更可能是成吉思汗指派了其他某位将领指挥。"① 屠寄确曾写道:

> 《秘史》云:太祖差使臣去对唐兀主不儿罕说:"你先说与我做右手,如今回回百姓杀了我使臣,要去与他折证,你可与我做右手。"不儿罕未及言语,其臣阿沙敢不说:"你气力既不能,不必做皇帝。"不肯与军。太祖闻此语,说:"阿沙敢不如何敢这般说?我将这军马径去征他,也有何难?但我初意本不征他,若天佑护,回回处回来时,却去征他。"云云。似成吉思是年未征西夏者。然其实所谓"我将这军马径去征他"者,以围中兴之军马,径往西凉征李遵项也。但欲用兵回回,不愿顿兵西夏坚城之下,故释而去之。否则《宣宗纪》"兴定二年正月,元兵围夏王城",岂臆造之词耶?②

屠寄所引为《秘史》第 256 节内容。《宣宗纪》所载兴定二年(1218)正月之事,系指"陕西行省获归国人,言大元兵围夏王城"。③ 余大钧认为,阿沙敢不口出狂言是在 1219 年春。④ 此时正值西征当口,成吉思汗所言极明确,"将我这军马径去征他",所将之兵应是准备出征花剌子模的大军,而非围夏王城中兴府的军马。屠寄的推断,或不妥当。⑤

《秘史》记载成吉思汗亲征西夏史事较其他文献要少。该书首次记载成吉思汗亲征西夏之事是在 1209—1210 年间:"成吉思自那里征合申种,其主不儿罕降,将女子名察合的,献与成吉思。"余大钧已指出,这是己巳

---

① 《1205 至 1227 年间蒙古与西夏的战争》,注释第 28。
② 《蒙兀儿史记》卷第三《成吉思可汗本纪》,第 35 页上。
③ 《金史》卷一五《宣宗中》,第 362 页。
④ 《蒙古秘史》,第 438 页。
⑤ 屠寄称,成吉思汗援约征兵西夏遭拒,"汗大怒,遂伐夏,围其都中兴府……汗以西征事重,不愿顿兵夏地,遂解围去"。该说法并无实在依据。参阅《蒙兀儿史记》卷第四四《脱栾传》,第 341 页上—下。西方学者对于因该事件而引发第二次蒙夏战争也表示怀疑。参阅 Luc Kwanten, "The Career of Muqali: A Reassessment", *Bulletin of Sung and Yüan Studies*, No.14 (1978), pp.31 - 38。

年(1209)春,成吉思汗第三次攻西夏,"合申百姓的不儿罕"向他投降。① 然而,《秘史》虽记载1218年蒙古攻西夏事,但却并未明说此役由成吉思汗亲领。

1218年,成吉思汗实未亲征西夏。"五征"西夏之说应谨慎对待。

二、蒙古征夏过程中对西夏政策演变的再梳理与反思

成吉思汗御驾亲征过多个政权,不过都没有如西夏这般被反复多次亲自征讨。正如元人吴海所言:"元初得天下,惟河西累年不服,最后乃服。"②蒙古对西夏反复征讨过程中,对夏政策如何逐渐发生转变?蒙夏双方对于彼此妥协又该如何理解?历史的曲折变化远比今日化约后的叙述要更为复杂和丰富。蒙夏关系的发展演变,应置于当日诸政权间政治互动的关系上来考察。本节主要以1210年后西夏与蒙古之间关系的发展变化为主线进行再梳理,同时对相关问题予以反思。

据《金史》本纪,1205年、1207年,未见记载蒙夏之间战事;泰和八年(1208)十月,"夏国有兵,遣使来告"。③ 金人对此的反应是:"初,大兵破西夏,长驱而至,关辅千里皆汹汹不安,虽智者亦无如之何。"④南宋方面得到西夏被兵时间应稍晚:"嘉定二年(1209),夏人始为鞑靼所攻,遣使求援金主,允济新立不能救援,鞑靼至兴元而返,夏人恨之。"⑤

---

① 《元朝秘史》(校勘本)第249节,第344页上;《蒙古秘史》,第420页。
② 吴海:《闻过斋集》卷之一《王氏家谱叙》,民国《嘉业堂丛书》本,页16b。
③ 《金史》卷一二《章宗四》,第309页。据《大金国志》载,泰和八年,"至是西夏遣使求援,主不应。其臣僚谏曰:'西夏既亡,必来加我,不如与西夏首尾夹攻,可以进取而退守。'主曰:'敌人相攻,中国之福,吾何患焉?'不听"。参阅宇文懋昭撰、崔文印校证《大金国志校证》卷二一《纪年·章宗皇帝下》,中华书局,2011年,第288页。
④ 《金史》卷一二三《杨沃衍传》,第2832页。
⑤ 《建炎以来朝野杂记》"乙集"卷一九《边防》"西夏扣关"条,第847页。

第二章 成吉思汗征西夏：蒙古灭夏问题再反思

1209—1210 年，蒙古攻夏，西夏献女求和。① 《亲征录》载，1210 年秋，"复征西夏，入李王朝，其主失都儿忽出降，献女为好"。② "时夏人未服从也，围其城，五旬弗解。夏人弗能支，遣金紫（曲也怯律——著者）以讲和，使见太祖和林，奉夏主之女请为购以解。太祖命金紫与札剌可抹哥那颜屑金和酒，饮以为盟，约为兄弟"。③ 金廷同时收到情报称："金纳合买住镇守北鄙，知蒙古将侵边壤，奔告于金主。金主曰：'彼与我无衅，汝何言此？'买住曰：'近见其邻部附从，西夏献女，而造箭制楯不休。凡行营则令男子乘车，盖欲息马力也。非图我而何？'金主以其擅生边隙囚之。"④

蒙夏议和之后，西夏开始攻金。据《金史》载，夏人攻金始于大安二年（1210）八月，"夏人侵葭州"；大安三年（1211），"夏人连陷邠、泾，陕西安抚司檄玉以凤翔总管判官为都统府募军，旬日得万人，与夏人战，败之，获牛马千余。时夏兵五万方围平凉，又战于北原"，云云。⑤ 至贞祐初，金人已感受到来自西夏的压力，"夏人实时犯边，此近年深患也"。"自是，连岁与夏交兵矣"。⑥ 1215 年，成吉思汗派遣三木合率领一万蒙古军，经由西夏向金进发。《亲征录》载："上驻军鱼儿泺，命三木合都率蒙古军万骑，由西夏抵京兆，出潼关。"《通鉴续编》亦载，太祖十年（1215），"蒙古三合侵金潼关"，"太祖皇帝次鱼儿泺，遣三合拔都帅万骑，自西夏趋京兆以攻潼关"。⑦

---

① 据史载，"黑鞑靼以此益强，渐并诸族地遂大，起兵攻河西。不数年，河西州郡悉为所破。又掠西夏之伪公主而去，夏人反臣事之"。参阅《建炎以来朝野杂记》"乙集"卷一九《边防》"鞑靼款塞"条，第 850 页。此条亦见《大金国志校证》卷二二《纪年·东海郡侯上》，第 298 页。
② 《圣武亲征录校注》，第 206 页。
③ 王颋点校：《虞集全集》下册《立只理威忠慧公神道碑》，天津古籍出版社，2007 年，第 1098 页。
④ 《通鉴续编》卷二〇，页 1a。
⑤ 《金史》卷一三《卫绍王》、卷一一〇《韩玉传》，第 318、2567—2568 页。
⑥ 《金史》卷九二《卢庸传》、卷六二《交聘表下》，第 2166、1575 页。
⑦ 参阅《圣武亲征录校注》，第 261 页；《通鉴续编》卷二〇，页 10b—11a。另据《太祖本纪》载，太祖十一年（1216）秋，"撒里知兀觯三摸合拔都鲁率师由西夏趋金中，遂越潼关"。《史集》载，1214 年，三木合率军征金，"三木合经过唐兀惕地区，到了那座特别大的京城（pādšāhnīšīn）京兆城"。两则记载所系年份有所不同，俟考。参阅《元史》卷一，第 19 页；《史集》第 1 卷第 2 分册，第 241 页。

西夏又欲与宋结盟攻金。据南宋方面文献称:"光定之四年(1214),其左枢密使、吐蕃路都招讨使万庆义勇者,令蕃僧减波把波赍蜡书二丸,至西和州之宕昌寨,欲与本朝合从犄角,恢复故疆。蕃兵总管傅翊得而上之,时嘉定七年(1214)七月也。董仁父初入蜀,不之报,由是虏讯中绝。"①

约略同时,宋人得到西夏与蒙古联合攻金的信息。嘉定八年(1215),南宋意识到,"西夏、鞑靼之兵,非数年未易解"。② 甲戌(1214)二月,真德秀上札子称:"然久驻淮壖,日聆边报,或云鞑靼之众已陷燕山,或谓西夏之兵方窥秦陇。"丙子年(1216)十二月,他在论边事时又说道:"臣窃见金虏自失国南迁,其势日蹙。比者鞑靼与西夏并兵,东出潼关,深入许、郑。虏庭危迫之状,见于伪诏所云:近复传闻敌兵攻围都邑,游骑布满山东,虽探报之辞不无同异,要其大势,以河南数州仅存之地,而抗西北二国方张之师。"③

从上述记载来看,西夏允许蒙古军队经由夏境攻金,且又出兵攻金以应援蒙古,这应是西夏履行臣服义务的一种表现。④ 然而,1209—1210年间成吉思汗亲征西夏并与之达成和约,是否包含"从征"义务? 究竟包括哪些具体内容呢? 以往学界显然对此缺乏足够的意识而未予讨论。令人瞩目且为之兴奋的是,《秘史》恰巧记载了这次蒙夏议和的详细内容。据《秘史》载:

> 成吉思自那里征合申种,其主不儿罕降,将女子名察合的,献与

---

① 《建炎以来朝野杂记》"乙集"卷一九《边防》"西夏扣关"条,第847页。另,《通鉴续编》亦载,太祖九年(1214)七月,"夏人请会师以伐金,不报","夏人以书来四川,议夹攻金以恢复故疆,董居谊以初入蜀,不报"。参阅《通鉴续编》卷二〇,第20册页8a。
② 《刘克庄集笺校》卷一四七《毅肃郑观文》,第5807页。
③ 《西山先生真文忠公文集》卷三《使还上殿札子》、卷五《江东奏论边事状》。另据《刘文简公神道碑》载:"今虏酋奔窜河北,山东盗贼纵横,鞑人、夏人攻击未已,使遂灭亡,则中原云扰,奸雄乘之,必若苻坚之时,万一稍能自立,则狼子野心,未可保。"参阅《西山先生真文忠公文集》卷四一。
④ 据史载,"西夏始为大军所攻,遣使求援,国主新立,不能救。大军至兴(灵)元而返,夏人恨之。时金国亦为所扰,势益衰,夏人(恨之)遂叛,乃改元光定(1211)"。参阅《大金国志校证》卷二二《纪年·东海郡侯上》,第296—297页。

成吉思,说:"俺听得皇帝的声名曾怕有来,如今俺与你做右手出气力。俺本是城郭内住的百姓,若有紧急征进,卒急不能到。蒙恩赐时,俺将地面所产的骆驼、毛段子、鹰鹞常进贡皇帝。"说罢遂将本国驼只科敛,直至赶逐不动,送将来了。①

这是明初节译文字,删减较多。余大钧用现代汉语将其详尽地译写了出来:

> (成吉思汗)从那里出征合申(河西、西夏)百姓。到了那里,合申百姓的不儿罕投降,他说:"我愿做您的右手,为您效力。"不儿罕把名叫察合的女儿献给成吉思汗,他又说:"一听到成吉思汗的大名,我们就十分敬畏。如今您神威之身亲自驾临,我们更加敬畏。我们唐兀惕百姓愿做您的右手,为您效力。"他又说:"我们愿为您效力。但是我们是定居地区的居民,[部分居民]住在建筑好的城郭里。若有急速征战,激战厮杀,不能随从急速征进,不能随从激战。若蒙成吉思汗降恩,我们唐兀惕百姓愿把席棘草丛中饲养长大的众多骆驼献给您做贡赋,愿把亲手织好的毛织缎匹献给您,愿把调教好的猎鹰,经常拣好的敬献给您。"不儿罕履行诺言,从唐兀惕百姓中征集了许许多多骆驼,尽力驱赶来献给了[蒙古军]。②

这是《秘史》首度记载成吉思汗亲征西夏。此事发生于己巳年(1209)春,是成吉思汗第三次亲征西夏。向蒙古投降的夏主不儿罕,为襄宗李安全(1206—1211年在位)。从《秘史》该节内容看,西夏与成吉思汗达成的妥协条件包括:献女;贡赋;"做右手出气力",即指从征。然而,对于该项从征义务,西夏又提出附加条件:因己方是定居民,"若有紧急征进",则"不

---

① 《元朝秘史》(校勘本)第249节,第344页上。
② 《蒙古秘史》,第420页。罗依果也详尽译写出这段内容,意思完全一致。参阅 Igor de Rachewiltz, *The Secret History of the Mongols: A Mongolian Epic Chronicle of the Thirteenth Century*, Vol. 1, pp.177–178。

能随从急速征进,不能随从激战"。这项附加条件,以往均被忽视。西夏当时提出保留条件,其实并未完全接受从征义务;而成吉思汗对此显然也是接受的,不然不会罢兵离去。①

成吉思汗西征前夕遣使要求西夏从征:"太祖差人去对唐兀惕主不儿罕说,你先说与我做右手,如今回回百姓杀了我使臣,要去与他折证,你可与我做右手。"②成吉思汗要求对方履行之前答应"做右手出气力"的义务,但遭到西夏拒绝。对照前引记载可知,西夏其实已提出"不能随从急速征进,不能随从激战"的附加条件。换言之,西夏并未答应"做右手"去西征。屠寄称:"汗将征花剌子模,援约征兵西夏。"③"援约"之说,实无从谈起。④ 罗依果或许意识到此,解释说"愿做右手"是指西夏臣服成吉思汗,作为蒙古军的"西翼",这意味着成吉思汗的西侧安全可以得到保证。⑤

无独有偶,《高丽史》有一条记载涉及蒙古征兵高丽事,其中提及西夏:"昔成吉思皇帝时,河西王纳女请和曰:'皇帝若征女真,我为右手;若征回回,我为左手。'后成吉思皇帝将讨回回,命助征,河西竟不应,帝讨而灭之,尔亦闻之。"⑥该记载与《秘史》有所差别:"若征女真,我为右手。"应是西夏接受从征要求出兵助蒙攻金;而"若征回回,我为左手",这显然是多出来的内容。《高丽史》属后出材料,为何会出现这种说法?很大可能

---

① 《秘史》紧接着写道:"成吉思那一次征进,金主归附了,多得了叚匹。合申主归附了,多得了骆驼。回至撒阿里客额儿地面下营了。"参阅《元朝秘史》(校勘本)第250节,第344页下。
② 《元朝秘史》(校勘本)第256节,第357页上。
③ 《蒙兀儿史记》卷第四四《脱栾传》,第341页上。
④ 蒙元时代站在自身立场指责西夏背约且怀贰心。《元史》载:"太祖时,西夏既臣服,大军西征,复怀贰心。帝闻之,旋师致讨。"《李公神道碑》载:"太祖戡定天下,夏氏既臣。会其西征,复贰。帝闻,旋师入讨,势如颓山之压卵。"元人的这种说法,实在有悖史实。参阅《元史》卷一二二《昔里钤部传》,第3011页;《姚燧集》卷一九《资德大夫云南行中书省右丞赠秉忠执德威远功臣开府仪同三司太师上柱国魏国公谥忠节李公神道碑》,第302页。
⑤ 罗依果指出,《秘史》第249节重点强调的是,西夏向成吉思汗臣服并承诺提供军事协助。以上参阅 Igor De Rachewiltz, *The Secret History of the Mongols: A Mongolian Epic Chronicle of the Thirteenth Century*, Vol. 2, p.903, 906。
⑥ 《高丽史校注》卷一〇二《李藏用传》,第2495页。

是因史料本身出于后来者手,将后来蒙古增加的要求叠加了上去,故不可径信。

西夏为何愿助蒙攻金?元末陈桱说:"夏自天会初与金议和,八十余年未尝交兵,及为蒙古所攻,求救于金,金主新立,不能出师,夏人怨之,遂侵葭州。""夏人寇金葭州,乘其有蒙古之难也。"① 西夏之所以攻金,很大程度上是配合蒙古征金。自 1210 年始,西夏攻金战事,在《金史·卫绍王》《金史·宣宗纪》《金史·哀宗纪》以及《金史·西夏传》中都有详细记载,各传也记载甚多,兹举数例于次:大安三年(1211),"夏人五万围东胜,鹤寿救之,突围入城,夏兵解去";贞祐三年(1215),"西夏四万余骑围定西州";贞祐四年(1216),"大元及西夏兵入鄜延,潼关失守";"兴定五年(1221)冬,夏人万余侵定西……元光二年(1223),夏人步骑数十万攻凤翔甚急";元光元年(1222),"合达上言:'累获谍者,皆云北方已约夏人,将由河中、葭州以入陕西'";1223 年,"木华黎国王、斜里吉不花等及夏人步骑数十万围凤翔"。② 西夏确实一直在配合蒙古攻金,金人称他们为"西北二敌"。③ 不过,就西夏配合蒙古攻金的史料叙述来看,西夏基本上均是由己方将领独自领军攻金,而非作为蒙古军的仆从军队由蒙古方面来指挥支配。④

当日蒙古方面意识到,西夏实未完全臣服,只是暂时屈服而已,且不可信任。1221 年,"木华黎出河西",石天应从木华黎征陕右,"假道西夏,自东胜济河,南攻葭州拔之"。石天应向木华黎进言,"西戎虽降,实未可信"。⑤《通鉴续编》记载的一段史事非常值得注意。太祖十六年(1221),"蒙古木华黎伐夏,夏人以师会之,遂取金葭州,徇绥德州。十一月围延安府"。该条"目"载:

---

① 《通鉴续编》卷一九、卷二〇,第 19 册,页 30a—b;第 20 册,页 3a。
② 参阅《金史》卷一二二《纥石烈鹤寿传》、卷一二三《杨沃衍传》、卷一一〇《杨云翼传》、卷一二四《郭虾蟆传》、卷一一二《完颜合达传》、卷一一三《赤盏合喜传》,第 2814、2830、2560、2857、2608、2636 页。
③ 《金史》卷一一三《白撒传》,第 2628 页。
④ 《大金国志》称"西夏举国之兵从其前驱",此语或显夸张。参阅《大金国志校证》卷二五《纪年·宣宗皇帝下》,第 345—346 页。
⑤ 《元史》卷一《太祖本纪》、卷一四九《石天应传》,第 21、3526 页。

八月,木华黎至天德,监国公主遣其臣习里吉思劳之,且享将士。木华黎遂由东胜州涉河引兵而西,夏主闻之惧,遣塔海监府等宴木华黎于河南,献奉甚厚,且遣答哥甘普将兵五万属焉。十月,木华黎引兵东行,自云中历太和寨以入葭州,命石天应权行台以守葭,而自将大兵攻绥德,破马蹄、克戎两寨。夏主遣迷仆帅众会之。迷仆问木华黎相见之仪,木华黎曰:"汝主见我主,即其礼也。"迷仆曰:"未受主命,不敢即拜。"因引众去。十一月,木华黎进攻延安,迷仆始赘马而拜。①

这段记载与《木华黎传》《太师鲁国忠武王》大体一致,但也有不同,②甚至有不见于后两者的内容。特别是迷仆见木华黎的这段描述,仅见于此。它表明西夏对于蒙夏之间议和妥协确实保留有自己的理解。③ 成吉思汗与西夏之间的媾和,并不是西夏对蒙古的完全臣服,事实上双方各持立场。

逮至1219—1221年间,西夏又屡次约南宋攻金。据《通鉴续编》载,1219年二月,"夏人以书请会师以伐金,诏利州安抚使丁焴许之";1220年八月,"安丙使王仕信帅师会夏人以伐金","九月,夏人围金巩州,王仕信帅师会之";1221年十月,"夏人复以书乞会师伐金"。④

---

① 《通鉴续编》卷二〇,第20册,页30a—b。
② "蒙古木华黎伐夏,夏人以师会之",这一叙述或易致误会。《木华黎传》称:"监国公主遣使来劳,大飨将士,由东胜渡河西。夏国李王请以兵五万属焉。"《太师鲁国忠武王》则载:"监国公主遣其臣习里吉思劳王,且飨将士。由东胜州涉河,引兵而西。夏主李王闻之惧,遣塔海监府、汪奴哥监府遗方物,且以兵五万属焉。"木华黎目标是金非西夏;西夏此前并未配合,在木华黎大军压境的情形下,不得已才派军从征。《木华黎传》或有曲笔回避之意。参阅《元史》卷一一九,第2934页;《元朝名臣事略》卷一,第6—7页。
③ 迷仆见木华黎起初并不愿行拜见礼,这一细节颇值得玩味。不行拜见礼,即不愿臣服。据史载,张弘范所统领的军队俘获文天祥后,张弘范"必欲以礼见","议相见礼,天祥曰:'吾不能跪,吾尝见伯颜、阿朮,惟长揖尔。'或曰:'奈何不拜?'天祥曰:'吾能死,不能拜。'弘范度不能强,遂以长揖相见"。这是文天祥不愿降元的细节写照。对照迷仆见木华黎情形,虽然后来"赘马而拜",显然是因为慑于蒙古大军压境的情势。参阅刘岳申《申斋刘先生文集》卷一三《文丞相传》,《元代珍本文集汇刊》,台北"中央"图书馆,1970年(民国五十九年),第568页。
④ 《通鉴续编》卷二〇,第20册,页19a、26a—b、30a。

元光二年(1223),西夏内部有约和金朝的意愿:"遵顼使其太子德任来伐,德任谏曰:'彼兵势尚强,不若与之约和。'遵顼笑曰:'是非尔所知也。彼失兰州竟不能复,何强之有。'德任固谏不从,乞避太子位,愿为僧。遵顼怒,幽之灵州。"①正大元年(1224)十月,"夏国遣使修好";1225年九月,"夏国和议定,以兄事金,各用本国年号,定拟使者见辞仪注云。盖夏人自天会议和,臣属于金八十余年,无兵革事。及贞祐之初,小有侵掠,以至构难十年,两国俱敝,至是,始以兄弟之国成和"。② 西夏与金和好,同时金也寻求与南宋和好。正大二年(1225)十月,"乙亥,面谕台谏完颜素兰、陈规曰:'宋人轻犯边界,我以轻骑袭之,冀其惩创通好,以息吾民耳。夏人从来臣属我朝,今称弟以和,我尚不以为辱。果得和好,以安吾民,尚欲用兵乎。卿等宜悉朕意。'"③

1223年之后,西夏确实开始主动联络各方,以应对蒙古。这与同时期高丽史料的记载可相印证。当时东部世界各政权确实有和好的迹象,而此时正传闻成吉思汗已不知所踪的消息。据《高丽史》,甲申十一年(1224)春正月戊申,"东真国遣使赍牒二道来。其一曰'蒙古成吉思师老绝域,不知所存。讹赤忻贪暴不仁,已绝旧好'",云云。④ 蒙古与高丽之间的关系也在此时生变,太祖十九年(1224)十二月,"又使焉,盗杀之于

---

① 《金史》卷一三四《西夏传》,第3033页。另,兴定二年(1218),西夏有"乞和意",金廷以为不然;兴定三年(1219),"获夏人统军司文移来上,其辞虽涉不逊,而皆有保境息民之言",金却将此视为西夏缓兵计。参阅《金史》卷一三四《西夏传》、卷一五《宣宗中》,第3032、371页。
② 《金史》卷三八《礼·外国使人见仪》,第925页。关于金夏间议和事,《答夏国告和书》云:"惟我国家,奄宅中外,威制万里,恩结三方。高丽叛归,而却不受。摰宋既服,免其称臣。苟有利于生灵,有不较其名分,刿惟大夏,时我宝邻。盟誓既百年于兹,恩好若一家之旧。乃者北兵之大扰,因而东道之不通。岂意同盟,堕此奸计,俾我两朝之交赘,至于一矢之相加。幸上天开悔祸之期,使赤子有息肩之望,兹纡信使,特枉载书,忍以一朝之违,遽忘累世之好。审此辅车之势,属我唇齿之邦。与其厌外夷之陆梁,孰若结诸夏之亲昵。惟兹不类,乃我同仇。"金此时也亟待与夏议和。另据《李献甫传》记载,似别有一说。当时,西夏提出金朝需输岁币,李献甫从中斡旋,"夏人援宋例以邀岁币,献甫以宋赐夏姓一事折之,夏使语塞而和议定"。以上参阅赵秉文撰、孙德华点校《闲闲老人滏水文集》卷一〇,科学出版社,2016年,第243页;《金史》卷一一〇,第2574页。
③ 《金史》卷一七《哀宗上》,第408—409页。
④ 《高丽史校注》卷二二《高宗一》,第607页。

途,自是连七岁绝信使矣","自是高丽与蒙古不通"。① 成吉思汗最终决定灭夏,应是鉴于西夏与金、宋以至辽东、高丽等政权之间欲图联络的复杂政治情势变化的结果。

1223年,"大元兵问罪夏国"。② 据《谢公墓志》载:"癸未(1223),夏国李王反,从太师往伐,逾月不下。独领精骑乘间道取之,斩首五百级,俘男女万人,获辎重千余乘,畜数十万,遂定其国。"③孛鲁奉太祖命征西夏,"时太祖在西域,夏国主李王阴结外援,蓄异图,密诏孛鲁讨之。甲申(1224)秋九月,攻银州,克之,斩首数万级,获生口马驼牛羊数十万,俘监府塔海,命都元帅蒙古不华将兵守其要害而还"。④ 所谓"阴结外援",是指西夏与金、宋等议和,结成一股反蒙古的力量。这与前述《高丽史》《金史》等记载西夏与各政治力量之间重新交好有着密切的关系,而这又与波斯文史料的记载相一致。

《世界征服者史》载,成吉思汗渡过申河(印度河)进征至北印度,面对不良气候,"成吉思汗打算从印度到唐兀国的道路回师。他走了几程,但无路可通,他返回去,到达白沙瓦(Peshawar),取原路而回"。"成吉思汗决定从白沙瓦返回老营;他急于回去的原因是:契丹人和唐兀人乘他不在的时机,变得倔强,动摇于叛降之间"。⑤ 另据《史集》记载,1224年,"唐兀惕居民作乱消息的传来,是成吉思汗急于回去的原因,唐兀惕人由于他长期不在,又动乱起来了"。⑥ 再据《纳昔儿史话》,成吉思汗打道回秦(Chīn),尽管他不断烧羊胛骨验吉凶,但并未得到可以侵入申都(印度)的肯定预示,就在这个当口,信使传来消息称,唐兀惕国王和金国皇帝起兵

---

① 《元史》卷二〇八《高丽传》,第4608页;《通鉴续编》卷二一,第21册页5b。
② 《金史》卷一三四《西夏传》,第3034页。
③ 周峰编:《贞珉千秋——散佚辽宋金元墓志辑录》,甘肃教育出版社,2020年,第176页。
④ 《元史》卷一一九《孛鲁传》,第2936页。
⑤ 《世界征服者史》上册,第159、164页。
⑥ 《史集》第1卷第2分册,第310页。又,在不牙-古不儿过冬时,蒙古军队病倒了,"成吉思汗最后作出了班师的决定,他想取道忻都向唐兀惕地区进发。当他得到唐兀惕人复叛的消息时,他在路上已走了好几程路"。参阅《史集》第1卷第2分册,第309—310页。

反叛,已占据的领土正不断丢失。①

柯劭忞称,1225年秋,成吉思汗亲征西夏,是因西征前被西夏大臣阿沙敢不的强硬态度所激怒,"西夏主乃阴结漠北诸部酋,为拒守之计。至是,帝自将伐之,假道于畏兀儿"。②马汀引据《西夏书事》认为,1224年,李德旺唆使"漠北诸部"相助进攻成吉思汗,漠北诸部是黄头回鹘和西夏西部的臣属部落,"'漠北诸部'一词,很可能是用以区分回鹘、特勒和赤闵与南面的党项和山区(南山)的吐蕃部落的"。③马汀的解释应是受《速不台传》的影响:"帝欲征河西……速不台奏,愿从西征。帝命度大碛以往。丙戌(1226),攻下撒里畏吾特(勒)[勤]、赤闵等部。"④马汀的说法缺乏更多证据,暂存而不论。

无论是元代史料称西夏"阴结外援",抑或清末民初人称西夏"阴结漠北诸部酋",它们所反映的这些情形对于成吉思汗来说都是威胁。这无疑是引发他1225年亲征西夏的根本缘由。前引《太祖本纪》称"西夏纳仇人……及不遣质子",实为借口。⑤屠寄觉察到《太祖本纪》的不足,兼采《秘史》《史集》《金史》诸书,他写道:"时汗闻西夏与金约和,且追讨其不从征西域,不遣质子之罪也。"⑥

---

① H. G. Raverty(trans.), *Ṭabaqāt-i Nāṣirī: A General History of the Muhammadan Dynasties of Asia*, Vol.2, New Delhi: Oriental Books Reprint Corporation, 1970, pp.1046 - 1047. 又,信使带来南宋、金和唐兀惕地区叛乱的情报,由于成吉思汗长时间远离东部,这些国家正欲图摆脱蒙古控制。这一消息令成吉思汗深感焦虑,因而决定东返。参阅 *Ṭabaqāt-i Nāṣirī: A General History of the Muhammadan Dynasties of Asia*, Vol.2, pp.1081 - 1084。
② 柯劭忞撰,张京华等总校:《新元史》卷三《太祖下》,上海古籍出版社,2018年,第36页。
③ 马丁还写道:"当时塔兀拉玛干沙漠以北之诸国家都臣服于蒙古人,因此所涉及的当指居住于甘肃西部或沿额济纳河居住的撒里畏吾儿。与撒里畏吾儿人居住于同一地域的还有两个部落,汉文称呼他们特勒和赤闵。这两个部落曾经可能是回鹘的附庸,同样赵元昊也将他们并入了西夏王国。"参阅《1205至1227年间蒙古与西夏的战争》。
④《元史》卷一二一《速不台传》,第2977页。
⑤ 陈梿称:"以其不入质子而遣兵助西域也。"参阅《通鉴续编》卷二一,第21册页4b。
⑥《蒙兀儿史记》卷第三《成吉思可汗本纪第二下》,第40页下。关于"西夏纳我仇人你勒合桑昆,汗兴师致讨",屠寄认为,"欲加之罪,何患无词,顾乃远追二十三年前已往故事,藉为口实,太不近情,反复思之,此必乙丑年(1205)第一次用兵之执言也。西夏与蒙兀本风马牛不相及,成吉思虽好侵伐人国,岂得无故加兵,其始必执一言以开衅"。参阅《蒙兀儿史记》卷第二,第25页上。

成吉思汗亲征西夏有一个明显的发展变化过程。成吉思汗对于蒙古高原以外地区的进征，无论是攻西夏还是攻金，抑或是西征，很大程度上仍停留在抄掠性质上，这与他作为第一代游牧统治者的身份相合。成吉思汗时代蒙夏之间的议和，应循此轨迹加以反思。

学界对于蒙古游牧民发起战争规律的一般认识是，游牧人群起初对外攻击多为试探抄掠性质，以劫掠物资、牲畜和俘获人口为目标。1205年、1207年、1209年蒙古对西夏的三次战争，都应当作如是观。西夏臣服蒙古的外交逻辑则建基于他们此前与辽、金和两宋的基础上，献女、①纳币（贡赋）；而成吉思汗起初肯定认同这点，获得相应经济利益后，即行撤军离去。② 约兵共同进征或要求随军出征，这或许是源于草原的传统，之后发展为一种"从征"义务。成吉思汗西征时，"百姓只要选择投降，蒙古人就把一名沙黑纳派给他们，持一份塔木花为凭证，然后离开"。③ 学界通常认为，太祖十八年（1223），"遂定西域诸城，置达鲁花赤监治之"，④蒙古人对其所征服诸地实施统治才正式开始。

至于蒙古最后为何要灭西夏，前面的讨论已有所揭示。然而，蒙古此前是否必欲灭西夏并取而代之呢？据《立只理威忠惠公神道碑》载：

---

① 《金史》载，贞祐二年（1214）三月庚寅，"奉卫绍王公主归于大元太祖皇帝，是为公主皇后"。《大金国志》载："主遣使议和，索公主及护驾将［军］十人，'细军'百人，从公主童男女各五百。"《建炎以来朝野杂记》称，贞祐二年二月，"金主珣遣人议和，忒没贞欲得其公主及护驾将军十人，细军百人，从公主童男女各五百，彩绣衣三千件，御马三千匹，金银珠玉等甚众"。参阅《金史》卷一四《宣宗上》，第330页；《大金国志校证》卷二四《纪年·宣宗皇帝上》，第325页；《建炎以来朝野杂记》"乙集"卷一九《边防》"鞑靼款塞"条，第850页。

② 大约1220年，成吉思汗西征时遣使招降讷儿城，要求"讷儿人准备好粮草，遣使进献给当今的天子，藉以表示他们归降"。之后又达成一条协议："讷儿人应……到城外去，原封不动留下他们的屋舍，让军队抄掠。……蒙古人守约，丝毫没有伤害他们。讷儿人这时选出六十人，遣他们随讷儿异密的儿子亦勒火者（Il-Khoja）到答不思（Dabus）去援助蒙古人。"参阅《世界征服者史》上册，第119页。

③ 《世界征服者史》上册，第178页。与此一致，据《史集》，"［蒙古人］将盖有红印的畏兀儿公文（nīšān）和成吉思汗诏敕的副本发给他们……他们将上述公文发出后，便开拔了……每到一地，凡出降迎接［大军］者，获得了赦免；抵抗者全部歼灭"。参阅《史集》第1卷第2分册，第291页。

④ 《元史》卷一《太祖本纪》，第22页。"蒙古初置达鲁花赤监治郡县"，"太祖皇帝……至可温寨与诸将会，以西域渐定，置达鲁花赤于名城监治之"。参阅《通鉴续编》卷二〇，第20册，页34b—35a。

太祖之征回鹘也，夏人不能以兵从。既克回鹘，益日疑惧。金紫守甘州以备焉。未几，旋师，击肃州，久乃克之。诏察罕曰："汝父尝见我于和林，朕知其为忠义人也。吾讨回鹘，平肃州，皆以后服见诛。闻汝父守甘州，汝往告之，使来归，以全生灵可也。"察罕领所部扣城下，谕旨意，金紫率其众来归。甘州之副贰阿绰等三十六人攻杀之，并害使者。上怒，急攻甘州，阿绰等三十六人以其城降。太祖谕之曰："曲也怯律何在？"阿绰对曰："以其不肯降而杀之矣。"上若曰："尔谓朕不知邪？朕始以生灵之故，谕其来归，使代夏主，以抚尔民，其生全也。汝自为厉而杀之，尽残其民，而卒服于忠顺无所当，尚敢欺朕邪！"尽斩此三十六人者。①

这段记载透露，成吉思汗曾欲以察罕之父代夏主治西夏民。

1226年，耶律留哥妻姚里氏觐见成吉思汗："见帝于河西阿里湫城。帝曰：'健鹰飞不到之地，尔妇人乃能来耶！'"②西夏对于成吉思汗而言，实在也是僻远之地。成吉思汗作为蒙古第一代游牧领袖，只要能掠夺到额外的经济收入，他的权威就能够得到维持。他要求西夏和金纳贡，其统治可以说"仍高度延续了以往的贸易—朝贡管理模式"，此时期"蒙古政策仍然基本依靠掠夺"。③

真德秀称："蕞尔女真崛起穷发，其吞辽人，陵中国，大抵假'和'之一字以为误敌之资，甚至兵已登城而'和'不绝口，此靖康之事所以遗悔于无穷也。女真之先世以此给人。今其后裔又以此受给于鞑。窃闻鞑之取西夏、取金国也，皆先之以议和之使，而随之以侵伐之师，未有不堕其术中者。呜呼，犬戎多诈，一至于此！吾其可以不监乎！"④郝经说道："既破回鹘，灭西夏，乃下兵关陕，以败金师，然后知所以深取之。""昔国家破金师于浍河，遂敛兵而去。金人以为无意于取，中兴可期，恬不为虑。既灭西

---

① 《虞集全集》下册，第1098页。
② 《元史》卷一四九《耶律留哥传》，第3514页。
③ 狄宇宙：《内亚史上的国家形成与阶段划分》，《当代西方汉学研究集萃》（中古史卷），第60、64页。
④ 《西山先生真文忠公文集》卷一四《进故事·故事乙未(1235)十一月二十四日》。

夏,平西域,旋旆东指,一举而取之。"①此类说法显系事后之明的一番说辞尔,它无疑忽视了历史发展变化的具体过程。

在思考诸政权间外交往复过程时,或需注意以下三点:任何时代,外交妥协的双方总是带着各自的理据来认知,并理所当然地以己方理解为是,②此其一。其二,诸政权在相互角力的过程中,在反复中慢慢形成一次次新的双方都可接受的平衡状态,若一旦出现新变化,原来的平衡状态便会被打破;随着双方实力的变化,强势一方自然就会提出更多新的要求。其三,历史记载普遍叙述西夏对蒙古叛服无常,这是站在蒙元叙事立场言之,而从上述讨论来看,实际情形并非如此。

三、成吉思汗与失都儿忽: 蒙夏之间最后的较量

成吉思汗与西夏末主失都儿忽的较量以及失都儿忽最后的命运,历史叙述存有不同版本。

《太祖本纪》没有记载成吉思汗擒杀西夏末主事。前引《亲征录》仅称:"丁亥,灭其国以还。"《通鉴续编》也未提及太祖杀夏末主之事,仅称"蒙古太祖皇帝灭夏,执夏主睍归","太祖皇帝避暑于六盘山,夏主睍力屈出降,太祖皇帝执之以归"。③ 元修《金史》《宋史》同样未提及夏末主被杀事:"三年二月,遵顼死。七月,德旺死,嗣立者史失其名。明年,夏国亡。""清平郡王之子南平王睍立,二年丁亥秋,为大元所取,国遂亡。"④据《察罕传》载,察罕追随成吉思汗征西夏,"[帝]还次六盘,夏主坚守中兴,帝遣

---

① 《郝经集编年校笺》卷三二《东师议》、卷三七《宿州与宋国三省枢密院书》,第 824、985 页。
② 狄宇宙写道:"即使非游牧国家是被迫纳贡,条约中的用词还是声称双方拥有平等外交的地位。"参阅狄宇宙《内亚史上的国家形成与阶段划分》,《当代西方汉学研究集萃》,第 56 页。
③ 《通鉴续编》卷二一,第 21 册,页 10b。
④ 《金史》卷一三四,第 3034 页;《宋史》卷四八六,第 14028 页。

察罕入城,谕以祸福。众方议降,会帝崩,诸将擒夏主杀之,复议屠中兴,察罕力谏止之,驰入,安集遗民"。① 该记载显示成吉思汗去世后,夏末主被诸将擒杀。《阿术鲁传》载:"太祖时……复命总兵征西夏,与敌兵大战于合剌合察儿之地。西夏势蹙,其主惧,乞降,执之以献,太宗杀之,赐以所籍赀产。"②该记载则透露窝阔台杀夏末主。从上述文献可知,元代官方汉文史料系统,均未明言成吉思汗杀西夏末主事。

然而,元代私家著述则记载有成吉思汗杀夏末主事。元初文臣胡祗遹写道:"丁亥春正月,太祖征西夏。严李王,诛之。怒其负固不服,欲屠其城,群臣莫敢言。"又称,成吉思汗被谏止屠城,"太祖悦悟,遂赦之",云云。③

与元代官方汉文史料系统不同,蒙古文史料对成吉思汗杀夏末主之事却有详明记载。《秘史》叙述了成吉思汗征夏、灭夏,并命扯儿必脱仑(脱栾)杀掉夏末主的整个过程。狗儿年(1226)秋,成吉思汗出征唐兀惕,他因坠马受伤。《秘史》载:

> 于是,大王并众官人聚会,其中有脱仑议说:"唐兀是有城池的百姓,不能移动。如今且回去,待皇帝安了时,再来攻取。"众官人皆以为是,奏知成吉思。成吉思说:"唐兀百姓见咱回去,必以我为怯,且这里养病,先差人去唐兀处,看他回甚么话。"遂差人对唐兀主不儿罕说:"你曾说要与俺做右手,及我征回回,你却不从,又将言讥讽。我如今已取了回回,我与你折证前言。"不儿罕说:"讥讽的言语我不曾说。"有阿沙敢不说:"是我说来。要与我厮杀时,你到贺兰山来战。要金银、段匹时,你往西凉来取。"使臣回,将前言说与成吉思。成吉思说:"他说如此

---

① 《元史》卷一二〇《察罕传》,第 2956 页。
② 《元史》卷一二三,第 3024—3025 页。
③ 《胡祗遹集》卷一六《德兴燕京太原人匠达噜噶齐王公神道碑》,第 357 页。郝经未言及成吉思汗杀夏主,郝经诗云:"北王战罢马首回,十年大军不南行。西域既定杀李王,疾雷破柱关中惊。"西夏灭亡后被屠城应是事实,元人柳贯写道:"会天兵破灭夏以西,有旨:'戈矛所向,耆髫无遗育。'"参阅《郝经集编年校笺》卷一一《三峰山行》,第 251 页;《柳贯诗文集》卷一〇《师氏先茔碑铭并序》,第 217 页。

大话,咱如何可回?虽死呵,也去问他。长生天知者。"遂到贺兰山与阿沙敢不厮杀。阿沙敢不败了,走上山寨,咱军将他能厮杀的男子,并驼驼等物,尽杀虏了。其余百姓,纵各人所得者自要。①

《秘史》随后一节有关西夏部分又叙述道:"成吉思在雪山住夏,调军去将阿沙敢不同上山的百姓,尽绝虏了。"②《秘史》又在紧接其后的两节中,明确记载了成吉思汗与西夏末主最后接触时的详细情形:

  成吉思自雪山起程,过兀剌孩城,却来攻打灵州城,时唐兀惕主不儿罕,将着金佛并金银器皿,及男女马驼等物,皆以九九为数来献。成吉思止令门外行礼,行礼间,成吉思恶心了。至第三日,将不儿罕改名失都儿忽,命脱仑杀了。对脱仑说:"初征唐兀时,我因围猎坠马,你曾爱惜我的身体来,提说要回。因敌人言语不逊,所以来征。蒙天佑助,将他取了。今有不儿罕将来的行官并器皿,你将去者。"③
  成吉思既虏了唐兀百姓,杀其主不儿罕,灭其父母子孙,教但凡进饮食时,须要提说唐兀惕尽绝了。初因唐兀惕不践言,所以两次征进,至是回来。至猪儿年,成吉思崩,后将唐兀惕百姓,多分与了也遂夫人。④

于此可知,成吉思汗因西夏"不践言"而领军亲征,最后灭夏,并将失都儿忽召来赐死,命脱栾·扯儿必将他杀掉。

另据藏文史料《帝师热巴传》载:"西夏国王被杀后,蒙古大汗也死了,一定也是业力成熟了。"西夏国王先被杀,而后成吉思汗才去世,这与蒙古文史料记载一致。热巴是西夏最后一位帝师,该传作者是热巴本人和心

---

① 《元朝秘史》(校勘本)第265节,第375页下—页376上。
② 《元朝秘史》(校勘本)第266节,第377页上。
③ 《元朝秘史》(校勘本)第267节,第378页上—下。余大钧据原文译写道:"脱栾·扯儿必下手杀死亦鲁忽[·不儿罕·失都儿忽]后,回奏了成吉思汗。"《蒙古秘史》,第463页。
④ 《元朝秘史》(校勘本)第268节,第379页上。

传弟子热巴噶布,许多事件为热巴所亲历,具有较高可信度。①

与汉文官方史料系统相一致,主要的波斯语文献同样有意回避成吉思汗处死西夏末主事。②《史集》载:"成吉思汗自知病危,大渐已近。遂对异密们遗告道:'我死后,你们不要为我发丧、举哀,好叫敌人不知我已死去。当唐兀惕国王和居民在指定时间从城里出来时,你们可将他们一下子全部消灭掉!'猪儿年秋……[1227年9月,]他为他那著名的兀鲁黑留下了汗位、领地和国家,离开了[这个]易朽的世界。异密们按照他的命令,秘不发丧,直到[唐兀惕]人民从城里出来。[当时]就[把他们]全部杀死。"③

《史集》专门列有一节内容"叙述成吉思汗最后一次出征唐兀惕地区,与唐兀惕国王作战":

> (1225年秋)成吉思汗来到唐兀惕地区,首先占领了甘州、肃州、河州和斡罗孩等城,又围攻了答儿沙孩[灵州],放火烧城。当[该城]起火时,唐兀惕国王失都儿忽、唐兀惕语称作李王者,从他的京都所在的大城(此城唐兀惕语称作阿里孩、蒙古语称作额儿吉牙)里,带着五十万人出来,与蒙古军作战。
>
> 成吉思汗迎上去作战。在哈剌-沐涟[黄河]地方有许多湖,湖面全部冰封住了。成吉思汗站在冰上,下令发箭射[敌人的]脚,不让他

---

① 转引自张晓源《〈帝师热巴传〉所见西夏政史考论》,《西夏学》2021年第1期,第119页。此承陈玮提示。据《红史》,"成吉思汗夺取西夏,西夏国王是火命,成吉思汗是水命,故西夏无论怎样也敌不过成吉思汗。西夏杰廓王的转世是蒙古王子阔端",云云。陈庆英解释认为,阔端统治西夏故地迫切需要寻找一种理论来缓和西夏百姓的反抗心理,将阔端说成是被臣下杀害的西夏甲郭王,为报仇而在凉州将仇人族灭,可起淡化民族对抗心理、防止西夏遗民反抗等作用。参阅蔡巴·贡嘎多吉著,东嘎·洛桑赤烈校注,陈庆英、周润年译《红史》,西藏人民出版社,2014年,第21页;陈庆英:《简论藏文史籍关于西夏的记载》,《中国藏学》1996年第1期。
② 《世界征服者史》最后写及成吉思汗时称:"成吉思汗从西方诸国返回他的东方老营后,他就讨伐唐兀以遂他的宿愿。他把该地敌人的劣行肃清,把他们全部征服,这时,他得了由不良气候而引起的不治之症。"不过,《史集》仅在一处很不起眼的地方提及:"成吉思汗占领唐兀惕[国]时,杀死了国王。"参阅《世界征服者史》上册,第212—214页;《史集》第1卷第2分册,第146页。
③ 《史集》第1卷第2分册,第321页。另据"成吉思汗史编年纪要","成吉思汗[这时]已病了。猪年(1227年)……他在这年由于疾病缠身,在唐兀惕地区去世了"。《史集》第1卷第2分册,第353页。

们从冰上过来,敌人应弦而倒。

  作战时杀死了许多人,[唐兀惕人]死者为[蒙古人的]三倍,而据蒙古人所查明的,[唐兀惕人]被杀死者为[蒙古人]死亡数的十倍。

  失都儿忽逃回了城里。成吉思汗说,这次他遭受这样[大]的失败,往后再也没有什么力量了,于是就不再注意他了。成吉思汗从这座城市旁走过,占领了若干其他城市和地区,到乞台方面去了。①

紧接其后的叙述则稍显混乱。它先插叙了1223年成吉思汗召集窝阔台、拖雷密谈并留下遗嘱,遣两子北返。之后,成吉思汗向南家思进发,来到六盘山地方:

  其后唐兀惕国王失都儿忽思量道:"我多次反叛对抗成吉思汗,我的国土每次都遭到蒙古人的屠杀、掠夺,自今以后我再也不叛乱了,必须向成吉思汗表示奴隶般地顺从!"他遂派遣使者[到他那里]请求和谈并订立盟誓,他说道:"我担心他能否收我做儿子。"

  成吉思汗对他的请求很满意。[当时]失都儿忽请求一个月的期限,以便准备礼物,将城里的居民迁出来,[成吉思汗]给了他所请求的期限。为了表示尊敬、屈服,他想前来朝谒,但成吉思汗说:"我病了。让他等我病好一些再来吧。"——他对脱栾-扯儿必说:"你到他身边去做他的失合兀勒吧!"——意即派他去做接待和陪伴使臣和进宫觐见者的人。[脱栾]奉命侍奉失都儿忽去了。成吉思汗的病却一天天坏下去。②

---

① 《史集》第1卷第2分册,第317—318页。"成吉思汗史编年纪要"称:"唐兀惕国王失都儿忽从唐兀惕最大的城市亦儿孩出来,同他们厮杀。有三十万人被杀。"《史集》第1卷第2分册,第352页。

② 《史集》第1卷第2分册,第319—320页。另据《史集·部族志·唐兀惕部落》载:"那年秋天,他出征合申。该国君主龙-沙答儿忽求饶道:'我惊慌失措,做了坏事;只要[成吉思汗]对我放宽期限,同意认[我]为子,并对此起誓,我就出去[见他]。'成吉思汗起了誓,并对他放宽了一定的期限。这时,[成吉思汗]已患病,他留下遗嘱:他死之后暂不发丧举哀,不让敌人知道此事,于规定期限内出来,[他们一出来],就全部抓起来,一个个都杀掉。那海·亦勒年春,即狗年春,龙-沙答儿忽出来了,他和全体城民都被交给了复仇之剑,[他的]王国被占领。"此处也未明确成吉思汗处死西夏末主事。参阅《史集》第1卷第1分册,第235—237页。

西夏末主提出愿以成吉思汗之子的身份妥协投诚,这与畏兀儿王亦都护、汪古部长降附蒙古得序为成吉思汗第"五子"的故事相类似。① 然而,成吉思汗派遣近臣脱栾扯儿必到西夏末主身边,这与此前已臣属成吉思汗的"国王"们相比,似又稍显不同。

屠寄糅合《秘史》《史集》诸书记载,写道:

> 是时李德旺已殂,从子睍嗣位,度国势已去,遣使乞降,谓不敢望收之为子。时行在清水,汗不豫,伪允之。睍又使人来,以备贡物迁民户为辞,请逾月束身来朝。汗已疾甚,又允之,命脱栾驰驿往,安抚其军民。及期,夏主朝灵州行在所,奉金银器皿、童男女及骟马等为挚,数各九九,而先之以金佛。时汗已升遐,群臣秘不发丧,托言汗病未愈,引睍幄殿暗处行礼。越三日,脱栾奉遗诏,手刃夏主,并赤其族。且命蒙兀人每食必祝言"唐兀惕灭矣",庸志成吉思遗憾。脱栾以功承赐夏主行宫器皿(盖拖雷以监国之命赐之),视诸将为多,未几卒。②

屠寄称脱栾奉遗诏行事,后又由拖雷赐予其夏主遗物。屠寄此言不知所据,不可信从。前引《阿朮鲁传》称,太宗杀西夏末主,"赐以所籍赀产"。《怀都传》则称,祖父阿朮鲁擒夏主,"太祖命尽赐以夏主遗物"。③ 历史叙述的矛盾处,于此可窥一斑。

对于前所述诸多矛盾之处,或可结合尤兹札尼《纳昔儿史话》一书讨论。该书对成吉思汗最后一次亲征西夏并下令处死夏末主事保存有较为详细的叙述。该书记载,成吉思汗得到西夏、金、南宋等反叛消息后东返,他先向西夏进发:

> 当他到达唐兀惕那个地方时,唐兀惕有一位汗,他精力充沛且英

---

① 屠寄写道:"蒙兀视降王如子为惠,故畏兀亦都护之降,以是为请,今李睍之意亦然。"参阅《蒙兀儿史记》卷第四四《脱栾传》,第341页下。
② 同上。
③ 《元史》卷一三一《怀都传》,第3196页。

勇无畏,他拥有难计其数的军队、火药和战争物资;而且,由于他兵多将广,仆臣势强,统治范围广,有无尽的财富和宝藏,他自封"腾格里汗"。蒙古军队曾数次侵入他的领地,但没有战胜他,也没有征服他的国家,而且他多次在战斗中战胜过成吉思汗。在成吉思汗从阿贾姆(Ajam)和伊斯兰国家返回的那段时期,这位腾格里汗与他的大臣将领们商议道:"成吉思汗来了。我们以前曾几次与他作战并击败了他。现在他回来了,他的军队变得非常庞大,他正向金国皇帝(the Altūn Khān of Tamghāj)进攻。我们最好与他讲和,并与他结盟。同时,我们应该共同进军乞台,推翻阿勒坦汗。"他和大臣们意见一致,计议已决,腾格里汗便与成吉思汗达成议和,他们之间签订了明确的和约。当腾格里汗心平气和接受这个联盟时,他来到成吉思汗身边,跟随他在一起;腾格里汗的军队与蒙古军队联合,一起朝南宋和乞台这两个国家进发。①

西夏向蒙古投臣,双方达成和议。然而待蒙古军队渡过黄河后,他们对原先与西夏达成的媾和协定又生变化,成吉思汗决定处死西夏国王腾格里汗。西夏国王得到消息后深感震惊,他说道:

> 我对你没有任何背信弃义。我是根据和约来到你身边的。你却对我背信弃义,违背与我所订立的和约。现在请听我说:当你处死我的时候,要是我流出的血呈乳白色,我死三日之后,你也会死去。②

---

① Ṭabaqāt-i Nāṣirī: *A General History of the Muhammadan Dynasties of Asia*, Vol.2, pp.1085-1095. 鲁不鲁乞提及唐兀人时写道:"在交战中俘虏了成吉思,在讲和后,释放了他。"《史集》称:"这个部落(唐兀惕)大部分住在城里和村镇里,但它非常好战,并拥有庞大的军队。唐兀惕人曾多次与成吉思汗及其宗族[兀鲁黑]作战。……因为唐兀惕人是一个好战而又强大的部落,所以经常起来作乱。"这些记载与《纳昔儿史话》对西夏强大力量的叙述相合。参阅《出使蒙古记》,第159—160页;《史集》第1卷第1分册,第234—235页。

② Ṭabaqāt-i Nāṣirī: *A General History of the Muhammadan Dynasties of Asia*, Vol.2, pp.1095-1096.

该书随后叙述,西夏国王遭戮后果真流出乳白色血,成吉思汗深受刺激,三天后去世。成吉思汗留下屠城遗言,窝阔台则遵照他的遗言屠城。①《纳昔儿史话》所记轶事表明,成吉思汗去世与夏末主被杀之间存有某种程度的关联性,这与《秘史》叙述成吉思汗去世前后的情节主干相合。《纳昔儿史话》叙述成吉思汗与西夏末主最后的较量以及成吉思汗下令处死夏末主之事,与 17 世纪蒙古文史书的记载一致。②

从上述不同史料系统的记载来看,蒙夏双方最后达成臣服之约,不过蒙古随后又毁约杀掉西夏末主。"不践言"者,是成吉思汗而非夏主。《剑桥中国辽西夏金元史》引述《元史·察罕传》的记载,认为蒙古人攻陷中兴府后宣布成吉思汗死讯并杀掉了党项君主;同时引述罗依果的说法,认为蒙古处理党项皇室并屠城的做法,"意味着要为成吉思汗来世提供一支可观的卫队","这样做的结果,敌对国王的'德行'就会转化为一种服务于死去的大汗(并对他大有助益的保护性)的精灵"。③

元代汉文官方文献对成吉思汗擒杀夏末主事隐晦不言,蒙古文史料对此却毫不避讳且记载详细。波斯文史料记载则需二分,伊利汗国官方背景的《史集》虽有一定揭示,不过曲笔之意明显,而持中立立场的《纳昔儿史话》对此事则全无回避。不同的历史叙述体现出撰史者不同的思想观念、背景及立场。历史文化传统愈深厚发达,对待文字记录的敏感度就越高越复杂。明乎此,又该如何看待不同历史叙述视角之下的西夏呢?

---

① *Ṭabaqāt-i Nāṣirī: A General History of the Muhammadan Dynasties of Asia*, Vol.2, p.1096.
② 关于这个问题,详见下一章的讨论。
③ 傅海波、崔瑞德主编,史卫民等译:《剑桥中国辽西夏金元史》,中国社会科学出版社,2007 年,第 222 页。罗依果指出:"西夏末主可能是在成吉思汗死前或死后不久遭处决的,在这两种情形下,处死都是按照他的最后指示执行的。我相信,处决西夏王室,以及随后大规模屠杀平民,即使以蒙古人的标准来看也过于严酷。"参阅 Igor de Rachewiltz (trans.), *The Secret History of the Mongols: A Mongolian Epic Chronicle of the Thirteenth Century*, Vol.2, p.975。

四、西夏之于蒙古高原和中原的角色与地位问题再析

西夏在 12 世纪末叶蒙古高原诸部争雄中曾充当过庇护者,尤其是在克烈部内斗以及克烈部与蒙古部争雄的过程中,都曾扮演过这一特殊角色。① 这在《秘史》《亲征录》《太祖本纪》《史集》等早期蒙古史文献中均有大体相同的叙述。若以《秘史》为主线,或可简要梳理于下。

该书首次提到西夏,叙述了克烈部札合敢不降成吉思汗,之后合力将篾儿乞击退;又述及王罕同叔父古儿汗争位失败,也速该出手相助,"却将古儿罕赶入合申地面,将原有的百姓,还收集与王罕,其契交之故是那般"。② 后来,"王罕欲杀其弟额儿客合剌,其弟走入乃蛮种亦难察处,亦难察起军,将王罕却赶入合剌乞塔种古儿罕处去。不多时,王罕反了古儿罕,从畏兀、唐兀二种经过,时止有五个羝羯羊挤乳,骆驼上刺血吃,行至古泄儿海子,成吉思因与王罕有旧",③"[王罕]后惧乃蛮攻杀他,又走去回回地面垂河行,投入合剌乞塔种古儿皇帝处。不及一年,又反出去,经过委兀、唐兀地面,艰难至甚,被帖木真赈济了"。④

另据《秘史》,王罕和儿子桑昆(亦剌合)后来罄身西逃往乃蛮方向去。⑤ 不过《亲征录》称:"亦剌合走西夏,过亦即纳城,至波黎吐蕃部,既

---

① 关于西夏与克烈人之间的关系,参阅孟楠《论克烈人与西夏的关系》,《内蒙古社会科学》1998 年第 3 期。
② 《元朝秘史》(校勘本)第 150 节,第 158 页上。关于王罕弟札阿绀孛(Jaqa Gambu,原名客列亦台),"客列亦台幼年曾为唐兀惕部俘去。他在他们那里住了一些时候,成为[他们中间的]有实力者,受到尊敬。由于他聪明、能干,获得了札阿绀孛的称号"。札阿绀孛一女曾嫁成吉思汗,"还有一个女儿,嫁给了唐兀惕国王"。参阅《史集》第 1 卷第 2 分册,第 145—146 页。
③ 《元朝秘史》(校勘本)第 151 节,第 159 页上。《太祖本纪》称:"乃蛮部长亦难赤为发兵伐汪罕……汪罕走河西、回鹘、回回三国,奔契丹。"《元史》卷一,第 6 页。
④ 《元朝秘史》(校勘本)第 152 节,第 161 页上—下。癸亥(1203),成吉思汗遣使致责数落王罕时又逐一复述,参阅《元朝秘史》(校勘本)第 177 节,第 200 页下—第 201 页上。
⑤ 《元朝秘史》(校勘本)第 188 节,第 220 页下。

讨掠,且欲居之。吐蕃收集部众逐之,散走西域曲先居彻儿哥思蛮之地,为黑邻赤哈剌者杀之。"《太祖本纪》亦载:"亦剌哈走西夏,日剽掠以自资。既而亦为西夏所攻走,至龟兹国,龟兹国主以兵讨杀之。"①后两者提及桑昆经西夏远遁。

西夏是蒙古高原竞争落败者的庇护所和逃亡通道。邓如萍(Ruth Dunnell)指出:"12世纪后半叶西夏与克烈的接触非常活跃,它表明到13世纪,西夏与其草原邻国之间的关系会相当复杂和多面。"②西夏所处区位特殊,文化上受突厥—蒙古文化、汉文化以及藏文化的多重影响。1039年,西夏声称:"衣冠既就,文字既行,礼乐既张,器用既备,吐蕃、塔塔、张掖、交河,莫不从伏。"③尽管是夸耀之辞,但西夏居河西的独特位置,于周边诸势力确实有不可小觑的影响。

西夏与漠北鞑靼诸部对金而言常构成一种威胁。金时有一份牒文声称:"夏国王李乾顺、塔坦默尔赫,并助亡辽,犯我行阵,未鼓而破。"④《朝野杂记》载:"盖金国盛时,置东北招讨司以捍御蒙兀、高丽,西南招讨司以统隶鞑靼、西夏。"⑤金宣宗诏谕称:"比以北境称兵,西鄙为重,肆遣将帅,以卫封陲。"⑥

---

① 《圣武亲征录校注》,第160—161页;《元史》卷一,第12页。贾敬颜认为,"波黎吐蕃部"或与《元史》所载"波哩揭"有关,属扶州(今松潘)诸羌之一。另据《史集》,鲜昆"经过那里前往吐蕃地区,并想在那里住下来。吐蕃居民驱逐了他";后在忽炭和可失哈儿境内一个叫苦散国的地方,被当地算端捕杀。以上参阅《圣武亲征录校注》,第164页;《史集》第1卷第1分册,第218页;第1卷第2分册,第184—185页。
② Ruth W. Dunnell, "Naming the Tangut Capital: Xingqing/Zhongxingfu and Related Matters", *Bulletin of Sung and Yüan Studies*, No.21, 1989, p.56. 艾骛德曾讨论指出,蒙古征伐有一种模式化理由,较早被征服地区的逃亡者涌入尚未被占领的地区,因后者为逃亡避难者提供庇护,这就成为蒙古讨伐的由头之一。西夏就因收留克烈部王罕子亦合剌·桑昆而遭蒙古征讨。参阅 Christopher P. Atwood, "The First Mongol Contacts with the Tibetans", in Roberto Vitali with Gedun Rabsal and Nicole Willock (eds.), *Trails of the Tibetan Tradition: Papers for Elliot Sperling*, Dharamshala (H.P.), India: Amnye Machen Institute, 2014, pp.21–45。
③ 《宋史》四八五《夏国传上》,第13995—13996页。
④ 李庆善整理,金少英校补:《大金吊伐录校补》卷上《回札子》,中华书局,2001年,第115页。
⑤ 《建炎以来朝野杂记》乙集卷一九《边防》"鞑靼款塞"条,第849页。
⑥ 《闲闲老人滏水文集》卷一○《谕陕西东西两路行省诏》,第242页。

西夏与回鹘关系也相当密切。西夏汉文本《杂字》的"番姓"中,有一姓是"緌纥"(即回纥或回鹘),将回鹘视为番族的一姓,表明一部分回鹘人已进入番族。尽管西夏法典《天盛律令》中有关规定仍将回鹘人看作是一个群体,"但在实际生活中,回鹘往往被归入被称为番人的党项族内"。① 据一份"乾定酉年腊月五日(1226年1月4日)写竟"的西夏文无题长诗:"蕃回鹘,坐于筵上来侍奉,内心怀恶天鉴察;汉山主,舍弃告诫混一色,限中有鬼灾祸至。"聂鸿音谨慎指出:"'汉山主'与羌(蕃)、回鹘并列,当系族群名称,但具体所指不明。"② 虽即如此,羌(蕃)、回鹘之间关系的密切是显而易见的。前文述及克烈部与外部世界发生联系时,畏兀儿、西夏之地常并列出现,显示畏兀儿、西夏与蒙古高原之间联系的紧密。③ 蒙古灭夏,先下回鹘,后下西夏。畏兀儿助成吉思汗攻夏,"当御旗返回老营,成吉思汗再出兵唐兀时,亦都护同样奉旨带领人马从别失八里(Besh-Baligh)出师与成吉思汗会合"。④ 兴定六年(1222),"大军自回鹘往攻西夏,西夏国亡"。⑤

西夏又如何看待它的北面草原邻居呢?西夏文《将苑》是一部托名诸葛亮的军事专著,汉文本清晰地反映出中原与周边四夷的典型观念。西夏文本唯一不同于汉文本的部分,就是省略了汉文本原文中提到的三个族群(东夷、南蛮、西戎),"只保留了被称为'草原主'的北狄。……考虑到12世纪末和13世纪初的地缘政治情况……'草原主'可能指的是蒙古人"。不过,高奕睿谨慎指出,"没有明确的线索来确定该写本的年代",将

---

① 史金波:《族际通婚:出土西夏文文献证实民族间的深度融合》,《光明日报》2022年8月1日14版。
② 聂鸿音:《公元1226:黑水城文献最晚的西夏纪年》,《宁夏社会科学》2012年第4期。
③ 西夏与蒙古、畏兀儿之间文化上的联系,近年来佛教研究史有新揭示,"回鹘、西夏和蒙古佛教有着明显的一致性和历史关联","不但早期的佛经蒙文翻译显示出了明显的畏兀儿成分,而且蒙古人还于许多方面继承了畏兀儿和西夏传统"。参阅沈卫荣《重构十一至十四世纪的西域佛教史——于俄藏黑水城汉文佛教文书的探讨》,《历史研究》2006年第5期。
④ 《世界征服者史》上册,第50页。另见《史集》第1卷第1分册,第243页。
⑤ 《大金国志校证》卷二五《纪年·宣宗皇帝下》,第348—350页。《佛祖通载》称:"壬午(1222),大兵自回鹘征西夏。"《金陵新志》载,嘉定十五年(1222)壬午,"大元兵自回鹘灭西夏"。参阅《佛祖历代通载》卷二一,大正新修大藏经本;张铉纂修:《至正金陵新志》卷三中之下《金陵表六》,中华书局编辑部编:《宋元方志丛刊》第6册,中华书局,1990年,第5475页下。

"草原主"的北狄比定为蒙古人恐仍需斟酌,"至于为何翻译中省略了描述其他三类蛮夷的章节,似乎是因为在原来的四夷分类中,这是唯一符合西夏人世界观的族群"。① 西夏对其境内鞑靼人颇为蔑视,西夏文音译"鞑靼",意译作"犬犬"。西夏晚期的西夏语文献《法则》和《黑水城副将上书》等文书称"鞑靼"为"真敌人"和"敌国大人"。② 以上所反映的应是西夏对蒙古高原势力认识的一种变化,由蔑视而趋向敌视。

之所以要将西夏与蒙古高原、回鹘(畏兀儿)之间的关系加以凸显,是为跳出汉文史料叙述视角下西夏与辽、金、两宋并峙的旧有框架格局。西夏在蒙古高原内部权力竞争的角逐场上扮演过重要角色,③在与辽、金、两宋的关系中也有重要位置。当人们习惯于从汉文史料的叙述框架来思考问题时,便易失去多维度的观察视角。从中原与蒙古高原不同的视角看待西夏,对其地位的认识与理解则会呈现出一定的差异。

汉文文献常将西夏视作与辽、金、宋并立的王朝。尽管南宋孝宗称"西夏小夷",④但并不否认它是当时的重要一角。《金史》载:"夏之立国旧矣……立国二百余年,抗衡辽、金、宋三国,偭乡无常,视三国之势强弱以为异同焉。"⑤《宋史》论及西夏时称:"其设官之制,多与宋同。朝贺之仪,杂用唐、宋,而乐之器与曲则唐也。""概其历世二百五十八年,虽尝受封册于宋,宋亦称有岁币之赐、誓诏之答,要皆出于一时之言,其心未尝有臣顺之实也。"⑥无论辽、金、两宋当日具体如何看待西夏,西夏在辽、宋、金之世都有其特殊的地位。

当日蒙古人又如何看待西夏呢?这或许可以从波斯文献叙述中寻找

---

① 高奕睿(Imre Galambos)撰,吴宇译:《西夏的北邻》,《西夏研究》2020 年第 4 期。
② 王龙:《从出土文献看西夏与鞑靼的关系》,《西夏学》2021 年第 2 期,第 113—120 页。此承陈玮提示。
③ 《帝师热巴传》称:"如此一来,就会有人问为什么蒙古军不能打退?因为自西夏三代国王以来,占领很多蒙古国土,将对方几近毁灭。蒙古浩劫诸国,所以得到报应。"转引自张晓源《〈帝师热巴传〉所见西夏政史考论》。尽管这是佛教因果报应之说,但却揭示出蒙古兴起前,西夏曾经对蒙古高原诸部势力有着重大影响力。
④ 汪圣铎点校:《宋史全文》卷二五下《宋孝宗四》,第 2124 页。
⑤ 《金史》卷一三四《西夏传》,第 3034—3035 页。陈桱写道:"[西夏]立国久长,视宋、辽、金立国之强弱为向背焉。"参阅《通鉴续编》卷二一,第 21 册,页 10b。
⑥ 《宋史》卷四八六《夏国传下》,第 14030 页。

到一些痕迹。《史集》将西夏视为与其他突厥—蒙古部族相类的势力。拉施特叙述完每一阶段蒙古史事后，通常会相应编写同时期"世界各国的君王列传"，不过未提及西夏。① 拉施特对于此项内容极为看重，他曾批评伊宾-阿昔儿的著作，"记述每个君主时没有[与其他方面]联系起来"。因而，"在这部史集中每当写完若干年成吉思汗历史后，必须附以与他同时代的其他邻国君主的列传，以将同时代中各国君主的[不同]情况构成一个整体写给读者看。……[至于]当代其他国家君主的历史，凡确实可靠地知道，并为[叙述的]连贯性所必需的记载，悉以附传形式载入"。②《史集》在"列国传一"中，罗列了"乞台、至那、客列亦惕、乃蛮、蒙古、畏兀儿、突厥斯坦、客剌儿、巴失乞儿惕、钦察"等，③唯独不见唐兀惕。

《史集》又将唐兀惕与客列亦惕、乃蛮、汪古惕、别克邻、乞儿吉思归为一类，与蒙古各部族分支相区别。"由于成吉思汗及其宗族的隆兴，由于他们是蒙古人，于是各有某种名字和专称的[各种]突厥部落，如札剌亦儿、塔塔儿、斡亦剌惕、汪古惕、客列亦惕、乃蛮、唐兀惕等，为了自我吹嘘起见，都自称为蒙古人，尽管在古代他们并不承认这个名字"。该书在"关于各有君长的突厥诸部落"中列有"唐兀惕部落"，与客列亦惕、乃蛮、汪古、畏兀儿、别克邻、乞儿吉思、哈剌鲁、钦察并列有"传"。④ 拉施特应知道唐兀惕是有君主的"国家"，⑤却又将唐兀惕放在与客列、乃蛮、汪古等相同的位置，它在某种程度上弱化了唐兀惕作为一个有君主"国家"的观

---

① 《史集·中国史》提及乞台、蛮子（南家思）、大理以及东北方向上的契丹、女真，并未提及唐兀惕，拉施特将该地区列于"各有君长的突厥诸部落"之中。参阅王一丹《波斯拉施特〈史集·中国史〉研究与文本翻译》，昆仑出版社，2006年，第114—118页；《史集》第1卷第1分册，第234—238页。
② 《史集》第1卷第2分册，第93—94页。
③ 同上书，第97页。
④ 参阅《史集》第1卷第1分册，第127、166、206—248页。
⑤ 据《史集》，"[古儿汗]带了约三十个人逃往唐兀惕地区"，关于"唐兀惕地区"一语，译者注释："拉施特原文中，用 wilāyat-I tankqūt 这两个词来表达'唐兀惕地区'这个概念；前一词意为'地区'或'国家'。"此外，拉施特讲到乞台的边界有蛮子、金齿、大理、吐蕃等，虽未提及西夏，不过却又说道："（乞台）另一条边界与不久前归附了成吉思汗的一些地区相接。这些地区中的每个地区各有一定名称和各自的君主。""另一条边界"方向所指应是唐兀惕，它被视为有一定"名称"和自己的"君主"。参阅《史集》第1卷第1分册，第216页；《史集》第1卷第2分册，第227页。

念。这应该是受到蒙古人的影响。

关于《史集·部族志》中涉及蒙古和突厥部分的信息来源,朵儿边部人孛罗丞相(Pūlād Chīnksānk)的作用值得关注。金浩东认为,孛罗受忽必烈之命于1283年出发前往伊利汗国,于1285年下半年进入伊利汗国宫廷,直至1313年去世,"他竭尽所能地提供了关于宫廷政治问题和财政改革方面的建议,他还负责解释和传达用蒙语写成的《金册》的内容。也正因此,有学者将他称为'文化的桥梁'(cultural broker)。拉施特对他有如下评价:'(他)熟悉突厥诸族的起源及其历史,尤其是蒙古史方面,是举世无双的。'由此来看,他的蒙古、突厥诸族的知识对于编撰《史集》非常重要"。① 倘若承认孛罗丞相在拉施特撰写《史集》时涉及东方突厥—蒙古诸部问题上起过重大作用,那么该书对相关部族的定位,则很大程度上反映的就是当日蒙古人的观念。②

或可稍加提及的是当日西来传教士的有关记载。加宾尼罗列了一份长达四十余个国家和族群的名单,"被他们征服的国家[和民族]的名称如下:契丹、乃蛮、肃良合、哈喇契丹"等,唯独不见西夏。③ 加宾尼到达蒙古高原,他所接触到的应是蒙古人,或与蒙古人近密的其他北方民族以及中亚、西亚地区各色人群,不过他并未获得西夏的消息。为何不见西夏?个中缘由值得思考。

---

① 金浩东撰、赵阮译:《拉施特和〈史集·部族志〉》,《西域文史》第6辑。金浩东所引拉施特原文,参阅《史集》第1卷第1分册,第116页。爱尔森撰文讨论孛罗丞相,称他是"文化中介者"。作为一名有文化的蒙古人,孛罗在游牧统治者与定居社会当地精英之间起到有效的连接作用。同时,孛罗既曾在元廷服务,后又在伊利汗廷任职,他在连接中国文化与伊朗文化之间扮演过中介者的角色。参阅 Thomas Allsen, *Culture and Conquest in Mongol Eurasia*, Cambridge: Cambridge University Press, 2001, pp.63–80。
② 《史集》有关东方的知识应各有其来源,孛罗提供了蒙古—突厥诸部的知识,而《史集·中国史》的史料则来自三位佛教僧人。参阅王一丹《波斯拉施特〈史集·中国史〉研究与文本翻译》,第88—90页。
③ 参阅《出使蒙记》,第40页。不过,鲁不鲁乞却提及唐兀人:"在畏兀儿人以东,居住在山岭之中的,是唐兀人,他们是很勇敢的人。他们在交战中俘虏了成吉思,在讲和后,释放了他。后来,成吉思征服了他们。……我看到的唐兀人,身材高大,皮肤黝黑。""唐兀人的书写方式与阿拉伯人相同,从右到左,但是他们增写一行时是从下往上写的。"加宾尼和鲁不鲁乞记述之所以不同,应与他们接触的人群不同有关,后者甚至提及西夏人曾击败过成吉思汗。参阅《出使蒙记》,第159—160、190页。

从东、西方文献的不同叙述可窥知,元时代对于西夏角色、地位的认识与定位有其特殊性。若从蒙古高原北方民族的视角来观察和理解,当日蒙古将西夏视为与克烈、乃蛮、汪古等部族无异的一种部族势力,并将西夏视作与己身关系更为近密的一个群体,其地位高于汉人、南人,与辽、金、宋俱不同。① 波斯文献对西夏的描述与定位,应就是蒙古这一观念的体现。而另一方面,蒙古这一观念与辽、金、宋时代汉文文献对西夏的定位也相契合,西夏不具有与辽、宋、金相似的地位。今日得见辽、金、宋、元时代文献,均将西夏排除在正统序列之列。② 元时代未予西夏与辽、金、宋相同对待,③没有给西夏纂修正史或许正是这一情形的另一番反映。元时代争论辽、金、宋正统议题时并未涉及西夏问题,④以往既忽略了对该问题本身的追问,同时也忽视了蒙古人对于西夏的认识与定位,即西夏并不被视为是一个有君主的"国家"。因而在反思这一问题时,蒙古对西夏的认识与定位应予足够的重视。

---

① 陶宗仪将唐兀列为"色目三十一种",与乃蛮、回回、畏兀儿等同列;唐兀氏"俾附国籍,次蒙古一等";诸路设达鲁花赤,"回回、畏吾儿、乃蛮、唐兀同蒙古例许叙用"。类似记载,在在可见。参阅《南村辍耕录》卷一"氏族"条,第12—13页;吴澄撰:《闻过斋集》卷之一《王氏家谱叙》,第16页b;《元史》卷八二《铨法上》,第2052页。
② 许衡的《稽古千文》《编年歌联》以及察罕的《历代帝王纪年纂要》等书均将西夏排除于正统谱系外,它体现的应是元官方对历史的理解。《佛祖通载》虽偶尔记载有西夏帝位继立及年号更改之事,不过该书却称:"元昊于景祐甲戌(1034)自创伪朔僭帝号者,一百九十四年。"是知,元代佛教史著对西夏地位亦不予认可。参阅《许衡集》卷一〇,第345—354页;察罕编,黄谏重订:《重订帝王纪年纂要》,民国九年上海博古斋景清嘉庆十一至十七年虞山张氏刻《借月山房汇钞》增修本;《佛祖历代通载》卷二一《大元》。
③ 王理于至顺辛未年(1331)为《元朝名臣事略》所作序称:"一启而金人既南,辽海和辑;再启而西域率服,遂拓坤隅;三启而靖河北,秦晋戡集,河南是同,分宗子以方社,胙功臣之土;四启而庸蜀是柔;五启而江汉奄从,赵氏为臣。"内中不见述及西夏。《经世大典·征伐》留有平宋、高丽、日本、安南等记载,也不提及征西夏。这或许从另一侧面反映出西夏在蒙元时代的地位。后世则注意到了西夏,宋濂《国朝名臣序颂》称:"一鼓而诸部服,再鼓而夏人纳款,三鼓而完颜氏请降,四鼓而南宋平。东西止日之出入,罔不洽被声教,共惟帝臣。"以上参阅《元朝名臣事略》,第3页;赵世延、虞集等撰,周少川等辑校:《经世大典辑校》第八《政典·征伐》,中华书局,2020年,第257—368页;宋濂撰,黄灵庚编辑校点:《宋濂全集》卷一,人民文学出版社,2014年,第16页。
④ 辽宋金元时代文献中涉及正统论问题论争的最新且较全面的考察,参阅古松崇志撰、李京泽译《元代〈辽史〉〈金史〉〈宋史〉三史的编纂过程——以修端〈辩辽宋金正统〉为中心》,载余太山、李锦绣主编《欧亚译丛》(第6辑),商务印书馆,2022年,第265—340页。

西夏被排除于正统谱序外,这原本就是汉地本位观念所生发出来的一种思维和认识。西夏之所以被如此看待,它既与此前诸政权之间相互竞逐排斥的现实政治有关,与后来蒙元政权对此前原有观念的承袭,或许也存有千丝万缕的联系。饶是如此,西夏地位的特殊,在汉文文献中还是有所呈现。元末《通鉴续编》对西夏称帝及改元事均予著录,该书称:"夏称帝,则书与辽同,咸夷也。辽年志、夏改元,乃书大小之别也。金承辽,故例同也。"①尽管《通鉴续编》一书同样不予西夏以正统地位,但该书在书法上显然又无法全然回避西夏在辽、宋、金、蒙古之世所具有的特殊地位。这与前引《金史·西夏传》《宋史·夏国传》对西夏特殊地位的评述正相呼应。

---

① 《通鉴续编·书例》,页5b。《通鉴续编》一书奉宋为正朔,西夏称帝改元事必书之,且与金、蒙古纪年并列,稍举数例如次:丙寅(1206),"[开禧]二年。金泰和六年,夏襄宗安全应天元年,蒙古太祖法天启运圣武皇帝元年";庚午(1210),"[嘉定]三年,金大安二年,夏皇建元年,太祖皇帝五年";辛未(1211),"[嘉定]四年,金大安三年,夏神宗遵顼光定元年,太祖皇帝六年";癸未,"[嘉定]十六年,金元光二年,夏献宗德旺乾定元年,太祖皇帝十八年";丙戌(1226),"[宝庆]二年,金正大三年,夏主睍元年,太祖皇帝二十有一年";丁亥(1227),"[宝庆]三年,金正大四年,是岁夏亡,太祖皇帝二十有二年"。以上参阅《通鉴续编》卷一九、二〇、二一,第19册,页17a、31a;第20册,页1a、34a;第21册,页5b、9a。

第三章 窝阔台的武功：成吉思汗灭金"遗言"问题再考察

一、引 言

研究早期蒙古史的基础史料主要包括《蒙古秘史》《圣武亲征录》《元史·太祖本纪》及《史集·成吉思汗纪》等，①这些史籍的生成情形各异，但都可远溯至最为原始的史源《脱卜赤颜》(Tobciyan；已佚)。《脱卜赤颜》用畏兀字蒙古文书写，通常汉译为"国史""国书"，它应是一种类似于档案性质的原始文献汇编，②包含有早期蒙古口传史料。上述史料之外，另有蒙古语文献《金册》(Altan Debter，阿勒坛·迭卜帖儿)，和承续汉地史乘纂修传统的元代累朝《实录》，二书俱佚，但都与《脱卜赤颜》有渊源。至于《金册》《实录》与前述基本史料之间具体关系为何，迄今尚无定论。

伯希和、韩百诗认为，《亲征录》是《金册》的汉文节译本，《史集》是《金册》的波斯文全译本；而《金册》与《秘史》则分属不同的系统。③ 亦邻真批评他们恰好颠倒了史籍传承的整个过程："《金册》是以《圣武亲征

---

① 写于蒙哥汗登位不数年之后的《世界征服者史》，同样具有基础史料地位，《史集》所叙蒙古帝国早期史事，主要以此书为基础。参阅 Peter Jackson,"The Dissolution of the Mongol Empire", *Central Asiatic Journal*, Vol.22, No.3/4, 1978, p.189。
② 据《史集》载："然而[蒙古人和突厥人之]信史，逐代均用蒙语、蒙文加以记载，唯未经汇集整理，以零散篇章形式[保存于汗的]金库中。它们被秘藏起来，不让外人，甚至[不让他们自己的]优秀人士阅读；不信托任何人，深恐有人获悉[其中所载各事件]。"参阅《史集》第 1 卷第 1 分册"序"，第 115 页。
③ Paul Pelliot and Louis Hambis (trans.), *Histoire des campagnes de Gengis Khan: Cheng-wou T'sin-Tcheng Lou*, Leiden：Brill,1951, p.XY. 该书汉译本参阅[法]伯希和、韩百诗注，尹磊译，魏曙光校《圣武亲征录：成吉思汗战纪》"导论"，上海古籍出版社，2022 年，第 5 页。

录》为史源,而《史集》又以《金册》为史源。""《金册》的原文不是蒙古文,而是用汉文编写后用蒙古文翻译的官方帝王史。""《金册》是《亲征录》的蒙古文译文。《史集》引用的正是《亲征录》的蒙古文译本。""以《元朝秘史》为主要历史资料的《圣武亲征录》是用汉文编写的。"①

最近,以艾骛德对《亲征录》的全面重校和刘迎胜对《通鉴续编》早期蒙古史内容的再检讨为代表,学界对于早期蒙古史料的理解和认识已取得重大进展,蒙古早期历史的知识也正不断得到更新。艾骛德认为,《亲征录》和《史集·成吉思汗纪》与《太祖本纪》之间的相似度,远远超过它们与《秘史》之间的相似度;而且,《亲征录》与《史集·成吉思汗纪》无疑都应源于一种仅有的蒙古语原文,且前者最初并非由汉文写成,而后才翻译为蒙古文。②《亲征录》的原文应是蒙古文。

《通鉴续编》被认为"保存了不同于或不见于其他汉文文献的蒙古史料",可能抄入了《五朝实录》的内容。③ 刘迎胜通过比对发现,《通鉴续编》引文中所记阿兰豁阿诸子以外的部分,与《亲征录》关系密切,而与《秘史》没有什么关系,推测两书可能有一种"不知名汉文文献"的共同来源。但据《通鉴续编》引文中提供的阿兰豁阿诸子的世系,则又说明它与《亲征录》《太祖实录》没有关系,反而与《秘史》有某种关系,并且不同于《金册》。由此他推测《通鉴续编》早期蒙古史料的引文应直接源于《脱卜赤颜》。④

藏文史籍《红史》《雅隆尊者教法史》载有蒙古祖先世系史,它们都声

---

① 亦邻真:《评蒙译〈圣武亲征录〉》《莫那察山与〈金册〉》,亦邻真著,乌云毕力格、乌兰编:《般若至宝:亦邻真教授学术论文集》,上海古籍出版社,2019年,第471、347—349页。贾敬颜对于《亲征录》与《史集》是否同源于《金册》的问题,同样持怀疑态度。参阅《圣武亲征录·缀言》,第1页。
② Christopher P. Atwood, "The Indictment of Ong Qa'an: The Earliest Reconstructable Mongolian Source on the Rise of Chinggis Khan",汉译见陈春晓译《王汗的诉状:记录成吉思汗崛起故事的最早可复原性蒙古史料》。蒙古国学者沙·比拉也认为,《亲征录》"是一部已经失传的蒙古文史籍的汉文译本"。参阅沙·比拉著、陈弘法译《蒙古史学史:十三世纪—十七世纪》,上海古籍出版社,2015年,第85页。
③ 黄时鉴:《〈通鉴续编〉蒙古史料考索》,《文史》第33辑,中华书局,1990年。后收于氏著《黄时鉴文集Ⅰ·大漠孤烟》,中西书局,2011年,第136页。
④ 刘迎胜:《陈桱〈通鉴续编〉引文与早期蒙古史料谱系》,刘迎胜、姚大力主编:《清华元史》第4辑,商务印书馆,2018年,第3—15页。

称所据材料是《脱卜赤颜》。① 不过,按照蒙元时代规定,"《脱卜赤颜》事关秘禁,非可令外人传写","《脱卜赤颜》非可令外人传者",②藏文史籍作者不大可能获赐《脱卜赤颜》。陈得芝推测,最大可能是作者从掌管该秘籍的蒙古大员那里看到了"蒙文《脱卜赤颜》节本"。③ 又因《红史》《雅隆尊者教法史》二书所载成吉思汗寿年有出入,有学者推测它们参考的《脱卜赤颜》恐怕不是同一个版本。④

在没有新史料出现之前,围绕上述基本史料之间关系所产生的争论和推测仍将持续。这里有必要在前人研究基础上稍作梳理。

《脱卜赤颜》应是一种未经系统整理的原始档案文献。元人口中或藏文史籍中常所提及的《脱卜赤颜》,并不一定就是最为原始的《脱卜赤颜》,它有可能就是指《金册》或《实录》。⑤ 白·特木尔巴根针对元代文献中"国史曰脱必赤颜""家名载国史"诸语,以之与《秘史》对照,指出《脱卜赤颜》有续修,且内容更加丰富、原始。⑥ 无论名称还是内容,《脱卜赤颜》在入元之后恐怕已发生一定变化。《秘史》绝大部分内容应直接脱胎于《脱卜赤颜》,且仅代表窝阔台、蒙哥汗时期对于该文献的系统整理与框架定型。

波斯文和汉文史料均提及《金册》。拉施特多次提到利用汗廷秘籍《阿勒坛·迭卜帖儿》编撰《史集》,⑦他看到的宫廷秘档《金册》,很可能就是用泥金粉汁书写,"其实就是由元朝大汗颁发给黄金家族各支后王的

---

① 《红史》述及蒙古、元朝王统的历史时明确称:"以上是从《脱卜赤颜》(藏文转写:thob-chen)一书中摘要抄录。"参阅《红史》,第23页。
② 《元史》卷三五《文宗四》"至顺二年四月"条、《元史》卷一八一《虞集传》,第784、4179页。
③ 陈得芝:《藏文史籍中的蒙古祖先世系札记》,《中国藏学》2014年第4期。
④ 曹金成:《〈雅隆尊者教法史〉蒙元史事考辨》,《史林》2020年第1期。
⑤ 对于"实录""国史""脱卜赤颜"等语词指涉的范围,小林高四郎、陈得芝都有所讨论。详可参阅小林高四郎《元朝秘史の研究》,日本学术振兴会,1954年;陈得芝:《藏文史籍中的蒙古祖先世系札记》。
⑥ 白·特木尔巴根:《〈蒙古秘史〉文献版本考》,北京大学出版社,2014年,第40—42页。不过,也有学者认为,"《脱卜赤颜》很可能只有最初四位大汗(成吉思、窝阔台、贵由、蒙哥)的历史记载"。参阅《蒙古史学史:十三世纪—十七世纪》,第91页。
⑦ 《史集》第1卷第1分册、第2卷第2分册,第294页及第16、362页。

'金书'实录蒙译本,就《世祖实录》而言则是其蒙文节译本"。①《金册》原文不是蒙古文,也不是对《亲征录》的重新蒙文翻译,而是对《实录》的节译。

太祖、太宗两朝《实录》,只是部分地节译了《脱卜赤颜》的内容,而这个节译本很可能就是《亲征录》。《亲征录》是《脱卜赤颜》的"节文",正如王国维所言,《亲征录》乃据《脱卜赤颜》译编。②《亲征录》的节译编纂,或为入元后修纂《实录》之需。

综上所述,或可作如下梳理:《脱卜赤颜》为最原始资料,《亲征录》是对《脱卜赤颜》的节译,或许是为供纂修《实录》之用;《金册》是对《实录》的重新蒙文译写,与《亲征录》的内容高度重合。《秘史》则直接脱胎于《脱卜赤颜》,与前述三种文献不同。这些基本史料之间相同的部分,应源于共同的史源;不同的部分,则应是由各地区拥有独特史料或各自文化传统中所具著史特质造成的。已有充分证据表明,《史集·成吉思汗纪》不仅有来自《金册》的内容,也有来自口传的资料以及当地的信息;《太祖本纪》同样如此,《太祖实录》本身就掺杂有多方面的信息。③

只有在理清上述基础史料之间源流关系的基础上,对它们的同、异之处加以比对,才会凸显出问题和意义。《太祖本纪》记载成吉思汗临终前留下灭金"遗言",这在其他具有同等史料地位的文献中却不见相应记载。本章以成吉思汗临终前的具体行实为主要线索,对灭金"遗言"存在的种

---

① 姚大力:《"成吉思汗",还是"成吉思合罕"?——兼论〈元朝秘史〉的成书年代问题》,《北方民族史十论》,第 213—216 页。
② 王国维:《〈圣武亲征录校注〉序》,《观堂集林》卷一六,《民国丛书》第 4 编,上海书店 1992 年影印本,第 93 册,第 18 页。
③ 亦邻真写道:"《太祖实录》的编纂过程更为复杂。在《亲征录》的基础上,增加了许多其他资料,并且进行了修缮。在成吉思汗远征中亚史事时,《亲征录》作辰年(1220 年)秋攻取斡脱罗儿城。而编纂《元史·太祖本纪》的底本《太祖实录》时,还引用耶律楚材的记载,补充了一句'攻取讹答剌城'。殊不知斡脱罗儿和讹答剌同为 Otorar 一名的不同汉译,将一事记作二事,并且顺手将攻取斡脱罗儿城的时间挪到了[辛]巳年(1221)。在《本纪》(甚至是《实录》)里,《亲征录》所记卜哈儿、薛迷思干和耶律楚材所载浦华、寻思干(均指 Buqar 和 Samiskan)同时登场,一地误作两地,引起了混乱。这都是反复增减、修缮和裁定所致。"参阅亦邻真《莫那察山与〈金册〉》,《般若至宝:亦邻真教授学术论文集》,第 349 页。

种疑惑加以辨析，主要涉及三方面内容：首先，分疏东、西方诸种文献中相关记载的差异，揭示具体差异状况并反思其存在的问题；其次，深入分析《太祖本纪》最末两年纪事的具体内容及问题，探究该文献最末两年纪事文本的来源与生成逻辑；第三，在前所作讨论基础上，探讨成吉思汗时期草原游牧人群与中原农耕定居社会之间旧有关系的维持，以及这一关系至窝阔台时期出现的转变。

二、成吉思汗临终"遗言"的不同文献叙述

《太祖本纪》载：

> （二十二年丁亥）秋七月壬午，不豫。己丑，崩于萨里川哈老徒之行宫。临崩谓左右曰："金精兵在潼关，南据连山，北限大河，难以遽破。若假道于宋，宋、金世仇，必能许我，则下兵唐、邓，直捣大梁。金急，必征兵潼关。然以数万之众，千里赴援，人马疲弊，虽至弗能战，破之必矣。"言讫而崩。①

成吉思汗临终前指示灭金的这段政治遗嘱为学者们所熟知，传统观点多着眼于颂扬灭金方略的伟大，②而很少对该记载存在的疑问加以辨析。③ 艾骛

---

① 《元史》卷一《太祖本纪》，第25页。
② 参阅穆鸿利《成吉思汗的"临终遗言"及其军事思想》，《东北师大学报》1985年第1期。
③ 蔡东洲曾对成吉思汗临终灭金"遗言"的真实性问题提出过质疑，理由是该记载仅见于《元史》。这一敏锐发现未引起足够重视，主要缘由在于其辨析和讨论未及深入。海涅什（Erich Haenisch）更早关注到成吉思汗最后一次出征和去世的问题，但仅限于对各种文献所涉成吉思汗最后一年史事的译介，包括《秘史》《亲征录》《元史》《蒙古黄金史》《蒙古源流》以及《元史·速不台传》等，并未涉及本章所关心的核心问题。海涅什文章刊布之后，伯希和曾撰写评论，不过也只限于对翻译问题的讨论。参阅蔡东洲《蒙军"假道灭金"研究四题》，《四川师范学院学报》（哲社版）1989年第2期；Erich Haenisch,"Die letzten Feldzüge Cinggis Han's und sein Tod Nabeh der ostasiatischen Ueberlteferung", *Asta Major*, IX (1933), pp.503–551; Paul Pelliot Reviewed, Die letzten Feldzüge Cinggis Han's und sein Tod Nabeh der ostasiatischen Ueberlteferung by E. Haenisch, *T'oung Pao*, Vol.31, No.1/2 (1934), pp.157–167.

德对这段"遗言"存在的问题写道:"这段文字的来源尚不确定。《亲征录》和拉施特《史集》共同见证了《太祖实录》的内容,但它们几乎没有关于成吉思汗去世的共同文本,这表明《太祖实录》遵循了蒙古禁忌,不可公开谈论其死亡。在没有任何《实录》记载的情形下,《元史》编纂者肯定使用了各种各样的资料来源。而最有可能的来源实际上是《睿宗实录》,它可能是在拖雷向窝阔台提出建议的背景之下引用了成吉思汗的计划。"①

具有同等史料地位的早期蒙古史著作,在述及成吉思汗临终遗言时,并未涉及灭金"遗言"。据《秘史》载,成吉思汗临终前关心的是西夏问题,杀掉西夏末主之后,他降旨:"但凡进饮食时,须要提说唐兀惕尽绝了。""至猪儿年(1227),成吉思崩。后将唐兀惕百姓,多分与了也遂夫人。"②《亲征录》记载:"丙戌(1226)春,至西夏,一岁间尽克其城。时上年六十五。丁亥,灭其国以还。太祖圣武皇帝升遐之后,太宗皇帝即大位以前,太上皇帝时为太子。"③《通鉴续编》则载,丁亥岁十二月,"蒙古太祖皇帝崩于六盘,四太子监国",云云。④ 上述文献都没有提及成吉思汗灭金"遗言"事。

关于成吉思汗临终前的具体行实及"遗言",西方文献又有何记载呢?《世界征服者史》载:

成吉思汗从西方诸国返回他的东方老营后,他就讨伐唐兀以遂他的宿愿。他把该地敌人的劣行肃清,把他们全部征服,这时,他得了由不良气候而引起的不治之症。他召诸子察合台、窝阔台、兀鲁黑那颜、阔列坚、尤赤台、斡儿长去见他……(成吉思汗说)我的意见是:

---

① Christopher P. Atwood, "Pu'a's Boast and Doqolqu's Death: Historiography of a Hidden Scandal in the Mongol Conquest of the Jin", *Journal of Song-Yuan Studies*, Vol.45, 2015, note52, p.270.艾骛德所称拖雷向窝阔台建议实施成吉思汗灭金计划事,详见《元史·睿宗传》(后文作《睿宗传》),下文将予详细讨论。
② 《元朝秘史》(校勘本)第268节,第379页上。
③ 《圣武亲征录校注》,第304—305页。
④ 《通鉴续编》卷二一,第21册,第12页a。该书将成吉思汗去世系于当年十二月,误。

> 窝阔台继我登位……成吉思汗的病情愈来愈厉害,因为不能把他从所在之地挪走,他便……与世长辞。①

成吉思汗的宿愿是讨伐西夏,临终前召集诸子会面是为确定窝阔台为继承人。②

《史集》多处述及成吉思汗留下"遗言"之事,有两处记载比较有代表性。其一,狗年(1226)春,"成吉思汗在翁浑—答兰—忽都黑地方突然料理起自己的私事来,他召来了当时在那里的儿子窝阔台和拖雷。他同他们坐在一起,对他们立下了遗嘱,并将窝阔台立做汗位继承者,然后让他们回到各自的领地、兀鲁思和家里去。自己则向南家思进发。他来到了南家思、唐兀惕、女真边界上的一个地方"。③ 成吉思汗立下确定窝阔台为继承人的遗嘱后,独自领军前去攻南宋,来到六盘山地区。其二,猪年(1227),攻灭西夏前夕,成吉思汗自知大限已近,"遂对异密们遗告道:'我死后,你们不要为我发丧、举哀,好叫敌人不知我已死去。当唐兀惕国王和居民在指定时间从城里出来时,你们可将他们一下子全部消灭掉!'"④"遗言"的内容是死后秘不发丧、屠戮西夏国都。

在成吉思汗临终"遗言"问题上特别值得注意的应是尤兹札尼《纳昔儿史话》一书。该书据信写于1250—1260年代,它基本保持一种中立立场。作者尤兹札尼是德里算端王朝的历史学家,该王朝与中亚领地上的别儿哥和伊朗的旭烈兀都有外交联系。⑤ 该书保留有一则重要"轶事"。成吉思汗结束西征的当口,得到消息称 Chin(秦,指南宋)、Tamghāj(唐家子,指金国)和唐兀惕(Tingit,指西夏)等王国反叛,于是挥兵东返平叛。当成吉思汗进入西夏领地后,鉴于成吉思汗正欲讨伐的对象是金国皇帝,

---

① 《世界征服者史》上册,第212—214页。
② 据《秘史》载,成吉思汗西征前就已确立窝阔台为继承人。参阅《元朝秘史》(校勘本)第254、255节,第349页上—356页上。
③ 《史集》第1卷第2分册,第352—353页。该书另有一处相同记载,不过将时间系于1223年。参阅《史集》第1卷第2分册,第318—319页。
④ 《史集》第1卷第2分册,第321页。又见《史集》第1卷第2分册,第353页。
⑤ P. Jackson, "The Dissolution of the Mongol Empire", *Central Asiatic Journal*, Vol.22, No. 3/4, 1978, pp.189–190.

西夏国王在臣僚建议下,与蒙古人合作。成吉思汗接受西夏的议和要求,双方结成联盟。当蒙古军队渡过黄河之后,成吉思汗众将对其与西夏的媾和提出异议:蒙古大军攻金,若遭遇败绩,西夏恐为蒙古后患,彼时腹背受敌,或将无法安全返回自己的土地。明智之举是遣西夏国王随蒙古军同行,待之以礼,若遇不虞,则可诛杀西夏国王;如此便可解除后顾之忧,全力攻打金国。成吉思汗采纳了这一建议,却又下令将西夏国王抓起来处死。在意识到自己行将被处死时,西夏国王希望能向成吉思汗转达这样的信息:当你处死我的时候,要是我流出的血呈乳白色,我死三日之后,你也会死去。成吉思汗得知这一信息后大笑,认为西夏国王疯了,被处死的人伤口流出的血不可能是白色的,此从未见过;应立即处死西夏国王。① 该书接着叙述道:

> 当刽子手用剑砍下西夏国王的头颅时,呈乳白色的血从伤口处流了出来;他随之死去。这令人震惊的被诅咒的消息传到成吉思汗那里,他随即起身来到行刑处;当他看到所发生的状况如此真切的时候,这重击了他的心。成吉思汗自感气数将尽。第三天,他心碎了,他下了地狱。成吉思汗留下了最后的要求:"你们必须将西夏国王所有的臣民悉数杀掉,无论男女,不论高卑,勿论长幼,不留一人。"成吉思汗临死之际,已把君主之位传给窝阔台。窝阔台回头就将西夏国王都城和他领地上的所有百姓全部屠杀掉。②

这段轶事有两点令人瞩目:一是所谓流白色血之说,这与藏地传说高贵者

---

① H. G. Raverty (trans.), *Ṭabaqāt-i Nāṣirī: A General History of the Muhammadan Dynasties of Asia*, Vol.2, pp.1079–1096.
② H. G. Raverty (trans.), *Ṭabaqāt-i Nāṣirī: A General History of the Muhammadan Dynasties of Asia*, Vol.2, p.1096. 蒙古灭西夏,据汉文史料载:"有旨:'戈矛所向,耆髦无遗育。'"参阅《柳贯诗文集》卷一〇《师氏先茔碑铭并序》,第 217 页。

冤死时流白色血的说法一致;①二是成吉思汗之死与夏末主被杀之间具有某种程度的关联性。这段成吉思汗在生命最后时刻与西夏末主之间较量的叙述,与《秘史》所叙述的故事主干暗合。据《秘史》载,西夏国王来献贡,"成吉思止令门外行礼,行礼间,成吉思恶心了。至第三日,将不儿罕改名失都儿忽,命脱仑杀了"。"成吉思既虏了唐兀惕百姓,杀其主不儿罕,灭其父母子孙"。② 因此,《纳昔儿史话》有关蒙古的信息来源及其独特史料价值需予重视。成吉思汗临终前下令处死西夏末主的相关叙述,除《纳昔儿史话》《秘史》之外,17世纪的几部重要蒙古文史书也有类似记载,或可引入讨论。

据罗桑丹津《蒙古黄金史》记载,西夏末主失都儿忽与成吉思汗斗法,被成吉思汗抓住,该书叙述道:

"不要杀我呵,杀了我,你本人会遭殃;不杀我,你的子孙会遭殃。"失都儿忽对成吉思汗说了这样的话。成吉思汗没有听他的话。用箭射,用刀砍,失都儿忽身上却刀枪不入。失都儿忽说:"我的脚心下有折叠的三层皮,那里藏有一把匕首,用那匕首才能杀死我。"成吉思汗取下匕首,杀死失都儿忽时,他又说:"今天你杀死我,将来你的子孙后代也像我一样被人杀死! ……"他说完便死了。③

该书还记载,成吉思汗此次出征直奔六盘山,在图鲁默盖城(灵州城)患病,弥留之际留下一段遗嘱,在表达死亡不可抗拒、后世子孙需要团结众人之后,说道:"子孙中,忽必烈与众不同,他的话,你们要服从。"说完训谕之后便宾天了。④

---

① 参阅王尧《南宋少帝赵显遗事考辨》,《西藏研究》1981年第4期。另,《汉藏史集》载:"据说蛮子合尊被杀时,流出的不是血,而是奶汁。"《心史》载,文天祥被杀时,"及斩,颈间微涌白膏"。颇疑此记载均有隐义。参阅达仓宗巴·班觉桑布著、陈庆英译《汉藏史集》,青海人民出版社,2017年,第137页;郑思肖著,陈福康校点:《郑思肖集》之《心史·文丞相叙》,上海古籍出版社,1991年,第128页。
② 《元朝秘史》(校勘本)第267、268节,第378页上、第379页上。
③ 罗桑丹津著,色道尔吉译:《蒙古黄金史》,蒙古学出版社,1993年,第273页。
④ 同上书,第276—279页。札奇斯钦指出,就提及忽必烈这一点而言,"颇令人怀疑这是忽必烈时代后人所捏造的传说"。参阅札奇斯钦《蒙古黄金史译注》,(台北)联经出版事业股份有限公司,2007年,第109—110页。

对于《蒙古黄金史》的史源问题,亦邻真、乌兰指出,《脱卜赤颜》的某种传抄本曾在蒙古高原长期流传,今虽已见不到传抄本本身,但《蒙古黄金史》中可看到大量的移录。该书间接收录了《脱卜赤颜》中成吉思汗的事迹,"罗藏丹津手里的蒙古文《秘史》只有第 268 节以前的部分",约相当于《秘史》三分之二的内容,明清时据以刊刻的《秘史》只有 282 节,因而目前可知的仅有这两种原始抄本。① 作为与《脱卜赤颜》《秘史》关系至为密切的一部史著,《蒙古黄金史》并未提及成吉思汗灭金"遗言"。

然而,《蒙古黄金史》中关于成吉思汗与西夏末主之间的叙事,与《纳昔儿史话》有类似处,它们应有共同的史源。它很可能属于《脱卜赤颜》的内容,或某种蒙古口传史料。② 正如亦邻真所述,《蒙古黄金史》只记录了《秘史》第 268 节之前的内容,而第 268 节恰好正是成吉思汗处死西夏末帝失都儿忽以及其本人去世的内容。于此或可推测,《蒙古黄金史》应保留有《秘史》之外《脱卜赤颜》的内容,这则记载或可作为旁证。

另据《蒙古源流》载,成吉思汗于弥留之际降旨,希望窝阔台与拖雷两人要真心诚意地相伴。该书同样记载了成吉思汗与西夏末主之间斗法的故事,叙述主线与《纳昔儿史话》更相类似:

> 失都儿忽皇帝不得已束手就擒。失都儿忽皇帝说:"如果处死我,将对你自身有害;如果赦免[我],将对你的后代有害。"主上说:"对我此身倒不要紧,但愿我的后代平安!"于是[用箭]射、[用刀]砍、[用剑]刺,[可]就是刀箭不入。失都儿忽皇帝这时说:"你用其他刀剑砍杀不动我。我这靴底里有三折的'米撒哩'钢刀,用那刀来砍就行。"取出他

---

① 参阅亦邻真《〈元朝秘史〉及其原》,《般若至宝:亦邻真教授学术论文集》,第 315—344 页;《元朝秘史》(校勘本)"前言",第 12、17—18 页。
② 《纳昔儿史话》与《史集》存有差异,应有其自身独特信息来源。据另一部稍晚于蒙古时代的中亚史书《胜利之书》叙述,该书参考过《史集》,但有些信息来自"年高的尊者"和"突厥人中的有识之士",特别是成吉思汗征金的信息,"关于阿勒坦和成吉思的情况,请听突厥人中的有识之士来讲述",云云。参阅 Ḥamd-Allāh Mustawfī Qazvīnī, Ẓafar-nāma, 转引自乌苏吉《哈姆杜拉·穆斯图菲〈胜利之书〉所记蒙古人对中国的占领——与〈史集〉的对比研究》,朱玉麒主编:《西域文史》第 8 辑,科学出版社,2014 年,第 257 页。

那把刀的时候,[失都儿忽皇帝]又说:"现在您就要杀死我,如果从我身上流出奶汁,就会对你自身有害;如果流出鲜血,就会对你的后代有害。还有,如果你要娶我的古儿别勒只·豁阿,应当仔细搜查她的全身!"用那把米撒哩钢刀砍断[失都儿忽皇帝]的脖颈时,从他的脖颈里流出了奶汁。就这样杀死了失都儿忽皇帝,[主上]纳了他的古儿别勒只·豁阿皇后,收服了人称"米纳黑"的唐兀国。①

再据《蒙古黄金史纲》,该书所记成吉思汗临终时的情形与前述蒙古史书相一致,他的两个儿子窝阔台、拖雷当时就在他身边,他于弥留之际留下遗嘱。该书记载:

> 失都儿忽汗被捉以后,对主上说道:"且不要杀我,捉得金星,[为你]禳除不祥;捉得慧星,[为你]消灭灾荒。如果定要杀我,必会危及你的寿命;不杀,将要祸及你的子孙。"其奏,未获允许。[然而]射、砍皆不能入,[于是]失都儿忽汗说道:"砍、射都不能损伤我的身体,我的靴腰里藏着三折斑纹肚带,用它绞死吧!"等取出那肚带缢杀的时候,失都儿忽汙说:"今若勒毙我,你的后人将会像我一样的被勒死。对于我的古尔伯勒津郭斡哈屯,从手指甲到全身,都要搜遍!"言毕,死去。②

综观上述诸种文献记载,成吉思汗处死西夏末主失都儿忽,以及后者对成吉思汗及其子孙的诅咒,这一故事母题从 13 世纪直至 17 世纪流传不断。③ 它

---

① 乌兰:《〈蒙古源流〉研究》,辽宁民族出版社,2000 年,第 225—226 页。
② 朱风、贾敬颜译:《汉译蒙古黄金史纲》,内蒙古人民出版社,2007 年,第 33 页。
③ 除上述蒙古史书之外,《黄史》与《阿萨喇克其史》也有情节类似的记载。详可参阅格日乐译注《黄史》,内蒙古教育出版社,2007 年,第 42 页;乌云毕力格:《〈阿萨喇克其史〉研究》,中央民族大学出版社,2009 年,第 96—97 页。而藏文史籍于成吉思汗去世之事,所记极简。《红史》载,成吉思汗"于阳火虎年,按生年算应是阳水(猴年)秋七月十二日 61 岁时在西夏尕地方升遐"。《青史》写道,成吉思汗"在木雅甲如朗(mi nyag gha ru gnam)驾崩",译注者认为是西夏某地。《汉藏史集》称:"成吉思汗执掌蒙古、汉地之国政二十三年,于六十六岁阴火猪年(1227)秋七月十二日,在木雅噶地方升天。"以上参阅《红史》,第 22—23 页;管·宣奴贝著,王启龙、还克加译,王启龙校注:《青史》(足本)第 1 部,中国社会科学出版社,2012 年,第 65 页;《汉藏史集》,第 135 页。

与成吉思汗去世之事关系密切,应属当日秘辛,很可能载于《脱卜赤颜》。《秘史》未提及西夏末主与成吉思汗之间最后较量的情节以及前者对后者的诅咒,因为这对于成吉思汗及其子孙来说,实在是不祥之兆。《秘史》的编纂者们(即黄金家族子孙们),恐不愿将此编纂于内;即便曾出现过,在后来的反复修订中,也会有意将此具体情节掩去。前引《秘史》第267节、第268节所保留的内容就是明证。

《纳昔儿史话》保留的这段"轶事",还提供了另两个重要信息:一是成吉思汗最后一次南下目标是金,而非西夏或南宋;二是成吉思汗临终"遗言"是灭西夏、屠夏都城。《秘史》记载成吉思汗此番南下目标是取西夏,①《世界征服者史》记载其目标也是攻西夏。《史集》记载最为混乱,据前文所引,成吉思汗目标是南宋,"遗言"是秘不发丧、灭夏屠城。《史集》另有记载称,1225年,成吉思汗发兵征讨西夏,在击败西夏国王失都儿忽之后,"于是就不再注意他了。成吉思汗从这座城市旁走过,占领了若干其他城市和地区,到乞台方面去了"。② 是知,《史集》所记成吉思汗南下的目标,可谓西夏、金、南宋三说并存。

就上述东、西方文献相关记载的歧异和矛盾合而观之,或可从两个层面予以粗浅总结:其一,成吉思汗临终"遗言"另有一个版本,就是灭夏、屠戮夏都,17世纪蒙古文史书的记载,正印证成吉思汗最后时刻在对付的

---

① 参阅《元朝秘史》(校勘本)第268节,第379页上。《秘史》对此次成吉思汗攻打西夏的史事多有讳言,有学者指出:"用史诗的语言,简约的笔触重点渲染了对不守信用者的惩罚,而就攻城略地、消灭偌大一个西夏国的具体战事几无涉猎。"参阅白·特木尔巴根《〈元史〉列传所见成吉思汗事迹与〈蒙古秘史〉记载之异同》,《内蒙古师范大学学报》(哲社版)2018年第1期。
② 《史集》第1卷第2分册,第310、317—318页。《史集》另有多处记载其西征结束回到斡耳朵之后,再次征伐的目标就是唐兀惕,详可参阅《史集》第1卷第2分册,第324、352—353页;《史集》第2卷,第174页。《史集》又载,成吉思汗去世前,"当时他正从那里前往南家思地区,并且[已经]到达边境上"。参阅《史集》第2卷,第28页。而另据《胜利之书》载,成吉思汗占领中国之事的最后部分,讲到"成吉思汗前往女真和南家思(Nangyās)",此与《史集》记载同。参阅 Ḥamd-Allāh Mustawfī Qazvīnī, Ẓafar-nāma。转自乌苏吉《哈姆杜拉·穆斯图菲〈胜利之书〉所记蒙古人对中国的占领——与〈史集〉的对比研究》,《西域文史》第8辑,第254页。

敌人就是西夏。① 其二,成吉思汗最后一次南下征伐的主要目标应是取西夏,而非金或南宋;在西夏将亡的当口,又领兵抄略金国,且最后前进至六盘山之地,兵峰直指金和南宋。由此衍生出一系列关键问题:成吉思汗此番攻金的目的何在?进至六盘山地区是为灭金还是攻宋,或另有隐情?《太祖本纪》又为何记载成吉思汗临终前留下的"遗言"是灭金呢?

三、《元史·太祖本纪》所载灭金"遗言"问题析解

正如前文所述,成吉思汗灭金"遗言"仅见于《太祖本纪》,它或许源于元代累朝《实录》,为此需依照汉地史乘编纂传统所固有的逻辑来解析此文本。换言之,独出于汉文系统的此段文献具有怎样的特征,它是在怎样的语境下生成,又是如何进入这段史事叙述之中的?为俾便全面解析并理解成吉思汗灭金"遗言"的生成问题,兹将《太祖本纪》内太祖二十一年至二十二年七月之间成吉思汗南征夏、金直至其去世的全部纪事,悉引如次:

> 二十一年[丙戌]春正月,帝以西夏纳仇人(赤)[亦]腊喝翔昆及不遣质子,自将伐之。二月,取黑水等城。夏,避暑于浑垂山。取甘、肃等州。秋,取西凉府搠罗、河罗等县,遂逾沙陀,至黄河九渡,取应里等县。九月,李全执张琳,郡王带孙进兵围全于益都。冬十一月庚申,帝攻灵州,夏遣嵬名令公来援。丙寅,帝渡河击夏师,败之。丁丑,五星聚见于西南。驻跸盐州川。十二月,李全降。授张柔行军千

---

① 多桑将不同记载弥合一起,1227 年夏,成吉思汗生病后,"至是在疾中,诸子惟拖雷在侧",授以灭金方略、嘱咐秘不发丧、屠戮西夏都城等事。王颋也认为,成吉思汗临终前发布了包括灭金和灭夏屠城两者在内的一系列"政、军'遗告'"。此类传统观点,可备一说。参阅冯承钧译《多桑蒙古史》(上册),第 146—147 页;王颋:《成吉思汗病崩前行踪与卒地考辨》,《西北第二民族学院学报》(哲社版)2007 年第 6 期,该文后收于王颋《西域南海史地考论》,上海人民出版社,2008 年,第 200—217 页。

户、保州等处都元帅。是岁,皇子窝阔台及察罕之师围金南京。遣唐庆责岁币于金。

二十二年丁亥春,帝留兵攻夏王城,自率师渡河攻积石州。二月,破临洮府。三月,破洮、河、西宁二州。遣斡陈那颜攻信都府,拔之。夏四月,帝次龙德,拔德顺等州,德顺节度使爱申、进士马肩龙死焉。五月,遣唐庆等使金。闰月,避暑六盘山。六月,金遣完颜合周、奥屯阿虎来请和。帝谓群臣曰:"朕自去冬五星聚时,已尝许不杀掠,遽忘下诏耶。今可布告中外,令彼行人亦知朕意。"是月,夏主李晛降。帝次清水县西江。秋七月壬午,不豫。己丑,崩于萨里川哈老徒之行宫。临崩谓左右曰:……言讫而崩,寿六十六。①

这两段纪事明确显示,成吉思汗南下起因是西夏,在灭夏无虞之后,顺势又转而攻金,并于临终之际留下灭金"遗言"。南征取夏当无可疑,攻金也是事实,但这并不意味着就要"灭金"。或可先就这两段纪事的史料来源和编纂问题加以解析,然后在此基础上以汉文史料为主,再深入解析成吉思汗此番南下的具体目标,以及所谓"灭金"叙述逻辑的生成。

首先,这两段纪事内特别引人瞩目的是,两次提及"五星聚"这一极具政治蕴涵的话语。"五星聚"在中古时代天文星占传统中是表达一种天下大乱、易代革命的征兆。② 这样的政治话语又怎会从并不熟谙此道的蒙古统治者成吉思汗口中说出来呢?这种非常典型的汉地政治文化传统在此处出现,必有其来源。

搜检诸史,《金史·天文志》中赫然见载几乎一致的信息。正大三年(1226)十一月"癸酉,五星并见于西南"。③ 虽日期不同,但年、月全同。考虑到《金史》志书的来源,它应是金末时的史料。元初王鹗曾将《金史大略》交付王恽,并对他说:"太史张中顺,金一代天变皆有纪录。就此公未

---

① 《元史》卷一《太祖本纪》,第23—25页。省略号为成吉思汗"遗言"内容,前文已引,兹略去。
② 参阅仇鹿鸣《五星会聚与安史起兵的政治宣传——新发现燕〈严复墓志〉考释》,《复旦学报》(哲社版)2011年第2期。
③ 《金史》卷二〇《天文志·月五星凌犯及星变》,第473页。

老,可亟与论定,亦是志书中一件难措手者。"①张中顺,本名居中,字正之,金末任司天台提点。王鹗《金史大略》中的"天文志"部分,或是向张中顺求得金代天变灾异史料,元末纂修《金史》时,"天文"的部分可能以张中顺的记录为本。《金史》有言称:"皇朝中统三年,翰林学士承旨王鹗有志论著,求大安、崇庆事不可得,采撮当时诏令,故金部令史窦祥年八十九,耳目聪明,能记忆旧事,从之得二十余条。司天提点张正之写灾异十六条,张承旨家手本载旧事五条,金礼部尚书杨云翼日录四十条,陈老日录三十条,藏在史馆……及日食、星变、地震、氛祲,不相背盭。"②于此可知,张中顺或与《金史》中星变、灾异的著录和书写关系至为密切。③《金史·天文志》的内容应来自金末当时代人的记录,"五星聚"这一征兆的记录,或与张氏不无关系。

《金史·天文志》与《太祖本纪》中关于"五星聚"的相同记载,必有前后因袭关系。元初王恽曾说:

> 伏见国家自中统二年立国史院,令学士安藏收访其事,数年已来,所得无几。盖上自成吉思皇帝,迄于先帝,以神武削平万国,中间事功不可殚纪。近又闻国史院于亡金《实录》内采择肇造事迹,岂非虑有遗忘欤? 然当间从征诸人所在尚有,旁求备访,所获必富。不然,此辈且老,将何所闻?④

王恽所称"亡金《实录》",殊可留意。《金史》的修纂与张柔、王鹗关系密切,"于时张柔归金史于其先,王鹗辑金事于其后"。⑤《金实录》为张柔所得,中统二年(1261),他"以《金实录》献诸朝";⑥王鹗于同年七月,"请修

---

① 《玉堂嘉话》卷一,第41页。
② 《金史》卷一三《卫绍王传》,第324页。
③ 有关《金史·天文志》史料来源的问题,相关史料及观点均得益于邱靖嘉的研究,参阅邱靖嘉《〈金史〉纂修考》,中华书局,2017年,第163—165页。
④ 《王恽全集汇校》卷八四《论收访野史事状》,第3477页。
⑤ 《金史》所附《进金史表》,第3058页。
⑥ 《元史》卷一四七《张柔传》,第3476页。

辽、金二史",后又"请延访太祖事迹付史馆",至元元年(1264)又上陈,"宜置局纂就实录,附修辽、金二史"。① 王鹗是元初推动辽、金史修纂以及《元朝实录》(本章所论及的元实录主要是指元时所称《五朝实录》)编撰的核心人物。他对《金史》的编纂事业极为究心,熟知《金实录》内容,并从故老中采择不少事迹以及天变灾异等记录,以为纂修准备资料。若《金实录》与《元朝实录》有所重合处,王鹗在其中所起的某种连接作用,则应是非常明显的事实。

虽然自宣宗之后金已无《实录》,但王鹗自己著述中的不少内容后来就进入到《金史本纪》中。例如,《汝南遗事》记载金哀宗遣阿虎带使宋借粮有一段谕旨,这份谕旨后来出现在《金史·哀宗纪》中,其中有一句话,前者写作:"敌人灭国四十,以及于夏,夏亡则及于我,我亡则及于宋。"后者写为:"大元灭国四十,以及西夏,夏亡及于我,我亡必及于宋。"②《太祖本纪》"论赞"中则言:"帝深沉有大略,用兵如神,故能灭国四十,遂平西夏。"③于此或可窥知,金末文献进入《金史》中,后又为元初国史院吸收进《元朝实录》,并最终体现于《太祖本纪》中。

"五星聚"这一征兆记录,应出于金代文献,后进入《金史》,再又为《元朝实录》所袭取。元末纂修宋、辽、金三史时,有言称"三国所书事有与本朝相关涉者,当禀"。④ 此记载显示,它并不只是对史事书写所涉违碍本朝历史的审查,也应当包括对"三国"与元相关史料的辑集。

成吉思汗口中又为何会说出"五星聚"现象呢? 此或与耶律楚材有关。《耶律楚材传》称其"博极群书,旁通天文、地理、律历、术数及释老、医卜之说",《神道碑》亦称其"学务为该洽,凡星历、医卜、杂算、内算、音律、儒释、异国之书,无不通究。尝言西域历五星密于中国,乃作《麻答把历》,

---

① 《元史》卷四《世祖一》"中统二年七月"条、卷五《世祖二》"中统四年四月"条、卷一六〇《王鹗传》,第 71、92、3757 页。
② 王鹗:《汝南遗事》卷二,《景印文渊阁四库全书》第 408 册,台湾商务印书馆 1986 年影印本,第 943 页上;《金史》卷一八《哀宗下》,第 434—435 页。
③ 《元史》卷一《太祖本纪》,第 25 页。
④ 脱脱等修:《辽史》(点校本二十四史修订本)"三史凡例",中华书局,2016 年,第 1717 页。

盖回鹘历名也"。① 1222 年,耶律楚材《进西征庚午元历表》称:"中元岁在庚午,天启宸衷,决志南伐。辛未之春,天兵南渡,不五年而天下略定,此天授也,非人力所能及也。故上元庚午岁天正十一月壬戌朔,夜半冬至,时加子正,日月合璧,五星联珠,同会虚宿五度,以应我皇帝陛下受命之符也。"②耶律楚材所进此表后被剪裁进《元史·天文志》中,所谓:"日月合璧,五星联珠,同会虚宿六度,以应太祖受命之符。"③"五星联珠"就是"五星聚",以应太祖受命,此应源于耶律楚材手。

据《耶律楚材传》载,"壬午(1222)八月,长星见西方,楚材曰:'女直将易主矣。'明年(1223),金宣宗果死"。④ 时耶律楚材正陪侍成吉思汗于西征途中。长星类似彗星,彗星多为除旧布新,而长星多指为兵革事。⑤《金史》无长星记载,但记载有彗星现。《金史·宣宗纪》载,1222 年八月,"己卯,彗星见西方……以彗星见,改元,大赦";《金史·天文志》记载相同,是年八月,"己卯,彗星出于亢宿右摄提、周鼎之间,指大角。太史奏:'除旧布新之象,宜改元修政以消天变。'于是,改是年为元光元年"。⑥ 金末应保存了系统而完备的当时代的天变灾异记录。成吉思汗时期至金亡前,蒙古汗廷不会有天变灾异的系统记录,元初纂修太祖、太宗两朝《实录》时,此类材料便只能从金人的记录中获取。⑦

---

① 《元史》卷一四六,第 3455 页;《元文类》卷五七《中书令耶律公神道碑》(宋子贞撰),第 1172—1173 页。
② 《湛然居士文集》卷八《进西征庚午元历表》,第 186 页。
③ 《元史》卷五二《天文志·历一》,第 1119—1120 页。
④ 《元史》卷一四六《耶律楚材传》,第 3456 页。《中书令耶律公神道碑》与《本传》不同:"壬午夏五月,长星见西方。"参阅《元文类》卷五七,第 1164 页。
⑤ 据《汉书·文帝纪》载,文帝八年,"有长星出于东方",颜师古注引文颖曰:"孛、彗、长三星,其占略同,然其形象小异……大法,孛、彗星多为除旧布新,火灾,长星多为兵革事。"参阅《汉书》卷四,第 122 页。
⑥ 《金史》卷一六《宣宗下》、卷二〇《天文志》,第 393、473 页。
⑦ 据《元史·太宗本纪》载,太宗四年(1232)春,"丙申,大雪。丁酉,又雪";《金史·哀宗纪》亦载,天兴元年(1232,正月),"丁酉,大雪"。《元史》《金史》记载相同。另据《元史·太宗本纪》载,太宗五年(1233),冬,"大风霾七昼夜"。《金史》则已无相关记载,此时金已近亡,无复有记录。太宗七年(1235)十一月,"中书省臣请契勘大明历,从之";太宗八年(1236)三月,"复修孔子庙及司天台";壬寅(1242),"夏五月,荧惑犯房星"。蒙古汗廷应已开始有天象记录。爱尔森指出,天文、历法对于蒙古人的意义,不仅在于管理不同臣民的实际需要,而且在象征其统治合法性或负有天命的预言方面更具功用。以上参阅《元史》卷二,第 31 页;《金史》卷一七《哀宗上》,第 417 页;《元史》卷二,第 34、38 页;Thomas Allsen, *Culture and Conquest in Mongol Eurasia*, p.175.

《太祖本纪》与《金史·天文志》之所以有相同的"五星聚"天象著录,其缘由或即在此。

1226年,成吉思汗"攻灵州";同年冬十一月,"灵武下。诸将争掠子女财币,公独取书数部、大黄两驼而已"。① 成吉思汗说出"五星聚"征兆时,耶律楚材就陪侍在他身边。角端现,恶杀之象,止征伐;②五星聚,易代之兆,不杀掠。这是典型的汉地定居社会的思维传统。

前所作推考,似有矛盾,既说"五星聚"出于金末材料,又称其与耶律楚材有关,此又当如何解释?这主要是因为金末保存有比较完善的当时代天变灾异记录,文献证据已十分充分;而成吉思汗时期至金亡之前,蒙廷不会有天变灾异的系统记录,③且目前也没有直接证据表明耶律楚材本人与1226年"五星聚"现象有关联。因而前所作推考并不矛盾。元初纂修太祖、太宗《实录》时,金人所记录的天变灾异材料,必定会进入元人视野。《金史·天文志》与《太祖本纪》之所以著录有相同的"五星聚"现象,必是前后因袭所致。值得一提的是,耶律楚材与张中顺有交谊,耶律楚材称:"予故人张正之世掌羲和之职,通经史百家之学,尤长于三式,与予参商且二十年矣。癸巳(1233)之春,既克汴梁,渠入觐于朝,形容变尽,惟语音存耳。"④两位精熟天文历法的人士聚拢到一起,交流细节虽今已不得而知,若涉及天变灾异等话题,那是完全可以想见的。

---

① 《元史》卷一《太祖本纪》,第24页;《元文类》卷五七《中书令耶律公神道碑》,第1164页。
② 《太祖本纪》载,太祖十九年(1224),"帝至东印度国,角端见,班师"。《中书令耶律公神道碑》载,甲申岁(1224),遇角端,耶律楚材向成吉思汗解释"是恶杀之象,盖上天遣之以告陛下",云云。《亲征录》《史集》则未言及角端事。明初《元史》纂修者们,尤其是纂修总裁官宋濂,似特别留意耶律楚材的著述。他曾作《西域军中获角端颂》,在其题跋以及和诗用韵上,均对耶律楚材情有独钟。与耶律楚材有关的事项在《太祖本纪》中有所体现,既与元初《元朝实录》的编修者有关,恐怕与宋濂的剪裁也不无关系。以上参阅《元史》卷一《太祖本纪》,第23页;《元文类》卷五七《中书令耶律公神道碑》,第1164页;宋濂:《宋濂全集》卷一,第31—32页。关于耶律楚材之子耶律铸在《元太祖实录》纂修中的作用,详可参阅陈晓伟《〈元太祖实录〉纂修所见元初史观》,载《历史研究》2022年第6期。
③ 《亲征录》没有关于天文五行的记录,仅有一处记载连日大雪,这应是实际情形的描绘。就此言之,该书与汉地的著史传统不同。这从侧面印证它的原文不可能是汉文。参阅《圣武亲征录校注》,第326页。
④ 《湛然居士文集》卷八《司天判官张居中六壬祛惑钤序》,第182—183页。

若将《太祖本纪》所记"五星聚见于西南"与《金史·天文志》所载"五星并见于西南"相比较,从金的角度考虑,金之西南为西夏,西夏此时正面临灭顶灾祸,可谓若合符契!若将"见于西南"置于成吉思汗立场言之,依据蒙古人的方位习俗,"西南"为正南,①蒙古正南面就是金国,似乎也说得通。不过,从史料本身来源言之,则应倾向于接受这是金代的天文记录。之所以附会到成吉思汗的立场和观点去解释这一切,则有后世"创造"的嫌疑,此其一。其二,倘以"五星聚"这一天象预言金将亡,也并不妥帖;即便如此作解,也应是成吉思汗身边术士(如耶律楚材)的刻意营造。从这两段纪事的整体叙述逻辑来理解"五星聚",读史者恐怕很容易将此解释成金祚将亡而为蒙古取代。屠寄就曾作此理解,但或许是他考虑到方位不合,金位于蒙古的东南,于是便径自将史文改作"五星聚见东南"。②

《太祖本纪》于壬戌岁(1202)始有明确纪年,而自"元年丙寅(1206)"始,则已是中原汉地著史风格。凡稍熟悉中原汉地官修史书的思维逻辑,就当对其叙事中所蕴含的意义谨慎对待。如《金史·天文志》载,天兴三年(1234)正月"己酉,日大赤无光,京、索之间雨血十余里。是日,蔡城陷,金亡"。③ 又,金卫绍王时期因史料阙载,大量天文、灾祥等记录充斥于《本纪》中,殊为怪异。如果明了当日所发生的重大历史事变,以当时人的思维意识或观念来理解,便可知时人为何要如此叙述了。

在清理《太祖本纪》所载"五星聚"源于金代材料的基础上,或可对最末两年纪事中具体内容的文本来源给出一点回答。这其中最引人瞩目的

---

① 乌兰指出:"似乎早期的蒙古人看待自身所处位置及其周围世界时是坐北(西北)向南(东南),大致以左前方(东南方)为东方,以右后方(西北方)为西方,另有相对的南方(西南方)和北方(东北方)。"参阅乌兰《蒙古文历史文献中涉及"国"及其相关概念的一些表述方法》,《文献学与语文学视野下的蒙古史研究》,第552页。
② 《蒙兀儿史记》卷第三《成吉思可汗本纪第二下》,第42页下。另据《黑鞑事略》称"其残虐诸国,已破而无争者,东南曰白鞑金房(女真),西北曰奈蛮……正北曰达塔(即兀鲁速之种),曰蔑里乞。正南曰西夏",云云。从汉地南宋人的视角观之,蒙古的东南方向为金国、正南则为西夏。参阅许全胜校注《黑鞑事略校注》,兰州大学出版社,2014年,第194页。
③ 《金史》卷二〇《天文志》,第462页。

就是蒙金史事相关的记载,它们大部分都可在《金史》或金代材料中找到对应的史文或内容。或可再举一例。《太祖本纪》载:"夏四月,帝次龙德,拔德顺等州,德顺节度使爱申、进士马肩龙死焉。"① 钱大昕对此提出批评:"此二人金之忠臣,《金史》已列诸《忠义传》矣,于元家何与而更书之耶!且金臣死于元者,又不止此二人也。史家昧于限断之例,故有此失。"② 钱大昕从编史体例的惯常思路中,敏锐地意识到此处剪裁很不恰当,于此可知它的史源也十分明确,即来自金代史料。再反观成吉思汗临终灭金"遗言"这条记载,它应该也是自它处剪裁而来,很可能就来自金代的史料。

其次,成吉思汗"遗言"中假道宋境灭金的具体战略,在当日究竟是一种独特的战略构想,还是说只是一项众所周知的常识? 倘若为后者,那就又不免令人生疑。

据《元史·睿宗传》(下称《睿宗传》),太宗辛卯岁(1231):

> 太宗还官山,大会诸侯王,谓曰:"人言耗国家者,实由寇敌。今金未殄,实我敌也。诸君宁无计乎?"拖雷进曰:"臣有愚计,非众可闻。"太宗屏左右,亟临问之,其言秘,人莫知也。凤翔既下,有降人李昌国者,言:"金主迁汴,所恃者黄河、潼关之险尔。若出宝鸡,入汉中,不一月可达唐、邓。金人闻之,宁不谓我师从天而下乎。"拖雷然之,言于太宗。太宗大喜,语诸王大臣曰:"昔太祖尝有志此举,今拖雷能言之,真赛因也。"……遂大发兵。③

假宋境灭金的战略最终由拖雷完成,之后太宗与拖雷会合:

> [太宗]顾谓拖雷曰:"微汝,不能致此捷也。"诸侯王进曰:"诚如

---

① 《元史》卷一《太祖本纪》,第 24 页。
② 钱大昕撰,方诗铭、周殿杰校点:《廿二史考异》卷八六《元史一》,上海古籍出版社,2004 年,第 1205 页。
③ 《元史》卷一一五《睿宗传》,第 2885—2886 页。

圣谕，然拖雷之功，著在社稷。"盖又指其定册云尔。拖雷从容对曰："臣何功之有，此天之威，皇帝之福也。"闻者服其不伐。①

《睿宗传》着力描绘拖雷的谦逊，并突出他的灭金功劳。而将灭金方略置于降人李昌国之口，虽借窝阔台之口补述"昔太祖尝有志此举"语，此实在与《太祖本纪》的记载不相协和。李昌国，又名李邦瑞，"嗜学读书通大义"，恐怕也是术士者流。他在归附蒙古之后，于1230年作为蒙古使臣出使南宋，几经周折之后，"乃议如约而还"。"甲午（1234），从诸王阔出经略河南，凡所历河北、陕西州郡四十余城，绘图以进"。② 李邦瑞与蒙古汗廷关系密切。③ 屠寄曾对李昌国献言灭金之策评述到："李昌国斡腹之策，拖雷用之而成功，亦以斡歌歹汗渡河援应得宜故耳。不然，诸葛亮何以不许魏延以万人出汉中也。"④屠寄此言可称公允。拖雷功高不假，但窝阔台"援应得宜"，同样重要且不可忽视。

《睿宗传》仅记载拖雷南下灭金三年事迹，《史集·拖雷汗传》的记载也相当简略，仅增加拖雷追随成吉思汗西征史事以及其妻儿的简要描述。⑤《睿宗传》为胡翰所撰，"洪武乙酉，奉旨纂修《元史》，入局撰英宗、睿宗实录及拜住丞相等传，凡若干卷"。⑥ 陈高华指出此处所述不确，"应是据《实录》修英宗本纪、睿宗传，并撰有拜住等传"。⑦ 依常识推断，《睿宗传》必源自《睿宗实录》，为何前者仅涉及拖雷灭金三年的行实，而不及其余？

王慎荣曾指出，《太宗本纪》所记内容百分之九十都与中原相关，而远

---

① 《元史》卷一一五《睿宗传》，第2887页。
② 《元史》卷一五三《李邦瑞传》，第3621页。
③ 据《太宗本纪》载，太宗三年（1231）夏，"复遣李国昌使宋需粮"。李国昌就是李昌国。耶律楚材与李邦瑞有诗歌唱和，如《和李邦瑞韵二首（其一）》《和邦瑞韵送奉使之江表》，两首诗均系于1231年，他们之间关系匪浅。参阅《元史》卷二，第31页；《湛然居士文集》卷四，第81—82页。
④ 《蒙兀儿史记》卷第四三《者卜客传李昌国即李邦瑞》，第340页下。
⑤ 《史集》第2卷，第196—206页。
⑥ 程敏政辑：《皇明文衡》卷八四《长山先生胡公墓铭》（吴沉撰），《四部丛刊初编》景明本，上海书店出版社，1989年，第12页。
⑦ 陈高华：《〈元史〉纂修考》，《元史研究新论》，第448页。

征西域的军国大事则前后仅提及四处,且不足百字,"这当然是迎合世祖入主中华实行汉化意图的准当无误的书法","在《睿宗列传》中,拖雷处处表现为忠臣孝子的楷模,而世祖对该传'少有可易'的提示,意在使拖雷的形象能以尽量拔高而已"。而对于《定宗本纪》内容简寡,"定宗既为世祖所鄙视,其《实录》写得苟简至何种地步可想而知。《宪宗本纪》的情况也大体如是,简得无可再简的程度"。① 因此,从史书书法角度言之,《睿宗传》的叙述不可尽信。

另据《黑鞑事略》"其残虐诸国"条,徐霆于此条疏证中提及王檝之言:

> 某向随成吉思攻西夏……某后随成吉思攻金国凤翔府,城破而成吉思死。嗣主兀窟觯含哀,云:"金国牢守潼关、黄河,卒未可破,我思量凤翔通西川,西川投南,必有路可通黄河。"后来,遂自西川迤逦入金、房,出浮光,径造黄河之里,竟灭金国。②

《黑鞑事略》成于1230年代,徐霆于金新亡之后到访北方,此时蒙古正处于窝阔台统治时期,该记载引王檝之言,将蒙古灭金方略系之于窝阔台口,倒也符合当日大背景。

蒙古灭金战略不仅见诸成吉思汗"遗言"中,又被置于李昌国、窝阔台等人之口,这些互异的记载同样促使人们追问,成吉思汗灭金"遗言"的史料究竟源于何处?《太祖本纪》源于《五朝实录》,《通鉴续编》中蒙古前四汗的史料也被认为源于《五朝实录》,然而后者并未著录太祖灭金"遗言",是陈桱本人对此遗诏有意不予采纳,或者《五朝实录》内根本就没有该记载?艾骛德推测成吉思汗"遗言"源于《睿宗实录》,若照此理解,《元朝实录》系统中有该记载的说法,或许可以成立。那么,《元朝实录》的史源又来自哪里呢?诚如前文所述,蒙元与金、宋相关的史事记载多有互通处,该"遗言"有可能出自金或者南宋方面的史料。具体源自何处,阙疑俟考。

---

① 王慎荣:《对〈元史〉史源之探讨》,《中央民族学院学报》1989年第5期。
② 《黑鞑事略校注》,第221页。

另一方面,就该灭金战略的具体内容言之,在蒙金对峙时期,甚至更早的宋金对峙时期,该战略所指示的具体通路,其实也只是一项尽人皆知的常识而已。

据《金史·完颜合达传》载:"宣徽使奥敦阿虎使北方,北中大臣有以舆地图指示之曰:'商州到此中军马几何?'又指兴元云:'我不从商州,则取兴元路入汝界矣。'阿虎还奏,宣宗甚忧之。哀宗即位,群臣建言可因国丧遣使报哀,副以遗留物,因与之讲解,尽撤边备,共守武休之险。"①金宣宗时代蒙古就已知取道汉中路可攻金的通路;哀宗即位之初,金就在谋划协宋共守武休关以应对蒙古南下。蒙金双方都意识到兴元路是当时防守重点,这是常识思维。当然,这则记载并不意味着蒙古很早就想灭掉金国,在当时这可能只是一种威胁。②

蒙古欲取"汉中道"南下攻金,在当时实为军事常识。相关史料记载,在在可见。《金史·术甲脱鲁灰传》载:

> [正大]七年(1230),大元兵攻蓝关,至八渡仓退。举朝皆贺,以为无事。脱鲁灰独言曰:"潼关险隘,兵精足用。然商、洛以南濒于宋境,大山重复,宋人不知守,国家亦不能逾宋境屯戍。大兵若由散关入兴元,下金、房,绕出襄、汉,北入邓鄜,则大事去矣。宜与宋人释怨,谕以辅车之势,唇亡齿寒,彼必见从。据其险要以备,不然必败。"③

《金史·杜时昇传》载:

> 正大间,大元兵攻潼关,拒守甚坚,众皆相贺,时昇曰:"大兵皆在秦、巩间,若假道于宋,出襄、汉入宛、叶,铁骑长驱势如风雨,无高山

---

① 《金史》卷一一二《完颜合达传》,第 2610—2611 页。
② 《金史》有言称:"天朝取道襄、汉,悬军深入,机权若神,又获天助,用能犯兵家之所忌,以建万世之儁功,合达虽良将,何足以当之。"这是后世对蒙古取金的颂扬之辞。参阅《金史》卷一一二"赞曰"部分,第 2617 页。
③ 《金史》卷一二四《术甲脱鲁灰传》,第 2847 页。

大川为之阻,土崩之势也。"顷之,大元兵果自饶峰关涉襄阳出南阳,金人败绩于三峰山,汴京不守,皆如时昇所料云。①

《金史·胡德新传》载,胡德新寓居南阳,常往来宛、叶间,正大七年(1230)夏,与王铉邂逅于叶县村落中,对于当日蒙古攻金情势,胡德新与王铉有一段对话:

> (胡德新)密谓(王铉)曰:"某自去年来,行宛、叶道中,见往来者十且八九有死气。今春至陈、许间,见其人亦有太半当死者。若吾目可用,则时事可知矣。"铉惊问应验迟速,曰:"不过岁月间耳,某亦不逃此厄,请密志之。"明年,大元兵由金、房入,取峭石滩渡汉,所过庐舍萧然,胡亦举家及难,其精验如此。②

胡德新乃一方伎之士,言谈中已道破蒙古攻金之谋。所谓"宛叶道",就是由襄阳、邓州、南阳而北进入"宛叶道"抵叶县。这条路线就是蒙古由汉中道而南,再取道襄、邓灭金的道路,即时人所称"北兵由汉中道袭荆、襄"。③

屠寄注意到《太祖本纪》中成吉思汗灭金遗策问题。他认为,《金史·完颜合达传》中所记蒙古取道汉中路谋略,"阿虎北使,正在是年(太祖二十二年)六月,确是成吉思临殁前一月。虽非大渐时顾命,必系近日君臣商榷之计。特史臣归功成吉思一人之秘谋耳。且是年十二月,蒙古兵果入商州,与'商州到此兵马几何'之言合,是用第一策。至太宗时,拖雷实行第二策"。而对于前述《黑鞑事略》徐霆疏证引王檝之言,屠寄又指出:"据此言,则西南出宝鸡之路,回逼汴京之谋,似出太宗,非出太祖。寄合观《合达传》及徐霆之说,此实成吉思莫年,与诸子弟、大臣熟商之策,不必

---

① 《金史》卷一二七《杜时昇传》,第 2902 页。
② 《金史》卷一三一《胡德新传》,第 2972 页。
③ 《元好问全集》卷一七《闲闲公墓铭》,第 403 页。

一人之秘谋也。"①屠寄将诸种说法糅合一起,或可备一说。

早在宋金对峙时,汉中道就为双方所熟知。倪朴于南宋初所撰《拟上高宗皇帝书》称:"愿陛下坚守东南,运筹西北。及其未发,令蜀诸路召募豪智,潜为进取之计,就其间选智谋之将,委以事宜,俟金人之众举皆南向,便乘间深入。正兵自凤州出散关,据凤翔以招秦陇奇兵,自兴元出斜谷,自洋州出骆谷,皆不盈七百里,入据长安以向潼关。而又出荆襄之师,捣弘农河洛以为之声援。若此则中原可指日而复矣。此臣灭金之策,所以尤恃于蜀兵,是故始终言之而不惮烦也。愿陛下深思而用之。"②《金史·白撒传》载,兴定三年(1219),白撒奏言:"臣近入宋境,略河池,下凤州,破兴元,抵洋州而还。"③白撒的进军路线,大抵就是循"汉中道"所作的一次抄掠。这条通路实早为宋金双方所熟知。《太祖本纪》将一项常识植于成吉思汗"遗言"之中加以凸显,不禁令人疑窦丛生。

至于该道路具体信息又如何为蒙古人所知晓,有可能得自于金国降人,或得诸南宋方面。南宋苟梦玉曾于太祖十六年(1221)、十八年(1223)两次出使蒙古,获成吉思汗接见。④ 蒙古获得这一信息,并不难推知。这也与前述金宣宗时蒙古已知该道路信息的记载相契合。另据郑思肖《心史·大义略叙》载:

> 至完颜守绪立,鞑遣使来我朝,假道淮东趋河南攻金。我朝不答,鞑乃用力先灭西夏,乃自蜀由金、洋出襄、汉,入唐、邓。忒没真死于巩州,鞑即立兀窟带为主,复由忒没真故道破西和,犯兴元,捣河南,攻潼关。⑤

所谓"忒木真故道",应是指成吉思汗"遗言"中所称的那条通道。宋元时

---

① 《蒙兀儿史记》卷第三《成吉思可汗本纪第二下》,第41页下。
② 倪朴:《倪石陵书》,民国十三年永康胡氏梦选楼刻《续金华丛书》本。
③ 《金史》卷一一三《白撒传》,第2627页。
④ 《元史》卷一《太祖本纪》,第21、23页。
⑤ 《郑思肖集·心史》,第157—158页。

代,所谓成吉思汗的灭金方略恐已流传较广了。①

第三,成吉思汗在行将灭夏之际,又顺势而南同时攻金,并前进至六盘山之地,此举是为灭金吗?成吉思汗临终前留下灭金"遗言",这极易让人理解为"灭金"就是其固有战略目标。如何理解这两年纪事中夹杂着的灭夏、攻金以至终将"灭金"的这一系列叙述,是理解该文本背后的逻辑所在。

《太祖本纪》称,成吉思汗此次南下是因西夏"纳仇人","不遣质子"。② 依据草原游牧人的进军传统,通常会以左、中、右三翼对目标展开攻击,主力军通常指向主要目标。成吉思汗当自领主力军。据《秘史》载,成吉思汗"自雪山起程,过兀剌孩城,却来攻打灵州城",③《太祖本纪》则记载,成吉思汗从黑水城而南。王颋认为后者的记载更可信,前者"乃是将先前的某次攻夏战役张冠李戴地充作了最后的'灭夏'战争"。④ 其说甚是。成吉思汗此次灭夏具体路线,争议颇多。此处无意再探究成吉思汗灭夏的具体路线问题,而意在将蒙古灭夏与攻金的故事结合起来加以

---

① 《大金国志》记载成吉思汗灭金"遗言",正大五年(1228),"大行遗诏云:'金人精兵尽在潼关,关之南有山,北有河,地势险狭,不可攻,纵攻必不能克,不如假道南宋,径出唐邓之间,可以直捣汴京。金人止有潼关数万之兵,闻大军之至,必分潼关之兵以来唐、邓,唐、邓去潼关千余里,行且疲矣,夫岂能战?纵使能战,强弱众寡,亦莫之敌。宋与金世仇,闻欲灭金,必喜借我路。既至汴京,金主出降,则使之为西京留守,不然杀之。'"正大七年(1230),"大军……为哈达所败,丧万余人及马数万匹。大军渡河不能,入关不可,遂自山东通好南宋,欲假淮东以趋河南。南宋依违不报,大军乃用力于西夏,数年,灭之。夏人有献策者,令其自蜀道由金、洋出襄汉以入唐、邓。时宋郑损为四川制置,无以遏之,自利顺流,奔至果阆间。适大行遗诏其兵遽回,自后遂以通好为名,觇宋蜀道"。"大行遗诏"即成吉思汗遗诏,与《心史》所载"忒没真故道"之说,其史料性质相类,大体都是流传于宋元之际的说法。该诏述及对金末主的处置,"使之为西京留守,不然杀之",此不为其他史料所载。参阅《大金国志校证》卷二六《义宗皇帝》,第361—362页。另,元人曾先之编撰的《历代十八史略》以及董鼎所撰《史纂通要后集》也记载有该"遗诏",参阅陈晓伟《〈元太祖实录〉纂修所见元初史观》。南宋方面史料所记蒙古灭金方略的信息究竟来自何处?或许有两种可能:一是南宋使臣得诸金人;二是蒙宋之间有所默契,前述李昌国于1230年使宋,之后"乃议如约而还",约定的内容应涉及联合夹攻金国之事。
② 《元史》卷一,第23页。1205年,克烈部王罕子亦剌合·桑昆逃至西夏,此事距蒙古这次南下抄掠已逾二十年。该说辞颇可疑。
③ 《元朝秘史》(校勘本),第267页,第378页上。
④ 参阅王颋《城觅一路——"兀剌海"方位与蒙古经略西夏诸役》,《西域南海史地研究》,第198页。

考察,以推究蒙古此番攻金的意图。

要讨论成吉思汗所领主力军进攻西夏的大致行进方向,察罕和耶律楚材两人行实特别重要。察罕为御前千户,应与成吉思汗同行,据《元史·察罕传》载,察罕先后"破肃州","次甘州","攻灵州",这与《太祖本纪》所记成吉思汗亲临地点一致;之后,"还次六盘,夏主坚守中兴,帝遣察罕入城,谕以祸福。众方议降,会帝崩,诸将擒夏主杀之,复议屠中兴,察罕力谏止之"。① 耶律楚材随侍于成吉思汗身侧,《元史·耶律楚材传》及其诗作显示,他于1226年、1227年所历地点,有灵武、肃州鄩善城、居延以及沙井、夏国新安县、东胜、青冢等地。② 此外,成吉思汗还令忽都铁穆儿、昔里钤部等偏师招谕沙州。③ 若将上述地点连缀一起,可知成吉思汗所领主力军应沿河西走廊由西向东进攻西夏。宋元时代文献称,"大元兵自回鹘灭西夏","大军自回鹘往攻西夏,西夏国亡"云,④ 就是据此进攻方向而言之。再据《元史·曷思麦里传》载:"曷思麦里奏,往者尝招安到士卒留亦八里城,宜令扈从征河西,许之,命常居左右。"⑤ 该记载又印证蒙古从西域招安到兵士,自西而东来攻西夏。

另有一路大军由速不台带领。《元史·速不台传》载:"帝欲征河西,以速不台比年在外,恐父母思之,遣令归省。速不台奏,愿从西征。帝命度大碛以往。丙戌,攻下撒里畏吾特(勒)[勤]、赤闵等部,及德顺、镇戎、兰、会、洮、河诸州,得牝马五千匹,悉献于朝。丁亥,闻太祖崩,乃还。"⑥ 该记载涉

---

① 《元史》卷一二〇《察罕传》,第2956页。
② 《元史》卷一四六《耶律楚材传》,第3456页;《湛然居士文集》卷一三《糠蘖教民十无益论序》、卷二《过天山周敬之席上和人韵》、卷二《丁亥过沙井和移剌之春韵二首》、卷三《过夏国新安县》、卷一四《扈从旋师道过东胜秦帅席上继杜受之韵》,第276、38、56—57、307页。温琪宏对耶律楚材诗作所反映的蒙古进军路线十分敏感,揭示出不少信息。不过,他否认成吉思汗从黑水城南下,与王颋观点不同。参阅温琪宏《试探成吉思汗灭夏的行军路线》,刘迎胜主编:《元史及民族与边疆研究集刊》第27辑,上海古籍出版社,2014年,第142页。
③ 《元史》卷一二二《昔里钤部传》,第3011页。
④ 《至正金陵新志》卷三中之下《金陵表六》,第5475页下;《大金国志校证》卷二五,第350页。
⑤ 《元史》卷一二〇《曷思麦里传》,第2970页。
⑥ 《元史》卷一二一《速不台传》,第2977页。另参阅《元史》卷一二二《雪不台传》,第3008页。

及地点可分为两段理解,"撒里畏吾特(勒)[勤]、赤闵等部"所提示的进军地域及方向,应是自祁连山南面自西向东攻西夏,它与成吉思汗从河西走廊东进方向一致,但两者并无交集,应是各领一路大军;"德顺、镇戎、兰、会、洮、河诸州"诸地,则显示速不台已攻入金境。①

蒙古军队自西东来之后,在西夏都城所在地兴庆府以南,以及金境内六盘山附近一带进行攻伐。《太祖本纪》载,"遣斡陈那颜攻信都府",②成吉思汗"次龙德,拔德顺等州",又突进至"秦州"。③ 据《按竺迩传》载:"丁亥,从征积石州,先登,拔其城。围河州,斩首四十级。破临洮,攻德顺,斩首百余级。攻巩昌,驻兵秦州。"④这一系列地点均位于金境内,比照《太祖本纪》及其他记载可知,它们就是成吉思汗攻伐金国所至之地。

1227 年闰五月,成吉思汗"避暑六盘山",并于此地去世。⑤ 六盘山形势重要,既可攻金,又可攻宋。⑥ 成吉思汗到六盘山之地,或是为休养度夏。《金史》明确称,1227 年春,"大兵西来,拟以德顺为坐夏之所"。⑦ 前引"德顺节度使爱申、进士马肩龙死焉"条的记载,其实涉及一个重大问

---

① 《太祖本纪》称,太祖二十二年三月,"破洮、河、西宁二州",或与速不台所领军队的行进有关。参阅《元史》卷一,第 24 页。
② 耶律铸称:"余因六盘之变,经西夏信都府,过乾海子。是夏,其地无雨,草萎水涸,北中凡陂泺,皆谓之海子。"信都府属西夏,应距离六盘山之地不远。参阅《双溪醉隐集》卷二《乾海子·序》。
③ 据《王檝传》载:"丙戌,从征西夏。及秦州,夏人尽撤桥梁为备,军阻不得前,帝问诸将,皆不知计所出。"参阅《元史》卷一五三,第 3612 页。
④ 《元史》卷一二一《按竺迩传》,第 2982 页。另据《德兴燕京太原人匠达噜噶齐王公神道碑》载,1227 年正月,"上欲伐巩,公曰:'西夏已平,巩不足拔,不必劳师用众,臣请谕之祸福。'遂持节以往,巩开门出降"。参阅《胡祗遹集》卷一六,第 357 页。
⑤ 据《秘史》等诸多早期文献记载,西夏都城开城之前,成吉思汗实已向南进入金境内的六盘山地区,并在该地区去世。参阅乌兰《成吉思汗去世及埋葬地问题再研究》,《民族研究》2017 年第 6 期。
⑥ 《延厘寺碑》载:"岁惟关中,夏则乐其高寒,即六盘居。稽诸地志,汉北地郡之略畔道……隋义宁中,置乐蟠县,既讹'略畔'矣,'六盘'又'乐蟠'之讹。然以其地介乎凉、陇、羌、浑之交,时平则列置监牧,攻驹而蕃息之,有警则命将出御,无有常制。四海无所为而至者,惟世祖渊龙之加兵大理也,既尝衱牙于兹,及平而归,又饮至焉。"参阅《姚燧集·牧庵集》卷一○,第 146 页。
⑦ 《金史》卷一二三《爱申传》,第 2837 页。

题,就是成吉思汗进入隆德,①攻下德顺州,整个六盘山南面地区的安全就有了保障。

除上述两路军队之外,东面应还有攻金的蒙古军队,它们的目标应是策应西路蒙古军攻西夏。《太祖本纪》称,1226年,"皇子窝阔台及察罕之师围金南京"。这极易让人产生联想,成吉思汗攻取西夏时,东路另遣窝阔台领一路军攻金。屠寄对此质疑道:"遍考中西史籍,绝无佐证。据剌施特书,则斡歌歹是年方从成吉思汗征西夏,按之《察罕传》则云:从攻西夏,射书招降甘州,又使谕降中兴。且是年金与蒙兀方交兵,安得责其岁币? 反复思之,因悟明初史臣以太宗朝壬辰、癸巳二年之事,颠倒误编于此。"②复按《太宗本纪》《察罕传》,均未提及窝阔台与察罕围攻金南京事。《察罕传》称,"太宗即位,从略河南"。窝阔台与察罕围南京之事,确是窝阔台灭金之时,而非成吉思汗时期。另据史载,丁亥岁(1227),"军至庆阳,与天朝大军相值,公度其众寡不敌,徒死无益,遂率众归降。以材武为皇伯抚军所知,荐之于列祖成吉思皇帝"。③ 皇伯即窝阔台,他于是年领军攻凤翔、庆阳等路府。④ 这些路府位于金境内,就在大六盘山区域。从地域上判断,窝阔台所领军与成吉思汗迫近,是否独自领一路大军,不敢遽断。

东路蒙古军很可能是由木华黎后裔孛鲁带领。木华黎去世后,孛鲁袭职,"太祖在西域,夏国主李王阴结外援,蓄异图,密诏孛鲁讨之。甲申(1224)秋九月,攻银州,克之","乙酉(1225)春,复朝行在所"。孛鲁之后并未跟随成吉思汗一起攻夏。丙戌、丁亥年间,孛鲁与木华黎弟带孙经略

---

① 《太祖本纪》所记"龙德",亦作"隆德",隶属金凤翔路德顺州。
② 《蒙兀儿史记》卷三《成吉思可汗本纪第二下》,第41页上。另,《金史·哀宗纪》亦不见相关记载,仅于当年(1226)十一月提及:"大元兵征西夏,平中兴府。召陕西行省及陕州总帅完颜讹可、灵宝总帅纥石烈牙吾塔赴汴议兵事。"是知,当时金汴京并无被蒙古军围攻之虞。参阅《金史》卷一七,第410页。
③ 李庭撰:《寓庵集》卷七《大元故宣差万户奥屯公神道碑铭》,《藕香零拾》本,刊于《元人文集珍本丛刊》第1册,第44页上—46页上。
④ 据《中顺大夫彰德路总管浑源孙公先茔碑铭》载,孙公亮之父孙威,"凤翔之役,太宗诏从臣分诛居民,违者以军法论,辄叹曰:'诚能脱众人死,实不爱一身。况主上见问,必有以对,而未必死耶?'遂尽匿己所分者"。于此可知,太宗攻凤翔确实有其事。参阅《刘因集》卷八,第146页。

山东地区,并平定该地。① 在山东地区的这一路蒙古军,或可视为东路一军,目的是为策应攻夏,以免金、夏联合。

上述几路蒙古军的攻伐,符合其一贯的进攻策略和传统。《太祖本纪》最后两年纪事的主线是灭夏、攻金,蒙古军队的主要目标是西夏,攻金涉及的主要区域为临洮路、凤翔路及庆原路,这三路均位于六盘山区域。无论成吉思汗、速不台,还是窝阔台,他们最后都围绕在六盘山附近地域活动,很大程度上是为确保"坐夏"所在的安全。此地地理位置特殊,足可同时威慑金与南宋;但大汗近迫金、宋前线,蒙古也同样担心己身安全,当时金国力量仍不容小觑。

自宋元以来迄至今日,有一种普遍的说法认为,蒙古灭西夏的最终目的还是为灭金。这一说法为当代学者们广泛采信,成为一种通行的观点。②《心史》称:"至完颜守绪立(1224),鞑遣使来我朝,假道淮东趋河南攻金,我朝不答,鞑乃用力先灭西夏。乃自蜀由金、洋出襄、汉,入唐、邓。"《大金国志》载,正大七年正月,"大军渡河不能,入关不可,遂自山东通好南宋,欲假淮东以趋河南,南宋依违不报,大军乃用力于西夏,数年,灭之"。③ 所谓"用力先灭西夏",而后再取金,这一说法恐不足采信。它是一种典型的"后见之明"。④

综合上述三方面问题解析,最后可从整体上来讨论《太祖本纪》最末两年纪事文本存在的问题和生成逻辑。最末两年纪事中涉及蒙金史事的史料多出自《金史》或金代文献,这其中又存在史事错置、体例不合以及前后突兀矛盾等诸多问题。成吉思汗灭金"遗言"所涉方略,不仅被置于多人之口,且该方略其实只是一种常识。最末两年纪事所涉主题

---

① 《元史》卷一一九《字鲁传》,第 2936—2937 页。另据《濮州刺史毕侯神道碑铭》载:"丁亥(1227),国兵围益都。"参阅《元好问全集》卷三〇,第 621 页。
② 参阅韩儒林《元史讲座》,北京出版社,2020 年,第 198 页;韩儒林主编:《元朝史》,第 101 页。
③ 《大金国志校证》卷二六《义宗皇帝》,第 362 页。
④ 郝经称:"既破回鹘、灭西夏,乃下兵关、陕,以败金师,然后知所以深取之,是长于用奇也。"此类叙述正是出于后来者之明,需谨慎对待。参阅《郝经集编年校笺》卷三二《东师议》,第 824 页。

为灭夏、攻金,它显示出成吉思汗生前已在规措取金,且与最后补缀的成吉思汗"灭金"遗言相衔接,凸显出成吉思汗在世时已有经略金国而并一天下的雄心,这是它最为主要的叙述逻辑。明乎此,便可理解《太祖本纪》为何要叙述成吉思汗的对金战争,并将灭金战略置于他的"遗言"之中了。

然而,成吉思汗最后一次南下攻金,既是对金拒不臣服的惩罚,也是为获得"坐夏"之所,当时与"灭金"关系并不紧密。就在成吉思汗去世前一月,他自称:"朕自去冬五星聚时,已尝许不杀掠,遽忘下诏耶。今可布告中外,令彼行人亦知朕意。"成吉思汗去世前已有意停止进征杀掠,并希望金、宋使臣知晓其态度。这与紧接其后出现的灭金"遗言",颇感突兀。历史叙述的矛盾,于此可窥一斑。①

四、灭金:合罕皇帝窝阔台的武功

前文对成吉思汗灭金"遗言"问题的揭示,促使大家去追问一个基本问题,成吉思汗真的想要灭金吗?如果他想要灭金,是不是应该有一个发展演变的过程?为何到了窝阔台时期突而成为蒙古必欲实施的基本国策?这背后涉及从成吉思汗时代到窝阔台时代,草原游牧人群与中原农耕定居社会之间旧有关系的维持以及出现新转变的问题。

《太祖本纪》载,太祖九年(1214),成吉思汗驻跸中都北郊,"诸将请乘胜破燕,帝不从"。后因金迁都汴京失信于己,遂"诏三摸合、石抹明安与斫答等围中都"。次年(1215)七月,"遣乙职里往谕金主以河北、山东未

---

① 李曾伯《丁亥纪蜀百韵》云:"驾言取金夏,其锋不可触。如竹迎刃解,犹雪以汤沃。先声张虚疑,我师遽蓄缩。心已执檄迷,手为望风束。(一时所传,鞑靼不可与战,以此官军望风不敢出。)"或有论者言"驾言取金夏",就是蒙古已有意灭夏取金。此实为不明就里,李曾伯自己都称之为"传言",传言岂可信乎?参阅《可斋杂稿》卷二五,第399页。

下诸城来献,及去帝号为河南王,当为罢兵"。① 另据《通鉴续编》载,1215年,"蒙古兵所向皆下,金主遣使求和。太祖皇帝欲许之,谓撒没噶曰:'譬如围场中獐鹿,吾已取之矣。独余一兔,盍遂舍之。'撒没噶不肯,遣人谓金曰:'若欲议和可,去帝号、称臣,当封汝主为王。'故议不成"。② 从这些记载可知,成吉思汗此次大规模抄掠金国,并无灭亡对方之意。

萩原淳平对成吉思汗第一次远征金国及最后以议和收场的问题作出解析。他认为成吉思汗以为宗亲复仇的目的而攻金,但最后又以提出满足经济上的要求而撤军,这似乎是有矛盾的。成吉思汗此番攻金有一个大战略上的考虑,即为其向西方远征先扫除东南方向的隐患,就如派长子尤赤去扫灭"林木中百姓"的北方威胁那样。而对于《元史》《金史》提及蒙古方面在短短一年半的时间里先后数次派出乙里只/札八儿至金议和,则又从侧面反映出此次攻金,是为寻求经济上的满足。也就是说,这是一种骑马游牧国家与农耕社会对抗的旧有模式。不过,在对金南迁与中都陷落问题的探讨上,萩原淳平又指出,中都陷落是此次蒙古对金远征的完结,迁都与议和条件是相违背的;三木合、石抹明安等将领要求攻陷金中都,乙里只/札八儿则主张议和,这反映出蒙古内部有立场相反的两派。③

成吉思汗此番大规模抄掠金国,有两位人物特别重要,一位是札八儿火者,另一位是木华黎。

据《札八儿火者传》载,蒙古攻陷金中都后,成吉思汗对札八儿火者褒

---

① 《元史》卷一,第17、18页。据《石抹明安传》载:"岁壬申(1212),太祖率师攻破金之抚州,将遂南向,……命领蒙古军,抚定云中东西两路。既而帝欲休兵于北,明安谏曰:'金有天下一十七路,今我所得,惟云中东西两路而已,若置不问,待彼成谋,并力而来,则难敌矣。且山前民庶,久不知兵,今以重兵临之,传檄可定,兵贵神速,岂宜犹豫!'帝从之。即命明安引兵南进,所至,民皆具箪食壶浆以迎,尽有河北诸郡而还。"从"帝欲休兵于北"之言或可窥知,其时成吉思汗对于南方并无太大兴趣,当然更不会有灭金的想法。参阅《元史》卷一五〇,第3556页。
② 《通鉴续编》卷二〇,第20册第11页a。该记载亦见《建炎以来朝野杂记》"乙集"卷一九《鞑靼款塞蒙国本末》,第852页。三摸合即撒没噶,《亲征录》记载其全称为散只兀儿三木合拔都。详可参阅陈得芝《蒙古哈答斤部撒勒只兀惕部史地札记》,载《蒙元史研究丛稿》,人民出版社,2005年,第270—280页。
③ 萩原淳平:《木華黎王國の成立過程について》,内田吟风博士颂寿纪念会编:《内田吟風博士頌壽紀念東洋史論集》,京都:同朋社,1978年,第373—378、385—386页。

扬有加:"乘舆北归,留札八儿与诸将守中都。授黄河以北、铁门以南天下都达鲁花赤。"①萩原淳平认为,对于札八儿火者留守中都,应是在1216年石抹明安去世时确立的,属于回回人集团的札八儿火者是石抹的接替者。1217年,在面临金朝方面欲图恢复中都,以及当日河北地区盗贼跋扈、治安混乱的局面时,成吉思汗又任命木华黎为国王。这是成吉思汗期待在木华黎的指挥下,回回人集团(札八儿火者/乙里只)与汉人集团(如石抹等人)能互相协作,共同建设一个"牧农王国"。②萩原淳平的这一说法,恐怕仍需再议。③这可与成吉思汗留木华黎国王经略华北的问题结合起来进行观察、讨论。

1217年,成吉思汗诏封木华黎为"太师、国王、都行省承制行事……且谕曰:'太行之北,朕自经略。太行以南,卿其勉之。'赐大驾所建九斿大旗,仍谕诸将曰:'木华黎建此旗以出号令,如朕亲临也。'乃建行省于云、燕,以图中原"。④"建行省于云、燕,以图中原"这一表述,很容易让人理解为成吉思汗有意命木华黎灭金。而《元史·木华黎传》中的记载,更是一再突出、强化这层意思。壬午(1222)八月,"有星昼见,隐士乔静真曰:'今观天象,未可征进。'木华黎曰:'主上命我平定中原,今河北虽平,而河南、秦、巩未下,若因天象而不进兵,天下何时而定耶?且违君命,得为忠乎!'"后又"遣按赤将兵三千断潼关,遂西击凤翔,月余不下,谓诸将曰:'吾奉命专征,不数年取辽西、辽东、山东、河北,不劳余力;前攻天平、延安,今攻凤翔皆不下,岂吾命将尽耶!'"癸未(1223)春三月,木华黎病重,"召其弟带孙曰:'我为国家助成大业,擐甲执锐垂四十年,东征西讨,无复遗恨,第恨汴京未下耳!汝其勉之。'"⑤木华黎的取金"遗言",与成吉思

---

① 《元史》卷一二〇,第2960—2961页。
② 萩原淳平:《木華黎王國の成立過程について》,《内田吟風博士頌壽紀念東洋史論集》,第387—389页。
③ 这一解释似乎把忽必烈时代出现的汉法与回回法之间的争执和冲突提前到了成吉思汗时代。
④ 《元史》卷一一九《木华黎传》,第2932页。
⑤ 同上书,第2935—2936页。另据《太师鲁国忠武王》载,1223年,木华黎临终对带孙言:"所恨者,汴京下耳!汝等勉之。"庚寅(1230)冬,"帝亲攻凤翔,对诸将数王之功,因曰:'使木华黎在,不令朕至此也!'"参阅《元朝名臣事略》卷一,第8页。

汗的灭金"遗言",正可谓遥相呼应。汉文史料极力描绘木华黎接受成吉思汗的灭金指令后,全力在进行灭金的事业。①

然而波斯文史料的记载,则稍有不同。据《史集》载,成吉思汗封木华黎为国王,把一些军队留给他指挥,"还将乞台地区[汉地]和女真领地上已经征服的人民托付给他,让他保护他们,并尽可能地将尚未归附的人民征服"。② 该书在杂记成吉思汗"言论"时,却又记载了另一件事:"当他(指成吉思汗)派遣木华黎国王率领军队到南家思去时,木华黎攻下了该国的七十二座城,便派遣使者向成吉思汗报捷,并问道:可否准许他回来?[成吉思汗]降旨,让他没有攻下其他城堡时就别下马。"③这段叙述有错误之处,成吉思汗派遣木华黎是攻金而非攻南宋。然而值得特别注意的是,木华黎留在华北独自经略,后又急于想回到成吉思汗身边去。于此观之,木华黎在华北诸地的经略仍属抄掠之计,蒙古人在当时并无久驻汉地并实行统治的谋划。诚然,成吉思汗指示说"没有攻下其他城堡时就别下马",这是否就意味着成吉思汗的终极目标就是要灭亡金呢?事实恐非如此。当时蒙古的主要目标范围仍是黄河以北诸地,木华黎经略华北的主要进军路线,从辽东、西经山东、河北直到河东、陕右,并未及于河南地区。而金正是在此时于河北封建"河朔九公",与蒙古争夺河北。

从上述两人行实分析可知,木华黎经略华北时期,蒙古对金的征伐其实仍属一种抄掠行为,而非以"灭国"对方为根本目标。《史集》这一处记载所透露的微末情节,为理解蒙古攻金的演进历程,提供了另一个观察侧面。

此外,还可从金朝一方的反应来观察蒙古当时对金的战略倾向。自贞祐南迁后,金对于蒙古南下的战略判断,通常都认为只是一种抄掠性质

---

① 据《元史》载,至元十三年六月戊寅,"诏作平金、平宋录,及诸国臣服传记,仍命平章军国重事耶律铸监修国史"。参阅《元史》卷九《世祖六》,第 183 页。《平金录》今已不存,比照《平宋录》之体例、规模及其与《元史·伯颜传》的密切关系,颇疑《平金录》与《元史·木华黎传》的关系最为密切;《睿宗传》《太祖本纪》《太宗本纪》以及与蒙古攻金密切相关的部分将领的传记(如《元史·塔察儿传》等),或为《平金录》的主要内容。
② 《史集》第 1 卷第 2 分册,第 247 页。
③ 同上书,第 360 页。

的行为,此即所谓"防秋"。尽管金朝方面有人士(如守河东的胥鼎)于贞祐四年(1216)针对蒙古不断进征的局面作出预判,"北兵非止欲攻河东、陕西,必将进取河南",①但基本认为蒙古方面只是抄掠。至1218年后,金朝方面的判断虽有所变化,但仍以防秋举措应对。兴定三年(1219),古里甲石伦在上奏中提到,"今敌居半岁","顷者大兵破太原,招民耕稼,为久驻之基"。兴定四年(1220),晋阳公郭文振奏言:"河朔受兵有年矣,向皆秋来春去,今已盛暑不回,且不嗜戕杀,恣民耕稼,此殆不可测也。"②元光元年(1222),完颜合达上言:"今时已暑,犹无回意,盖将蹂吾禾麦。""累获谍者,皆云北方已约夏人,将由河中、葭州以入陕西。防秋在近,宜预为计。"③至正大四年(1227)八月,"朝廷得清水之报,令有司罢防城及修城丁壮,凡军需租调不急者权停"。④金朝方面在得知成吉思汗去世消息后,城防等事被叫停,观望以待。金朝对蒙古的战略判断一直停留于"防秋"这一层面,这与当时蒙古的攻伐举动相一致。

逮至正大六年(1229),金朝方面的判断才发生改变。据《金史·白华传》载,当年五月,白华跟皇帝有一次对话,白华对北方蒙古之事一直反应平淡,不过此时对蒙古的态度已发生变化:"今日异于平时,况事至于此,不得不一举。大军入界已三百余里,若纵之令下秦川则何以救,终当一战摧之。"金廷意识到需拼死一战。而就在此时,蒙古因成吉思汗去世后内部局面尚不平稳,留在南方的部分蒙古军队也只是骚扰性质,所谓"留脱或栾驻庆阳以扰河朔"云云。⑤

至窝阔台正式登位之后,蒙古对金政策发生重大转变。《太宗本纪》载,己丑年(1229)秋八月,"诸王百官大会于怯绿连河曲雕阿兰之地,以太祖遗诏即皇帝位于库铁乌阿剌里……金遣阿虎带来归太祖之赗,帝曰:'汝主久不降,使先帝老于兵间,吾岂能忘也,赗何为哉!'却之。遂议伐

---

① 《金史》卷一〇八《胥鼎传》,第2515页。
② 《金史》卷一一一《古里甲石伦传》、卷一〇八《胥鼎传》,第2581、2521页。
③ 《金史》卷一一二《完颜合达传》,第2607—2608页。
④ 《金史》卷一一一《撒合辇传》,第2588页。
⑤ 《金史》卷一一四《白华传》,第2648页。

金"。①《秘史》则载:"斡歌歹皇帝再于兄察阿歹处商量将去,说皇帝父亲的见成大位子我坐了,有甚技能?今有金国未平,我欲自去征他,以为如何?察阿歹说是,但老营内委付下好人着,我自这里添与你军。说来了。遂委付带弓箭的斡勒荅合儿,留守老营。"②窝阔台为获取武功,决定御驾亲征灭金。

成吉思汗对"太行以南"之地,兴趣并不太大。设若成吉思汗当时欲灭金,则必定全力运筹这一事业,然而就在蒙古取得节节胜利的时候,为何又突然北返谋划西征?元人有言称:"我太祖始加兵中原,围燕不攻,而坑中山,蹂山东、河北,诸名城皆碎,已策金不能国,可必灭也。自将征西,而留太师、国王穆呼哩徇河北未下城邑。"③此显系事后之辞。太祖十七年(1222)秋,金乌古孙仲端出使至中亚向蒙古乞和,成吉思汗提出议和要求:"河朔既为我有,关西数城未下者,其割付我。令汝主为河南王,勿复违也。"④成吉思汗对金并未有灭国对方的要求。

另据《黑鞑事略》载:"忒没真生前常曰:'非十年工夫,不可了手。若待了手,则残金种类又繁盛矣。不如留茶合觯镇守,且把残金绝了,然后理会。'癸巳年,茶合觯尝为其太子所劫。"⑤此记载显示,成吉思汗西征途中已有东返灭金的打算。不过,考虑到《黑鞑事略》成书背景,正是蒙古欲图联合南宋共同灭金之时,灭金已为国策,该记载不可遽信。另据《高丽史》,甲申十一年(1224)春正月戊申,"东真国遣使赍牒二道来。其一曰'蒙古成吉思师老绝域,不知所存。讹赤忻贪暴不仁,已绝旧好'"云云。⑥成吉思汗长时间离开蒙古高原,东部世界政局已不稳定,他急于结束西征东返蒙古高原。

成吉思汗于何时开始才有灭金的想法呢?此问题恐无法作答。但从

---

① 《元史》卷二《太宗本纪》,第29页。
② 《元朝秘史》(校勘本)第271节,第382页下。
③ 《姚燧集·牧庵集》卷二一《怀远大将军招抚使王公神道碑》,第324页。
④ 《元史》卷一《太祖本纪》,第22页。
⑤ 《黑鞑事略校注》,第194—195页。
⑥ 《高丽史校注》卷二二,第607页。

前文讨论可知,成吉思汗对于灭不灭金的问题,肯定有一个发展演变的过程。太祖征蔑里乞,其主奔亦纳思,"太祖遣使谕之曰:'汝奚匿吾负箭之麋?亟以相还,不然祸且及汝。'亦纳思答曰:'逃鹳之雀,丛薄犹能生之,吾顾不如草木耶?'"① 这些原则显然源于狩猎传统。② 成吉思汗熟稔游牧社会传统,在当时的情境之下,他对金国的态度是保留有余地的,就如他于1215年围金中都城时对撒没噶所说的那一段话:"譬如围场中獐鹿,吾已取之矣。独余一兔,盍遂舍之。"

游牧人群对于直接掌控中原汉地大型农耕定居人群,其实一直有所犹豫,并非一开始就想直接占领施治。他们希望能有一个缓冲地带,或者说有一个听命于己的政权实行间接统治。如契丹立后晋石敬瑭,很大程度上就是并不愿意直接统治中原汉地。金初也有类似考虑,所谓"金之初兴,天下莫强焉。太祖、太宗威制中国,大概欲效辽初故事,立楚、立齐,委而去之"。③ 伪楚即张邦昌政权(1127),④ 伪齐为刘豫所建政权(1130),均由金廷扶植。无独有偶,金末又再度出现立伪附蒙的机缘:"当时冒进之徒争援刘齐故事以冀非分者,比肩接武……论曰:崔立纳款,使其封府库、籍人民以俟大朝之命可也。乘时僭窃,大肆淫虐,征索暴横,辄以供备大军为辞,逞欲由己,敛怨归国,其为罪不容诛矣。而其志方且要求刘豫之事,我大朝岂肯效尤金人者乎?"⑤ 虽然未得实行,但作为一项动议,它在当日确然出现过。成吉思汗时代允许华北出现一个降附的政权,并非决然不可能之事。

或该再次提及蒙古人对于归降者的态度问题。蒙古人对投诚者有"六事"要求:"祖宗定制,凡内外附之国,君长亲朝,子弟入质,编民数,出

---

① 《元史》卷一二八《土土哈传》,第3131页。
② 参阅艾骛德于2019年11月12日在中国人民大学的一场报告《法律规范和末日之梦:漫长蒙古世纪的政体间关系》,"澎湃·私家历史",2019年12月4日。
③ 《金史》卷一八《哀宗下》之"赞曰"部分,第437页。另据前引《立只理威忠慧公神道碑》载,成吉思汗灭夏前,曾有意以察罕之父曲也怯律取代西夏主治夏民,其实就是一种不施行直接统治的表达。参阅《虞集全集》下册,第1098页。
④ 天会五年(1227)三月丁酉,"立宋太宰张邦昌为大楚皇帝"。参阅《金史》卷三《太宗纪》,第63页。
⑤ 《金史》卷一一五《崔立传》,第2670—2673页。

军役,输纳税赋,仍置达噜噶齐统治之,此六事。"① "归附"与"灭国",有着鲜明的差异。② 接受六事条件,即可保国不灭。据《引弓民族史》载,当亚美尼亚(Armenia)和谷儿只(Georgia)的王公们意识到是上帝赋予蒙古人以胜利之时,他们决定臣服于蒙古人,并同意贡赋和从征。蒙古人接受他们的臣服,结束杀戮和毁灭,返回到他们位于木干(Muγan)的地方,但是留下一位名叫哈剌不花(Qara Buqa)的将领拆毁那些已征服地区的堡垒要塞。③ 此事虽发生于窝阔台统治时期(1232),但当时并无在当地实行统治的谋划,这与蒙古人攻金之后留下木华黎经略华北是一致的。尽管后来蒙古第二次西征又再度侵入该地区。

有研究者早已指出,成吉思汗对西夏和花剌子模的态度,并非以毁灭对方为最终目标,他本人的意图是希望这些政权能如畏兀儿政权一样结成父子般的关系而臣服于蒙古。④ 以此观之,成吉思汗临终"遗言"中将灭亡金国作为明确的战略目标而出现,不能不令人生疑。

至窝阔台统治时期,蒙古对金的政策出现根本性转变。窝阔台时期的这种战略转变,实际上体现出游牧社会与中原城市——农耕定居社会旧、新秩序的一种转变。傅礼初将内亚游牧类型分作两种(沙漠地带和草原地带),游牧民持续获取中原农耕区的财富有三种策略:实际入侵、威胁入侵和彻底依赖。另外还有一种策略,即征服并统治,这通常会被中亚、中东沙漠地带的游牧民采用。征服并直接统治对于草

---

① 黎崱:《安南志略》卷二《至元十二年诏》,第 48 页。
② 《秘史》对此有不同的对译词语,"归附"对应蒙古语词是"额勒先""额勒薛兀勒周"(submit/submission);而"国灭"对应蒙古语词是"木忽惕合周""木忽惕合罢"(destroyed),汉译作"穷绝了"。参阅《元朝秘史》(校勘本)第 248、250、273、281 节,第 342 页上、第 344 页下、第 385 页上、第 400 页上;Igor de Rachewiltz, *The Secret History of the Mongols: A Mongolian Epic Chronicle of the Thirteenth Century*, Vol. 2, p.176, 178, 205.
③ Robert. P. Blake and Richard N. Frye (eds.), "History of the Nation of the Archers (The Mongols) by Grigor of Akanc", *Harvard Journal of Asiatic Studies*, Vol.12, No.3/4 (1949), p.297.
④ Thomas Allsen, "The Yüan Dynasty and the Uighurs of Turfan in the 13th Century", in *China among Equals: The Middle Kingdom and Its Neighbors, 10th–14th Centuries*, p.249.

原游牧人而言并不切实际,因为草原世界与农耕世界在地理上是割裂的。① 成吉思汗时期蒙古与金,就是传统草原游牧人群与农耕定居社会之间的关系,前者所能选取的策略无非就是实际入侵或威胁入侵两种方式,而非其他策略。因此,当时蒙古人对于直接施治并无兴趣,甚至到窝阔台统治时期仍有大臣声言:"汉人无补于国,可悉空其人以为牧地。"②

蒙古人又为何要毁灭定居社会的既存政权,转而建立起自己的统治秩序呢? 换言之,为何窝阔台时期蒙古人要从原来的抄掠转向占领施治呢? 它另有更深层次的缘由。

普通草原牧民对于农业或城镇社会的了解有限,而草原游牧者的政治理想并不想直接统治农耕世界。但随着征服的深入,尤其是在经历了对中亚地区的征战之后,蒙古人对于农耕世界的认识开始发生改变,对他们影响最深的应该是作为其先导的突厥人群。突厥人在东亚蒙古草原失势之后,在进入中东之前,他们先逗留于中亚,在那里接触到的是"沙漠田园式"的环境。沙漠的边缘地带有牧场,也有农田、村庄和城镇,环境相对舒适。在沙漠居住环境中,游牧人与定居民经常接触,游牧人会季节性地返回相同的地方,与同一批定居民进行交换。沙漠地带的游牧人能理解农业种植和城镇社会,因此他们发展出了一种与定居邻居互动的独特模式,实行强力的控制。这种"沙漠模式控制",先后为贝都因人、阿拉伯人所采纳,一度往东发展到草原地带。正是受此影响,突厥人缓慢的、小规模群体的到来,便采取了更早前沙漠游牧人的统治模式,扮演了一种农耕—定居世界相对和平的统治者角色。蒙古人的适应能力并不亚于突厥人,之前的契丹人、女真人以及畏兀儿人都有统治定居人口的经验,他们为蒙古人采行"沙漠模式控制"与农耕世界进行交往做好了准备。③

---

① Joseph Fletcher, "The Mongols: Ecological and Social Perspectives", *Harvard Journal of Asiatic Studies*, Vol.46, No.1, 1986, pp.15 – 16.
② 《元史》卷一四六《耶律楚材传》,第3458页。
③ Joseph Fletcher, "The Mongols: Ecological and Social Perspectives", *Harvard Journal of Asiatic Studies*, Vol.46, No.1, pp.40 – 41, 41 – 43.

当日蒙古人对农耕定居区的认识已逐渐发生改变,给他们带来影响的应该是中亚的突厥人群。突厥人群在中亚地区已积累起与沙漠绿洲农耕区居民打交道的经验,①虽然绿洲农业的规模和水平远不及中原汉地,且沙漠游牧人与绿洲农业城镇民的交往模式,相较于草原游牧人与中原巨型农耕社会之间的交往模式也不太一样,但蒙古人应是从突厥人那里获得了经验。学界通常认为,蒙古时代最早是在中亚地区设置了达鲁花赤(对应突厥语词 basqaq),这标志着蒙古人开始对征服区实施统治。② 当然无可否认的是,窝阔台时代蒙古人在面对巨型农业社会和超大规模人口时,仍显得有些不知所措,"悉空其人以为牧地"的惯性思维依然存在。

五、小结:"灭金"功业的不同历史叙述

"灭金"究竟是哪一位大汗的功绩? 这个问题有多种不同的历史叙述。关于蒙古平金的各种说辞,元代文献明显存有刻意突出太祖平金或拖雷取金的倾向。

元代颂扬伯颜功勋时称:"天以正统命帝元,太祖皇帝奋起朔方,博尔朮、木华黎、博儿忽、赤老温四杰辅之,灭克烈、灭乃蛮、灭夏、灭金,乃有天下三分之二。宋承中华之运,西距蜀、楚,东际吴、越,尽有荆、扬、益三州之野。世祖皇帝绍运抚图,肆弘大略,发兵二十万,授丞相伯颜,不三年而灭宋。"③太祖灭夏、灭金,世祖灭南宋,世祖时实已形成世祖比肩太祖的历史定位。而将灭金之功系于成吉思汗,这实在是有意抹去了窝阔台的

---

① 荒川正晴以高昌王国与西突厥为对象,讨论了游牧人群和沙漠绿洲王国之间的共生关系,可兹参考。参阅荒川正晴《遊牧國家とオアシス國家の共生關係——西突厥と麴氏高昌國のケースから》,《东洋史研究》67(2),2008,第 194—228 页。
② 《太祖本纪》载,太祖十八年(1223),"遂定西域诸城,置达鲁花赤监治之";《秘史》则载,"成吉思汗取了回回各城,命人镇守",所设置的就是"答鲁合臣"。参阅《元史》卷一,第 22 页;《元朝秘史》(校勘本)第 263 节,第 364 页上一下。
③ 《元朝名臣事略》卷二《丞相淮安忠武王》,第 23 页。

功绩。另据《元史·阿鲁图传》载,至正五年(1345),辽、金、宋三史修成,阿鲁图与同僚上奏:"太祖取金,世祖平宋,混一区宇。"①《草木子》亦称:"元太祖起龙朔,破大金,世祖得襄阳,平南宋,天下一统。"②这明显有突出元太祖取金的意味。

藏文史籍在述及"汉地之王统"时,一再强调是成吉思汗灭金而接续中原王统。《红史》称:"金朝传了九代,第九代皇帝金哀宗之时,成吉思汗和窝阔台汗兴起,成吉思汗攻取金朝国土。"③《汉藏史集》载:"蒙古成吉思汗从金国第九代国王哀王手中夺取帝位,称皇帝。""以上所述汉地之最后的王,金国的哀宗于阳土虎年(戊寅,1218年)被蒙古成吉思汗夺去帝位。"④而在叙述蒙古王统的时候又提及成吉思汗:"继西夏甲郭王之后,以武力从当时统治汉地、名叫托孜的国王手中夺取了都城。成吉思汗执掌蒙古、汉地之国政二十三年,于六十六岁阴火猪年(1227)秋七月十二日,在木雅噶地方升天。"又称,"蒙古最初之皇帝成吉思汗,于阳土虎年(1218)夺得汉地之位","首先夺得汉地皇位之众生怙主成吉思汗"云云。⑤ 1218年,成吉思汗已结束金国抄掠离开华北,此被视作蒙古取金大业功成。藏文史籍突出成吉思汗取金,实际就是对他灭金功绩的承认。但这一观念并不能说只是出于藏人,它应是受到元时代当政者观念的影响。

拖雷取金的功业,同样也有突出的叙述。元末《进金史表》中有言称:

> 我太祖法天启运圣武皇帝,以有名之师,而释奕世之忾;以无敌之仁,而收兆民之心。劲卒捣居庸关,北拊其背;大军出紫荆口,南搤其吭。指顾可成于隽功,操纵莫窥于庙算,惩彼取辽之暴,容其涉河

---

① 《元史》卷一三九《阿鲁图传》,第3361页。
② 叶子奇:《草木子》卷之三下,中华书局,1997年,第61页。
③ 《红史》,第19页。
④ 《汉藏史集》,第60—61页。《青史》称:"在金王朝完颜第九代时,出现了成吉思汗王,金国江山被成吉思汗占领。"参阅《青史》(足本)第1部,第62—63页。
⑤ 《汉藏史集》,第135、139、140页,译者注释,参见第177页注释110、111,第180页注释136,第181页注释146。

以迁。太宗英文皇帝席卷云、朔,而徇地并、营,囊括赵、代,而传檄齐、鲁,灭夏国以蹴秦、巩,通宋人以逼河、淮。睿宗仁圣景襄皇帝冒万险,出饶风,长驱平陆;战三峰,乘大雪,遂定中原。①

成吉思汗抄掠华北,窝阔台接踵其志,灭夏并清扫河朔地区;而拖雷则是攻取河南取金,平定中原。

另据《元史·礼乐三·宗庙乐章》,太祖成吉思汗,"天扶昌运,混一中华"。太宗窝阔台,"纂成前烈,底定丕图。礼文简省,禁网宽疏"。睿宗拖雷则是,"神祖创业,爰著戎衣。圣考抚军,代行天威。河南底定,江北来归"。② 成吉思汗"混一中华",拖雷"河南底定,江北来归",这些叙述意在拔高成吉思汗,凸显拖雷取金,而窝阔台的武功则被遮蔽。倘于此再反思《睿宗传》中仅记其灭金三年间史事,或则也是为了彰显拖雷灭金的功绩。

当然,这并不是说元代所有的文献都在否定太宗功绩。③ 元仁宗曾命察罕"译《脱必赤颜》名曰《圣武开天纪》,及《纪年纂要》、《太宗平金始末》等书"。④《塔察儿传》内同时出现"太祖平燕""太宗伐金"语,这是比较平实的叙述。⑤《太宗本纪》对窝阔台灭金功业只字不提,仅称:"帝有宽弘之量,忠恕之心,量时度力,举无过事,华夏富庶,羊马成群,旅不赍粮,时称治平。"⑥据《秘史》载,窝阔台在自诩功业时,却将"平了金国"列在第一位。⑦ 两相对照,不能不引人深思。

---

① 《金史》附《进金史表》,第 3058 页。
② 《元史》卷六九《礼乐三》,第 1721—1722 页。
③ 平西夏是成吉思汗的武功,灭金是窝阔台的功绩,这在元代文献中自然也有其体现。据《中书左丞李公家庙碑》载:"唐李王西夏,甚盛强,虽宋、金尝加兵,终莫能服。我太祖始平之。"另据《元史》载:"若其为乐,则自太祖征用旧乐于西夏,太宗征金太常遗乐于燕京。""太祖初年,以河西高智耀言,征用西夏旧乐。太宗十年……降旨,令各处管民官,如有亡金知礼乐旧人。"参阅《元文类》卷二一,第 384 页;《元史》卷六七《礼乐一》,卷六八《礼乐二制·乐始末》,第 1664、1691 页。
④ 《元史》卷一三七《察罕传》,第 3311 页。《元史·世祖本纪》载,元世祖"诏作平金、平宋录",参阅《元史》卷九"至元十三年六月戊寅"条,第 183 页。
⑤ 《元史》卷一一九《塔察儿传》,第 2952 页。
⑥ 《元史》卷二,第 37 页。
⑦ 《元朝秘史》(校勘本)第 281 节,第 401 页下。

设若对上文这一解析足够敏感的话,或可再核检元代文献中的一些表述,它可能并非文献本身的错误。《沙全传》载,沙全之父沙的,"从太祖平金,戍河南柳泉";《曷思麦里传》载,"从太祖征汴,至怀孟";《忙哥撒儿传》载,"(忙哥撒儿之父)那海事太祖,备历艰险,未尝形于言,帝嘉其忠,且念其世勋,诏封怀、洛阳百七十五户"。对上述几处记载,《元史》校勘记都指出了其中的问题,"太祖"均应作"太宗"。① 据《中书左丞姚文献公神道碑》:"太祖承天大命,兵取天下,功未及竟而遂陟遐。太祖平金,遣二太子总大军南伐。"此处"太祖平金",校注者指出应作太宗。② 另据《忽神公神道碑》载:"公姓忽神氏,讳伯里阁不花,……岁壬辰(1232),太祖皇帝伐金,拜行省兵马都元帅。"③此处称"太祖皇帝伐金",实大谬不然。再据《太师鲁国忠武王》载:"庚寅(1230)冬,帝亲攻凤翔,对诸将数王之功,因曰:'使木华黎在,不令朕至此也!'"《元史·木华黎传》写道:"厥后太祖亲攻凤翔,谓诸将曰:'使木华黎在,朕不亲至此矣!'"④按年代推究,前者所称"帝"应是太宗,后者却明确称"太祖",为何会出现如此"错误"?⑤ 此

---

① 参阅《元史》卷一三二《沙全传》,第3217、3221页;《元史》卷一二〇《曷思麦里传》,第2970、2973页;《元史》卷一二四《忙哥撒儿传》,第3054、3060—3061页。
② 《姚燧集·牧庵集》卷一五《中书左丞姚文献公神道碑》,第218、226页注释20。然而,《元朝名臣事略》中的表述是"太宗平金,遣二太子总大军南伐";《元文类》中则为"祖平金,遣二太子总大军南伐",《元文类》校记中已指出,"诸本均作'太祖平金'"。个中缘由,阙疑待考。参阅《元朝名臣事略》卷八《左丞姚文献公枢》,第158页;《元文类》卷六〇《中书左丞姚文献公神道碑》,第1224、1234页。
③ 字尤鲁翀:《菊潭集》卷二《大元故镇国上将军河南淮北蒙古军都万户府副都万户赠辅国上将军枢密副使护军追封云中郡公谥襄懋忽神公神道碑铭并序》,《元人文集珍本丛刊》第6册,第484页下。
④ 《元朝名臣事略》卷一《太师鲁国忠武王》,第8页;《元史》卷一一九《木华黎传》,第2936页。
⑤ 艾骛德注意到此问题,但未细究,径作窝阔台。Christopher P. Atwood, "Pu'a's Boast and Doqolqu's Death: Historiography of a Hidden Scandal in the Mongol Conquest of the Jin", *Journal of Song-Yuan Studies*, Vol.45, 2015, p.269. 前引《黑鞑事略》称:"成吉思攻金国凤翔府,城破而成吉思死。"此出自王檝语,据《王檝传》载:"庚寅(1230),从征关中,长驱入京兆,进克凤翔,请于太宗曰:'此臣乡邦也,愿入城访求亲族。'果得族人数十口以归。"王檝显然应是跟随窝阔台破凤翔。另据《平阳程氏先茔碑铭》载:"府君慷慨重然若,风义矫矫,有无与众共之。贞祐兵乱,以武干保完墟落。国朝壬午岁,迎降太祖皇帝,从攻凤翔,用愒敌功,总西京工匠,年三十有九以疾卒。"有论者以为,该记载表明成吉思汗确曾到过凤翔,然而"壬午岁(1222)",太祖正在西征途中,岂会出现在凤翔!参阅《元史》卷一五三,第3613页;王恽:《王恽全集汇校》卷五六,第2529页。

类将太宗张冠李戴为太祖的记载,元代文献并不鲜见,甚至稍显频繁。这一现象恐怕不能仅从文献疏失上来进行解释,而应从历史撰述的背景上思考,即在当时存在一种对于太宗灭金功业有意淡化或刻意遗忘的潜在政治意识。对于此类文献的校注需谨慎,若处置过当则反而易失却另一种"真实"!

明初李善长《进元史表》有云:"逮至成吉思之时,聚会斡难河之上,方尊位号,始定教条。既近取于乃蛮,复远攻于回纥。渡黄河以蹴西夏,逾居庸以瞰中原。太宗继之,而金源为墟。世祖承之,而宋箓遂讫。"①清人有言:"太宗功业莫大于灭金定中原,以终太祖之志。虽然使金无可亡之道,元岂能亡之哉!"②这是后世对蒙元大汗、帝王功绩较为公允的评论,后世并未抹去窝阔台的灭金功业。

行文至此,或可聊赘数语。同一种史料内部夹杂着诸种不同的史料来源,它通过拼凑、剪接而成一体,那种看似一体的文献内部其实总是带有各自特定的叙述背景和生成逻辑。文献叙述直接告诉人们的历史永远只是一面,而对文献来源及其背后生成逻辑的反思性批判,则有可能为我们解析历史的另一面提供锁钥。不同语言、文化背景下生成的史料,矛盾、歧义之处甚多,如何将互异的史料放置在一个自洽的逻辑系统中加以合理的解释,并建立新的历史叙述,这是史学研究的生命所在。

蒙古向世界的征伐并非出自成吉思汗的规划,它其实是由其后世子孙逐步推进、突破而达成的,最后藉由编史者依当政者的思想、观念以及现实政治需要而将其加以叙事处理。曾于贵由汗时期、蒙哥汗时期分别到访过蒙古宫廷的传教士加宾尼和鲁不鲁乞,他们笔下记述的成吉思汗并不显得如何神圣而伟大;相反,加宾尼对成吉思汗之死的叙述极为不敬:"在他(成吉思汗)完成了他的命令和法令以后,他就被雷电所击毙。"③它近乎是一种诅咒。这是加宾尼本人的恶意攻击,还是他当日从

---

① 《元史·进元史表》,第4672页。
② 魏氏:《元史新编》卷三《太宗本纪》,清光绪三十一年邵阳魏氏慎微堂刻本,第11页。
③ 《出使蒙古记》,第25页。

对成吉思汗仍抱有敌意的蒙古人或其他人群中间辗转听闻所得,今已不可得知。成吉思汗地位的无限抬升,是随着蒙古帝国的持续扩张而由其继承者及黄金家族子孙们所逐渐塑造。

第四章　蒙哥的意志与忽必烈的犹疑：取南宋还是攻大理

一、问题提出：东、西方史料记载的差异

13世纪中叶，蒙古人缘何要绕道甘川藏区进征位于今天云南地区的大理国？无论是宋元之际当时代的人们，还是后世的历史编纂者们，在讲述这段历史时都有一种典型的模式化叙述：蒙古人当时已有假道藏区先图大理国而后再迂回包抄以捣袭南宋的战略远谋，故而宪宗蒙哥汗命忽必烈远征大理，此即所谓"斡腹之谋"。① 然而，这一广为人们所熟知、接

---

① 南宋方面将1220年代以来蒙古军队在川蜀及其周边地带的一系列军事行动，均视作为一种假道"斡腹"之举，此种说法，俯拾可见；而1258年兀良合台统领军队由云南北上攻宋，则是宋以来人们通常所蒙古人存有"斡腹之谋"的主要论说对象。宋元之际有关"斡腹之谋"的此类模式化叙述，自元以降，历明、清而迄于今，且无论中外，其基本主旨未变。作为这一传统叙述框架的坚定维护者，近年来石坚军发表系列论文，纵论前四汗时期蒙古军队之种种"斡腹"图谋，甚而提出自成吉思汗时代蒙古就业已形成"斡腹之谋"的对宋总体战略。石氏对"斡腹"问题的论述，用力颇勤；然因其太过笃信成说，难免有过度阐释之处。参阅石坚军已刊系列论文：《"斡腹"考述》，《内蒙古大学学报》(哲社版)2008年第5期；《蒙古前四汗时期蒙藏关系新探——以"斡腹之谋"为视角》，《西藏大学学报》(社科版)2010年第3期；《蒙古与大理关系新探——以"斡腹"之谋为视角》，《北方民族大学学报》(哲社版)2010年第4期；《蒙哥汗灭宋战略计划新探》，《内蒙古大学学报》(哲社版)2010年第4期。补充说明："斡腹"一词之流行，应始于南宋。时人多用以指称他们猜度中的蒙古军队欲迂回大理、包抄南宋的军事行动。该词从南宋传入向来关注和熟悉"南国"军政事宜的北方士人圈内。兀良合台奉蒙哥旨从云南北上，相约次年正月会师长沙。这一军事部署被郝经称为"斡腹出大理"(《郝经集编年校笺注》卷四《渡江书事》，第86页)。到元中叶，上述战略计划又被非历史（转下页）

受的历史叙述,是否完全符合当日的历史实情呢?

首先需要仔细检核涉及此事件相关的主要汉文史料。

据《元史·宪宗纪》载:

> [二年壬子(1252)]秋七月,命忽必烈征大理,诸王秃儿花、撒(丘)[立]征身毒,怯的不花征没里奚,旭烈征西域素丹诸国。①

《元史·世祖纪一》亦载:

> (岁壬子)夏六月,入觐宪宗于曲先恼儿之地,奉命帅师征云南。秋七月丙午,祃牙西行。②

上述两条最为基本的史料出于"本纪",应当是官方的正式记录,其权威性毋庸赘言。那么,"本纪"之外其他相关史料又是如何记述的呢?

据《元史·兀良合台传》载:

(接上页)地追溯到忽必烈经略云南之时,故有"由蜀道征大理、交趾,斡腹湖广"之说。宋人议论中的"斡腹之谋",李天鸣很早就已点出,蒙古用兵大理"就是当时宋朝所相传的蒙军'斡腹计划'"(《宋元战史(一)》,第639页)。胡昭曦等进一步将其揭出(胡昭曦主编:《宋蒙(元)关系史》,第208—254页),继而又有曾现江等进行讨论(曾现江:《先取西南诸蕃,后图天下——蒙古对藏彝走廊的军事征服》,《西藏研究》2005年第4期;曾现江:《蒙古与大理国早期关系探析》,《贵州民族研究》2005年第4期;梁勇:《大理国与宋蒙战争》,香港大学硕士学位论文,2001年)。在本章内容于2016年以论文形式发表时,我试图通过梳理斡腹传言在南宋的流变,来质疑忽必烈进征大理是为绕道西南、包抄南宋的流行看法。我认为忽必烈是在无法回拒蒙哥令他从关中进攻南宋的要求,又畏惧南宋军防坚固的形势下,不得已而选择转攻大理作为响应蒙哥的权宜之计。我从未主张"忽必烈由征宋到转攻大理以取军粮之说"。宋人臆测蒙古斡腹之谋的史料本来就不多,前行研究对这些说法的挖掘阐述也已相当充分,细若吴昌裔《论湖北蜀西具备疏》的撰写年代,早已经郭正忠考订为"端平三年(1236)十二月以后,至嘉熙元年(1237)头几个月"(详下文),而无须再有什么人"率先考证"。藉此书编集的机会,附带将若干需要加以澄清的问题说明如上。至于跂足自高而訾毁于人,固非所愿也。

① 《元史》卷三,第46页。所谓"诸王秃儿花、撒(丘)[立]",应作"秃儿花撒立"。秃儿花为蒙古语"质子"意;"撒立",应指"撒里那颜",为人名。屠寄认为,此人为质子,"并非诸王","诸王"两字衍。参阅《蒙兀儿史记》卷第六《蒙格可汗本纪》,第57页下;《史集》第3卷,第29页。

② 《元史》卷四,第58页。

第四章　蒙哥的意志与忽必烈的犹疑：取南宋还是攻大理　　171

宪宗即位之明年,世祖以皇弟总兵讨西南夷乌蛮、白蛮、鬼蛮诸国,以兀良合台总督军事。①

王恽所撰《大元光禄大夫平章政事兀良氏先庙碑铭》亦载：

岁壬子(1252),时世祖皇帝在潜,奉诏征西南诸夷,命公总督大营军马,自旦当岭入云南境。②

另,据《元史·董文用传》载：

癸丑(1253),世祖受命宪宗自河西征云南大理。文用与弟文忠从军,督粮械,赞军务。③

《元史·董文忠传》称：

岁壬子,入侍世祖潜邸……癸丑,从征南诏。④

再,据《元史·贺仁杰传》载,壬子年(1252):

时世祖以皇太弟受诏征云南,驻军六盘山。⑤

---

① 《元史》卷一二一《兀良合台传》,第2979页。
② 《王恽全集汇校》卷五〇,第2348页。
③ 《元史》卷一四八,第3501页。
④ 《元史》卷一四八,第3495页。另据虞集撰《翰林学士承旨董公(文用)行状》载："癸丑,世祖以宪宗皇帝命,自河西征云南大理,忠献公在行,公与弟寿国正献公文忠先在军中督粮,具赞军务。"参阅《虞集全集》下册,第853页。
⑤ 《元史》卷一六九《贺仁杰传》,第3967页。据《光禄大夫平章政事商议陕西等处行中书省事赠恭勤竭力功臣仪同三司太保封雍国公谥忠贞贺公神道碑》载："岁壬子,宪宗国母弟世祖于秦,受诏征云南。"参阅查《姚燧集》卷一七,第269页。本书简称此神道碑为"《贺仁杰神道碑》"。

上述五则史料所涉及的三位传主,均为伴随忽必烈出征大理国的重要人物。兀良合台是此番进军大理国的前锋统帅,其地位仅次于忽必烈;董文忠、贺仁杰两人则是忽必烈的怯薛宿卫士,随侍于忽必烈左右。①

梳理以上"本纪""列传""先庙碑"等记载,可以得到两个非常明确的基本讯息:忽必烈进军大理国,实乃尊奉宪宗蒙哥汗之成命,此项战略谋划应是蒙古大汗及其宗王们所共同议决;1252年,忽必烈本人还在漠北的时候,就已经领受了这个既定的出征任务。长久以来,人们在谈论忽必烈负有"斡腹"远谋而受命进征大理国,应该说都源于上述记载。②

---

① 《贺仁杰传》载:"仁杰从世祖,南征云南,北征乃颜,皆著劳绩。后与董文忠居中事上,同志协力。"参阅《元史》卷一六九,第3968页。有关董文忠作为怯薛宿卫士随侍忽必烈并深受其宠幸的记载,参阅查《姚燧集》卷一五《董文忠神道碑》,第229—232页。关于贺仁杰近有研究者根据《贺仁杰墓志铭》记载,认为贺仁杰入值宿卫时间是乙卯岁(1255),主要依据《墓志铭》的一段记载:"岁甲寅(1254),因板筑得白金三千七百两,府君曰:'无故得财,未必为福,不专已私,庶可保。'时世祖居潜六盘,以二千五百两献……既留内,乃还。时公从军汉中,主将以金故欲害公,上闻而怒,主将几危殆。明年(1255),归潜邸宿卫,近侍日亲。"依据《宪宗本纪》《世祖本纪》,忽必烈癸丑出征大理,甲寅北返。若贺仁杰入宿卫时间在乙卯,他是否曾以怯薛身份出征过云南呢?此颇值讨论。《神道碑》对于贺仁杰出征云南的描写明确而具体,《墓志铭》却未提及。若否定贺仁杰曾出征云南,则《墓志铭》述及甲寅献金、乙卯入宿卫之事无疑;若接受贺仁杰曾出征大理,则《墓志铭》记载或有所缺失。值得注意的是,《墓志铭》称"明年,归潜邸宿卫","归"当作何解?是指他始入值宿卫,还是指他回归宿卫系统?检核《墓志铭》,或为回归宿卫系统之意,即在乙卯前贺仁杰已入宿卫,而非事件发生之后。宿卫士脱离宿卫系统而暂时编入军中外出作战,并无不可。倘欲将问题化解并贯通起来理解,或可作如下解释:癸丑贺仁杰出征云南,甲寅北返后仍从军汉中。后贺氏献金,贺仁杰回归宿卫系统,并日渐得宠。暂备一说。《墓志铭》撰于大德十一年(1307),《神道碑》撰于至大二年(1309),就本处所涉问题言之,以前者最早出而否定后者以及《贺仁杰传》,或仍可再思量。虽《墓志铭》作者吕氏与贺氏相交五十年,但在追述半个多世纪前的事情,恐难免有所缺失;而稍后两年姚燧撰《神道碑》清晰叙述贺仁杰出征云南事,似不太可能凭空生造。利用碑刻证史素为学界所重视,不过面对此类私家著述时,或亦应有所保留。故而笔者对此问题倾向于保留更多的解释空间。参阅咸阳地区文物管理委员会(负安忠执笔)《陕西户县贺氏墓出土大量元代俑》"附录",《文物》1979年第4期,第14—15页;吴倩、郑旭东:《元贺仁杰墓志铭史料价值考略——兼谈〈元史·贺仁杰传〉的史源》,载《元史及北方民族与边疆研究集刊》第37辑,上海古籍出版社,2019年,第217—224页。

② 此类叙述甚多,兹按时代,举数例如次:《至元辨伪录》载:"蒙哥皇帝初,壬子春,诏今上皇帝征吐蕃及花马、大理等国。"《南诏野史》云:"是年,南宋理宗壬子淳祐十二年,为蒙古宪宗之二年七月丙午,太弟忽必烈等奉宪宗命,伐大理,受制征征。"晚近西人多桑称:"1252年,忽必烈奉命经略云南。"现当代影响广泛的蒙元史著作,如《蒙古帝国史》《元朝史》《剑桥中国辽西夏金元史》等,表述主旨与此基本一致,兹不赘述。参阅释祥迈《至元辨伪录》卷四,北京图书馆古籍出版编辑组编:《北京图书馆古籍珍本(转下页)

然而,倘若再细加审读上述史料,又会发现其中存有些许疑问。如上引《元史·董文用传》称:"癸丑,世祖受命宪宗自河西征云南大理。"这则记载与其他数则史料的记载存在所指时间与地点上的差异。所谓"癸丑"年受命,与其他史料所记载的"壬子"年,有一年的差异。这种年份不一致的记载,其所指涉的真实含义,事实上可以得到比较好的解释:壬子年受命,癸丑年正式出征。① 因此,时间记载差异的问题,②或可得其解。

另一方面,若从地点的差异上去加以索解的话,疑问便凸显了出来。可否怀疑忽必烈其实是在"河西"接到出征大理国的命令,而非在"漠北"地区呢?据姚燧撰《贺仁杰神道碑》载:

> 初,岁壬子,宪宗国母弟世祖于秦,受诏征云南,祃牙略畔之山。③

(接上页)丛刊》(77),书目文献出版社,1998年,第523页下;杨慎:《南诏野史》上卷,《中国西南文献丛书》第86册,兰州大学出版社,2003年,第226页下;《多桑蒙古史》,第270页。

① 关于忽必烈进征云南的具体时间,参阅方龄贵《忽必烈征大理史事新证——新出元碑〈故大理□□氏躬节仁义道济大师墓碑铭并序〉考释》一文的相关考证,《思想战线》1987年第4期。

② 有关蒙古征云南的时间,史料记载颇显混乱。如郑鼎征大理事迹,据王磐撰《中书右丞谥忠毅郑公神道碑》载:"庚戌岁(1250),扈从今上征大理国,自六盘山经临洮府,出杀马阙、海子川、无定河,收讫西番慢达里荡荡国。"《元史·郑鼎传》则载:"庚戌(1250),从宪宗征大理国,自六盘山经临洮,下西蕃诸城,抵雪山,山径盘屈,舍骑徒步,尝背负宪宗以行。敌据扼险要,鼎奋身力战,破败北,帝壮之,赐马三匹。至金沙河……俄围大理,昼夜急攻,城陷,禽其主,大理平。师还,命鼎居后。道经吐蕃,全军而归。辛亥(1251),入朝。"时间、人物记载之错乱,可窥一斑。刘秉忠从征云南,据《太保刘文正公》载:"癸丑(1253),从征大理,克城之日,令行禁止,未尝妄戮一人,公之谋居多。甲寅(1254),从征云南。己未,从伐宋。"这一叙述存有问题,王磐撰《刘太保碑铭并序》称:"甲寅岁,从上征云南。己未岁,从上伐宋。"该叙述则较合理。参阅[成化]《山西通志》卷之十五,民国二十二年景钞明成化十一年刻本;《元史》卷一五四,第3635页;《元朝名臣事略》卷七,第112页;刘秉忠:《藏春诗集》卷六附录,《故光禄大夫太保太傅仪同三司文真刘公神道碑铭并序》,明天顺五年刻本。

③ 《姚燧集》卷一七,第269页。此前本人标点作"宪宗国母弟世祖,于秦受诏征云南",今遵从原点校者处理意见。不过,本人对于此处文意的解读仍然坚持原来的观点,即"受诏征云南"之事属临时更改,而非1252年忽里台上所议决,详见下文辨析。另,此处将忽必烈受封京兆时间系于1252年,疑误。据《世祖本纪》:"岁癸丑,受京兆分地。"《商挺传》载:"癸丑,世祖在潜邸,受京兆分地。"《李德辉传》亦载:"癸丑,宪宗封宗亲,割京兆隶世祖潜藩。"参阅《元史》卷四、卷一五九、卷一六三,第59、3738、3815—3816页。

此处所谓"国母弟世祖于秦,受诏征云南",实在令人怀疑忽必烈是在"秦"地(指今陕西地区)接到蒙哥命其出征大理的诏旨,而并非前述诸种史料所称是在"漠北"地区。《元史·董文用传》中所称"河西"之地,与《贺仁杰神道碑》中所谓"秦"地,其所指地域并无太大区别。1253年,忽必烈已在南方,正"驻军六盘山"。六盘山位于今宁夏、陕西交界处,元代常称原西夏所属区域为"河西",蒙古人又音讹称之为"合申",源于其地曾属唐代"河西节度使"辖制。① 因此,这似乎印证了上述怀疑,即忽必烈并不是在漠北领受进军大理国的命令。②

那么,该如何理解汉文史料记载中出现的这种抵牾情形呢?汉语文献中所出现的这种无法协和一致的记载,究竟是一种无意为之的"疏漏",还是别有"隐情"?通过比对西方世界的另一部"元史",即伊朗史家拉施特《史集》的记载,或可找到些许答案。

据《史集·成吉思汗的儿子拖雷汗之子蒙哥合罕纪》载:

> 在大忽里勒台召开后的第二年……圣虑开始移注于征服世界上

---

① 大蒙古国时期,少林寺蒙汉合璧圣旨碑文的蒙文"Tangyu(t)",即唐兀惕(指西夏),其汉文对译原文为"河西"。另据《元史译文证补》,"太祖征西夏,合失生。西夏为河西地,蒙古称河西音似合失,转音为合申,名以合失,志武功也。合失嗜酒早卒,太宗痛之,自此蒙古人讳称河西,惟称唐古忒"。河西有广、狭义之分,狭义于此应指西夏,西夏处黄河之西,故名;广义或为黄河以西之地,诚如前田正名所言,处于塔里木盆地和中原之间的那块广阔的区域,均被视作"河西"。以上参阅道布、照那斯图《河南登封少林寺出土的回鹘式蒙古文和八思巴字圣旨碑考释》及《考释(续一)》,《民族语文》,1993年第5、6期;《元史译文证补校注》卷一五《海都补传》,第211页;前田正名著,陈俊谋译:《河西历史地理学研究》,中国藏学出版社,1993年,第1页。
② 马晓林认为,忽必烈于壬子年夏末至秋季全程参加蒙哥在怯绿连河召开的忽里台,六月觐见蒙哥并出席忽里台,出征云南便在此次忽里台上议决,至九月才出师。石坚军也坚持认为这次忽里台议决忽必烈南征大理、旭烈兀征西域,甚至提出大理是主攻方向。马晓林特别注意到志费尼及《世界征服者史》,志费尼当时正在和林,可称蒙哥汗时代不少事件的亲历者,书中记载蒙哥汗1251年7月(相当于夏历六月至七月)即位后的系列史事,而下一个记载出现具体日期则已是1252年11月(相当于夏历九月底至十月)。马晓林认为这期间正是蒙哥汗解决蒙古帝国内部问题的关键时期,并据汉文记载认为命忽必烈征大理、旭烈兀征西域素丹之国就是在此期间议决。不过值得注意的是,无论当时对于蒙古出征的记载,还是后来再回溯蒙古出征的议题,志费尼都未提及出征大理的问题。对于《世界征服者史》相关记载的讨论,详见下文。参阅马晓林《壬子年祭天与元朝的国史编纂》,载《文史哲》2023年第2期;石坚军:《蒙古汗廷壬子年曲先恼儿朝会考论》,《宋史研究论丛》2023年第33辑。

第四章　蒙哥的意志与忽必烈的犹疑：取南宋还是攻大理　175

东、西方的远方各城。首先，由于有许多人要求对邪教徒的不义行为加以审判，提出自己的控告听从圣裁，蒙哥合罕便于牛年[1253年]，派遣他已经看出脸上有王霸之征和帝王福份的兄弟旭烈兀汗，前往大食地区讨伐邪教徒。虎年[1254年]，他又派遣仲弟忽必烈合罕去征服和防守东方诸城，并派出札剌亦儿部落的木华黎国王同他一起去。这些事将详细记述于他们各人的纪传中，因为他们[旭烈兀和忽必烈]都是君主。忽必烈合罕出发后，他从途中派遣急使[奏告说]，沿途没有食物，进军极为困难："若蒙颁降圣旨，我们就到哈剌章地区去。"圣旨准许后，忽必烈合罕就去攻打以罕答合儿之名著称的地区，洗劫了那里以后，他回到了蒙哥合罕处。①

又，《史集·成吉思汗之子拖雷汗之子忽必烈合罕纪》载：

当英君蒙哥合罕即位时，他的京城在斡难-怯绿连地区的哈剌和林境内，安排了国事后，他派自己的兄弟忽必烈合罕前往东方诸城和乞台诸地，而幼弟旭烈兀汗则被他派往西方和大食地区，有如其本纪中所述。他降旨，命令全部八十万蒙古和札忽惕军队同他[忽必烈合罕]一起前往乞台[汉地]，要他们留在该处并征服与乞台接壤的南家思地区。忽必烈[合罕]出发了，但他并未取道直趋南家思，因为该处的君主已经把途中各地的[一切]食物弄得精光，向那方面进军很困难，他便向蒙哥合罕派去急使奏告情况，请求允许先征服哈剌章和察罕章地区，为军队取得粮食，然后再向南家思前进。那两个地区，在汉语中称作"大理"，意即"大国"，忻都语作"犍陀罗"，我国[伊朗]则称作"罕答合儿"。……[蒙哥]合罕认可了他的奏告。②

《史集》的上述两处记载透露出如下信息：蒙哥起初是命令忽必烈去"征

---

①　《史集》第2卷，第264—265页。
②　同上书，第287—288页。

服和防守东方诸城和乞台诸地","留在该处并征服与乞台接壤的南家思地区","该处"指中原汉地,而"南家思"即南宋,后者是忽必烈的主要进取目标。

若将《史集》与汉文史料记载加以比对,可以比较清晰地勾勒出当时的真实情状,并解决前文所指出的抵牾问题:1252年,忽必烈从蒙哥汗处领受的任务是进取南宋,当年秋天,他便离开漠北南下。① 1253年,忽必烈在南方已展开一系列活动,②对南方情形已比较熟悉。他发现直接攻宋难度太大,于是临时遣急使赴漠北蒙哥处要求更改原计划,请求先行往攻哈剌章,即大理国,抄略该国以汲取粮食、马匹等物资后,再行伐宋。忽必烈的这一请求最终获得蒙哥允准。③

于此可见,《元史》的记载显然有其隐晦不明之处,忽必烈进征大理国的缘由问题应当重新予以检讨。职是之故,重新讨论忽必烈进军云南的深层缘由问题,成为本章的一大主题。而通过对上述东、西方史料中涉及此事件的相关记载的解析,不仅可以合理地解释东、西方记载的抵牾,甚至对于《史集》内部的混乱叙述也可以作出合乎情理的解答。如《史集·突厥—蒙古部族志》在述及此事件时,就有一处叙述较笼统,其文云:

---

① 《元史·宪宗纪》载:"[壬子]八月,忽必烈次临洮,命总帅汪田哥以城利州闻,欲为取蜀之计。"第46页。所称"欲为取蜀之计",表明忽必烈当时正欲攻宋,利州、阆州正是蒙宋争夺激烈之地。另参程钜夫撰《程雪楼文集》卷五《平云南碑》称,"秋九月出师"[《元代珍本文集汇刊》(3),第239—243页]。

② 据王磐《大学士窦公神道碑铭》载:"壬子冬,上命公往诣你河拜见太后,赐之貂帽、貂裘、靴袜称是。既至,太后问汝为何等人,公以孔夫子门弟子为对,乃命之坐,赐之酒食,顾遇之礼甚厚。时皇太子未冠,上命公教之。上将往征大理,以玉带钩赐公,且曰:'此金内府物也,汝老人被服为宜,太子见我所赐物,如见我矣。'"再据王磐撰《帝师发思八行状》载:"癸丑,师年十五,世祖皇帝龙德渊潜,师知真命有归,驰驿径诣王府。世祖宫闱东宫皆秉受戒法,特加尊礼。"是知,1252年冬,忽必烈已离开漠北。1253年夏秋间,忽必烈在南方会见八思巴。参阅翁相纂修[嘉靖]《广平府志》卷八,明嘉靖刻本;《佛祖历代通载》卷二一。另可参阅陈得芝《八思巴初会忽必烈年代考》,《中国史研究》2004年第1期,后收于氏著《蒙元史研究丛稿》,第315—332页。

③ 学界似已意识到此点,如《元朝史》编撰者认为:"忽必烈向蒙哥提出先取大理以包抄南宋的计策,并亲统大军南征。"同时,根据《元史·兀良合台传》的记载,编撰者又进一步认为:"1258年蒙哥命兀良合台从大理率军北上,约会师长沙,知征服大理以包抄南宋的计划确已付之实施。"《元朝史》编撰者潜意识中对此所持的仍是蒙古人早已存有"斡腹"战略的成说。参阅《元朝史》(上册),第180页及第184页注释二。

他[速别台]的另一个儿子叫兀良合台。在蒙哥合罕时,他曾任大元帅。当蒙哥合罕派遣自己的兄弟忽必烈合罕率领十万军队到合剌章国之时,那支军队的统帅即为兀良合台。蒙哥合罕曾下令让忽必烈合罕和军队全都听命于兀良合台。那个国家离合罕驻所很远,约有一年的途程,那里的气候又极恶劣、潮湿,因此全军都生了病。此外,这个国家人烟稠密,军队众多,每天在各个停驻之处都得作战。由于这两个原因,那十万军队回来的,还不到二万。①

《史集·部族志》此处声称蒙哥派遣忽必烈出征大理,这似乎与以上所解析的情形有所出入。然而细加揣摩的话,可以认为拉施特此处所言,与汉文史籍以及《史集》其他几处的记载,并无实质性冲突。因为所有这些记载都没有否认忽必烈出征大理国获得蒙哥允准的历史事实。需特别指出的是,《史集》叙述前后并不全然一致的状况,是史书编撰时经常出现的问题。《史集》"部族志"与"纪"的部分,涉及史料来源以及撰写时间上的差异;拉施特编撰这么一部大型历史著作,肯定有一个助手群体,涉及遥远东方中原汉地的历史问题,出现"瞻前不顾后"的情形,在所难免。② 明乎此,或许就毫无理解上的困扰了。

东、西方两部"元史"的"本纪"部分,一般认为其基本主体应均源自《元朝实录》,它们之间出现的记载"差异"问题究竟该如何对待,这是个十分繁复的问题。对待每一件具体史事都必须作出周全的比勘,方能弥补彼此存在的差异与不足。尽管《史集》记载东方世界的史事多有舛误,但不应否认它所提供或保留的部分"真实"。此处或可就与本章主旨密切相关的问题,再举例予以说明。

---

① 《史集》第1卷第1分册,第260页。另有记载亦称:"当忽必烈合罕奉蒙哥合罕之命前往那些地区(哈剌章)而他的军队正处于饥饿和无衣之时。"参阅《史集》第2卷,第340页。
② 《史集》是伊利汗国官方编修的一部具有世界通史性质的历史巨著,伊利汗的宫廷里汇集了来自中国、印度、畏兀儿以及钦察等地各民族学者,他们为协助拉施特编纂此书提供了很大的便利。《史集》有关中国历史编纂的研究,详参王一丹《波斯拉施特〈史集·中国史〉研究与文本翻译》一书。

前引《史集·突厥—蒙古部族志》称:"蒙哥合罕曾下令让忽必烈合罕和军队全都听命于兀良合台。"针对这一记载,日本学者堤一昭曾指出,有关兀良合台具有总指挥权的说法是拉施特的误载。事实上,蒙古第二次西征的时候,拔都担任统帅,而速不台则实际领军;所谓兀良合台具有总指挥权的说法,亦当作如是观。换而言之,忽必烈与兀良合台在远征云南的具体权力配置问题上,拉施特对兀良合台所具权力的叙述虽有所夸张,但也谈不上有太大的错误。特别值得进一步留意的是,汉语文献中有一则关于兀良合台的矛盾记载。

据《元史·宪宗纪》载:

> (宪宗三年)夏六月,命诸王旭烈兀及兀良合台等帅师征西域哈里发八哈塔等国。又命塔塔儿带撒里、土鲁花等征欣都思、怯失迷儿等国。①

从这则记载可知,兀良合台最初是被指派与旭烈兀一起西征的,而不是随忽必烈出征大理国。这则矛盾记载,最早引起日本学者志茂硕敏的怀疑,他认为兀良合台是被转调出征大理国的,②不过未作具体说明。堤一昭则对此解释说,兀良合台转调一事未见史料记载,"兀良合台"很可能是指"兀良罕部族男子",因为旭烈兀远征军中兀良罕部族活跃的异密当中就包括速不台家族成员,然而"能够决定是兀良合台转调还是另一个人的史料现在尚未出现"。③

---

① 《元史》卷三,第47页。
② 据前引《宪宗本纪》,壬子秋七月,"命忽必烈征大理……旭烈征西域素丹诸国"。时隔近一年之后,癸丑六月又再度"命诸王旭烈兀及兀良合台等帅师征西域哈里发八哈塔等国",为何同样的出征命令会两度提及,且人员配置有变化?它背后的逻辑正是蒙古出征计划临时有调整。
③ 参阅志茂硕敏《Ghazan Khan 政権の中核群について——Il Khan 国史上における Ghazan Khan 政権成立の意義》,《アジア・アフリカ言語文化研究》,(18)1979;堤一昭:《クビライ政権の成立とスベエテイ家》,《东洋史研究》48-1,1989。堤一昭文汉译参阅张永江译《忽必烈政权的建立与速不台家族》,《蒙古学资料与情报》1991年第2期。

倘若对于前文所述忽必烈往征大理国乃是一种临时之举的历史事实有清晰认识的话,那么兀良合台临时转调问题,虽史无明文记载,但其事实却是分外明晰的。于此可知,兀良合台的临时转调,与忽必烈远征大理国出于临时谋画,可谓两相互证,契合乃尔!①

二、"灭南宋"与"征大理":蒙哥与忽必烈之间争斗问题新解

通过对西方文献《史集》与东方文献《元史》等记载差异的比较,已可明确一项基本事实:蒙哥最初委派给忽必烈的任务应是出征南宋而非大理国,所谓蒙古人早已存有先取大理国而后再"斡腹"攻宋的战略远谋问题,实际并不成立。倘若重新检讨这一基本事实所呈现的细节,它又促使我们去进一步追问:忽必烈临阵改变攻宋计划而往征大理国,其背后有无更深层次的缘由?或有论者以为,出征大理国的最终目标还是为了灭南宋,其间并不矛盾,那么这种貌似合乎情理的逻辑背后又究竟隐藏了什么问题?为何汉文史籍不愿直接叙述蒙哥最初下达给忽必烈的任务是进攻南宋而非大理国呢?回答这些疑问,不仅可以进一步印证《史集》有关此历史事件记载的可靠性问题,而且对于纠明蒙哥与忽必烈兄弟两人之间那场著名的政治斗争的具体情状,以及由此而影响及于当时整个蒙元政局与战局的走向问题,都显得尤为紧要。此处意图围绕蒙哥灭南宋的既定战略规画与忽必烈临时往征大理国而回避攻宋的策略之间所凸显出的差异问题进行探讨,以揭示兄弟两人由此而引发的矛盾冲突的关键所在。

---

① 宪宗临时将兀良合台转调随忽必烈出征大理,应为有意安排。据《元史》载:"兀良合台,初事太祖。时宪宗为皇孙,尚幼,以兀良合台世为功臣家,使护育之。宪宗在潜邸,遂分掌宿卫。"柯劭忞写道:"兀良合台,太祖时以功臣子,命监护皇孙蒙哥,后掌宪宗潜邸宿卫。……兀良合台为宪宗旧臣,世祖疑而忌之。故讨阿里不哥,兀良合台以宿将,独摈而不用焉。"蒙哥与兀良合台家族关系近密,蒙哥派兀良合台随忽必烈出征,似不无深意。参阅《元史》卷一二一《兀良合台传》,第 2978—2979 页;《新元史》卷一二二《兀良合台传》,第 2767、2770 页。

1252年,蒙哥当时在漠北指派给忽必烈和旭烈兀的出征任务,肯定曾在蒙古宗王大会(忽里台)上宣布过,并获得蒙古宗王们的同意。依据伊朗历史学家志费尼《世界征服者史》的记载,蒙哥在登上汗位处理完蒙古内部诸王的问题之后,便将注意力逐渐转向蒙古人尚未征服的世界:

> 首先他遣师出征东方和西方,出征阿剌伯人和非阿剌伯人的国土。东方诸邦和契丹、蛮子、肃良合和唐兀各省,他委付给以聪慧机智而著称的忽必烈斡兀立。他指派高位的那颜去伴随他,把驻在那些地区的所有左右翼的异密置于他的统率下。西方诸邦邑,他交给他的另一个兄弟旭烈兀斡兀立,后者以他的刚毅威猛,机警持重,以及驭下有力、功名心切而享誉。
>
> 因此在大忽邻勒塔上,当他已稳居汗位,他的注意力不再顾及那些自私自利者和忌妒者的案子后,他把他的思想转向征服世界上最遥远的东方和西方。首先他把忽必烈派往包括契丹在内的东部地区,然后在 650/1252-3 年着手安排和组织他的另一兄弟旭烈兀的事情,委托他征服西部地方。①

所谓"东方诸邦和契丹、蛮子、肃良合和唐兀各省",很显然当时蒙哥派遣忽必烈镇守或出征的地区,并没有包括哈剌章。

不过,另有一则记载则显示,蒙哥分派给忽必烈的任务中包括了哈剌章在内。据《史集·成吉思汗之子拖雷汗之子旭烈兀汗传》载:

> 思考结束后,[蒙哥合罕]派其弟忽必烈合罕到东方的汉地、摩至那、合剌章、唐兀惕、吐蕃、女真、肃良合、高丽诸地区以及汉地、摩至那邻接的忻都斯坦部分地区去,并派定旭烈兀汗到西方伊朗、叙利亚、密昔儿、鲁木、亚美尼亚诸地区去,让他们俩带着他们所有的军队,担任他的左右两翼。②

---

① 《世界征服者史》,第699、724页。
② 《史集》第3卷,第29页。

然而,《史集》此处提及的地域,很明显就是忽必烈与旭烈兀后来实际进征所及的区域。这是典型的后世历史编撰者的一种回溯式叙述,它与壬子年当时的实际情形应是有所出入的。因此,该记载并不足凭信。

现有研究业已充分揭示,旭烈兀的主要任务是向西进发,他有三大目标:打击里海南部的"山老"组织(恐怖主义),迫使阿拉伯哈里发投降,并在解决阿拉伯帝国后继续向西推进。① 忽必烈的主要出征任务则在东方,除负责镇守已经征服的乞台(中原汉地)诸地外,他最大的进取目标自然就是南宋。根据《世界征服者史》的记载,忽必烈与旭烈兀都获得相同的军队配置规模,"从东、西大军中每十人抽二人","并派一位宗王"。②

学界熟知,蒙哥甫一登位,随即"命皇弟忽必烈领治蒙古、汉地民户","同母弟惟帝最长且贤,故宪宗尽属以漠南汉地军国庶事,遂南驻爪忽都之地"。③ 忽必烈可谓备受皇兄信任。蒙哥对于忽必烈的期望自然并不限于镇守已征服的地区,他对忽必烈进取乃至攻灭南宋抱有极大期望。④ 而忽必烈自身也有备战攻南宋的谋画,这从当时他与谋臣姚枢间的对话中就可窥知一二。据《元史·姚枢传》载:

> 宪宗即位,诏凡军民在赤老温山南者,听世祖总之。世祖既奉诏,宴群下,罢酒将出,遣人止枢,问曰:"顷者诸臣皆贺,汝独默然,何耶?"对曰:"今天下土地之广,人民之殷,财赋之阜,有加汉地者乎?军民吾尽有之,天子何为?异时廷臣间之,必悔而见夺,不若惟持兵权,供亿之需取之有司,则势顺理安。"世祖曰:"虑所不及者。"乃以闻,宪宗从之。枢又请置屯田经略司于汴以图宋;置都运司于卫,转

---

① Peter Jackson, "The Dissolution of the Mongol Empire", *Central Asiatic Journal*, Vol.22, No.3/4, 1978.
② 《世界征服者史》,第724页。
③ 《元史》卷三《宪宗纪》,第44页;《元史》卷四《世祖纪一》,第57页。
④ 据《史集》载:"蒙哥合罕原来就想征服南家思。忽必烈合罕也有这样的意图,尤其是当他的京城设在乞台,邻近他们[南人]的国土之后。"参阅《史集》第2卷,第318页。

粟于河。①

忽必烈与姚枢之间的对话，以下两点值得注意：首先，所谓"赤老温山南者，听世祖总之"，于此可知忽必烈受蒙哥器重与信任之深，这犹若当年木华黎受到成吉思汗的信任那般，赋予经略当地之全权。其二，忽必烈自请惟掌军事，那么它的直接指向自然就是经略南宋；所谓欲置经略司、都运司等于汴、卫诸地，就是为攻宋作准备；忽必烈领受任务之初的所作所为，其目标指向都是为灭南宋。

从上述忽必烈与姚枢间的对话可以窥知，忽必烈确在筹划攻宋。同时，还可以找到更多的史料来证明，忽必烈在主政汉地的这段期间内，确实也在为攻宋作各项准备工作。② 然而在此期间，虽可看到蒙宋之间出现过许多小规模的军事冲突和对抗，③但几乎无法看到忽必烈对南宋采取过正面的或直接的大规模军事行动。若从壬子年（1252）忽必烈领受出征任务时算起，至1256年蒙哥派遣阿兰答儿、刘太平等赴陕西、河南等地对其进行钩考时为止，在这长达五年的时间里，他虽拥有漠南汉地全权军事处置之权，但并未对南宋展开过大的军事行动，甚至可以说在攻宋问题上无甚大作为。④

然而也正是在此期间，蒙哥与忽必烈之间关系出现裂痕。钩考事件则意味着彼此间矛盾激化至顶点。以往学界对于蒙哥与忽必烈之间的矛

---

① 《元史》卷一五八，第3712—3713页。《元史·姚枢传》当据《中书左丞姚文献公神道碑》写成，姚枢提出于汴、卫等地置经略司、都运司之事，《神道碑》所记甚详："公（姚枢）策：'……何若以是秋去春来之兵，分屯要地，寇至则战，寇去则耕，积谷高廪。边备既实，俟时大举，则宋可平。'上善之，始置屯田经略司于汴，西起穰、邓，宿重兵，与襄阳制阃犄角，东连陈、亳、清口、桃源，列障守之。又置都运司于卫，转粟于河，继馈诸州。"参阅《姚燧集》卷一五，第218页。

② 详参周清澍《忽必烈潜藩新政的成效及其历史意义》，载氏著《元蒙史札》，内蒙古大学出版社，2001年，第466—494页。

③ 如《纽璘传》载："岁壬子，率陕西西海、巩昌诸军攻宋，入蜀。癸丑，与总帅汪田哥立利州。甲寅，攻碉门、黎、雅等城。"参阅《元史》卷一二九，第3144页。忽必烈主政汉地期间，宋蒙间此类小规模战事不少，兹不枚举。详参《宋元战争史》，第110—129页。

④ 另据《元史·世祖本纪》载，自甲寅岁（1254）至戊午年（1258），忽必烈的纪事极少，有限的记录显示他常停驻于"桓、抚间"，攻宋之事几乎与他全然无关。参阅《元史》卷四《世祖一》，第60—61页。

盾问题,多倾向于认为是由于忽必烈经营汉地有方,声势日隆,且因其暗中壮大自己势力,①从而招致蒙哥对他心生嫉妒与猜疑。② 这一说法固然有其合理的一面。当时姚枢给忽必烈的一番建言,就是一个极为明显的证据。据《元史·姚枢传》载:

> 丙辰(1256),枢入见。或谗王府得中土心,宪宗遣阿蓝答儿大为钩考,置局关中,以百四十二条推集经略宣抚官吏,下及征商无遗,曰:"俟终局日,入此罪者惟刘黑马、史天泽以闻,余悉诛之。"世祖闻之不乐。枢曰:"帝,君也,兄也;大王为皇弟,臣也。事难与较,远将受祸。莫若尽王邸妃主自归朝廷,为久居谋,疑将自释。"及世祖见宪宗,皆泣下,竟不令有所白而止,因罢钩考局。③

蒙哥之所以会对忽必烈产生不满,上述所谓嫉妒与猜疑之说自然成立;然而又不免失之于皮相,且易使人对蒙哥产生一种心胸狭窄的负面印象。这对蒙哥是不公正的。事实上,忽必烈临时更改攻宋计划转而进征大理,且长时间回避正面攻宋,这才应该是引发蒙哥对他不满的关键缘由所在,而此恰恰正是矛盾的核心。那么,这又有何理据呢?此可从蒙哥之所以御驾亲征南宋的起因、经过及结果诸方面来加以详细考察。

蒙哥为何要御驾亲征南宋?1256年,他在漠北又一次召集蒙古宗王

---

① 《元史·不忽木传》载:"帝每顾侍臣,称塞咥胹(指赛典赤)之能,不忽木从容问其故,帝曰:'彼事宪宗,常阴资朕用,卿父所知。卿时未生,诚不知也。'不忽木曰:'是所谓为人臣怀二心者。今有以内府财物私结亲王,陛下以为若何?'帝亟挥以手曰:'卿止,朕失言。'"是知,忽必烈在南方期间的所作所为,确有其不光彩处,蒙哥由此产生猜疑,合乎情理。另,美国学者爱尔森曾指出,汉文、波斯文以及亚美尼亚的史料记载均表明,旭烈兀的一举一动以及他惊人的俘获数量,都随时向蒙哥汇报;相反,忽必烈在华北的一系列行为则具独立倾向,且蒙哥派遣到华北的大臣如牙老瓦赤、不只儿等人,均与忽必烈不睦。参阅《元史》卷一三〇,第3170页;Thomas T. Allsen, *Mongol Imperialism: The Policies of the Grand Qan Möngke in China, Russia, and the Islamic Lands, 1251–1259*, Berkeley: University of California Press, 1987, p.50.
② 参阅陈得芝《忽必烈与蒙哥的一场斗争——试论阿兰答儿钩考的前因后果》,载《蒙元史研究丛稿》,第360—373页。
③ 《元史》卷一五八,第3713页。

大会,最为重要的主题就是再度计议伐宋。①《史集》对这次宗王大会的情景有一段非常有意思的描述:

> 当时,成吉思汗的一个女婿,亦乞剌思部落的帖里垓说:"南家思国这么近,并与我们为敌,我们为什么置之不理,拖延着[不去出征彼国]呢?"蒙哥合罕称赞了这些话,说道:"我们的父兄们,过去的君主们,每一个都建立了功业,攻占过某个地区,在人们中间提高了自己的名声。我也要亲自出征,去攻打南家思。"宗王们一致说:"[陛下身为]全世界的君主,已有了七个兄弟,为什么还要亲自去和敌人作战呢?"他说:"既然我们已经说定,那末再去违反就是不合理、不正确了。"②

这段史料明显反映出蒙古诸王贵族们对于迟迟没有对南宋展开进攻已存不满。面对诸王勋贵的质询,蒙哥作出御驾亲征南宋的决定来进行回应;而对于诸王勋贵们的劝止,他则坚决予以回绝。史料中有关蒙哥决定御驾亲征南宋之缘由的这番陈词,或可作深入解析。

蒙哥之所以选择御驾亲征南宋,用他自己的话说,是因为每一位大汗都须获取武功,提高声名。然而大家熟知,蒙哥之前的三任大汗,成吉思汗建有不世之功,勿遑多论;窝阔台合罕与贵由汗在获取武功、提高声名等方面,则可再详查。

窝阔台曾随父西征,攻城掠地,已有不小功业。登上汗位后,窝阔台随即御驾亲征灭金。据《秘史》记载,窝阔台曾就欲亲征金国之事与察合台商议。当时因金已处弩末之势,荡平金国已不凶险,所以察合台并未予以劝止。③ 蒙古灭金当年,"是秋(太宗六年,1234),帝在八里里答阑答八思之地,议自将伐

---

① 据《宪宗本纪》载:"六年丙辰春,大风起北方,砂砾飞扬,白日晦冥。帝会诸王、百官于欲儿陌哥都之地。""[六月]诸王亦孙哥、驸马也速儿等请伐宋。"参阅《元史》卷三,第 49 页。
② 《史集》第 2 卷,第 265—266 页。
③ 《秘史》载:"斡歌歹皇帝再于兄察阿歹处商量将去。说:'皇帝父亲的见成大位子我坐了,有甚技能? 今有金国未平,我欲自去征他,以为如何?'察阿歹说:是。但老营内委付下好人着,我自这里添与你军。说来了,遂委付带弓箭的斡勒答合儿,留守老营。"参阅《元朝秘史》第 271 节,第 382 页。

宋,国王查老温请行,遂遣之"。① 窝阔台于灭金之后曾欲亲征南宋,然而明显被强力劝阻,未能成行,具体缘由不明。同时,与窝阔台发动蒙古第二次西征时欲图亲自领军出征而不得成行的状况加以比较,灭金次年(1235),蒙古计议再次西征,此次出征又被称作"长子西征",它是蒙古帝国世界扩张进程中的一项壮举。有关蒙古宗王大会议决此次西征的具体情形,《史集》有所描述:

> 他(指窝阔台)把每个亲属派赴各地,而自己则想亲自前往钦察草原。蒙哥合罕尽管犹在青春年华,但由于他的聪明练达,他让[在场的人们]注意到了合罕的行动,并说道:"我们全体子弟等待命令,准备毫无怨言和奋不顾身地完成颁布的诏敕,让合罕能安然享乐,避免出征的艰苦。否则,众亲属和无数军队的异密们又有什么用呢?"
> 全体在场的人对他的话完全同意,并以此作为自己必须遵循的决定。②

由此记载可知,窝阔台欲图御驾西征的计划,再度被宗王、大臣们所劝阻,他们的理由是大汗应该"能安然享乐,避免出征的艰苦",窝阔台只好留驻漠北。以此反观窝阔台欲御驾亲征南宋时因面对的是不可预知的强敌,又被劝止,具体缘由恐怕亦应与此相仿。

贵由汗此前在蒙古第二次西征时业已取得一定功业,或许是由于在位时间短促,他未能有机会再去获取个人武功。不过,史籍显示他曾领军西行,然而其目的不明,尚谈不上是御驾亲征以获取武功的行为。统观上述窝阔台合罕、贵由汗的状况,大汗并不一定需要通过御驾亲征获取武功以加强声望,巩固地位。因此,前述蒙哥之所以御驾亲征的理由,并未触及事情的深层问题。③

---

① 《元史》卷二《太宗纪》,第34页。
② 《史集》第2卷,第59页。
③ 另,据《哈剌哈孙传》载,大德五年(1301),曾有大臣动议:"世祖以神武一海内,功盖万世。今上嗣大历服,未有武功以彰休烈,西南夷有八百媳妇国未奉正朔,请往征之。"所谓"今上嗣大历服,未有武功以彰休烈",它确实表明一代之君应开疆拓土以彰显其休烈,然而它并不是说皇帝需要"御驾亲征"以获取武功,它们之间有所区别。大德五年的这项动议,最终也被大臣哈剌哈孙所制止。参阅《元史》卷一三六,第3293页。

蒙哥登上汗位以前就已有不小军功,如第二次西征讨伐钦察、斡罗斯诸地,此自不待言。窝阔台御驾征金时,蒙哥亦曾随军出征。① 蒙哥的武功是有目共睹的。拔都在推举蒙哥为大汗的时候就曾称赞蒙哥"不止一次率领军队到[各]方作战,并且才智出众"。② 作为蒙古的大汗,蒙哥本人也希望自己能如同窝阔台那样,留驻蒙古本土,享受大汗的尊崇和闲适。据《史集·成吉思汗之子拖雷汗之子旭烈兀汗传》记载:

> [蒙哥]合罕在他的兄弟旭烈兀汗的天性中看出了霸业的征候,并从他的作为中知道他的征服者的习惯,他[自作]推断道:"既然某些国土已在成吉思汗时代征服,某些国土尚未从敌人处收复,而世界上的土地辽阔无比,因此,我让自己的每个兄弟去开拓边疆,去完全征服边地,加以守卫,而我自己[合罕]则住在古老的禹儿惕里坐镇中央;无忧无虑地,依靠[他们],我将极幸福地度过岁月,并作出公正裁判。近处的某些敌人领地,我将[亲自]率领京城附近的军队去征服和解放。"③

倘若将蒙哥此处的言论,与他在1256年蒙古宗王大会上的那番陈词互相比较,即君主需要建立功业、提高声名,可看到它们之间是存有些许矛盾的。矛盾的背后实则反映出,他之所以选择御驾亲征南宋,其实是出于无奈。从蒙哥登上汗位到御驾亲征南宋,其间长达七年,蒙哥倘有御驾亲征南宋的计划,不太能想象他会有如此耐心来忍受这漫长的等待。④

相较于此前诸位大汗,成吉思汗登上大汗之位,次年即抄掠西夏;窝

---

① 《太宗纪》载:太宗二年庚寅,"秋七月,帝自将南伐,皇弟拖雷、皇侄蒙哥率师从,拔天成等堡"。参阅《元史》卷二,第30页。
② 《史集》第2卷,第237页。
③ 《史集》第3卷,第28—29页。
④ 正如研究者所指出的那样,蒙哥是位雷厉风行之人,他对失败没有耐心,并且吝惜赞美。《蒙哥本纪》称其性格:"刚明雄毅,沉断而寡言,不乐燕饮,不好侈靡。""凡有诏旨,帝必亲起草,更易数四,然后行之。御群臣甚严。"参阅《元史》卷三,第54页。Thomas T. Allsen, *Mongol Imperialism: The Policies of the Grand Qan Möngke in China, Russia, and the Islamic Lands, 1251 – 1259*, pp.29 – 30.

阔台汗甫登汗位便"遂议伐金",次年随即领兵南征金国;贵由汗则在登上汗位的第二年,便离开蒙古高原外出"西巡"。① 因此,没有理由认为蒙哥是在等待时机去伐宋,他之所以选择御驾亲征南宋,最为根本的缘由是忽必烈于前方攻宋不力,因此对其失去了耐心。② 这点通常被人忽略。

按照史籍描述,蒙哥与忽必烈之间因"钩考"问题而引起的巨大裂痕,很快就得到修复。然而,忽必烈已无法再取得蒙哥对他的完全信任了。当蒙哥御驾亲征南宋的时候,忽必烈则被完全排除在攻宋将帅的名单之外。据史书记载,忽必烈因患脚疾,留在了北方。③

宪宗八年(1258)春,蒙哥正式率师出征伐宋,其具体经过,史书载之甚详,无需赘言。这里需要重点讨论的是,与1253年忽必烈采取暂避由川蜀攻宋而选择往攻大理的战略相比较,蒙哥此次出征灭宋的战略谋划十分明确地直接指向川蜀之地,此两种战略之间的差异是显而易见的。那么,蒙古灭宋所长期奉行的总体战略究竟是哪一种呢?

1253年,忽必烈曾驻军六盘山,准备攻宋。六盘山形势重要,于此地稍偏东而南下入汉中,则可径直往攻南宋川蜀之地;于此地稍偏西方向而往南挺进,则可进入西蕃诸地,并顺势南下进而攻大理国。忽必烈当时对南宋在川陕要地的防守力量以及进取南宋的困难,可以说是有充分估计的。前文所揭《史集》中记载忽必烈来到汉地后,发现"途中各地的[一切]食物弄得精光",实际就是指南宋采取了坚壁清野的策略,这给蒙古军队制造了巨大的障碍。

---

① 《元史》卷二《太宗纪》,第29页;《定宗纪》,第39页。
② 1256年蒙哥在计议伐宋的宗王大会上的那句回应,即"既然我们已经说定,那末再去违反就是不合理、不正确了"。此乃话中有话,似有指向忽必烈之嫌。1252年,蒙哥交付给忽必烈的既定任务是攻宋,这也是经由宗王大会所议定的;然而,忽必烈临时选择往攻大理,且长时间未对南宋展开有效进攻,很明显已"违反了""已经说定"的战略,因此忽必烈在南方的举动就难免有"不合理""不正确了"之嫌。
③ 《史集》载:"在那次会议上,别勒古台那颜奏告说:'忽必烈已经出征过一次并且完成了任务,如今他正患脚疾,若蒙降旨,他就可以回家去了。'蒙哥合罕同意了[他所说的]。""随后,当蒙哥合罕想要征服南家思时,宣谕道:'忽必烈合罕腿有病,他以前已率师远征,平定作乱地区,今可让他留在家中静养。'他[忽必烈]便遵照[蒙哥合罕]旨意,在自己的帐殿中,即在蒙古斯坦的哈剌温—只敦地方休息。"参阅《史集》第2卷,第268、288—289页。

另据《赵阿哥潘传》载:"岁壬子,世祖以皇弟南征大理,道出临洮,见而奇之,命摄元帅,城益昌。时宋兵屯两川,堡栅相望,矢石交击,历五年而城始完。"①益昌为川陕咽喉之地,"(宪宗)又诏(汪)德臣城益昌,诸戍皆听节制。世祖以皇弟有事西南,德臣入见,乞免益昌赋税及徭役,漕粮、屯田为长久计,并从之。即命置行部于巩,立漕司于沔,通贩鬻,给馈饷……益昌为蜀喉襟,蜀人惮其威名,诸郡环视,莫敢出斗"。②"癸丑,从宪宗至六盘山。商州与宋接境,数为所侵,命(刘)黑马守之,宋人敛兵不敢犯。丁巳,入觐,请立成都以图全蜀,帝从之。成都既立,就命管领新旧军民小大诸务,赐号也可秃立"。③上述引文中宪宗显系忽必烈之误。蒙古在甘、陕地区最重要的两支世侯力量巩昌汪氏、西京刘氏,都被调集至攻宋前线。从史料记载来看,忽必烈当时在川陕一带的诸项布置,以防守为主,伺机进取。正是由于忽必烈已意识到"蜀道艰险",且忌惮南宋在川蜀地区的强固防守实力,因此不敢贸然于六盘山之地直接进入川蜀,于是避其锋芒,选择先借道西蕃往攻大理而去。

1258年,蒙哥亲率大军南伐,同样亦驻跸于六盘山之地。与忽必烈不同的是,蒙哥选择的是由六盘山偏东南方向下汉中,然后直趋入川蜀以攻宋。忽必烈对蒙哥御驾亲征南宋,选择由川蜀以图宋的方略,可谓忧心忡忡。有段记载非常重要:

> 己未,宪宗亲征蜀,以图宋。世祖趋荆、鄂,军于小濮,召问军事,公对曰:"蜀道险远,瘴疠时作,难必有功,万乘岂宜轻动!"世祖默然久之,曰:"卿言正契吾心。"④

从此段记载可获知,忽必烈及其身边谋臣对于蒙哥经由汉中入川蜀而攻宋,抱有很大的担忧。然而,蒙哥此番主攻川蜀以图南宋的进军方略,其

---

① 《元史》卷一二三,第3029页。
② 《元史》卷一五五《汪德臣传》,第3651页。
③ 《元史》卷一四九《刘黑马传》,第3517页。
④ 《元朝名臣事略》卷一一《参政商文定公》,第219页。

实正是蒙古长期以来所奉行的既定灭宋战略。1252年,蒙哥命忽必烈南下,其进取方向和战略重点本来也应该是由甘陕而入川蜀,先取川蜀,然后再沿江东下顺势灭宋。不过,忽必烈并未遵循。虽然这一灭宋战略后来被认为是失败的,然而事实上它却为蒙古所长期奉行。该灭宋战略一直持续到至元五年(1268)。当时,南宋降将刘整建议忽必烈攻宋,并提出更改原先以川蜀作为战略突破口的灭宋方略,所谓"攻蜀不若攻襄,无襄则无淮,无淮则江南可唾手下也"。① 自此之后,蒙古灭宋的战略突破口才得以全面调整过来,以荆襄地区而非川蜀之地作为主攻方向。因此就蒙古灭宋的总体战略而言,所谓由大理"斡腹"而攻宋的深远战略图谋,实难令人信服;而由川蜀作为突破口以灭南宋,才是蒙古所一贯奉行的灭宋总体大战略。

当蒙哥在南方鏖战的时候,忽必烈仍在北方观望,后在身边谋臣的进言之下,他才自请南来伐宋。据《元史·不忽木传》载:

> 世祖威名日盛,宪宗将伐宋,命以居守。燕真曰:"主上素有疑志,今乘舆远涉危难之地,殿下以皇弟独处安全,可乎?"世祖然之,因请从南征。宪宗喜,即分兵命趋鄂州,而自将攻蜀之钓鱼山,令阿里不哥居守。②

由于塔察儿统领的中路军在鄂州前线进展不顺,蒙哥最终同意了忽必烈的请求,命他"领一万精兵与数万札忽惕人",③南下支援。1258年十一月,忽必烈启程前往鄂州。④ 次年秋,蒙哥殒命钓鱼城。

忽必烈此番南下伐宋,同样又是无功而返。忽必烈对南宋的忌惮,可以说自从1252年负责经略汉地以来就一直萦绕心间,当时他没有选择从六盘山南下川蜀之地直接进攻南宋就是明证。1259年,忽必烈在荆襄前

---

① 《癸辛杂识·别集下》之《襄阳始末》,第306页。
② 《元史》卷一三〇,第3164页。
③ 《史集》第2卷,第289页。
④ 据《世祖本纪》载:"岁戊午,冬十一月戊申,祃牙于开平东北,是日启行。"参阅《元史》卷四,第61页。

线的时候,见识到南宋江防的严整。当时南宋权臣贾似道以木栅环城,一夜之间即建成,这给忽必烈留下了深刻印象。他曾环顾扈从诸臣僚说:"吾安得如似道者用之?"①忽必烈身边的谋臣郝经,更是盛赞南宋边防力量:"右师满湖湘,左师溢巴峡。江浙连大屯,淮南拥骁甲。"②当蒙哥殒命合州钓鱼城下的凶问传来,忽必烈对进攻南宋的信心无疑又被浇了一瓢凉水。

忽必烈在夺取汗位的最初几个年头里,因面对北方幼弟阿里不哥争位问题,蒙古对南宋基本处于战略相持状态。1268年,距上次大规模伐宋大约近十年之后,在刘整的建议之下,蒙古攻宋的号角才再度吹响。迟至至元十一年(1274),当元军取得节节胜利的时候,忽必烈仍不敢掉以轻心,他秘密派人到江西龙虎山问道,在得到肯定预示后,才下定灭宋的决心。当阿里海牙的军队攻下江陵(荆州)时,忽必烈长舒道:"东南之势定矣。"③

行文至此,再来反观为何《元史》以及其他汉文史料有意或无意回避蒙哥要求忽必烈直接进攻南宋的问题,也许就更能明白个中缘由了。值得注意的是,据《世祖本纪》载,至元二十五年(1288)二月:

> 庚申,司徒撒里蛮等进读祖宗实录,帝曰:"太宗事则然,睿宗少有可易者,定宗固日不暇给,宪宗汝独不能忆之耶?犹当询诸知者。"④

---

① 《元史》卷一二六《廉希宪传》,第3090页。
② 《郝经集编年校笺注》卷四《渡江书事》,第87页。
③ 语见《欧阳玄全集》卷九《江陵王新庙碑》,第241页。另据《丞相楚国武定公》载,至元十一年,大兵东进,分四万人于阿里海涯戍鄂,忽必烈对此十分担忧,直到至元十二年(1275)攻下江陵:"初,公下江陵,驿闻,大燕三日,晓近臣曰:'伯颜东兵,阿里海涯孤军戍鄂,朕尝深忧。或荆、蜀连兵,顺流而东,人心未牢,必翻城为内应,根本斯蹶,孰谓小北庭人能覆全荆。江浙闻是,肝胆落矣,而吴东兵可无后虞。'"另据《荆湖北道宣慰使司杞梓堂题名记》载:"世祖皇帝一天下,楚武定王阿力海涯下江陵,捷奏,大喜,燕三日。"参阅《元朝名臣事略》卷二之三,第34页;宋褧:《燕石集》卷一二,清抄本。忽必烈灭宋经过,详参白寿彝总主编、陈得芝主编《中国通史·元时期(上)》(13)乙编第六章第三节《南宋的灭亡与江南的统一》,上海人民出版社,1999年,第414—421页。
④ 《元史》卷一五,第308—309页。

历史是由忽必烈及其后裔们所书写的,对于蒙哥时代的历史叙述自然也被他们所掌控,有些史实被遮蔽或忽略,也是完全可以理解的。蒙哥最终死在伐宋的征途上,于蒙古人而言这是一种很大的挫折,忽必烈于此是负有一定责任的。而忽必烈当时未贸然展开大规模攻宋行动,这正是他深具远见卓识的表现。

与蒙哥急于攻宋相比较,忽必烈暂避攻宋而选择往攻大理,确系明智之举。堤一昭对于忽必烈攻下大理之后遽而北返的行动感到十分不解,同时他也十分敏锐地指出蒙哥与忽必烈之间的矛盾也正源起于此,他说:"远征半途而返的忽必烈在其后的三年时间里,只是往来于漠北的夏营地与冬营地之间,未见有大规模的行动。""他中途而返的动机何在?我想可以保留更多的想象。蒙哥七年(1257)表面化的蒙哥与忽必烈的不合,可以认为从这次远征中途而返就已开始。"① 倘若对蒙古在"灭南宋"与"征大理"之间的进攻方略变化上加以留意考察的话,蒙哥与忽必烈之间矛盾问题的核心所在,可谓分外明显。按照《史集》记载,忽必烈攻下大理后即行离开,这与其患有脚疾有关。然而,这恐怕只是遁词。事实上,蒙古主力出征大理只是临时举措,忽必烈急于要返回中原,就是要履行其原本早就该执行的最为主要的任务——进击南宋。另外,蒙古军队出征大理,损失十分严重,这也是忽必烈迅速抽身北返的一个不可忽视的缘由。

三、"斡腹"源来:南宋西南边臣将帅对蒙古军队举动之臆说

在前文对忽必烈未能径直进攻南宋而临时改变计划,借道川北藏区往攻大理国的具体历史关节点进行详细考论之后,对于本章开头提出的忽必烈最初奉宪宗蒙哥汗之成命,欲由大理捣袭南宋的所谓"斡腹之谋"

---

① 参阅堤一昭《忽必烈政权的建立与速不台家族》。

成立与否的问题,应该已有了不同于以往的新认识。既然蒙古并非在1252年之初或者在更早的年代里就已存有所谓"斡腹"大理以攻南宋的深远图谋,那么所谓蒙古欲图"斡腹"云南进攻南宋的诸种说法又究竟源自何处呢? 若要追究此问题,则需要在全面梳理宋元时代相关记载的基础上,才能明白其来龙去脉。

首先应对蒙古与大理间最早的接触作一简单交代。忽必烈进征大理之前,蒙古与大理间的关系尚不十分清楚。13世纪云南地区存有诸如哈剌章(Qara-Jang)、察罕章(Čaɣan-Jang)、罗罗章(Lolos-Jang)等地域或族群称谓,分别指称乌蛮、白蛮、罗罗蛮等,而"哈剌章"又被用于指称云南地区。有关哈剌章这一语词的研究,以伯希和为代表的学者们曾作出解释:"哈剌(Qara)"为蒙古语"黑"之意,"章(Jang)"或为汉文"爨"字之蒙古译音。① 劳费尔(Berthold Laufer)则认为,"章"是西藏语名称云南西北丽江府一部落。② 王邦维指出,《史集》里有关今天云南地区不同名称的记载,如忻都语(印度语)称其地作"犍陀罗(Kandhar)",波斯语则曾一度称作"罕答合儿(Qandahār)",它们之间应或存有某种联系,在外部世界的人们看来,云南乃佛教盛行之地,故名如此。③

然而,《史集》编撰者当时则称云南地区为"哈剌章",此一称呼应得自

---

① 伯希和说:"合剌章即为今之昆明、大理一带,今人已知犹言黑章之合剌章及犹言白章之察罕章Tchaganjang,乃蒙古人适用于云南两种种族之称。据余所知,'章'字今尚未得其解。余以为即爨字之蒙古译音。"参阅伯希和著、冯承钧译《交广印度两道考》,中华书局,1955年,第24页。
② 沙海昂在其所译注《马可波罗行纪》第一一七章《哈剌章州》注中指出:"案哈剌章一名中之哈剌,世人久已识为突厥蒙古语之黑。然章字或如Laufer之考订,为西藏语名称云南西北丽江府一部落之称欤? 抑为戎之讹欤?"沙氏疑章即戎字之别译,尚未敢定。罗克在他的《拿喜古国史》里则进一步予以说明,在解释元代茶罕章管民官时说:"章jang字的音通常念作jung,同中国西戎的戎jung字或许有些关系。在西藏天主教会编《藏拉法三合字典》351页提到音作Jang的hjaang字,指的是住在云南西北的一个部族,有一个大城名三睒(Sa-Tham,即丽江)。中国人称之为摩些,自称为拿喜。"转引自向达《南诏史略论——南诏史上若干问题的试探》,载《历史研究》1954年第2期。后收入氏著《唐代长安与西域文明》,三联书店,1957年,第155—194页。
③ 此认识得自王邦维教授2013年12月于复旦大学所作的一场学术演讲,其报告题目为"《拉施特〈史集〉》中的Dāy Līu和Kandhar"。

于蒙古人无疑。① 蒙古人称云南为"哈剌章",肯定也得诸其他人群之口。② 他们对云南的最早认知,应源于与藏语人群有关的群体,其中最大的可能就是党项羌人或吐蕃人。按照蒙古人所接触的先后顺次,党项人应稍早于吐蕃人。西夏的知识对于蒙古的影响不可谓不大,如"帝师"等概念就十分明显。③ 根据藏文史籍《贤者喜宴》记载,弥药(西夏人)对于当时自身所处的地理位置曾有一番描述:"东为汉地,南为南诏,西为吐番,北为霍尔,在此诸国所割据之中心即西夏之国土。"藏文本《贤者喜宴》将"南诏"写作"'Jang"。④换言之,蒙古人藉由西夏而得知大理国,其可能性是存在的;然而,这同样也不能排除蒙古人是经由吐蕃人而了解大理国的可能性。⑤ 蒙藏间发生直接联系,一般认为应迟至1230年代阔端经略吐蕃时才正式开始,不过蒙藏间更早期的非正式接触所带来的影响是不

---

① 拉施特已多次提及,在蒙古时代之前,波斯人称云南为"罕答合儿";蒙古人统治时期,则称其地为"哈剌章"。《史集》记载"合罕的国中有十二省",其中有"哈剌章省",即指云南行省。蒙古人称其地为"哈剌章田地",它与河西田地、汉儿田地、蛮子田地、回回田地等相并列。详参《史集》第2卷,第331—334页;《元典章》五三《刑部》卷之十五《约会·畏吾儿等公事约会》、《刑部》卷之十五《约会·都护府公事约会》等,第1782、1786页。
② 《元代云南史地丛考·金兆梓序》称:"元人得云南,一切就蒙古语谐音迻译,如'哈喇章''察罕章'之类,令人不可复究诘。"参阅夏光南《元代云南史地丛考》,台湾中华书局印行,1968年。
③ 参阅聂鸿音《西夏帝师考辨》,载《文史》2005年第3辑;邓如萍(Ruth Dunnell)撰,聂鸿音译:《西夏佛典中的翻译史料》,载《中华文史论丛》2009年第3期。
④ 13世纪以前的藏文文献中,常用'Jang或lJang(译音"绛"或"章")来称呼云南地区或当地政权(南诏或大理)。西夏人的四方观念,与吐蕃政治文化中的"四天子说"应有某种关联,它显示出党项文化受吐蕃影响之一斑。此承任小波教授见告,特此申谢。参阅巴卧·祖拉陈瓦著,黄颢、周润年译《贤者喜宴——吐蕃史译注》,中央民族大学出版社,2010年;《贤者喜宴》(藏文本),民族出版社,2005年,第721页。
⑤ 早在唐时期吐蕃与南诏(云南)之间的关系就值得留意。据《资治通鉴》,贞元三年(787),"既而回纥可汗遣使上表称儿及臣,凡泌所与约五事,一皆听命。上大喜……曰:'回纥则既和矣,所以招云南、大食、天竺奈何?'对曰:'回纥和,则吐蕃已不敢轻犯塞矣。次招云南,则是断吐蕃之右臂也。云南自汉以臣属中国,杨国忠无故扰之使叛,臣于吐蕃,苦于吐蕃赋役重,未尝一日不思复为唐臣也。'"贞元四年(788),"吐蕃发兵十万将寇西川,亦发云南兵。云南内虽附唐,外未敢叛吐蕃,亦发兵数万屯于泸北。韦皋知云南计反犹豫,乃为书遗云南王,叙其叛吐蕃归之诚,贮以银函,使东蛮转致吐蕃。吐蕃始疑云南,遣兵二万屯会川,以塞云南趣蜀之路。云南怒,引兵归国。由是云南与吐蕃相猜阻,归唐之志益坚。吐蕃失云南之助,兵势始弱矣"。参阅《资治通鉴》卷二三三,第7626—7627、7637页。

容忽视的。① 蒙古人开始得知大理其国,最早的可能应在1220年代后半期蒙古灭西夏之后;而蒙古与大理间发生直接接触,则应出现在1235年蒙宋直接对峙以后。由于尚存很多知识的空白点,蒙古与大理之间的早期关系,迄今仍然无法给出明确的年代断限。②

至今仍常被人们当作蒙古人早已存有"斡腹"大理以攻宋证据的,系成吉思汗时期的所谓郭宝玉建言事:

> 木华黎引见太祖,问取中原之策,宝玉对曰:"中原势大,不可忽也。西南诸蕃勇悍可用,宜先取之,藉以图金,必得志焉。"③

此记载之事,实在可疑,不足凭信。郭宝玉当时所指的进击对象是金而非南宋;所谓"西南诸藩",应是指宁甘青川毗连地区的"诸藩"(他们应是藏人或羌人),而非地处西南的大理周边诸蛮。④ 与此记载论调几乎一致的还有波斯文史料,据《史集·也速该把阿秃儿的儿子成吉思汗纪》载:

> 接着,当他(成吉思汗)征服也在他的疆域内的吐蕃国与唐兀惕国后,想再次出征乞台,将乞台一下子占领并征服乞台的邻国、离蒙

---

① 意大利藏学家伯戴克认为,依据蒙古人自身的说法,1206年铁木真宣布即大汗位时,蒙藏间就已有接触和联系,不过这在藏文文献中找不到依据。1207年铁木真第二次出征西夏以后,蒙藏间或许开始已有所接触,但也仅局限于川、甘、青等地的藏区边缘地带,然而记载也并不十分确切。1236年,窝阔台次子阔端派兵着手经略吐蕃之地,降服甘南地区的几个藏族部落,蒙藏间的直接接触或即始于此。此外,何史谛(Stephen G. Haw)、艾骛德等学者倾向于认为,1203年成吉思汗灭克烈部之后,克烈部王罕之子桑昆等避走西夏诸地,在随后数年间蒙古人对于甘青藏地区藏人或羌人的接触和了解应是非常明显的事实。参阅伯戴克著、张云译《中部西藏与蒙古人——元代西藏历史》(增订本),兰州大学出版社,2010年,第6—7页;Stephen G. Haw, "The Mongol conquest of Tibet", *Journal of the Royal Asiatic Society*, Series 3, Vol. 24, 2014, pp.37–49; Christopher P. Atwood, "The First Mongol Contacts with the Tibetans", in *Trails of the Tibetan Tradition: Papers for Elliot Sperling*, pp.21–45.
② 蒙古与大理之间最早的直接接触,仍有待进一步研究。详参《元朝史》(下册),第274页。
③ 《元史》卷一四九《郭宝玉传》,第3521页。
④ 详参揭何史谛、艾骛德文。另可参阅曾现江《先取西南诸蕃,后图天下——蒙古对藏彝走廊的军事征服》《蒙古与大理国早期关系探析》。

第四章　蒙哥的意志与忽必烈的犹疑：取南宋还是攻大理　195

古不远的哈剌章地区（这一地区，印度人和哈剌章人［自己］都称做健陀罗，大食人则称做罕答合儿）。他果断地决定下了这件大事，但［就在这时］［乃蛮］王的儿子古失鲁克汗于其父被杀后，逃到了突厥斯坦，与若干蒙古部落、成吉思汗的敌人勾结到了一起，占领了哈剌契丹古儿汗统治下的突厥斯坦。古儿汗去世。这个消息传到了成吉思汗处，他出征乞台的意图便减弱了……成吉思汗在狂怒之下忘掉了乞台、至那和哈剌章地区上的事，急忙向突厥斯坦与伊朗地区进军，在诸子和异密们的协助下征服了［这］两个地区……在蒙哥罕时代，其弟忽必烈合罕征服了乞台在国内剩下［没有被征服］的地方……忽必烈合罕在位时占领了［至那］、哈剌章地区及忻都斯坦的一部分。①

这则波斯文史料的记载，所涉史实错误实在太多。该记载显示的时间是在蒙古第一次西征之前。当时成吉思汗既未征服过吐蕃，他对于哈剌章之地有无具体的了解都令人十分怀疑，怎会想到要去征服哈剌章？另外，早在窝阔台汗时代，乞台诸地早已为蒙古所征服，又怎会迟至蒙哥时代？而哈剌章诸地被蒙古人所征服，则是蒙哥时代而非忽必烈时代之事。因此，《史集》此段叙述，可谓谬误迭现，不能采信。

　　于蒙元方面的史料记载而言，倘若排除所谓郭宝玉建言事以及《史集·也速该把阿秃儿的儿子成吉思汗纪》的记载，在忽必烈进军大理国的时候，或者在此之前，实无史料提及蒙古早已存有"斡腹"大理以攻南宋的战略规画，亦无汉人谋臣向蒙古人提出此方面的建言。诚如前文所述，蒙哥即位之初，在他分派给忽必烈、旭烈兀出征的国家/地区名单中，并未出现大理国。也就是说，大理国尚未进入蒙古帝国的大征服战略计划之内。迟至蒙古攻灭大理国之后，才有人将此举阿谀为是蒙古人的一种战略远谋，其最为典型者就是郝经。郝经于1259年上疏《东师议》，其文云：

　　　　国家用兵，一以国俗为制而不师古。不计师之众寡，地之险易，

---

①　《史集》第1卷第2分册，第83—85页。

敌之强弱,必合围把稍,猎取之若禽兽然。聚如丘山,散如风雨,迅如雷电,捷如鹰鹘,鞭弭所属,指期约日,万里不忒,得兵家之诡道,而长于用奇。自会河之战,乘胜下燕、云,遂遗兵而去,似无意于取者。既破回鹘,灭西夏,乃下兵关陕,以败金师,然后知所以深取之,是长于用奇也。既而为斡腹之举,由金、房绕出潼关之背以攻汴;为捣虚之计,自西和径入石泉、威、茂以取蜀;为示远之谋,自临洮、吐番穿彻西南以平大理。皆用奇也。夫攻其无备,出其不意,而后可以用奇。①

郝经明显是在夸饰蒙古军队,此自不待言。自郝经之后,在元王朝当代历史叙述者们的讲述中,则很少有人直接将忽必烈出征大理国颂扬为是一种"斡腹"远谋。② 需特别指出的是,距忽必烈征服大理国约半个世纪之后,大元大德年间,程钜夫受命撰《平云南碑》,③此颂功碑文亦只字未提所谓"斡腹之谋"的问题。④ 因此,所谓"斡腹之谋"的诸种说辞,在当时代蒙元方面的史料文献中,几乎踪迹难觅。

然而,在宋元之际南宋方面的文献记载中,"斡腹之谋"的说法,却接踵频现,异常流行。⑤ 或可按时代先后次序,梳理出南宋方面有关蒙古"斡腹"云南诸种说法的基本演进线索。

早在蒙古灭西夏时,蒙军的军事行动就已惊扰到南宋。南宋理宗宝庆三年(丁亥,1227),蒙军首次侵扰南宋所辖甘陕南部、四川北部地区,西

---

① 《郝经集编年校笺》卷三二《东师议》,第823—824页;《元史》卷一五七《郝经传》,第3700—3701页。郝经所指蒙古人的各种"用奇"之术,包括斡腹之举、捣虚之计(指1236年阔端入蜀有以攻宋)、示远之谋,概括而言之,均可视为"斡腹"谋略。
② 如元明善所撰《云南志略序》云:"昔在世祖以帝之贵介弟,帅偏师入西南夷,而伐取之。"虞集《送文子方之云南序》称:"世祖皇帝之集大统也,实先自远外始,故亲服云南而郡县之。"参阅李京撰、王叔武校注《云南志略辑校》,云南民族出版社,1986年,第64页;《虞集全集》,第529页。
③ 据《程钜夫传》载,大德十年(1306),"云南省臣言:'世祖亲平云南,民愿刻石点苍山,以纪功德。'诏钜夫撰其文"。参阅《元史》卷一七二,第4017页。
④ 参阅《程雪楼文集》卷五,第239—243页。
⑤ 南宋方面有关蒙古"斡腹之谋"议论的文献记载,曾现江、石坚军上引诸文皆有所梳理,可资参详。

和州、阶州、成州、文州、天水军等遭蒙军攻破,此谓"丁亥之变"。① 当时南宋四川制置使张皇失措,"弃阶、凤、成、和、天水五州,画守内郡"。② 此次蒙古入侵事件,给关心南宋西南边防的臣僚们带来极大震动。③ 当时在四川为官的吴昌裔已预感到事态的严重,他在端平三年(1236)时曾说:"臣十年前闻敌有斡腹之谋,欲借路云南,图我南鄙。当时说者皆以为迂。"④吴昌裔所谓"十年前",正是指丁亥年蒙军对南宋的侵扰。是知,吴氏当时就对蒙军用兵意图持有所谓"斡腹之谋"的猜测。这是南宋方面最早对蒙古军队在西南边鄙地区展开军事行动而作出"斡腹之谋"的臆测。当时,南宋主要担忧的是蒙古意图"斡腹"入蜀。

1234年,金亡之后,蒙宋陷于直接对峙局面。南宋"端平入洛"以失败收场后,蒙古对南宋开始采取全面的军事攻伐。南宋对于蒙古军队在其边鄙地区的任何军事举动,都显得异常敏感。1235年春,窝阔台派遣"皇子阔端征秦、巩,皇子曲出及胡土虎伐宋"。⑤ 同年秋,南宋边防守军已得谍报:"聚兵牧马,决意南来,一渡河、洛以窥江淮,一由唐、邓以窥襄汉,一托秦巩,以窥四川。(二)[三]道并入。"⑥1236年,阔端在征服秦巩汪世显部后,蒙军进入成都。⑦

南宋西南边鄙将领对蒙古此举深感忧虑,警惕之声四起。其时,魏了翁就表达了他的远虑:"虏之谋蜀也,先破秦巩,次降诸藩。"而监察御史吴

---

① 参阅陈高华《早期宋蒙关系和"端平入洛"之役》,载氏著《元史研究论稿》,第167—188页;《宋元战争史》,第20—22页。
② 魏了翁撰:《重校鹤山先生大全文集》卷七六《朝请大夫利州路提点刑狱主管冲佑观虞公墓志铭》,《四部丛刊》缩印本,第266册,第623页下。
③ 详参《可斋杂稿》卷二五《丁亥纪蜀百韵》,第399—400页;吴昌裔:《论蜀变四事状》,载《历代名臣奏议》卷一〇〇《经国》,第1359页。
④ 吴昌裔:《论湖北蜀西具备疏》,《历代名臣奏议》卷三三九《御边》,第4403页上。
⑤ 《元史》卷二《太宗纪》,第34页。
⑥ 《历代名臣奏议》卷三三九《论三边备御状》,第4398页。1235年秋,袁甫《陈时事疏》云:"臣窃谓今日事势不论安危,当论存亡。夫关于国家存亡之最急者,莫急于北边。秋高马肥,必谋大举,传闻将以三路并进:阿齐(按赤)台与逆全妻,将自山东窥我淮甸;苏布特(速不台)将自木波界窥我西蜀;布占(倴盏)将自陕州窥我襄汉。万一果如所闻,国家何以御之?"参阅袁甫撰《蒙斋集》卷六,文渊阁《四库全书》本,第1175册,第398页下。
⑦ 《元史》卷一二一《按竺迩传》,第2984页。

昌裔则奏称:"臣蜀人也,每恨三十年间蜀有危证,而远不得闻,闻亦不实。""臣近闻鞑虏破阶窥文,欲为斡腹深入之计,又攻打蕃族,径为间道取蜀之谋。奸计日深,人危不保。""又况唐、邓、均、陆之寇,导之以扣江、秦、巩、松、维之族,诱之以斡腹,内外受敌,殊可寒心。"①最为引人瞩目的是,吴昌裔于端平三年(1236)底至嘉熙元年(1237)初之间所上的一份奏疏,纵论当时湖北、蜀西局势,明确指出蒙古有借道云南欲实施"斡腹之谋"的方略,此即《论湖北蜀西具备疏》,其文略言:

> 今庙算深长,必能选有威风大臣控扼广西,如招兵积粟等事,或通湖南,或通广东,想皆次第施行,算无遗策矣。而臣之愚见,则以为上流尤所当备。臣十年前闻敌有斡腹之谋,欲借路云南,图我南鄙。当时说者皆以为迂。今闻泸州安抚司所申密院事,称西蜀南蕃蛮王阿永申,敌攻打大理国,并杀死姚州高庆节度,见在大理国内屯驻。四向生蛮,悉皆投拜。乌蒙国都蛮王阿吕申,本蕃鬼婆带领军马往后蕃,见敌兵深入攻打邛部川界分,便破散小云南国。见敌兵在大理国界分驻扎,言说今冬再回求路,要出汉地。此皆去岁事也。若然,则是小、大云南悉皆狼狈,迫我后户矣,讵可不为关防哉! 试将蜀西、湖北之与南蛮接者,为陛下条陈之。……臣谓广西固当备,蜀西之南徼、湖北之南鄙尤当备,盖广西犹可诿曰"炎瘴之毒,非彼所宜",在蜀西,在湖北,则并炎瘴无之矣。……辰沅之间,当用史子翚之策,增兵屯鼎、澧之间,当臣寮之说,选择宪守以为罗鬼国之前拒,使斡腹旋出之师不可得进,则湖北之南鄙截然如中防之制永矣。②

郭止忠认为,吴氏所言"十年前闻敌有斡腹之谋,欲借路云南,图我南鄙",

---

① 参阅魏了翁撰《重校鹤山先生大全文集》卷三一《知安吉州蒋左史重珍》;第264册,第275页下;《历代名臣奏议》卷一〇〇《经国·论蜀变四事状》,第1359页上;《历代名臣奏议》卷一〇〇《经国·催王遂入蜀状》,第1361页上;《历代名臣奏议》卷三一〇《灾祥·论四阴之证状》,第4013页下。
② 吴昌裔:《论湖北蜀西具备疏》,《历代名臣奏议》卷三三九,第4403页上—4404页上。

应是宝庆末年至绍定初(约1227—1228年间)的传闻。① 吴氏此奏疏所言确实大多乃传闻,而非事实;他所提出的西南边鄙防备,则深有远见。南宋当时最直接的担忧是蜀西、湖北,不过时人也已深深忧及大理、广西诸地。自1236年后,有关蒙古欲迂回大理以"斡腹"南宋的传闻已日渐盛行。② 己亥(1239)秋,蒙军在川北一带遭遇木波国诸番部激烈抵抗,蜀帅陈隆之上报奏称:蒙古"欲由大渡河直破大理等国,斡腹入寇"。③ 所谓蒙古借道吐蕃欲攻大理进而"斡腹"南宋的传言,已逐渐充斥于西南边鄙帅臣的奏疏中,他们所担忧的已不止是蒙古"斡腹入蜀"的问题,更为深忧的是蒙古进攻大理"斡腹"攻宋,因而要求朝廷进一步强化川蜀地区的防守。

1240年代,蒙古与大理之间的直接接触已日渐增多。四川、广西以及临近西南诸蛮的南宋帅臣,纷纷向朝廷上报蒙古欲"斡腹攻广"的各种动向。蒙古斡腹入寇的传闻,已甚嚣尘上。1240年初,福建路官员方大琮称:"闽、广最号僻陋,自去岁已有指为堂奥者,岂不异哉?元日,赵文仲移师西广,或谓房攻南诏,与邕、宜邻,有买马驿程,往往不能无震恐。"同年秋,宋人侦知,"南诏复有假道之传"。④ 这里"去岁"指嘉熙三年(1239),"元日"即是次年。1241年,"'谍报鞑谋由交趾趋邕宜,有旨,令帅整饬军马,漕积聚钱粮,以俟调发。'时杭相李公初薨,山相独运。余始识'斡腹'二字……自辛丑而后,斡腹之说,若缓若急,将信将疑。岁岁如此,至去冬所传愈响","或言房谋自安南斡腹",⑤云云。1243年初,播州安抚使杨文给刚入蜀的南宋守臣余玠进言:"至于保一江以自守,敌去敌来,纵其所

---

① 郭正忠认为此奏疏上于"端平三年(1236)十二月以后,至嘉熙元年(1237)头几个月",有关该奏疏的细致考辨,详参郭正忠《耻堂奏札与蒙攻云南——兼谈晚宋一项岁收年代的考辨》,《中国史研究》2000年第1期。
② 1245年,方大琮即称:"七八年前,有鞑窥大理之说,或曰隔于泥六七百里,或曰江防仅如许,彼何所惮,而迂回跋涉于瘴潦遐僻之区,是必不然。"其所指应即1237年、1238年蒙古欲图攻蜀之事。参阅方大琮撰《宋宝章阁直学士忠惠铁庵方公文集》卷二二《广西蔡帅范》,《北京图书馆古籍珍本丛刊》(89),书目文献出版社,1990年,第597页。
③ 李鸣复:《乞严为广西之备疏》,载《历代名臣奏议》卷三三八,第4389页下。
④ 方大琮:《宋宝章阁直学士忠惠铁庵方公文集》卷一七《杜尚书杲》,第522页上;杜范:《清献集》卷一〇《八月已见札子》,文渊阁《四库全书》本,第1175册,第694页。
⑤ 《刘克庄集笺校》卷一〇八《跋赵倅与灏条具斡腹事宜状》、卷一四一《杜尚书神道碑》,第4486、5627页。

之,此为下策。若夫意外之忧,近年西番部落为贼所诱,势必挠雪外以图云南,由云南以并吞蛮部,阚邕广,窥我沅靖,则后门斡腹为患。"①

1244年,蒙古与大理于九和发生战争,蒙古军队"行吐蕃界中,初不经四川地分……直至大理之九和镇"。②《南诏野史》称:"淳祐四年(1244),蒙古兵出灵关伐大理。"③此次蒙古与大理的战争已不再是传闻,对南宋震动很大,它印证了此前南宋边鄙守军对蒙古欲先下大理而后斡腹攻宋的推测。同年,阳枋上书四川制置使余玠,提醒他要"防遏间道":"万一敌人知我沿江守备严固,计必斡腹。若图斡腹,必于泸、叙径攻田、杨,田、杨万一不支,则其路可通辰、靖等州,出我之背,以闯朝廷之后户。宜力谕思、播,深警防度。"④淳祐六年(1246),高斯得有一份《轮对奏札(六月六日,时为著作佐郎)》,其中涉及当时西南边疆军情:"数年以来,敌攻云南,传闻日骇。荆蜀广右,所奏略同……且臣近者闻诸上流阃幕,以谓大理久已降敌,而朝论方在疑信之间,可为痛哭!"⑤

淳祐四年至淳祐六年之间,李鸣复上《乞严为广西之备疏》,该奏文称:

> 观贼所向而图之,最是交广之忧,不可不虑。……臣向者,己亥之岁,侨寄毗陵。曾闻蜀帅陈隆之具申朝廷,谓鞑贼欲由大渡河攻破大理等国,斡腹入寇。密院札下广西经略徐清叟,严行体探,预作提防。后来清叟到大理、自杞等国,回报缴申。今可覆视也。近又从邸

---

① 参阅李飞《家事与国事:关于贵州遵义出土〈杨文神道碑〉的几个问题》,《四川文物》2021年第3期。另据宋濂《杨氏家传》云:"下则保江自守,纵敌去来耳。况西番部落,已为北所诱,势必挠雪外以图云南,由云南以并吞蛮部,阚邕广,窥沅靖,则后门斡腹,深可忧也。"《宋濂全集》卷一八,第356页。
② 《可斋杂稿》卷一七《帅广条陈五事奏》,第362页上。
③ 《南诏野史》上卷,第226页上。
④ 阳枋撰:《字溪集》卷一《上宣谕余樵隐书》,文渊阁《四库全书》本,第1183册,第260页上。阳氏多次呼吁南宋边防守军要注意"斡腹之防",详参《字溪集》卷二《上蜀阃余樵隐论时政书(玠义夫)》、卷六《贺赵守札》等,第273页下、第329页上。
⑤ 高斯得撰:《耻堂存稿》卷一,《丛书集成初编》本,第2040册,第16—17页。关于此奏札年代的详细辨析,参看郭正忠《耻堂奏札与蒙攻云南——兼涉晚宋一项岁收年代的考辨》。

报见枢密都承旨蔡节奏章,专坐广西经略蔡范申到事宜,谓邕、宜深为可虑。与今来牟申之所言及向来陈隆之所申,大概一同。臣窃惟鞑虏向与金为仇,扫穴犁巢,自燕徙汴,盘旋积岁,竟不能过黄河,以遂其不夺不厌之志。或教之曰:"河之尾,有路可以转入。"于是,破西夏,逾积石,践蜀境,竟求以快其欲而后已。今其与我为邻也,虔刘我两淮,荐食我西蜀。所幸天限南北,长江汹涌,不容轻涉。然数年以来,尝蓦过万州以下之胡滩,透漏黎州以后之大渡河。彼其奸谋诡计,未必不曰"河之尾,有路可以蹙金"。则江之尾,亦必有路可以窥我。①

是知,蒙古斡腹入寇的传闻日甚。1246年,刘克庄曾怀疑:"臣每怪鞑在草地,哨骑在淮北,斡腹之谋在安南。"②淳祐丙午(1246),据李昴英奏札:

> 上曰:"如果有奇才,当不拘资格,闻广中斡腹之传,如何?"奏云:"臣本欲作一札敷陈此事,然事关机密,恐播传于外。"上曰:"极是极是。"因奏云云。上曰:"已令徐敏子去体探。"奏云:"此事须是纯实可托者方可信,若喜功生事者,徒知为一身功名计,又恐别生事说,则不惟广西受弊,必欲通广东之兵财而两路俱受其弊矣。"③

所谓"广中斡腹之传",乃因蒙古已直攻大理,其下一个目标自然就直指两广地区。④ 淳祐七年(1247),牟子才上奏称:"其如淮西诸郡,间被伤残;蜀西诸屯,时肆蹂践;远而至于广西一路,又有斡腹之忧。"⑤

---

① 李鸣复:《乞严为广西之备疏》,载《历代名臣奏议》卷三三八,第4389页下—4390页上。此奏疏时间在淳祐四年至淳祐六年间,详参郭正忠《耻堂奏札与蒙攻云南——兼涉晚宋一项岁收年代的考辨》。
② 《刘克庄集笺校》卷五二《召对札子(淳祐六年八月二十三日)》,第2570页。
③ 李昴英撰:《文溪集》卷七《淳祐丙午侍右郎官赴阙奏札(第二札)》,文渊阁《四库全书》本,第1181册,第161页下。
④ 1246年,孙梦观廷堂轮对时,有"声言袭我广右"之语。参阅孙梦观撰《雪窗集》卷一《丙午轮对第一札(结人心)》,文渊阁《四库全书》本,第1181册,第67页上。
⑤ 《历代名臣奏议》卷三一一《灾祥》,第4031页上。

淳祐九年(1249),广西帅守李曾伯上书朝廷,疏陈御边五事,此即《帅广条陈五事奏》。该奏疏基本主旨有二:一是结合当时西南时局与地理防御形势,分析蒙古意图间道而出"斡腹"攻宋的各种传闻与谍报,呼吁南宋朝廷应予重视;二是在此分析基础上,针对广右地区的备边措施提出具体建议。

李曾伯条陈第一事即为"边防所急,间谍为先"。他指出此前对于蒙军攻大理的资讯"往往得之诸蛮所传",其虚实不明,因而要求"重赏招募有能识蛮路、晓蛮语之人",以获取准确情报。他在分析各类"斡腹"传闻与广右备边的关联性问题上指出:

> 但参之众论,皆谓虏若自沈黎以西之诸羌透漏南诏,则蜀闻当先知虏;若自思、播一带之诸蛮透漏沅、靖,则荆闻当先知。其与本司欲自邕、宜以探大理,自融州以探思、播,其去鞑境地里委相辽绝,欲望睿慈札下荆、蜀两阃,应有探到鞑贼动息以时关牒本司,庶几本司得以随机应接,极力备御。

李氏条陈第二事则为"鞑贼谋人之国,多出间道"。他指出各种谍报显示蒙军"奸谋不浅",所谓"但观淳祐五年以来,节次备录,所报或传谋入思、播,以窥沅、靖;或闻取道蕃部,径趋南诏;或谓吐蕃已得鞑贼旗号,为乡道入广。此等之报,不一而足"。他仔细分析了川蜀与广右间的地理形势,要求朝廷防备蒙古军队间道"斡腹"攻宋:"臣以此推之,则戊申既失利于岩州,又安知不舍岩州之熟路,而取他道?有如蜀帅久在西边,识戎情于万里外,其为广右深虑如此,夫岂可玩?"①李氏十分明确地指出,川蜀稳定方可安大理,大理安则广右地区之安全无虞。

李曾伯对当时西南边备的认识,可谓深具远见。他对岭南"斡腹"之防的担忧十分沉重。② 在整个1240年代,随着蒙古与大理之间战事频发,

---

① 参阅《历代名臣奏议》卷三三八《御边》,第4379页上—下;《可斋杂稿》卷一七,第360页下。
② 李曾伯《第二辞免奏》称:"惟岭当斡腹之防,非臣可养疴之所。"《回宣谕关阁长二月六日两次圣旨奏》则云:"臣愤边患之凭陵,虑斡腹之侵食。"参阅《可斋续稿》后卷四,第631页上;《可斋续稿》后卷五,第655页上。

南宋西南边鄙将帅已深刻预感到,蒙古攻下大理之后必将再由此而"斡腹两广",甚至危及福建地区。有论者指出:"1246年是忽必烈平大理前宋人'斡腹之传'最频、'斡腹之忧'最深、'斡腹之议'最多、'斡腹之防'最严的一年。"①

然而需指出的是,吴昌裔、李鸣复、李曾伯等南宋边鄙帅臣们过去近三十年来所上报的有关蒙古欲斡腹入寇的各类奏闻,事实上并未引起南宋朝廷的重视。淳祐七年(1247)八月,湖南安抚大使陈韡"抵潭州,密奏提刑宋慈所言大理诸蛮事宜……[九月,]公言:'斡腹之说,此实过疑。有备无患,自治上策。要之,先事之备,贵于无迹。目下平安,忽尔汲汲军事,猺、侗、安南必且疑惧。'"②另据《宋史全文》载,始自宝祐三年(1255)迄于开庆元年(1259)底,有关"斡腹之谋""斡腹之报""斡腹之传""斡腹一事""斡腹支径""蒙古谋斡腹"等内容才日渐频繁地出现在理宗与大臣的召对、谕旨中,显示出事态的紧急。③ 1257年,李曾伯离开广右八年之后,仍大声呼吁:"窃惟敌人斡腹之事,乃是宗国切身之忧,以邕、宜而观,视沅、靖尤紧。"④换而言之,在此之前,南宋中央朝廷对于蒙古军队在西南的各种"斡腹"传言,其实并没有采取切实有效的应对措施,一则他们担心此类传闻引发恐慌,二则宋人防蒙重点一直集中在川蜀、荆湖、两淮地区,而非广右之地。⑤

蒙古经略云南数年后,对当地控制已趋稳定。自宪宗五年(1255)起,兀良合台所统领的军队,一面北上攻蜀,一面进击贵州、云南等地未下诸

---

① 参阅石坚军《蒙古与大理关系新探——以"斡腹之谋"为视角》。
② 《刘克庄集笺校》卷一四六《忠肃陈观文神道碑》,第5775页。
③ 《宋史全文》卷三五《宋理宗五》、卷三六《宋理宗六》,第2833—2940页。另,黄宽重撰有《庶无稽迟——宋、蒙广西战役的军情搜集与传递》一文,详细讨论了李曾伯于宝祐五年(1257)至景定元年(1260)间的各类奏报,其中涉及所谓蒙古斡腹之事甚详。参阅氏著《政策·对策:宋代政治史探索》,(台北)联经出版事业股份有限公司,2012年,第195—230页。
④ 《可斋续稿》后卷五《回宣谕令调兵援广与徐经略商确》,第636页下。
⑤ 景定三年(1262),刘克庄对于"斡腹之传"仍抱有很大的批评和怀疑,他说道:"斡腹之传且二十载,于是建阃桂林,倚之为万里长城,羽檄调精兵良将,分布要害,又竭广东楮积钱粟以饷广西。寇未至则先抽外戍以自卫,寇至则坚闭四壁而不敢出。"云云。参阅《刘克庄集笺校》卷八七《进故事·壬戌七月初六日》,第3732—3733页。

蛮。这年年初（宝祐三年二月），南宋左丞相谢方叔上奏朝廷称，"广西之传"不虚，蒙古果有"斡腹之谋"。① 宪宗八年，兀良合台由云南北上配合蒙哥攻宋，"斡腹"之势已明。② 南宋边鄙帅臣对蒙古"斡腹南来"的猜测终成事实：宝祐六年（1258）五月一日，理宗圣旨提到大理谍报，以及朝廷从湖南制置使处得到据称蒙哥所言"止隔重山条江，便是南家"的信息。③ 次年（1259）"秋九月，鞑鞯国宪宗皇帝亲帅大军入蜀，势欲顺流东下。一军自大理国斡腹南来，历邕、桂之境，南至静江府"。④ 而兀良合台所统领的军队被称为"斡腹之师"，这也是当时或后世谈论"斡腹之谋"时最为主要的论说对象。⑤ 逮至1260年，郝经奉命使宋，他曾声言："且彼国迩年以来，两淮残破，四川陷没，二广透漏，江面绽缺……上流在所可以下，江面在所可以渡，斡腹在所可以出。"⑥

前文所述宋人自1227年以来有关蒙古军队在西南地区吐蕃、川蜀、大理等地的军情报告，很大程度上是由于南宋边鄙帅臣敏感于蒙古军队的行动，进而作出的一种臆测与联想。而这种臆测或联想，一方面出自各类"传闻"；另一方面，南宋文人帅臣们原本喜好谈论军国大事，就边鄙之事抒陈己见，这无疑进一步加剧了人们对蒙古存有所谓"斡腹之谋"的种种忧虑。李曾伯后来在《归里谢宣谕奏》中曾说："果而连岁值敌大入，以南方素无备之地，当此敌二十年。斡腹之谋，误国误民，固所深惧。"⑦

---

① 《宋史全文》卷三五《宋理宗五》，第2840—2841页。
② 据黎崱称，兀良合台的任务就是"经安南边邑，取广西道，会兵攻宋"。黎氏将宪宗命兀良合台北上时间记为丁巳冬（1257），今从《兀良合台传》，应为戊午岁（1258）。参阅《安南志略》，第14页；《元史》卷一二一，第2981页。
③ 《可斋续稿》后卷六《回奏宣谕》，第682页上。
④ 《宋季三朝政要笺证》卷三《理宗》，第247页。
⑤ 据《宋季三朝政要》载，己未年十月，"赵葵为枢密使、江东西宣抚策应大使，屯兵信州，遏广右斡腹之师"。元人刘一清称："开庆己未秋九月，北朝宪宗皇帝亲率大军入蜀，势欲顺流东下。一军自大理（因）[国]斡腹南来。广帅李曾伯闭门自守，北兵遂至潭州。"参阅《宋季三朝政要笺证》卷三《理宗》，第249页；刘一清撰，王瑞来校笺考原：《钱塘遗事校笺考原》卷四《北兵渡江》，中华书局，2016年，第101页。
⑥ 《郝经集编年校笺注》卷三七《宿州与宋国三省枢密院书》，第984页。
⑦ 《可斋续稿》后卷四，第634页下。

四、余　　论

自边鄙危机日重之后,南宋西南边防帅臣对于蒙古在西部边疆地带(陕西、四川、吐蕃以及云南地区)的一系列举动,均视作为是"斡腹"之举。蒙军攻秦巩,南宋忧蜀西;蒙军入川蜀、攻吐蕃,南宋忧云南;蒙军进占云南,南宋则又深忧广右、福建诸地。在南宋边鄙帅臣看来,蒙古军队的意图似乎一览无遗。南宋人的这种担忧其实并非多余,他们之所以深为关切蒙古军队在西南地区的种种举动并将其称为"斡腹"谋略,最让南宋广大军民耿耿于怀的直接缘由是,就在不多年前,蒙军正是强行假道宋境而"斡腹"灭金,是所谓"殷鉴不远"！倘若不算太过牵强的话,它背后还有更为深刻的历史远因。这就不由令人联想起汉武帝征西南夷之事,据《史记·西南夷列传》载：

> 建元六年,大行王恢击东越,东越杀王郢以报。恢因兵威使番阳令唐蒙风指晓南越。南越食蒙蜀枸酱,蒙问所从来,曰："道西北牂柯,牂柯江广数里,出番禺城下。"蒙归至长安,问蜀贾人,贾人曰："独蜀出枸酱,多持窃出市夜郎。夜郎者,临牂柯江,江广百余步,足以行船。南越以财物役属夜郎,西至同师,然亦不能臣使也。"蒙乃上书说上曰："南越王黄屋左纛,地东西万余里,名为外臣,实一州主也。今以长沙、豫章往,水道多绝,难行。窃闻夜郎所有精兵,可得十余万,浮船牂柯江,出其不意,此制越一奇也。诚以汉之强,巴蜀之饶,通夜郎道,为置吏,易甚。"上许之。乃拜蒙为郎中将,将千人,食重万余人,从巴蜀筰关入,遂见夜郎侯多同。蒙厚赐,喻以威德,约为置吏,使其子为令。夜郎旁小邑皆贪汉缯帛,以为汉道险,终不能有也,乃且听蒙约。还报,乃以为犍为郡。发巴蜀卒治道,自僰道指牂柯江。①

---

① 《史记》(点校本二十四史修订本)卷一一六,第 3628 页。

这段记载非常清晰地表明汉武帝苦心经营西南夷以图南越国的战略，就是先行据有西南之地而后再攻两广。① 所称"制越一奇也"，即控制南越之奇路。虽南宋时代去西汉时代悬隔辽远，然而当今天再仔细审读南宋人当时针对蒙古存有所谓"斡腹"之谋的种种隐忧时，总会让人印象深刻地感觉到它们之间所具有的某种历史关联。前文所引李曾伯《帅广条陈五事奏》称："广右之藩篱在邕，邕之藩篱又在两江，习南方形势者，素有此论。盖以右江通大理来路，左江与安南接境，两江羁縻州峒险隘不一，先朝疆以周索，赖此以控制之故也。"②

此外，对比前文所提及的南宋末年文人帅臣如吴昌裔、李鸣复、高斯得、阳枋以及魏了翁等对"斡腹"之说的种种言辞，可以发现它们与《史记》的这则记载竟如此异曲同工。上述这些帅臣，大多进士出身，无一不是饱学之士，他们不仅"素知南方山川形势"，对于历史前辙更是熟稔于胸。他们对《史记·西南夷列传》的相关记载自然不会陌生，之所以不予明言点破，应是有所违碍，毕竟汉武一统与蒙古来伐之事，势不可等量齐观。

通过以上对蒙元和南宋方面文献记载的分别考察，或已有充分理由相信，"斡腹"之说很大程度上应源是南宋西南边鄙帅臣对蒙军军事行动本能警觉反应的一种说辞。而且，元代的人们再重新讲述所谓"斡腹之谋"这段历史时，很明显就是蹈袭前文所述南宋人的那些描述。如宋本称："当岁己未，宪庙亲幸蜀，世祖皇帝以皇弟帅兵渡鄂，将与兀良合台共会江左，宋人号斡腹之师，掎角捣虚，势急雷电。"盛如梓则云："宪宗在位，

---

① 汉武帝开西南夷之事，历来为人们所称道，宋元时代的人们自然也不例外。所谓"汉武开僰道，通西南夷道"，"汉武开僰道，云南此初程"云云，不胜枚举。以上参阅《云南志略辑校·诸夷风俗》，第 86 页；胡助撰：《纯白斋类稿》卷三《赋僰道送萧存道元帅》，文渊阁《四库全书》木，第 1214 册，第 567 页下。
② 《历代名臣奏议》卷三三八《御边》，第 4380 页—4381 页上。李曾伯写道："臣前项开画之陈，虽为斡腹之虑，载念自古兵家有出间道以谋人之国者，类以偏师济，如深入险阻，重兵所难。今者鞑戎窥闯之计固难隃度，所当预防。然以臣涉历淮事觇之，每岁虏当隆寒草枯，盛夏疠出，不容不去。今自西羌越南诏，欲以窥我，马力所及，容或有之。然谓大势远来，其谋恐未至此。但当中严边备，常若敌在。区区所陈，盖又虑慢藏诲盗，如旧岁南舟它寇之惊，交人假道之报，有不得不防者，非止为备鞑计也。"是知，李曾伯对所谓"斡腹之谋"深表疑虑，他以预防为先务，南宋帅臣之机警若是者可知。参阅《可斋杂稿》卷一七《帅广条陈五事奏》，第 349 页。

以公(速不台)之子兀良合台为征蛮大元帅,子阿朮佐之统兵,由蜀道征大理、交趾,斡腹湖广,南方震惊。"吴莱亦云:"金房假道,徒示夹攻;黎、巂奇兵,竟成斡腹。"①

如果说上文对南宋方面所谓"斡腹"之说出现的历史过程已大致梳理清楚了的话,那么接下来应该对所谓"斡腹之谋"的结果予以澄清。蒙军虽然攻灭大理而进占云南地区,但由此地北上欲图"斡腹"攻宋的战略意义并未实现,也没能取得多少实质性效果。据《兀良氏先庙碑铭》记载,兀良合台领军北上进击南宋的主要路线,大致为横山寨、老苍关、贵州、象州、静江府、辰州、沅州、潭州等地。从云南北上攻宋,要克服险恶的地理环境,其地山川横亘,瘴疠之气肆虐,要跨越此等艰难地理区域,难度可想而知。兀良合台北上进军的效果并不明显,甚至容易陷于危险境地。兀良合台的军队虽与忽必烈在攻打鄂州时取得了联系,然而由于忽必烈急于北上争夺汗位,蒙古欲图夹击南宋的效果自然没能实现。② 明人魏濬曾评述道:

> 然道路既阻,声息甚遥,茫然不知要领。诸蛮反相顾惊疑,所结营寨,每遭烧毁。虏性不能南处,隆冬草枯,盛夏蛊出,即当反北。逾蕃部、南诏,必须多历时月。滇黔之间,冈岭敧折,胡马不能长驱,必安据南诏,乃可东向。又得广交,以窥吴楚,是谓仰攻。虏人狡黠,岂其不谙地利? 当时何故发此迂计? 谋国之疏,其略可睹。李

---

① 《元文类》卷三一《湖南安抚使李公祠堂记》,第590页;盛如梓撰:《庶斋老学丛谈》卷上,《知不足斋丛书》本,第2页;吴莱撰:《渊颖集》卷一二《欧阳氏急就章解后序》,《四部丛刊》景元至正本。
② 参阅堤一昭《忽必烈政权的建立与速不台家族》。郝经在《东师议》中对蒙古攻宋举措失当提出批评,尤其是所谓"用奇"策略问题,此或可用在兀良合台一军图谋捣袭南宋问题上。兀良合台欲遂行斡腹攻宋的策略,最终未能奏效。兀良合台一军之所以后来能渡江北返,主要也是因南宋守军闭门自守,未予有力阻击。李曾伯曾为此落职解官。据《宋史·理宗纪》载,宝祐六年(1258)正月"癸酉,罢李曾伯广西经略,以广南制置大使兼知静江府"。十二月"辛丑,诏李曾伯城筑关峒,训练民兵峒丁,申严防遏"。景定元年(1260)五月"壬申,李曾伯、史岩之并落职解官:曾伯坐岭南闭城自守,不能备御;岩之坐鄂州围解,大元兵已渡江北还,然后出兵,又命summary任事,以致败绩"。八月"壬戌,李曾伯、史岩之各削二秩"。参阅《宋史》卷四四《理宗四》、卷四五《理宗五》,第861、864、873、875页。

曾伯所谓亦用备蛮,非专御鞑,聊以固吾圉则可尔。所陈辑约溪峒、团结民兵二事,实为长计。故删录其略存之,以见当时之事体如此。①

回到本章最开头所提出的问题上来,即忽必烈进征大理国的目的究竟何在? 前文所引《史集》记载,称是为了获取军粮。然而历史事实却表明,忽必烈此番进军大理国非但没能达成此目的,反而损失十分惨重。② 据《贺仁杰神道碑》载:

> 公由是入备宿卫。经吐蕃曼陀,涉大泸水,入不毛瘴喘沮泽之乡,深林盲壑,绝崖狭蹊,马相縻以颠死,万里而至大理。归由来涂,前行者雪深三尺,后至及丈,峻阪踏冰为梯,卫士多徒行,有远逾千里外者。比饮至略畔,最诸军亡失马,几四十万匹。③

另据《董文忠神道碑》载:"癸丑,从征南诏,其兄平章忠献公文炳耻不得从,自橐将家僮二百骑追之。大军深入矣,路经土蕃,战而后达,才余数骑。"④ 前引《史集·突厥—蒙古部族志》称,当时进征大理国的蒙古军队有十个万户,而最终仅剩下两个万户。如此巨大的损失,或许正是后来蒙哥要"钩考"

---

① 参阅魏濬撰《西事珥》卷八《假道斡腹之谋》,明万历刻本。另可稍加补充的是,南宋西南方向川、渝、黔等地依山所建大量山城,若无十数年甚或数十年苦心经营,不大可能短期内大量出现。南宋西南边鄙之地的帅臣们确实是在按照自己所预想的所谓蒙古人有"斡腹"之谋的战略而积极采取主动的防御措施,这些山城的出现便是其具体体现。
② 忽必烈征云南付出重大代价,此前陈世松、李治安已注意到这一问题,不过未就此展开论析。参阅《宋元战争史》,第 122 页;李治安:《忽必烈传》,人民出版社,2004 年,第 52 页。
③ 《姚燧集》卷一七《贺仁杰神道碑》,第 269 页。
④ 《姚燧集》卷一五《董文忠神道碑》,第 230 页。据王磐《赵国忠献公神道碑》载:"时癸丑岁秋七月,兵伐南诏。公率壮士四十、马二百匹往从之,稍后至孟津过河,经潼关,涉临洮,由是蕃界迤逦南进,道途险恶,人马疫死,其能从者才两人耳。饥则啖死马,日行三二十里,困苦将死,会有使者过其旁,识之,幸为我达一言,使者至行在,备言公难苦状。亟命公弟文忠,选帐前马五匹迓之。既至,上咨嗟叹赏,知公志操坚确,任重道远,可委以事。"征大理之苦状,于此可知。参阅李正儒纂修[嘉靖]《藁城县志》卷九,明嘉靖刊、民国铅字重印本。

忽必烈的重要原因之一。而元代史籍对于忽必烈征大理之事始终感觉有所讳言,究其缘由或许亦在此。

忽必烈攻灭大理政权,基本未遇太大抵抗,总共耗时亦不到半年,次年之初即匆匆北返,留下兀良合台继续在云南地区征战。忽必烈灭大理国,虽可视为一项大功绩,① 然而它的代价却是十分巨大的。忽必烈时代之所以对其攻灭大理国的前因后果未留下详细的记载,一方面固然是因为相较其后来灭南宋的不世功业而言,灭大理自然不值得大书特书;但另一方面则正如前文所言,忽必烈进军大理国本身其实是个得不偿失的举动。他之所以选择进军大理国,当时实在是由于征宋遭遇阻难,而后采取变通措施先行进征大理国而已。忽必烈深知,倘若当时便急于攻宋,肯定难有胜果;若遭败绩,于其个人前途而言是极为不利的。

最后需要指出的是,蒙古人在征西夏、灭金以及西征过程中,"斡腹"战术可谓运用娴熟,屡试不爽。② 这或许与游牧人群的围猎习俗有很大关联,所谓迂回包抄、夹击、打围等等。③ 倘就宽泛意义而言,无论蒙古入吐蕃,攻川蜀,还是征大理,甚或进军安南诸地,就其攻宋之客观大势上说来,或许均可将其解读成各种"斡腹"之举。④ 然而,就忽必烈远征大理国的事件而言,虽后世史家们经常将此颂扬为一种典型的"斡腹"壮举,不过

---

① 耶律铸《贤王有云南之捷》有云:"诏出甘泉总六军,渡泸深入建元勋。旌旗蟠地惨遮日,金鼓震天寒搅云。鏖战折冲貔虎阵,先声靡拉犬羊群。中朝词客椽如笔,拟(一作已)与名王纪所闻。"王礼《罗泸州子父志节状》称:"国家混一南方,自得云南始,是犹高祖之关中、光武之河内也。"参阅《双溪醉隐集》卷四,文渊阁《四库全书》本,第1199册,第442页上;王礼《麟原后集》卷一〇,文渊阁《四库全书》本,第1220册,第539页上。
② 郝经《三峰山行》诗云:"朔方善为斡腹兵,岂肯掠地还攻城。"据笺注者考证,诗作于1259年。参阅《郝经集编年校笺注》卷一一,第251页。
③ "斡腹"被认为是蒙军经常采用的一种战略战术,其要旨在于迂回绕击,避开正面攻敌侧背。不过,这在任何时代其实也只是项军事上的常用策略而已,不独蒙古人素习此道;且在很多场合下可能也是客观地理条件使然。魏了翁曾写道:"出淮蔡可以睨陈,出海道可以捣青齐,出襄陕可以袭许,出汝可以通洛,出嵩虢可以震河东,出商于秦凤可以图陕西,此虽武夫小人亦能按图言之。"参阅《宋蒙(元)关系史》,第209页;魏了翁撰:《重校鹤山先生大全文集》卷九三《家塾策问一道》,《四部丛刊》景宋本。
④ 参阅前揭石坚军《蒙古与大理关系新探——以"斡腹"之谋为视角》《"斡腹"考述》两文。

从上文所解析的这段历史的最初缘起、最终结果以及"斡腹"之说的实际流传状况等合而观之,当日历史实情似乎并不全然如此。所谓蒙古人早已存有欲先"斡腹"大理而后灭宋的战略远谋问题,实在仍需要审慎对待。

第五章 忽必烈的抉择：敕死文天祥与处置故宋遗留问题

本章老话重提，拟对文天祥从被执到被敕死前后相关的一系列史事重新检讨，意图从当日具体历史情境来进一步解析这段历史。本章主要尝试回答以下三方面问题：首先，文天祥从被俘到被杀，其间他究竟经历了怎样的心路历程？在"速死"与"只求一死"以全节的决绝态度之外，他究竟有无可能存有一种"不死"的想法？其次，当日元廷对外发布敕死文天祥的具体原因是什么，时人对此所知若何，忽必烈缘何又终敕文天祥以死？第三，在促使元廷敕死文天祥的诸多缘由中，其中所涉谏言者"闽僧"究竟系何人？是否可从"闽僧"身上，观察到元廷对故宋遗留政治问题处置相关的更多历史信息？

一、天祥被执："速死"抑或"不死"？

元至元十五年（宋祥兴元年，公元 1278 年）十二月二十日，文天祥被张弘范统领的军队执于广东五坡岭。① 张弘范等元军前方将领劝降文天祥不果，随后，"弘范遣使具奏天祥不屈与所以不杀状，世祖皇帝命护送天

---

① 据《元史》载，至元十五年闰十一月："谍报文天祥见屯潮阳港，亟遣先锋张弘正、总管囊加带率轻骑五百人，追于五坡岭麓中，大败之，斩首七千余，执文天祥及其将校四人赴都。"参阅《元史》卷一〇《世祖七》，第 206 页。

祥[至]京师。弘范遣都镇抚石嵩护行,且以崖山所得宋礼部郎官邓光荐与俱"。①

至元十六年(1279)二月二十二日,②文天祥等人遭北解。他们从广州出发,于当年十月一日抵达大都。从《指南后录》《集杜诗》诸诗篇所涉地名,或可大致勾勒出文天祥北行的具体线路,沿途所经地点如次:广州、英德、南安军、万安县、泰和、吉州、临江军、隆兴府、湖口、安庆府、池州、建康、真州、扬州、高邮、宝应、淮安军、桃源、崔镇驿、宿迁、邳州、徐州、彭城、藤山、沛县、固陵、鱼台、潭口、新济州、汶阳、郓州、东平、东阿、高唐州、博州、陵州、献州、滹沱河、河间、保州、涿州、涿鹿、白沟河等地。③ 这条路线与元代江西行省、江浙行省以及腹里地区诸驿道颇为相合。④ 当日元廷征召南方士人赴大都,大多藉由此道北行,所谓"乘传上京"。⑤ 文天祥自况"楚囚",且被"系颈絷足"。不过因其身份特殊,所获待遇尚可。文天祥沿途所作《越王台》《燕子楼》《戏马台》《赵太祖墓》诸诗篇,一定程度上反映出北解途中,所遇并不苛严。据《指南后录·河间》载,文天祥自陈:"夜宿河间恰家,则翁寓焉,因成三绝。"⑥所谓"则翁",乃南宋末年名臣家铉翁。可以说,当时情势并不见窘迫。⑦

从至元十六年十月抵京,至十九年(1282)十二月被敕死,文天祥拘于

---

① 《申斋刘先生文集》卷一三《文丞相传》,第 570 页。
② 《申斋刘先生文集》卷一三《文丞相传》内称"二十二日发广州",第 570 页。
③ 文天祥撰:《文天祥全集》卷一四《指南后录》、卷一六《集杜诗》,中国书店,1985 年,第 349—382、397—440 页。又,根据辑佚所得文天祥诗,或可补充如下几地:江西永修,山东济宁,河北武强,河北保定遂城、雄县、定兴等地,参阅刘文源校笺《文天祥诗集校笺》第 4 册《附录一·辑佚》,中华书局,2017 年,第 1668—1684 页。
④ 参阅党宝海《蒙元驿站交通研究》,昆仑出版社,2006 年,第 279—313 页。
⑤ 《谢叠山全集校注》卷一《上程雪楼御史书》,第 1 页。
⑥ 《文天祥全集》卷一四《指南后录》之卷之二,第 367 页。
⑦ 另据周密撰《文山书为北人所重》载:"平江赵昇卿之侄总管号中山者云:近有亲朋过河间府,因憩道傍,烧饼主人延入其家,内有小低阁,壁贴四诗,乃文宋瑞笔也。漫云:'此字写得也好,以两贯钞换两幅与我如何?'主人笑曰:'此吾家传宝也,虽一锭钞一幅亦不可博。咱们祖上亦是宋民,流落在此。赵家三百年天下,只有这一个官人,岂可轻易把与人邪? 文丞相前年过此与我写的,真是宝物也。'斯人朴直可敬如此,所谓公论在野人也。癸巳九月。"文天祥此诗乃北解途中经河间府时所作,由以观之,知其所遇并不严苛。参阅《癸辛杂识·癸辛杂识续集下》,第 186 页。

燕狱凡三年又两月。文天祥的燕狱生活,于《指南后录》《吟啸集》诸诗篇中或可窥见。诗中对其狱中苦状,亦略有描绘。① 不过,因元廷一直试图劝降文天祥,并极力安抚,就总体而言,其狱中处境尚可。他在狱中不仅可以见客会友,与琴师汪元量、道士灵阳子等弹琴论道;②还供有棋弈、笔墨、书册等,以为消遣。③ 文天祥狱中所成诗句,当时就已外传。据至元二十一年(1284)邓光荐撰《文天祥墓志铭》载:"北人传好句,大半狱中成。"④同时代人郑思肖所撰《文丞相叙》则称:"北人有敬公忠烈,求诗求字者俱至,迅笔书与,悉不吝。"⑤另据元末明初人陶宗仪《隆友道》载:"张毅父先生千载,庐陵人,而宋丞相文公友也。公贵显时,屡以官辟不就。江南既内属,公自广还,过吉州城下,先生来见曰:'今日丞相赴北,某当偕行。'既至燕,寓于公囚所侧近,日以美馔馈。凡三载,始终如一。"⑥以此亦可窥见当日文天祥燕狱生活的一个侧面。

那么,文天祥于被执到被杀死的三年多时间里,他面对死亡的心路历

---

① 如《指南后录》卷之三《五月十七夜大雨歌》《还狱》诸篇,参阅《文天祥全集》,第 374、378 页。
② 《文天祥全集》卷一四《指南后录·胡笳曲》、卷一五《吟啸集·遇灵阳子谈道赠以诗》,第 369—370、389 页。《胡笳曲》记:"庚辰中秋日,水云慰予囚所。援琴作胡笳十八拍,取予疾徐,指法良可观也。琴罢索予赋胡笳诗,而仓卒中未能成就。水云别去,是岁十月复来,予因集老杜句成拍,与水云共商略之。盖囹圄中不能得死,聊自遣耳。亦不必一一学琰语也。水云索予书之,欲藏于家,故书以遗之。"
③ 据邓光荐撰《文丞相传》载,至元十九年,因情势突变,"下千户所,收其棋奕笔墨书册"。参阅《文天祥全集》卷一七《宋少保右丞相兼枢密使信国公文山先生纪年录》所录邓光荐《文丞相传》,第 466 页。下文所引邓光荐《文丞相传》之相关内容,均引自该书,不再一一注明。
④ 此《文天祥墓志铭》,见于明嘉靖本《文山先生全集》卷二八、崇祯本《宋文文山先生全集》卷二一,分别题作《宋礼部侍郎庐陵中斋邓光荐中甫叙公传》《邓光荐叙传论》。详可参阅陈柏泉《至元二十一年文天祥墓志铭》,载《文史》1983 年总第 17 辑,第 240 页;邓碧清:《也谈至元二十一年〈文天祥墓志铭〉》,载《文史》1994 年总第 38 辑,第 220 页。
⑤ 《郑思肖集》,第 126 页。本章所引《郑思肖集》的相关内容,均出自是书所收录的《心史》。有关《心史》真伪问题的争论,自清人徐乾学以来,已持续数百年之久。目前就元史学界而言,对于《心史》为宋遗民所作的真实性问题以及该作品所具有的重要史料价值,基本持肯定态度。本人认同元史学界前辈学者所作出的肯定判定。本章多处征引《心史》内容来讨论相关问题,其实亦从一侧面揭示出郑思肖所记与当日历史状况相符合之种种。对于《心史》真伪问题争论的学术史梳理,详可参阅钟焓《〈心史·大义略叙〉成书时代新考》,载《中国史研究》2007 年第 1 期。兹不赘述。
⑥ 《南村辍耕录》卷五,第 63 页。

程究竟有何变化呢？在起初求"速死"与最终"只求一死"之间,究竟有无"不死"的想法？这是一个难以遽然作答而需仔细解析的问题。

据刘岳申撰《文丞相传》载：

> [至元十五年十二月]二十日午,天祥方饭客五坡岭,步骑奄至,天祥度不得脱,即取怀中脑子服之。众拥天祥上马,天祥急索水饮,冀速得死,已乃暴下,竟不死,诸军皆溃。天祥见弘范于和平,大骂求死。越七日,至潮阳,踊跃请剑就死……明年[二月]十四日,弘范置酒大会诸将……副元帅庞钞儿赤起行酒,天祥不为礼。庞怒骂之,天祥亦大骂,请速死。……二十二日发广州,至南安,始系颈縶足,以防江西之夺者。明日天祥即绝粒不食,计日可首丘庐陵。①

另据文天祥《吟啸集·告先太师墓文》云：

> 余始至南安军,即绝粒为告墓文。遣人驰归白之祖祢,瞑目长往,含笑入地矣。乃水盛风驶,五日过庐陵,又二日至丰城,知所遣人竟不得行。余至是不食,垂八日,若无事。然私念死庐陵不失为首丘。今心事不达,委命荒江,谁知之者？盍少从容以就义乎？复饮食如初。因记《左传》：申包胥哭秦庭七日,勺饮不入口,不闻有他。乃知饿踣西山,非一朝夕之积也。余尝服脑子二两不死,绝食八日又不死,未知死何日,死何所。哀哉！②

又,《集杜诗·南海第七十五》称：

> 余被执后,即服脑子约二两,昏眩久之,竟不能死。及至张元帅所,众胁之跪拜,誓死不屈。张遂以客礼见。寻置海船中,守护甚谨。至厓山,令作书招张世杰,手写诗一首复命,末句云：人生自古谁无

---

① 《申斋刘先生文集》卷一三《文丞相传》,第568—570页。
② 《文天祥全集》卷一五,第386页。

死,留取声名照汗青。张不强而止。厓山之败,亲所目击。痛苦酷罚,无以胜堪。时日夕谋蹈海,而防闭不可出矣。失此一死,困苦至于今日,可胜恨哉!①

由上所述几段文字可知,文天祥预感自己将被俘,随即选择自杀,以求速死殉节,遗憾的是未能遂愿;被俘之后,文天祥情绪激昂慷慨,屡屡求请速死,然而也总是未能达成其成仁之志。

1279年底抵达大都后,面对络绎前来劝降的原南宋皇帝、大臣以及元朝的高官显贵,文天祥同样言辞激烈,惟求速死:

十月一日,公至燕,供帐饮馔如上宾。公义不寝食,乃坐达旦,虽示以骨肉而不顾,许以穹职而不从。南冠而囚,坐未尝面北。留梦炎说之,被其唾骂。瀛国公往说之,一见,北面拜号:"乞回圣驾。"平章阿合马入馆驿坐召公,公至,则长揖就坐。马云:"以我为谁?"公云:"适闻人云,'宰相来'。"马云:"知为宰相,何以不跪?"公云:"南朝宰相见北朝宰相,何跪?"马云:"你何以至此?"公曰:"南朝早用我为相,北可不至南,南可不至北。"马顾左右曰:"此人生死尚由我。"公曰:"亡国之人,要杀便杀,道甚由你不由你。"马默然去。②

"天祥今日至此,惟有死,不在多言,汝所言都不是。"博罗怒曰:"汝欲死,可得快死耶? 死汝,必不可得快。"天祥云:"得死即快,何不快为?"博罗呼引去。③

文天祥于1278年底的最末几天被俘,某种程度上可以说,己卯年(1279)才是他被俘的最初一年。这一年,文天祥祈求速死的愿望已然落空,不过求死的决绝态度却丝毫没有改变。《吟啸集·高沙道中》云:"自古皆有

---

① 《文天祥全集》卷一六,第415页。
② 《文天祥全集》卷一七《宋少保右丞相兼枢密使信国公文山先生纪年录》,第464页。
③ 《申斋刘先生文集》卷一三《文丞相传》,第573—574页。

死,死不污腥膻。"①文天祥在《吟啸集·告先太师墓文》内诗云:"无书求出狱,有舌到临刑。宋故忠臣墓,真吾五字铭。"他写道:"右自己卯十月一日至岁除所赋,当时望旦夕死,不自意蹉跎至今,诗凡二十余首。明日为商横除岁,不知又当赋若干首。而后绝笔云:己卯除日,姓某题。"②己卯岁除之前,文天祥求死心态甚重。

己卯年之后,元廷对文天祥采取了冷处理,不再过多地派遣大员前去狱中劝降。文天祥的心态似乎已有微妙改变,这从他的诗作中或可读获。每年特定时日,文天祥都会留下些诗文,抒发当时心境。为比较文天祥前后心态的变化,兹以作于不同年份的《端午》诗为例,稍予申说。

己卯年(1279),《指南后录·端午》诗云:

> 不知生者荣,但知死者贵。勿谓死可憎,勿谓生可喜。万物皆有尽,不灭唯天理。③

庚辰年(1280),《吟啸集·端午感兴三首》诗则云:

> 千金铸镜百神愁,功与当年禹服侔。荆棘故宫魑魅走,空余扬子水东流。
>
> 当年忠血堕谗波,千古荆人祭汨罗。风雨天涯芳草梦,江山如此故都何。
>
> 流棹西来恨未销,鱼龙寂寞暗风潮。楚人犹自贪儿戏,江上年年夺锦标。④

己卯年诗作,"死"不离口;庚辰年诗句,已全然不见"求死"之高亢语句,仅感怀伤逝而已。也是在庚辰年十月,文天祥又作《去年十月九日余至燕城

---

① 《文天祥全集》卷一五,第384页。
② 同上书,第390页。
③ 《文天祥全集》卷一四,第382页。
④ 《文天祥全集》卷一五,第392页。

今周星不报为赋长句》,最后两句为:"只今便作渭水囚,食粟已是西山羞。悔不当年跳东海,空有鲁连心独在。"①文天祥对于己身未能赴死殉节,已颇有几分"悔意"。所谓"食粟"已"羞",实则正体现出某种求生意念的本能。

速死不得,求死不成,日久年深,最易改变人。文天祥心境有所变化,自是合乎情理之事。然而,有关文天祥心态变化的争论,也随之而起。据《宋史·文天祥传》载:

> 时世祖皇帝多求才南官,王积翁言:"南人无如天祥者。"遂遣积翁谕旨,天祥曰:"国亡,吾分一死矣。傥缘宽假,得以黄冠归故乡,他日以方外备顾问,可也。若遽官之,非直亡国之大夫不可与图存,举其平生而尽弃之,将焉用我?"积翁欲合宋官谢昌元等十人请释天祥为道士,留梦炎不可,曰:"天祥出,复号召江南,置吾十人于何地!"事遂已。②

此处文天祥所谓"黄冠归故乡""方外备顾问"之言,备受质疑。有论者以为,这是王积翁等人从狱中所带出的话,经其转述,已大不可信。邓光荐所撰《文丞相传》即有另一番说辞:

> 是时南人士于朝者,谢昌元、王积翁、程飞卿、青阳梦炎等十人,谋合奏,请以公为黄冠师,冀得自便。青阳梦炎私语积翁曰:"文公赣州移檄之志,镇江脱身之心,固在也。忽有妄作,我辈何以自解?"遂不果。
>
> 八月,王积翁奏,其略曰:"南方宰相,无如文天祥。"上遣谕旨,谋授以大任。昌元、积翁等,以书喻上意。公复书:"数年于兹,一死自分,举其平生而尽弃之,将焉用我?"事遂寝。③

---

① 《文天祥全集》卷一五,第394页。
② 《宋史》卷四一八,第12539页。
③ 《文天祥全集》卷一七《宋少保右丞相兼枢密使信国公文山先生纪年录》,第465页。

依据邓光荐所述,文天祥根本没有"黄冠归故乡""方外备顾问"的想法,此乃全然出于王积翁诸人。然而,由上述两则记载可知,对于"黄冠归故乡""方外备顾问"这个说辞,即便非由文天祥本人提出,想必他对此项动议也是知情的。明人王世贞对于此事曾评论道:"凡闽僧之告'星变','中山狂人'之欲'起兵',与诏使之'不及止',皆所以成信公也。'方外备顾问'之言,毋亦馁乎?然此非公之志也。留梦炎之不请释公,虽以害公,其为知公者矣。即不杀公而公竟以黄冠终,不可也。即公不以黄冠终而有所为,必败,败而死于盗贼之手,以歼其宗,而夷赵氏之裸将,亦未可也。"①

那么,文天祥究竟有无可能存有一种"黄冠归故乡""方外备顾问"以求不死的想法呢?倘若结合文天祥与道教之深密关系,文天祥有此想法,也并非绝无可能。

文天祥许多诗作都与道教有关,钱锺书在《宋诗选注》中说:"这位抵抗元兵侵略的烈士留下来的诗歌决然分成前后两期。元兵打破杭州、俘虏宋帝以前是一个时期。他在这个时期里的作品可以说全部都草率平庸,为相面、算命、卜卦等人做的诗比例上大得使我们吃惊。"②即便身处牢狱,文天祥仍"静传方外学,晴写狱中诗"。至元十七年(1280)十二月十一日,道士灵阳子至狱中探访文天祥,与之论道,文天祥作《遇灵阳子谈道赠以诗》。③ 栖身方外不问俗务,应是古代士人面对尴尬境况不愿出仕时的一种理想选择,文天祥若间或持有此种想法,实乃人之常情。

当然,对于文天祥这种英雄人物而言,此种寻常解释显然未能搔及痒处。或许可以抱持"了解之同情"的态度,从以下两方面来深入体察文天祥面临死生之事的选择,以更全面地理解文天祥存有"不死"想法的可能。

其一,应该留意当时文天祥所面对的江南社会舆论,尤其是江南士人的反应,他们对文天祥被俘一事究竟抱持何种态度呢?这其中最为著名

---

① 王世贞:《弇州四部稿》卷一一〇《史论二十首·文天祥》,明万历刻本。"黄冠故乡"之谜,在朝鲜王朝(1392—1910)后期也为朝鲜儒士所关注并生出许多解读,颇值留意。参阅孙卫国《试析文天祥"黄冠故乡"之谜与朝鲜儒士的解读》,载《学士研究》2024年第2期。
② 钱锺书:《宋诗选注》,人民文学出版社,1989年,第279页。
③ 《文天祥全集》卷一五,第388、389页。

者莫若王炎午。王炎午曾作《生祭文丞相文》《望祭文丞相文》,他撰写《生祭文丞相文》目的是"以速丞相之死":

> 仆于国恩为已负,于丞相之德则未报,遂作生祭丞相文,以速丞相之死。尧举读之流涕,遂相与誊录数十本,自赣至洪,于驿途、水步、山墙、店壁贴之,冀丞相经从一见。虽不自揣量,亦求不负此心耳。①

王炎午在此篇中明确表达出他对文天祥可能选择"不死"的忧虑:"或疑公留燕,可以久不死者。"该篇主要列举文天祥可死事之诸端缘由,并对当时文天祥再度被执后未能选择以死而保持其忠节的种种可能缘由逐一列出,并一一予以辩驳:

> 呜呼,大丞相可死矣!文章邹鲁,科第郊祁,斯文不朽,可死。丧父受公卿,祖奠之荣;奉母极东西,迎养之乐,为子孝,可死。二十而巍科,四十而将相,功名事业,可死。仗义勤王,使用权命,不辱不负所学,可死。华元踉蹡,子胥脱走,可死。丞相自叙死者数矣,诚有不幸,则国事未定,臣节未明。今鞠躬尽瘁,则诸葛矣;保捍闽广,则田单即墨矣;倡义勇出,则颜平原、申包胥矣;虽举事率无所成,而大节亦已无愧,所欠一死耳。奈何再执,涉月逾时,就义寂廖,闻者惊惜。岂丞相尚欲脱去耶?尚欲有所为耶?或以不屈为心,而以不死为事耶?抑旧主尚在,不忍弃捐耶?②

对于王炎午冀望文天祥"速死"之事,后世评价不一。欧阳玄在《梅边先生吾汶稿序》中对王炎午颇为称许:

> 他日,从其门人刘君省吾得《吾汶稿》读之,至《生祭文丞相文》,作而叹曰:呜呼!王鼎翁,宇宙奇士也。士之趣人以自裁者,惟朱云

---

① 王炎午:《吾汶稿》卷四《生祭文丞相·序》,《四部丛刊三编》景印明钞本。
② 《吾汶稿》卷四《生祭文丞相》。

于其师萧望之,然望之特一身计耳。鼎翁之为言,为天下万世之为人臣者计也。呜呼雄哉!①

然而,揭傒斯对此却评述道:

> 余旧闻宋太学生庐陵王鼎翁作《生祭文丞相文》,每叹曰:士生于世,不幸当国家破亡之时,欲为一死而无可死之地,又作为文章,以望其友为万世立纲常,其志亦可悲矣。然当是时,文丞相兴师勤王,非不知大命已去,天下已不可为,废数十万生灵为无益,诚不忍生视君父之灭亡而不救,其死国之志固已素定,必不待王鼎翁之文而后死。使文丞相不死,虽百王鼎翁末如之何,况一王鼎翁耶!且其文见不见未可知,而大丈夫从容就义之意,亦有众人所不能识者。
>
> 近从其邑人刘省吾得《王鼎翁集》,始见所谓《生祭文丞相文》。既历陈其可死之义,又反复古今所以死节之道,激昂奋发,累千五百余言,大意在速文丞相死国。使文丞相志不素定,一读其文,稍无苟活之心,不即伏剑,必自经于沟渎,岂能间关颠沛至于见执。又坐燕狱数年,百计屈之而不可,然后就刑都市,使天下之人共睹于青天白日之下,曰杀宋忠臣,文丞相何其从容若此哉!故文丞相之死国,必不系王鼎翁之文,其文见不见又不可知,而鼎翁之志则甚可悲矣。即鼎翁居文丞相之地,亦岂肯低首下心,含垢忍耻,立他人之朝廷乎!②

王炎午冀望文天祥以死殉节,应代表了当时不少南方士人的想法。文天祥因于燕狱期间,汪元量曾到狱中探视,不仅与之谈论琴道,"且勉丞相必

---

① 《欧阳玄全集》卷七《梅边先生吾汶稿序》,第153页。
② 《揭傒斯全集·文集》卷三《书王鼎翁文集后序》,第314—315页。另,清人曾燠在《寄题海丰县五坡岭文信国祠追次公过零丁洋诗韵》中谓:"冲人殿里尚横经,丞相军前已落星。风雪残年悲败叶,海山孤国本浮萍。祭公何必王炎午,知己无如麦述丁。今日五坡犹庙享,更谁浆饭哭冬青。"诗中暗讽王炎午冀望文天祥速死,认为麦述丁力劝杀死文天祥实乃保全文天祥之忠节。参阅曾燠撰《赏雨茅屋诗集》卷一三,清嘉庆刻增修本。

以忠孝白天下"。① 文天祥、汪元量间的诗歌唱和,今天均可读到。汪元量所作《妾薄命呈文山道人》《文山丞相,丙子自京口脱去,变姓名作清江刘洙,今日相对,得非梦耶》诸诗,均意在劝勉文天祥为宋尽节;文天祥殉国后,汪氏又作《孚丘道人招魂歌》九首等,为文天祥招魂。②

　　王炎午、汪元量等均为南宋旧臣,他们对文天祥被俘之后的态度,应该说体现的就是江南士人的一种普遍看法,他们大多冀望文天祥以死殉节。由是观之,当时文天祥所处境地,"死"或"不死",已非个人之事。文天祥被执后,他对于外界信息当有所了解。他的诗作屡屡在为自己辩白:"速死"不得,天祥已悔;"求死"不能,奈何奈何。文天祥倘有"不死"想法,或已难见容于江南士人。许有壬撰《文丞相传序》曾称:"可死矣而又不死,非有他也,等一死尔。昔则在己,今则在天。一旦就义,视如归焉。"③此言其实并未能完全道破文天祥心境。遭逢此种历史巨变,或许不能简单地将文天祥未能立即选择以死殉节,理解为是他在等待元廷对他的处置,由此而成就其"杀身以成仁"的志愿。事实上,这里面含有一种内心选择的矛盾,而这种矛盾是由现实环境所造成的。假若细加揣摩的话,或许除文天祥家人而外,其他人都出于各种立场和目的,大多冀望文天祥以死殉宋。这当然无关乎人性,而是时代之事。文天祥最后从容赴死,全然是出于忠宋之志,这不只是他个人的选择,实在是为时代所驱使。④

---

① 谢翱撰《晞发集》卷一《续琴操哀江南》,明万历刻本。亦见吴莱撰《渊颖集》卷八,《四部丛刊》景元至正本。另据胡翰撰《谢翱传》载:"翱有《晞发集》……是时,元新有天下,士大夫于宋事多讳言之。鄞江任士林称,翱善哭,如唐衢,岂其情哉! 岂其情哉!"参阅胡翰撰《胡仲子集》卷九《谢翱传》。
② 汪元量撰,胡才甫点校:《汪元量集校注》,浙江古籍出版社,1999年,第102、108、109页。另据迺贤(纳新)撰《读汪水云诗集》称:"水云汪元量,字大有,钱塘人,以善琴受知宋主,国亡奉三宫留燕甚久。世祖皇帝尝命奏琴,因赐为黄冠师南归。"汪元量被世祖"赐为黄冠师南归"的事例,是否为后来谏言者所援引,今不得而知。参阅迺贤撰《金台集》卷二,清光绪三十四年至民国十四年武进董氏刻《诵芬室丛刊》本。
③ 《至正集》卷三〇,第159页上。
④ 关于宋末元初士大夫忠诚问题的讨论,可参阅牟复礼《元代儒家隐逸思想》一文的相关讨论,Frederick W. Mote,"*Confucian Eremitism in the Yüan Period*", in Arthur F. Wright (ed.), *The Confucian Persuasion*, California: Stanford University Press, 1960.

其二,在"死"与"不死"问题的选择上,似有两人可与文天祥作些许比较,从中或可窥知忠宋之士们在面临死生之事上的某种抉择。此即谢枋得与郑思肖。

谢枋得曾五次拒绝元廷征召,不愿仕元。在面对降元"不死"与忠宋"死节"的选择问题上,谢枋得表现得毫无含糊。① 他在《上丞相留忠斋书》中称:"世之人有呼我为宋逋播臣者亦可,呼我为大元游惰民者亦可,呼我为宋顽民者亦可,呼我为皇帝逸民者亦可。"在《与参政魏容斋书》内云:"且问诸公,容一谢某,听其为大元闲民,于大元治道何损;杀一谢某,成其为大宋死节,于大元治道何益?"② 谢枋得立场鲜明:只要不出仕元朝,他可以选择作为元朝闲民而活下去;倘逼迫其出仕元朝,失忠宋之节,便"惟愿速死"。③ 最终,在福建参政魏天祐的强逼下,谢枋得被押至大都,很快他便选择绝食而死,其刚烈之气若此!

郑思肖反元之志甚为强烈。他不愿臣服于元王朝统治,始终忠宋,自称宋之"孤臣"。入元之后,郑思肖并没有选择以死保全其忠宋之节。郑思肖选择"不死"的理由,他自己多有表达:在《警终》一文中称:"独未终之以死,非惧死也,惧不得其正而死,全归之于天,贻辱于先也。"而在《南风堂记》(辛巳作,1281)文内则谓:"养其未死之身,必一见中兴盛事。"在《大义略叙》中亦云:"尝铭誓于心曰:'我逆我邪,愿汝灭我;汝逆汝邪,我誓灭汝!期救此心,同归于正,确于不变,一其无极。我终当与之绝,同归于一是之天!'旦旦颙望中兴,谓即刻可见,不料八年,今尚未复,如抱久饿

---

① 谢枋得对文天祥似有成见,尤其是对其军事才能,他认为:"咸淳甲戌而后,不复有礼法矣。贾似道起复为平章,文天祥起复为帅阃,徐直方起复为尚书,陈宜中起复为宰相,刘黻起复为执政。饶信斗筲穿逾之徒,钻剌起复,不可胜数,三纲四维,一旦断绝,此生灵所以为肉为血,宋之所以暴亡,不可救也。"值得留意的是,郑思肖在《大义略叙》中提及谢枋得,称德祐元年初,"江东提刑谢枋得降贼,后挟邓、傅诸洞民兵反正,杀贼甚多,示榜主张大宋气数甚力"。郑氏所云,似有所指。据谢枋得《上丞相留忠斋书》自称:"某自丙子以后(德祐二年),一解兵权,弃官远遁,即不曾降。先生出入中书省,问之故府,宋朝文臣降附表,即无某姓名;宋朝帅臣监司寄居官员降附状,即无某姓名;诸道路、县所申归附人户,即无某姓名。如有一字降附,天地神祇必殛之,十五庙祖宗神灵必殛之。"以此观之,颇有几分自辩之状。参阅《谢叠山全集校注》卷一《上程雪楼御使书》,第2—3、7—8页;《郑思肖集·大义略叙》,第163页。
② 《谢叠山全集校注》卷一,第8、12页。
③ 同上书,第12页。

思食,不能自活。但恐或者望南既久,意必堕于倦懒,陷北渐深,心亦随之契化,卒陷于伪逆之地,此当世人心之大病也。愿火德速开中兴之天,立亿千万世人伦之统,正今日之大事,我决为之矣!"①由上述所言可知,郑思肖想亲眼看到赵宋能如光武兴汉那般再度中兴,所以选择"不死"。

值得特别指出的是,郑思肖撰写《大义略叙》的时间大致在德祐八年(1282)、九年(1283)间,即所谓"德祐八年岁在壬午之春述,德祐九年癸未春正月重修"。郑思肖之所以要撰写《大义略叙》,他是这样说明其缘由的:

> 德祐八年岁壬午春,追思历年闻见大痛之事,略无次序,多所遗忘,深悔旧不识以日记。……闻叛臣在彼,教忽必烈僭俾南儒修纂《大宋全史》,且令州县采访近年事迹,又僭作鞑史,逆心私意,颠倒是非,痛屈痛屈,冤何由伸!此我《大义略叙》实又不容不作。《略叙》之作,主乎大义大体,有所不知,不求备载。我纪庶事,虽不该博于众人,惟主正理,实可标准于后世。将身行讨贼之举,先笔定诛逆之法。……惟意此《略叙》必有差忒,尚有望于后之正直君子。作史最是至难之事,且处于堂内之人,门外之事闻或不真。……赏罚当其事,庶无愧于为史,则可以垂训于天下后世矣。②

从郑思肖所述看来,他撰写《大义略叙》主要是针对元廷准备修纂《大宋全史》一事而作出的回应。新朝为前朝修史,通常被视作是前者为取代后者而获取合法性地位的一种手段。郑思肖撰写《大义略叙》,某种程度上也可解读为是他以"作史"的方式无奈接受了大宋已亡、复兴无望的现实。③ 自此之后,一直坚持行用"德祐"年号以示"忠宋"的郑思肖,终于再也无法抑制

---

① 《郑思肖集》,第131、145、190页。
② 同上书,第190—191页。
③ 文天祥本人对于宋亡之事实或许早已接受,并对复宋之事不寄希望。据孔齐撰《文山审音》载:"国初宋丞相文文山被执至燕京,闻军中之歌《阿刺来》者,惊而问曰:'此何声也?'众曰:'起于朔方,乃我朝之歌也。'文山曰:'此正黄钟之音也,南人不复兴矣。'盖音雄伟壮丽,浑然若出于瓮。至正以后,此音凄然出于唇舌之末,宛如悲泣之音。又尚南曲之《斋郎》《大元强》之类,皆宋衰之音也。"参阅孔齐撰、李梦生等校点《至正直记》卷一,上海古籍出版社,2012年,第51页。

住内心的灰死了。1282年冬所作《大义略叙·自跋》所署日期为"维大宋德祐甲甲甲甲甲甲甲甲甲甲甲之壬午岁冬至日",1283年所作《盟言》则署为"大宋德祐甲甲甲甲甲甲甲甲甲甲甲之癸未岁三月二十六日庚辰",这似乎就是他对南宋复兴无望的一种极度失望的表达。① 另据明代佚名《藏心史》记载,当年《心史》铁函出,外缄封"大宋世界无穷无极/大宋铁函经/德祐九年佛生日封/此书出日一切皆吉"。② 郑思肖之所以在"德祐九年"封函,无疑应是有所考虑的,此前一年,也就是德祐八年,故宋丞相文天祥终被处死。

上述两位具有强烈"忠宋"之志的南宋旧民,在宋亡元兴的现实面前,都具有强烈的求生意念,不约而同地选择"不死"。所不同者,谢枋得是在被强迫要求仕元的情形下,无奈选择以死殉节忠宋;郑思肖最终选择"不死",自称"大宋不以有疆土而存,不以无疆土而亡",③实则是其选择"不死"的一种遁词。简而言之,没有选择以死殉节的南宋遗民们,只要不被要求出仕元朝,他们就可以选择继续生存下去。前文所述王炎午,他在力劝文天祥死节的同时,自己却并未选择以死殉节,而终老于元泰定甲子岁(1324)。倘若藉上述诸人的选择而反观文天祥,文天祥或有"不死"的想法,那实在是再正常不过。倘若文天祥一味只"求死"而无他,在被羁押的数年岁月中,他有的是机会与可能,谢枋得即是明证。

要而言之,前文所揭示的文天祥身陷牢狱后所作诗歌体现出的心态变化,他与道教之间的深密关系,当日社会舆论所形成的某种压力,以及忠宋之士们面对死生之事时的不同立场选择,凡此种种,均提示我们无法排除文天祥或曾有过"黄冠归故乡""方外备顾问"想法的可能。④ 在此还

---

① 参阅《郑思肖集》,第198、199页。郑思肖此处所书十"甲"字的含义,明人陆坦《心史跋》说:"至'德祐'下十'甲'字,颇似隐语,抑效渊明书甲子之意乎?将必有详辨之者。"可以说,其具体含义仍不十分明朗,兹阙疑待考。参阅《郑思肖集》附录一《序跋》,第304页。
② 同上书,第338页。
③ 同上书,第198页。
④ 关于此点,姚大力师已有所表达,惜未展开分析。参阅姚大力《传统中国的族群和国家观念》《面对故国的忠诚》两文,俱已收入氏著《追寻"我们"的根源:中国历史上的民族与国家意识》,第40—52、319—326页。另需指出的是,本章写作实受姚大力师数次演讲之启发。特志于此,以示不忘。

需要特别指出的是,上述两方面的讨论看似矛盾,一方面指出文天祥面对的是"非死不可"的现实环境,而另一方面所揭示的又是他有"不死"想法的可能。这种矛盾的述说背后,其实正体现出文天祥的抉择矛盾。

邓光荐《文丞相传》的记载,或为英雄讳。不应忘记的是,宋末元初当时即有诗流传:"回首中原已陆沈,捐躯朔漠气萧森。恐吹余烬成炎汉,未许黄冠返故林。社稷忽生千古色,纲常无忝百年心。总弃清骨萦荒草,不复风沙掩素襟。"[1]郑思肖在《文丞相叙》中曾云:"忽必烈欲释之,俾公为僧,尊之曰'国师';或为道士,尊之曰'天师';又欲纵之归乡。"[2]可见,"黄冠归故乡"之说,绝非空穴之风。文天祥是个顶天立地的英雄,其引刀为快,终以死全节,足可为万世人杰。不过,我们不应该过多地只强调此点,尤其是在褒扬历史上英雄人物的时候。历史往往并非只是非黑即白的简单呈现,它有其自身的多面性与丰富性。

二、敕死文山:文天祥见杀缘由再析

文天祥系于燕狱三年余,如何处置文天祥成为元廷一个十分重大而又棘手的政治问题。元廷方面曾与文天祥打交道者甚多,如伯颜、唆都、[3]张弘范等人,他们均曾见识过文天祥的激烈不屈之状。文天祥甫至大都,元廷又遣留梦炎、宋末帝瀛国公、阿合马、孛罗等去劝降。不过,在此之后的两年间,元廷似乎对文天祥已作冷处理。据称,张弘范最初于至元十六年底,即"具公不屈,与所以不杀状,奏于朝"。[4] 至元十九年,元世

---

[1] 陈思编、元陈世隆补编:《两宋名贤小集》卷三八〇《待清轩遗稿·悼文丞相》,景印文渊阁《四库全书》,第1364册,第869页下。
[2] 《郑思肖集》,第127页。
[3] 《指南录·唆都》记云:"唆都为予言,大元将兴学校、立科举,丞相在大宋为状元宰相,今为大元宰相无疑。丞相常说国存与存,国亡与亡,这是男子心。天子一统,做大元宰相,是甚次第。'国亡与亡'四个字休道。予哭而拒之。唆都常恐予之伏死节也。"参阅《文天祥全集》卷一三,第317页。
[4] 《文天祥全集》卷一七《宋少保右丞相兼枢密使信国公文山先生纪年录》之"己卯年"条,第463页。

祖忽必烈不得不做出抉择,亲自出面劝谕文天祥。然而,文天祥的底线是不能出仕元朝,他最终被赐死。①

忽必烈当日究竟面对何种局势,而最终决定赐文天祥以死呢?关于这个问题,前人或多或少都曾有所论及。② 此处拟在前人研究基础上再进一步予以阐发,详人所略,略人所详。主要目的有两点:一是意图揭示当时代的人们对于文天祥被赐死一事所知晓的基本状况;二是对元廷当日所面对的诸种政治情势再予深究。

脱胎于元朝实录的《元史·世祖本纪》,对于处死文天祥之事,所记甚简:

> [至元十九年十二月]乙未,中书省臣言:"平原郡公赵与芮、瀛国公赵㬎、翰林直学士赵与𥿄,宜并居上都。"帝曰:"与芮老矣,当留大都,余如所言。"继有旨,给瀛国公衣粮发遣之,唯与𥿄勿行。以中山薛保住上匿名书告变,杀宋丞相文天祥。
>
> [二十年春正月]和礼霍孙言:"去冬中山府奸民薛宝住为匿名书来上,妄效东方朔书,欺罔朝廷,希觊官赏。"敕诛之。又言:"自今应诉事者,必须实书其事,赴省、台陈告。其敢以匿名书告事,重者处死,轻者流远方;能发其事者,给犯人妻子,仍以钞赏之。……"皆从之。③

这是目前所见元廷针对处死文天祥之事的唯一官方记载。和礼霍孙此处所言,应当就是元廷当日颁告天下处死文天祥的官方主要说辞,即将文天

---

① 郑玉《为丞相乞立文天祥庙表》云:"世祖皇帝天纵圣神,既不屈之于未死之前,又复惜之于已死之后,周王赵祖之心,何以过于此哉。"又,元人张昱《辇下曲》云:"宋亡死节文丞相,不受宣封信国公。祠庙至今松柏在,世皇盛德及孤忠。"实在是过誉其词。参阅郑玉撰《师山先生遗文》卷三,明嘉靖刻补后印本;张昱撰《张光弼诗集》卷三,民国二十三年上海商务印书馆《四部丛刊续编》景明钞本。
② 其中有代表性的是修晓波所著《文天祥评传》第六章与俞兆鹏、俞晖著《文天祥研究》第九章的相关内容。参阅修晓波《文天祥评传》,南京大学出版社,2002年,第301—307页;俞兆鹏、俞晖:《文天祥研究》,人民出版社,2008年,第311—322页。
③ 《元史》卷一二《世祖九》,第248—250页。

祥处死,归咎于匿名书之告变事。当时代的人们对此事所获得的相关信息,实亦源于此。如时人郑思肖在《文丞相叙》中,对文天祥被处死的缘由有所描述,其中虽语多夸张,不过其主旨却与官方说辞一般无异:

> 德祐八年冬,忽有南人谋刺忽必烈,颤栗不果,被贼杀。或谓久留公,终必生变,非利于朝。……会有中山府薛姓者,告于忽必烈曰:"汉人等欲挟文丞相拥德祐嗣君为主,倡议讨汝。"忽必烈取文公至,问之,公慨然受其事,曰:"是我之谋也。"请全太后、德祐嗣君至,则实无其事。公见德祐嗣君,即大恸而拜,且曰:"臣望陛下甚深,陛下亦如是耶?"谓嗣君亦从事于胡服也。忽必烈始甚怒公,然忽必烈意尚愍公忠烈,犹望公降彼,再三说谕,公数忽必烈五罪,骂詈甚峻。忽必烈问公欲如何,公曰:"惟要死耳!"又问:"欲如何死?"公曰:"刀下死。"忽必烈欲释之,俾公为僧,尊之曰"国师";或为道士,尊之曰"天师";又欲纵之归乡。公曰:"三宫蒙尘,未还京师,我忍归忍生耶?但求死而已。"且痛骂不止,诸酋咸劝杀之,毋致日后生事,忽必烈始令杀之。①

同样处于那个时代的南宋遗臣谢枋得,他在《与参政魏容斋书》中称:

> 皇帝慈仁如天,不妄杀一忠臣义士,虽曰文天祥被奸民诬告而枉死,后来冤状明白,奸民亦正典刑,其待亡国之逋臣,可谓厚矣。②

此外,元代不少载籍对于文天祥被处死事之缘由,所记亦同。生于宋元之际的刘麟瑞,著有《昭忠逸咏》一书,以为故宋仗节死义之士书事存史,其所撰述文天祥死事亦云:

---

① 《郑思肖集》,第127页。
② 《谢叠山全集校注》卷一,第11页。

冬,因狂人薛宝住妄书告变,指天祥为内应。十二月初八日,世祖皇帝召天祥于殿中。①

可见,上述诸书均将文天祥见杀缘由,系于薛宝住匿名告变事。这当然都流于官方一般说辞。那么,他们会不会因为处于当时代,而有所隐晦而不敢言?其实不然。如所周知,郑思肖对蒙元史事和人物之描述,毫无忌惮,肆逞口快,倘知更详细内情,当无理由讳言其事。

逮至元中叶,刘岳申为文天祥作传,其所撰《文丞相传》,对于文天祥被杀缘由,又有另一番描绘:

> 会受述丁参知政事。受述丁者,尝开省江西,亲见天祥出师震动,每昌言不如杀之便。自是,上与宰相每欲释之,辄不果。至元壬辰(当为"壬午"之讹,1282)十二月八日,召天祥至殿中。天祥长揖不拜,极言宋无不道之君,无可吊之民,不幸母老子弱,权臣误国,用舍失宜。北朝用其叛将、叛臣,入其国都,毁其宗社。天祥相宋于再造之时,宋亡,天祥当速死,不当久生。上使谕之曰:"汝以事宋者事我,即以汝为中书宰相。"天祥对曰:"天祥为宋状元宰相,宋亡,惟可死不可生。"又使谕之曰:"汝不为宰相,则为枢密。"天祥对曰:"一死之外无可为者。"遂命之退。明日,有奏天祥不愿归附,当如其请,赐之死。

---

① 参阅赵景良编《忠义集》卷四《丞相信国公文公文天祥》,景印文渊阁《四库全书》本,第1366册,第930页下。刘麟瑞生于宋元之际,其父刘埙曾作《补史十忠诗》,以表彰宋死节诸公;麟瑞踵父之志,撰《昭忠逸咏》,以"彰节义俾死封疆死社稷者"。显然,刘麟瑞所书文天祥死事缘由,同样也来自当日元廷官方说辞。另据《昭忠录》"文天祥"条称:"[壬午]冬,因狂人薛宝住妄书告变,指天祥为内应。十二月初八日,元世祖召天祥于殿中。"《昭忠录》一般被认为是宋遗民入元后所作。闫群认为,《昭忠录》实源于《昭忠逸咏》,或为元末人士所作。不过熊燕军指出,《昭忠逸咏》与《昭忠录》应出自同一人手,"刘麟瑞将收集到的宋季忠义事迹整理为《昭忠录》,并在此基础上创作《昭忠逸咏》,同时将《昭忠录》的行文改动后以注的形式附于诗中"。参阅佚名撰《昭忠录》,清光绪十五年上海鸿文书局景清金山钱氏刻《守山阁丛书》本;闫群:《〈忠义集〉研究》,华东师大硕士论文,2011年,第64—83页;熊燕军:《南宋佚名〈昭忠录〉作者考——兼论〈昭忠录〉与〈昭忠逸咏〉的关系》,载《元史及民族与边疆研究集刊》第27辑,第198页。

受述丁力赞其决,遂可其奏。①

刘岳申为文天祥作传应是得到元廷官方授意或认可的。② 他对文天祥死事之描绘,一望便知与此前之官方说辞有异,他将文天祥被杀缘由推到一位名叫"受述丁"的参知政事身上。所谓"受述丁",应是"麦朮丁(Maisad-Din)"之讹,除《元史·宰相年表》将其写作"麦朮督丁"外,《元史》其余诸处均作"麦朮丁"。此人为回回人,据《元史·阿合马传》载:"世祖尝谓淮西宣慰使昂吉儿曰:'夫宰相者,明天道,察地理,尽人事,兼此三者,乃为称职。阿里海牙、麦朮丁等,亦未可为相,回回人中,阿合马才任宰相。'"③另据《元史·宰相年表》载,麦朮丁于至元七年至至元十二年为参知政事,至元十九年已为右丞。④《元史·世祖九》载,至元十九年五月,"以甘肃行省左丞麦朮丁为中书右丞,行御史台御史中丞张雄飞参知政事"。⑤ 因此,刘岳申谓其时为"参知政事",显然有误。文内提及麦朮丁"尝开省江西",据《元史·世祖六》载,至元十四年七月,"参知政事、行江西宣慰使麦朮丁为左丞",⑥所指即此。麦朮丁长期担任中书宰执,不过忽必烈对其似无好感,据《元史·桑哥传》载,至元二十四年,中书省遭检覆,"世祖令丞相安童与桑哥共议,且谕:'毋令麦朮丁等他日得以胁问诬伏为辞,此辈固狡狯人也。'"⑦刘岳申所纪敕死文天祥之事,仅言及麦朮丁在其间所起的作用,这显然是极不充分的,有故意隐晦之嫌。当日朝廷若仅仅因为匿名信事件而遽然处死文天祥,显然于元廷形象有损。这或许正是刘岳申选择另一种说辞的原因所在。

事实上,最值得注意的应是邓光荐所撰《文丞相传》,该传要早于刘岳

---

① 《申斋刘先生文集》卷一三,第575—576页。
② 许有壬曾为刘岳申所作此传写序,此即《〈文丞相传〉序》,后收入《元文类》)卷三六《文丞相传序》,第694—695页。
③ 《元史》卷二〇五《阿合马传》,第4561页。
④ 《元史》卷一一二《宰相年表》,第2797—2799页。
⑤ 《元史》卷一二《世祖九》,第243页。
⑥ 《元史》卷九《世祖六》,第191页。
⑦ 《元史》卷二〇五《桑哥传》,第4571页。

申的《文丞相传》,只是邓氏所作文天祥传未得元官方认可。邓氏曾与文天祥同遭北解,后因病滞留于南京。文天祥与之较为近密,他在狱中作诗提及邓氏。对于文天祥见杀始末,邓氏所述甚为详赡:

> 麦述丁参政,尝开省江西,见公出师震动,每倡言杀之,便又以公罪人,下千户所,收其棋奕笔墨书册。初,闽僧妙曦,号琴堂,以谈星见,是春进言。十一月,土星犯帝座,疑有变。群臣有言:瀛国公族在京不便者,而中山府薛宝住聚数千人,声言是真宋幼主,要来取文丞相。又有书于楬者曰:"两卫军尽足办事,丞相可以无虑。"又曰:"先焚城上苇子,城外举火为应。"大臣议所谓丞相,疑为天祥。太子得楬以奏,京师戒严,迁赵氏宗族往开平北。十二月初七日,司天台奏三台拆。初八日,上召天祥入殿中。长揖不拜,左右强之拜跪,或以金挝摘其膝伤,公坚立不为动。上使谕之,其略曰:"汝在此久,如能改心易虑,以事亡宋者事我,当令汝中书省一处坐者。"天祥对曰:"天祥受宋朝三帝厚恩,号称状元宰相。今事二姓,非所愿也。"上曰:"汝何所愿?"天祥曰:"愿与一死足矣。"遂麾之退。是夜,回宿千户所。初九日,宰执奏:"天祥既不愿附,不若如其请,赐之死。"麦述丁力劝之。上遂可其奏。①

从邓光荐所述可知,当日文天祥被敕死之缘由,应与以下四点有所关联:一是麦尤丁之力劝,二是闽僧之谏言(当年春进言,十一月,果有星变应验),三是所谓"三台拆",四是薛宝住与匿名书事。邓氏所列举的诸端缘由,应都是当日实情,不过似乎都有隐约而未及要害之感。

文天祥被敕死半个世纪之后,元朝官方于至正三年至五年(1343—1345)修纂《宋史》,《宋史·文天祥传》对于文天祥被敕死之始末及诸端缘由,所载亦颇详备:

---

① 《文天祥全集》卷一七,第466页。

天祥在燕凡三年,上知天祥终不屈也,与宰相议释之,有以天祥起兵江西事为言者,不果释。

至元十九年,有闽僧言土星犯帝坐,疑有变。未几,中山有狂人自称"宋主",有兵千人,欲取文丞相。京城亦有匿名书,言某日烧蓑城苇,率两翼兵为乱,丞相可无忧者。时盗新杀左丞相阿合马,命撤城苇,迁瀛国公及宋宗室开平,疑丞相者天祥也。召入谕之曰:"汝何愿?"天祥对曰:"天祥受宋恩,为宰相,安事二姓?愿赐之一死足矣。"然犹不忍,遽麾之退。言者力赞从天祥之请,从之。俄有诏使止之,天祥死矣。①

《宋史·文天祥传》所述文天祥赐死缘由,归纳起来主要亦与以下四点相关:一是当日宰执议论不释文天祥,此显然是指麦术丁之进言;二是闽僧谏,言天象于元不利;三是薛宝住叛乱及京城匿名书事;四是左丞相阿合马新近被击杀。② 需指出的是,《宋史·文天祥传》的史源,很可能来自邓光荐所作《文丞相传》。据《题危太朴与邓子明书后》云:"后文丞相囚金陵,礼部(即邓光荐——笔者)实与俱,日夜相与唱和诗歌以娱悲纾痛。张弘范元帅以客礼,谒请为其子师。及归庐陵,以所闻见,集录为野史若干卷,藏不示人。今七十余年,遇圣朝修辽、金、宋三史,诏求天下故史遗文,太朴(即危素——笔者)实衔朝命,来江西,至庐陵,求礼部所为书。子明(邓光荐之孙——笔者)虽谊,不敢秘。"③另据危素《西台恸哭记注跋》称:"文丞相忠义明白,世多为之记载。礼部侍郎邓公光荐作《续宋书》最为详备,文公之将校名姓,往往在焉。"④是知,危素应曾读过邓氏所作《文丞相传》,而《宋史·文天祥传》或许就出自危素手笔。

与邓氏所述不同,《宋史·文天祥传》还特别提及阿合马被杀事,这关

---

① 《宋史》卷四一八《文天祥传》,第 12539—12540 页。
② 前引郑思肖《文丞相叙》称:"德祐八年冬,忽有南人谋刺忽必烈,颤栗不果,被贼杀。或谓久留公,终必生变,非利于軷。"此则材料因无其他史料互证,姑存而不释。
③ 刘诜撰:《桂隐文集》卷四《题危太朴与邓子明书后》,清抄本。
④ 危素撰:《危太朴全集·续集》卷九《西台恸哭记注跋》,吴兴刘氏嘉业堂刻本,1913 年。

乎当日元王朝政局的稳定,可以说这正是编纂《宋史》史家的目光敏锐处。① 于元廷而言,至元十九年所发生的诸多政治事件中,影响最巨者莫如左丞相阿合马被杀。阿合马为忽必烈皇后察必的陪嫁侍臣,极为得宠。可惜的是,至元十八年正月,"昭睿顺圣皇后崩"。② 此外,真金太子与阿合马不和已久,阿合马在朝中地位颇为尴尬。他被击杀似乎是汉人合计良久之事。据《元史·世祖九》载,至元十九年三月,"益都千户王著,以阿合马蠹国害民,与高和尚合谋杀之"。阿合马于此年三月被击杀,当年十一月此案方定谳,所谓"诏以阿合马罪恶颁告中外,凡民间利病即与兴除之"。③ 关于阿合马被杀事,波斯史家拉施特在《史集》中有所叙及,其中专有一处题为"记费纳克特人阿合马异密及其死于高平章之手"。他认为:"阿合马异密作了合汗的宰相。[全部]政事都掌握在他手中。""察必哈敦生活于自己父亲的家中时,异密阿合马就同他们亲近。""汉人异密们由于嫉妒而仇视。真金对他没有好感。""汉人异密们由于嫉妒和很早以来的仇恨,便动手谋害了他。"④

朝廷重要宰执官员惨被锤杀,这个事件对于忽必烈的震动是不言而喻的。阿合马被杀事件,若与当日汉人起事之情势相联系起来看的话,不能说是件完全孤立的事件。也许正是因为回回人阿合马被汉人所击杀,麦尤丁才极力谏言处死文天祥。若从其身份属性来考虑此事件的话,或许更契合麦尤丁的真实本意。⑤

由上所述可知,至元十九年所出现的系列事件并非孤立,它折射出元廷当日政局的不稳定。这其中不仅涉及汉人与回回人之间的争斗问题,还涉及元廷对故宋遗留问题的关注与处置。忽必烈不仅采取更强硬的措

---

① 修晓波亦注意到此点,并予特别指出。参阅氏著《文天祥评传》,第305—307页。
② 《元史》卷一一五《裕宗传》,第2890页。
③ 《元史》卷一二《世祖九》,第241、248页。
④ 《史集》第2卷,第340—346页。
⑤ 后世有好事者写道:"世祖知不可屈,麾之使退,意欲舍之。明日,麦尤丁谓世祖曰:'文丞相英才伟略,古今罕有。曩者开督府于汀洲,筹略号令,本朝将帅皆不可及。苟释之使去,彼必通回江南,号召天下,为国家之大患。不如从其所请,以绝祸根。'世祖可其奏,诏有司杀之。"聊备一说。参阅赵弼撰《效颦集》卷上《续宋丞相文文山传》,明宣德刻本。

施来进一步处理赵宋宗室所遗留的问题,还决定亲自出面招降文天祥,并在最终无果的情形下将其处死。然而,元廷对于处死文天祥之事显然又有所顾忌,于是又将其缘由系于匿名书告变事,并以此昭告中外。事实上,赦死文天祥之事远非那么简单,邓光荐以及《宋史》修撰者们所提供的信息即已揭示出这点。

三、"闽僧"谁何:兼及元王朝对故宋遗留政治问题的处置

前文在分析文天祥被杀的诸多缘由时,对其中所提"闽僧"谏言之事,尚未及多论。"闽僧"究竟为许何人?数百年来,人们似已忘记去进一步追问。由于此事关涉元王朝对故宋遗留政治问题的处置,它对于我们理解元王朝统治江南的历史颇有补益,因而有必要深以追究。

由邓光荐《文丞相传》以及《宋史·文天祥传》的记载可知,闽僧谏言之事是促成元廷进一步着手处理故宋政治遗留问题的由头之一。宋末帝瀛国公与全太后等被进一步往北递解至上都,文天祥则被处死,以及更多的赵宋宗室遭致处理,这些事情都与此有所关联。

那么"闽僧"究竟是谁呢?前引邓光荐《文丞相传》明确指出:"初,闽僧妙曦,号琴堂,以谈星见,是春进言。十一月,土星犯帝座,疑有变。"遍检宋元时代载籍,除此处记载外,关于"闽僧"的讯息,已无他处可觅。迨至明代,吕邦耀称:"有闽僧慧堂,以谈星见。奏言上,星犯帝坐,(宜)[疑]有变。"①茅元仪则谓:"今禄命家有琴堂五星,即元僧妙曦也。尝进言世祖曰:十一月,土星犯帝座,疑有变。遂以迁德祐帝于开平,杀文信国。其年十一月,实无他,其言不验于当时。"②是知明人的记载就已出现些许的混乱或差异("琴堂"与"慧堂"之别)。"闽僧"为谁,依然是一个问题。

宋元或者明清时期,有无其他文献可提供探查此人相关讯息的一鳞

---

① 吕邦耀编:《续宋宰辅编年录》卷二六"元至元十九年宋丞相文天祥死节"条,清抄本。
② 茅元仪撰:《暇老斋杂记》卷一五,清光绪李文田家钞本。

半爪呢?"闽僧"绝非泛泛辈,他究竟为何方圣僧,何由得以密近天光,于禁中献纳处置故宋之谏言?

搜寻载籍,可找到唯一一处"闽僧"的相关词条。据明人田汝成撰《诛髡贼碑》载:"西湖之飞来峰有石人三,元之总浮屠杨琏真珈、闽僧闻、剡僧泽像也。盖其生时所自刻画者,莫为掊击。至是陈侯见而叱曰:'髡贼髡贼,胡为遗恶迹以巉我名山哉!'命斩之,身首异处,闻者莫不雪然称快。"①对于此记载,陈高华曾指出:"明人以为三像是杨氏和'闽僧闻、剡僧泽',后二者是江南僧人,出谋嗾使杨氏掘陵。从当时的地位来看,'闽僧闻、剡僧泽'是杨氏的下属,三人绝不可能并列的。"②倘暂且抛开石像具体所指不论,明中叶人田汝成所提出的杨琏真加与两位汉僧"闽僧闻"与"剡僧泽"之间的关系问题,与我们所要追踪的"闽僧"问题或许至为密切。这需要结合宋末元初人周密以及元末明初人陶宗仪的有关记载来加以辨析,方能明其所以。

周密与陶宗仪的相关记载,是指涉及宋末元初江南地区发生的另一起重大政治事件,那就是西番僧杨琏真加盗掘位于绍兴的故宋攒宫(又称"梓宫",指帝、后暂殡陵寝)之事。关于杨琏真加盗掘南宋皇陵事,宋末元初周密曾撰有两则《杨髡发陵》文,叙及此事甚详。其中《癸辛杂识·续集上·杨髡发陵》录有其所见状纸一张,涉及杨琏真加盗掘南宋皇陵之事,其文云:

> 杨髡发陵之事,人皆知之,而莫能知其详。余偶录得当时其徒互告状一纸,庶可知其首尾,云:"至元二十二年八月内,有绍兴路会稽县泰宁寺僧宗允、宗恺盗斫陵木,与守陵人争诉。遂称亡宋陵墓,有金玉异宝,说诱杨总统,诈称杨侍郎、汪安抚侵占寺地为名,出给文书,将带河西僧人,部领人匠丁夫,前来将宁宗、杨后、理宗、度宗四陵,盗行发掘。割破棺椁,尽取宝货,不计其数。又断理宗头,沥取水银、含珠,用船载取宝货,回至迎恩门。有省台所委官拦挡不住,亦有

---

① 田汝成撰:《田叔禾小集》卷三,明嘉靖四十二年田艺蘅刻本。
② 陈高华:《略论杨琏真加和杨暗普父子》,《元史研究论稿》,第326页。

台察陈言,不见施行。其宗允、宗恺并杨总统等发掘得志,又于当年十一月十一日前来,将孟后、徽宗、郑后、高宗、吴后、孝宗、谢后、光宗等陵尽发掘,劫取宝货,毁弃骸骨。其下本路文书,只言争寺地界,并不曾说开发坟墓,因此江南掘坟大起,而天下无不发之墓矣。其宗恺与总统分赃不平,已受杖而死。有宗允者,见为寺主,多蓄宝货,豪霸一方。"①

《癸辛杂识·别集上·杨髡发陵》针对杨琏真加盗掘宋陵事,则记载得更为详尽:

乙酉杨髡发陵之事,起于天衣寺僧福闻号西山者,成于剡僧演福寺允泽号云梦者。初,天衣乃魏宪靖王坟寺,闻欲媚杨髡,遂献其寺。继又发魏王之冢,多得金玉,以此遽起发陵之想,泽一力赞成之。遂俾泰宁寺僧宗恺、宗允等诈称杨侍郎、汪安抚侵占寺地为名,出给文书,将带河西僧及凶党如沈照磨之徒,部领人夫发掘。时有宋陵使中官罗铣者,犹守陵不去,与之极力争执,为泽率凶徒痛棰,胁之以刃,令人拥而逐之。铣力敌不能,犹拒地大哭。遂先发宁宗、理宗、度宗、杨后四陵,劫取宝玉极多。独理宗之陵所藏尤厚,启棺之初,有白气竟天,盖宝气也。理宗之尸如生,其下皆藉以锦,锦之下则承以竹丝细簟,一小厮攫取,掷地有声,乃金丝所成也。或谓含珠有夜明者,遂倒悬其尸树间,沥取水银,如此三日夜,竟失其首。或谓西番僧回回,其俗以得帝王髑髅,可以厌胜,致巨富,故盗去耳。事竟,罗铣买棺制衣收敛,大恸垂绝,乡里皆为之感泣。是夕闻四山皆有哭声,凡旬日不绝。至十一月复发徽、钦、高、孝、光五帝陵,孟、韦、吴、谢四后陵。徽、钦二陵皆空无一物,徽陵有朽木一段,钦陵有木灯檠一枚而已。高宗之陵,骨发尽化,略无寸骸,止有锡器数件,端砚一只。为泽所取。孝宗陵亦蜕化无余,止有顶骨小片,内有玉炉瓶一副,及古铜鬲

---

① 《癸辛杂识·续集上》,第152页。

一只。亦为泽取。尝闻有道之士能蜕骨而仙,未闻并骨而蜕化者,盖天人也。若光、宁诸后,俨然如生,罗陵使亦如前棺敛,后悉从火化,可谓忠且义矣。惜未知其名,当与唐张承业同传否?金钱以万计,为尸气所蚀,如铜铁,以故诸凶弃而不取,往往为村民所得,间有得猫眼、金刚石异宝者。独一村翁于孟后陵得一髻,其发长六尺余,其色绀碧,髻根有短金钗,遂取以归,以其为帝后之遗物,庋置圣堂中奉事之,自此家道渐丰。其后,凡得金钱之家,非病即死。翁恐甚,遂送之龙洞中。闻此翁今成富家矣。方移理宗尸时,允泽在旁以足蹴其首,以示无惧。随觉奇痛,一点起于足心,自此苦足疾,凡数年,以致溃烂双股,堕落十指而死。天衣闻僧者既得志,且富不义之财,复倚杨髡之势,豪夺乡人之产,后为乡夫二十余辈俱俟道间,屠而脔之。当时刑法不明,以罪不加众而决之,各受杖而已。①

周密生于宋理宗绍定五年(1232),卒于元成宗大德二年(1298),应该说正是事件发生当时代的人。周氏所叙当日告状纸书事,以及对于南宋诸陵遭掘之后的详尽描述,具有很高的可信度,应非虚构。不过,此处需要特别加以辨析的是关于杨琏真加盗掘宋陵的时间问题。

元明之际陶宗仪撰有《发宋陵寝》一文,陶氏在此文中除全文过录周密《癸辛杂识·别集上·杨髡发陵》外,还收录有另外两则与杨琏真加盗掘南宋皇陵相关的记载。

第一则记载称"吴兴王筠庵先生国器,示余所藏《唐义士传》。读之,不觉令人泣下,谨录之"云云。《唐义士传》由"云溪罗先生有开所撰",该传主要是描述一位名叫唐珏的义士竭力收集宋诸陵遗骸以共瘗之事,该传称:

岁戊寅,有总江南浮屠者杨琏真珈,怙恩横肆,势焰烁人,穷骄极淫,不可具状。十二月十有二日,帅徒役顿萧山,发赵氏诸陵寝,至断

---

① 《癸辛杂识·别集上》,第263—265页。

残支体,攫珠襦玉柙,焚其骱,弃骨草莽间……唐葬骨后,又于宋常朝殿掘冬青树,植于所函土堆上,作《冬青行》二首,曰:"……上有凤巢下龙穴,君不见,犬之年,羊之月,霹雳一声天地裂……"

第二则记载为"遂昌郑明德先生元祐所书《林义士事迹》",陶氏过录其文云:

> 宋太学生林德阳,字景曦,号霁山。当杨总统发掘诸陵寝时,林故为杭丐者,背竹箩,手持竹夹,遇物即以夹投箩中。林铸银作两许小牌百十,系腰间,取贿西番僧曰:"余不敢,望收其骨,得高家、孝家斯足矣。"番僧左右之,果得高、孝两朝骨,为两函贮之。归,葬于东嘉。其诗有《梦中作》十首……葬后,林于宋常朝殿掘冬青一株,植于所函土堆上,又有《冬青花》一首曰:"冬青花,冬青花,花时一日肠九折。隔江风雨清影空,五月深山落微雪。石根云气龙所藏,寻常蝼蚁不敢穴。移来此种非人间,曾识万年觞底月。蜀魂飞绕百鸟臣,夜半一声山竹裂。"又一首有曰:"君不记,羊之年,马之月,霹雳一声山石裂。"闻其事甚异,不欲书。若林霁山者,其亦可谓义士也。此五诗,与前所录语句微不同,诗中有双匦字,则事收两陵骨之意。得非林义士诗,而罗云溪以传者之误而写入传中乎?但曰移宋常朝殿冬青,植所函土上而作冬青诗,吾意会稽去杭,止隔一水,或者可以致之。若夫东嘉,相望千余里,岂能容易持去?纵持去,又岂能不枯瘁?作如此想,则又疑是唐义士诗。且葬骨一事,岂唐方起谋时,林已先得高、孝两陵骨耶?抑得唐所易之骨耶?盖各行其所志,不相知会,理固有之。

陶宗仪针对周密《杨髡发陵》、罗有开《唐义士传》、郑元祐《林义士事迹》三则记载所涉发宋陵时间不一的问题,他认为:

> 据此说(指周密之说,即至元二十二年,1285),则云溪所传,岁月

绝不同,盖尝论之:至元丙子(1276),天兵下江南,至乙酉(1285),将十载,版图必已定,法制必已明,安得有此事!然戊寅(至元十五年,1278)距丙子不三年,窃恐此时庶事草创,而妖髡得以肆其恶与。妖髡就戮,群凶接踵陨于非命,天之所以祸淫者亦严矣。但云高宗陵骨发尽化,孝宗陵顶骨小片,不知唐义士所易者何骨也,林义士所收者又何骨也。惜余生晚,不及识宋季以来老儒先生,以就正其是非,姑以待熟两朝典故之人问焉。①

陶宗仪《发宋陵寝》文针对杨琏真加等人盗掘宋陵时间所作的判断,引发后世学者的争论,明清时期诸多大儒如全祖望、孙诒让等,均参与其中。② 明清以来的学者们大多接受陶宗仪的戊寅年发坟说,不同意周密的乙酉年掘坟说。③ 针对此一聚讼纷纭的问题,20世纪40年代,阎简弼发表《南宋六陵遗事正名及诸攒宫发毁年代考》一文,就万斯同裒集自宋末周密以降有关宋陵之遗事而题为《南宋六陵遗事》之书,考论"诸陵"之说法,认为不宜称"六陵",而应称"诸攒宫"为是。而对于诸攒宫毁瘗年代问

---

① 以上所引陶氏诸文,见《南村辍耕录》卷四,第43—48页。
② 明人戴冠(《濯缨亭笔记》卷四,明嘉靖二十六年华察刻本)、刘伯缙(《(万历)杭州府志》卷四,明万历刻本)等,清人全祖望(《鲒埼亭集外编》卷四三《答史雪汀问六陵遗事书》,清嘉庆十六年刻本)、毕沅(《续资治通鉴》卷一八四《元纪二》)、孙诒让(《温州经籍志》卷二三,民国十年刻本)、袁翼(《邃怀堂全集》卷三,清光绪十四年袁镇嵩刻本)、王棠(《燕在阁知新录》卷一九《宋陵寝毁瘗始末》,清康熙五十六年刻本)等人,均附和陶宗仪之成说,认为掘陵时间应发生于戊寅年。上述诸家所论,以毕沅、孙诒让考论最详。毕沅论云:"罗有开《唐义士传》、郑元祐《林义士事迹》各纪所闻,张孟兼撰《唐珏传》作戊寅,黄宗羲为谢翱《冬青引》作注,据'知君种年星在尾'句,以为寅年之证是也。《癸辛杂识》以为乙酉年十一月,徐氏《后编》信为至确,遂分唐、林所举为二事,从而辨之曰:唐、林之义,其时异,其陵异,其所取之骨异,所葬之地亦异。唐事在戊寅,林事在乙酉,是其时异也;戊寅发光宗等四陵,乙酉发高、孝等九陵,是其陵异也;唐得数函,林止两函,是所收之骨有多少也;唐葬兰亭,林瘗东嘉,是所葬之地有远近也。今按徐氏所辨非也。周密《杂识》载此事,颇为疏舛。如云发徽、钦、高、孝、光五帝陵,钦陵止有铁灯檠一枚,岂知钦宗之柩终于不返,《金史》明言葬于巩洛,则绍兴安得有钦陵!盖误以邢后之陵为钦陵。其传闻失实如此,则所系年月,又岂可信乎!"参阅毕沅撰《续资治通鉴》卷一八四《元纪二》之"考异"条,中华书局,1964年,第5023页。
③ 明人郭良翰《续问奇类林》(明万历三十七年黄吉士等刻增修本)卷一五《忠义》称:"唐珏,字玉潜,山阴人。元世祖甲申年(1284),浮屠杨琏真珈怙宠,奉诏发宋帝诸陵寝。"此说应源于宋濂所撰《书穆陵遗骼》之说,详下文。参阅《宋濂全集》卷八〇,第1918页。

题,阎氏就陶宗仪所引三则记载进行分析,指出罗有开、郑元祐均为掘陵事件发生后出生的人,而周密于掘陵事件发生时(戊寅年至乙酉年),年龄正值48—55岁间,其所记应当更接近事实。①

特别值得指出的是,阎简弼的论述,征引史料极为丰富,惟其未能留意到郑思肖的相关记载,殊为可惜。事实上,郑思肖之记载可为我们进一步否定戊寅年发宋坟说,提供有力的支持。

郑思肖撰有《德祐谢太皇北狩攒宫议》一文,该文称:

> 德祐六年太岁庚辰三月十三日,太皇太后崩于北狩行宫,虏贼奉梓宫于幽州长生观,议将攒于艺祖昌陵侧。我书"崩于北狩行宫"者何?盖痛太皇死不得其正也。书"攒"者何?昔本朝都汴时,陵寝在北,绍兴后,列圣谋复归都汴,期迁梓宫附葬先朝诸陵间,故曰"攒"。今太皇大崩难中,或葬艺祖昌陵侧,出虏酋意,实为逆事。微臣啮苦,志在中兴复仇,期迁太皇归合葬穆陵侧(穆陵,理宗),理始正,故亦书"攒"。②

此文云及谢太后崩于德祐六年,实误。③ 据《宋史·理宗谢皇后传》载:

---

① 阎简弼:《南宋六陵遗事正名及诸攒宫发毁年代考》,载《燕京学报》第30辑,1946年,第27—50页。阎氏将宋陵寝被盗掘时间系于至元二十二年的观点,为《剑桥中国辽西夏金元史》所采纳。参阅《剑桥中国辽西夏金元史》,第487—488页。另,戴密微撰有《南宋陵墓》[Paul Demiéville, "Les Tombeaux des Song méridionaux", *Bulletin de L'École Française d'Extrême-Orient*, (25)1925, pp.458-467.]一文,戴氏倾向于认为南宋陵寝遭难时间应在至元十五年,不过他并未予以论证。
② 《郑思肖集·心史·杂文》,第146—147页。需指出的是,宋末有以陵寝名称呼诸帝者,如周密以"穆陵"来称呼宋理宗,《齐东野语》(张茂鹏点校,中华书局,1983年,第208页)卷一一《御宴烟火》记有"穆陵初年",《癸辛杂识后集·理宗初潜》记有"穆陵之诞圣前一夕",等等。刘岳申《文丞相传》亦称:"文丞相以庐陵年少,穆陵亲擢进士第一。"不过此处郑思肖所谓"穆陵",显然不是单纯指涉为"理宗"其人,而应实指其陵寝,以与所谓"艺祖昌陵"相对应。
③ 郑思肖《心史》的年代错置问题尚有多处,如他在《祭大宋忠臣文》内称"德祐七载,岁在辛巳,十二月己巳朔,越十有八日己酉,德祐孤臣郑思肖谨以清酌庶羞之奠,敬致祷于大宋忠义死节之臣丞相文公、丞相陆公"云云。事实上,文天祥被杀于德祐八年(壬午岁)。参阅《郑思肖集》,第156页。

"是年(德祐二年)八月,至京师,降封寿春郡夫人。越七年终,年七十四,无子。"①可见,谢太后应去世于德祐九年,即至元二十年(1283)。虽然郑思肖此文主旨在探讨谢太后葬于何处更合礼制的问题,不过从中可以看到,其时穆陵尚未遭掘,倘若穆陵已被盗掘,何来"合葬穆陵侧"之说? 郑思肖久居苏州,去绍兴不远,倘若宋皇陵此时已遭盗掘,他是完全可以知悉该消息的。由此观之,陶宗仪等持戊寅年之说,实在让人怀疑。

此外,郑思肖还撰有《因山为坟说》一文,此文作年不详,置于《德祐谢太皇北狩攒宫议》之后,该文有言称:"今江南诸陵受祸不浅,何可说耶?艺祖在天之灵,赫赫如日,圣迹如斯,前朝未见有如此者,吾知天下未遽属他人手。思肖,德祐遗臣也,诸陵之泪不干,然谋报亦未晚,他日中兴圣人,愿鉴于是。"②此记载显示郑思肖写作此文时,宋陵已遭掘。前文已述,郑思肖《心史》封缄埋于井下,年代在德祐九年,即至元二十年,此文置于《德祐谢太皇北狩攒宫议》之后,因此郑思肖的记载又在提示我们,宋陵遭盗掘应是至元二十年或其后一年以内所发生之事。③

最后,还可根据其他史料记载,来对掘陵事件并不发生于戊寅年之说进行论证。据《元史·世祖纪》载,至元二十一年(1284)九月,"丙申,以江南总摄杨琏真加发宋陵冢所收金银宝器修天衣寺";二十二年春正月,"毁宋郊天台。桑哥言:'杨辇真加云,会稽有泰宁寺,宋毁之以建宁宗等攒宫;钱唐有龙华寺,宋毁之以为南郊。皆胜地也,宜复为寺,以为皇上、东宫祈寿。'时宁宗等攒宫已毁建寺,敕毁郊天台,亦建寺焉"。④ 两则记

---

① 《宋史》卷二四三,第8660页。
② 参阅《郑思肖集·心史·杂文》,第148—149页。郑思肖另有《答吴山人问远游观地理书》一文,作于1305年(郑思肖自谓时年六十四岁,是知)。该文继续《因山为坟说》之主旨,谈及宋陵等南方坟墓易遭盗掘事,或可留意。参阅《郑思肖集》,第246—272页。
③ 本文所引郑思肖诸篇,均出自《心史》。关于《心史》所记之事最晚年代的问题,杨讷从《大义略叙》中所提及之相关史事加以分析,认为该篇提及最晚的事件应该是至元二十一年三月那木罕、安童事。所谓郑思肖自称为"德祐九年正月重修",事实上,《大义略序》曾再修三修,反映出作者对此书的珍视。他在写毕《盟誓》篇之后,实则并未将《心史》立即沉入古井,《心史》至少在他手上还保存了一年以上时间。参阅杨讷《〈心史〉真伪辨》,载《元史论丛》第5辑,中国社会科学出版社,1993年。该文现收入氏著《元史论集》,国家图书馆出版社,2012年,第438—440页。
④ 《元史》卷一三《世祖本纪》,第269、271—272页。

载显示,至元二十二年正月之前,宋陵已遭掘。是知,周密所记乙酉年(1285)说,似亦存有问题。

综合以上诸说,笔者以为宋陵遭掘,理应发生在元廷敕死文天祥之后,即至元十九年至至元二十一年之间。① 这似乎也更合符当日历史实情。亡宋之初,元廷当对原南宋臣民多加安抚,以减少抵抗,稳定人心。若于此时挖掘宋坟,无异于给自己增添不必要的政治风险。再者,至元十五年,杨琏真加到任杭州不久,对南方情形尚不熟悉,贸然挖宋坟亦不符常情。至元二十年或随后一年,则顺理成章,因为当日情势已生变化:宋

---

① 据《续资治通鉴》载:"与票数进说言,朝廷立法,多所咨访。寻转侍讲,疏陈江南科敛急督,宋世丘垄暴露,皆大臣擅易明诏所为,帝不以为忤。'考异':阎复撰《翰林学士赵公墓志》,推原其心,词旨甚隐,然于年月不甚详,《元史本传》以墓志为稿本耳。其言江南丘垄事,在迁侍讲之后,今从《本纪》连书之。"毕沅将赵与票为侍讲学士进言年代,系于至元十九年,可能是据《元史·阎复传》所载阎复于至元十九年为侍讲学士,意在表明至元十九年之前宋陵已遭盗掘。此处年代是否有问题呢?据《元史·世祖九》载,至元十九年十二月,"乙未,中书省臣言:'平原郡公赵与芮、瀛国公赵㬎、翰林直学士赵与票,宜并居上都。'"是知,至元十九年,赵与票为直学士,他升为翰林侍讲时间,则必定在至元十九年后。此处不妨参阅阎复《翰林学士赵公墓志铭》具引如次:"复往岁直翰林,公为待制,其叙迁也亦相先后,知公尤详,义不得辞。方至元十四年间,公以驿来朝,深衣幅巾,见世祖于上京。冰澄玉莹,词气整朗,言宋亡根本所在,亲切感动,世祖倾属。自是,入翰林为待制,为直学士,累迁为真学士。公之为侍讲也,言:'江南箕敛急督,移括大姓,宋世邱陇暴露,皆大臣擅易书诏明旨。'又言:'庚寅(至元二十七年,1290)岁,大雾蔽塞……'"另据《元史·赵与票传》载:"[至元]十三年秋九月,遣使召至上京,幅巾深衣以见,言宋败亡之故,悉由误用权奸,词旨激切,令人感动。世祖念之,即授翰林待制,朝廷立法多所咨访,与票忠言谠论,无所顾惜。进直学士,转侍讲。疏陈江南科敛急督,移括大姓,宋世丘垄暴露,皆大臣擅易明诏所为。二十七年,京师雾四塞;明年正月甲寅,虎入南城。与票又疏言权臣专政之咎,退而家居待罪。"再据《元史·百官三》载,翰林侍讲学士置两员,至元十九年阎复为侍讲学士,至元二十三年升为翰林学士;《元史·王构传》则载,王构于至元十四年后至世祖崩时,为翰林侍讲学士。因此,至元十九年,赵与票不可能为侍讲学士,赵与票很可能是在至元二十三年阎复升学士后,得以递补为侍讲学士。依据以上所述,笔者以为赵与票为侍讲学士进言年代应在至元二十三年至至元二十七年间。于此亦或可理解,宋陵被掘不可能发生于至元十五年,因为赵与票不太可能就近十年前所发生之事进言;若盗掘时间置于至元二十年后,则赵与票于至元二十三年至二十七年间就此事疏陈,于情于理俱合。毕沅"考异"似乎已注意到此点,不过为呼应其所坚持的至元十五年掘宋坟说,毕氏有意加以回避。以上参阅《元史》卷一六○《阎复传》,第 3773 页;《元史》卷一二《世祖九》,第 248 页;《元文类》卷五一,第 1044—1045 页;《元史》卷一六八《赵与票传》,第 3959 页;《元史》卷八七《百官三》,第 2189 页;《元史》卷一六四《王构传》,第 3856 页;《续资治通鉴》卷一八六《元纪四》,第 5074 页。

宗室被递解至更北面的上都,而文天祥则被处死。① 杨琏真加选择在元廷处理南宋遗留政治问题的当口来挖掘宋陵,这也就更易于理解了。最后但绝非不重要的是,倘若将挖掘宋坟时间置于戊寅年,那么缘何诸多经历过那个时期的士人们的文集中不见提及?若因局势所逼而有所讳言,那么郑思肖这位丝毫无所隐晦的反元斗士,缘何又不提及戊寅年(按照郑思肖惯用的纪年,也就是"德祐四年")所发生的此等惨烈之事呢?郑思肖对蒙古人或者忽必烈本人的描绘,几近以辱骂口吻,倘若他知悉此事,必不讳言。

由以观之,杨琏真加盗掘宋陵的年代问题,现在说来应该比较清楚了。陶宗仪等人将其年代系于至元戊寅年是大有问题的,而周密所叙述至元二十二年之说亦并不十分可靠。不过较之陶氏之说,周氏说则更合乎情理。

前文之所以花费大量笔墨来重新探讨南宋攒宫遭掘的具体年代问题,主要是因为它与文天祥被杀年代密切相关,这一系列历史事件之间的关联性不应忽视。那么,挖掘宋攒宫之事与文天祥被处死事件以及与"闽僧"的问题,其间又有怎样的关联呢?

周密提到两位在挖掘宋陵事件中扮演急先锋角色的汉僧福闻与允泽和尚,所谓"起于天衣寺僧**福闻**号西山者,成于剡僧演福寺允泽号云梦者。……**天衣闻既得志**"云云。陶宗仪后来在过录周密之文时,将其中一位汉僧名字稍微弄出了点异状:"起于天长寺**福僧闻**号西山者,成于演福寺剡僧泽号云梦者。"②所谓"剡僧泽",指允泽和尚。据《续佛祖统纪》载,允泽为剡源人,14岁出家于报恩寺,师从剡源妙悟,允泽和尚被

---

① 据《元史·阿鲁浑萨理传》载:"至元二十年,有西域僧自言能知天象,译者皆莫能通其说。帝问左右,谁可使者。侍臣脱烈对曰:'阿鲁浑萨理可。'即召与论难,僧大屈服,帝悦,令宿卫内朝。会有江南人言宋宗室反者,命遣使捕至阙下。使已发,阿鲁浑萨理趣入谏曰:'言者必妄,使不可遣。'帝曰:'卿何以言之?'对曰:'若果反,郡县何以不知。言者不由郡县,而言之阙庭,必其仇也。且江南初定,民疑未附,一旦以小民浮言辄捕之,恐人人自危,徒中言者之计。'帝悟,立召使者还,俾械系言者下郡治,言者立伏,果以尝贷钱不从诬之。帝曰:'非卿言,几误,但恨用卿晚耳。'自是命日侍左右。"于此可知,在杀天祥、掘宋陵之际,江南政情极不稳定。参阅《元史》卷一三〇,第3175页。
② 《南村辍耕录》卷四,第47页。所谓"天长寺",乃"天衣寺"之误。

认为是"刹僧"。① 因此,从文意而断,陶宗仪此处所谓"福"与"刹",显然是对应指地名者言。或许正是受陶宗仪过录文之影响,后人在理解这一问题时亦出现些许误会,此即前文所述明人田汝成撰写的《诛髡贼碑》文,田氏径自将陶氏所记"福僧闻"改为"闽僧闻"。不过,田氏是否真正因受到陶宗仪写法误导本身所致,抑或陶、田两氏均认为"福闻"和尚应是指该僧乃福建人氏而名为"闻"者,则已不可得其详矣。然而需指出的是,对于这位名为"福闻"或谓"闻"的僧人,周密自身尚存有些许混乱,今日学界多将该僧名认定为"福闻",而非单字名"闻"。②

那么,这位"福闻"和尚在文献中有无其他消息可资查探呢?周密另撰有《二僧入冥》文,对参与掘宋陵事件中的诸位汉僧不得善终的下场有所描绘:

乙未岁,余还霅省墓杼山,闻宝积僧云:"去岁菁山普明寺僧茂都事者,病伤寒,死二日复苏。言初至大官府,冠裳数人据坐大殿,有一僧立庑下,窃窥之,则径山高云峰也。欲扣其所以,摇手云:'我为人所累至此。'忽柙至一僧,则其徒也。即具铁床,炽火炙之,叫号秽臭不可闻。主者呼云峰,问其事如何。答曰:'彼受此痛,若某有预,必言矣。'主者曰:'当是时是谁押字?'则无以对。继又柙至一僧,骨肉皆零落,则资福寺主守观象先也。方欲问之,忽有黄巾武士直造殿上,问某事何为久不行遣?主者皆悚然而起,立命吏索案,案卷盈庭,点检名字,一吏就旁书之,凡四十二人,主者遂署于后。甫毕,此纸即化为火飞去,即有大青石柙四十二具,陈于庭下,各标姓名于上。顷刻追至二僧,乃灵隐、龄悦二都事,即就柙之。继而又有一人自外巡庑而入,各标姓名,见茂云:'汝安得至此?'遂令拥出,至门一跌而寤。"然其所见四十二人,是时皆无恙。至次年,死者凡十数人,固已

---

① 参阅佚名撰《续佛祖统纪》卷一《刹源先师法嗣》,收入藏经书院编辑《新编卍续藏经》第131册,(台北)新文丰出版股份有限公司,1995年,第718页上。
② 如周清澍即将其写作"福闻"。参阅周清澍《论少林福裕和佛道之争》,载《清华元史》2011年第1辑,商务印书馆。

异矣。至丁酉七月,演福主僧允泽号云梦者,以双足堕指溃烂,病亟,日夕号呼,瞑目即有所睹。其亲族兄长在左右视其疾,一日,忽令其兄设四十九解礼忏,自疏平生十大罪以谢过,发陵亦一事。泣谓其兄曰:"适至阴司,见平日作过诸僧皆在,各带青石大枷,独有二枷尚空,已各书名于上矣。其一即下天竺瑞都事也。"其时瑞故无恙。扣其一枷为何人,则潸然堕泪曰:"吾恐不可免也。"是夕泽殂。越一日,瑞都事亦殂。其冥中所见,大率与甲午岁茂僧入冥所睹皆吻合,盖可谓怪。天理果报之事,未有昭昭如此事者,故书之以警世云。①

周密此处所述事颇为怪诞离奇。所谓"二僧入冥",其一是指允泽和尚入冥事,其所描绘允泽事,与《癸辛杂识·别集上·杨髡发陵》中所描绘之允泽事相近似,且允泽于丁酉岁圆寂,亦与《续佛祖统纪》记载允泽卒年相同;另一则是指普明寺僧茂入冥事,僧茂所述地府所见之"叫号秽臭不可闻"的僧人,疑指福闻和尚,不过此处未明言福闻和尚的最终下场。前引周密《癸辛杂识·别集上·杨髡发陵》曾提及福闻和尚的最终下场:"天衣闻既得志,且富不义之财,复倚杨髡之势,豪夺乡人之产,后为乡夫二十余辈俱俟道间,屠而脔之。"僧茂所提供的讯息最为令人瞩目之处,是提及"径山高云峰"其人。据文意,福闻和尚应该就是径山高云峰和尚的徒弟。②

僧茂所提及的"径山高云峰"和尚究竟系何方高人呢?十分幸运的是,释念常所撰《佛祖历代通载》内留存有云峰和尚的详细传记,为俾便讨论,兹俱引于下:

至元三十年,杭州径山云峰和上示寂。师名妙高,句之长溪人。(1)父讳藟家,世业儒。母阮,梦池上婴儿合爪坐莲华心手捧得之,

---

① 《癸辛杂识·别集下》,第266—267页。
② 参阅李辉《至元二十五年江南禅教廷诤》,载《浙江社会科学》2011年第3期。另,福闻和尚是不是一出家即师从高云峰和尚?倘若如此,则福闻与高云峰或是同乡。此阙疑待考。

觉而生师,因名梦池。神采秀彻,嗜书力学,尤耽释典,固请学出世法。父母以梦故,不定夺。俾从吴中云梦泽公受具戒。师锐意求道,首参痴绝冲。冲曰:"此儿语纏纏有绪,吾宗瑚琏也。"寻又见无准于径山。准尤器爱,拟以侍职处。师叹曰:"怀安败名,吾不遍参诸方,不止也。"遂之育王见偃溪,即请入侍室,掌职藏钥。一日溪举:"譬如牛过窗棂,头角四蹄俱过了,因甚尾巴过不得。"师划然有省,答曰:"鲸吞海水尽,露出珊瑚枝。"偃溪可之。会师迁南屏,携师与俱。寻住南兴大芦,遂为嫡嗣。迁保安、江阴、教忠、雪川、何山,云衲四来,三堂皆溢。蒋山虚次直指佥议无以易师,朝旨从之。历十有三载,众逾五百。德祐乙亥年(至元十二年,1275),被兵革,军士有迫师求金者,师曰:"此但有寺有僧,无金与汝。"俄以刃拟师,师延颈曰:"欲杀即杀,吾头非汝砺刀石。"辞气雍容,了无怖畏。军士感动,掷刃去。丞相伯颜公见师加敬,舍牛百、斋粮五百,寺赖以济。颜公又戒诸将:"此老非常人比,宜异目待之。"以故寺得无恙。(2)至元庚辰(至元十七年,1280),双径延请,师恳辞再三,乃前寺雇回禄,草创才什一,师悉力兴建,且捐衣盂自为僧堂众寮。不十年,悉复旧观。戊子春(至元二十五年,1288),魔事忽作,教徒谮毁禅宗。师闻之叹曰:"此宗门大事,吾当忍死以争之。"遂拉一二同列趋京。有旨,大集教、禅廷辨。上问:"禅以何为宗?"师奏:"净智妙圆体本空寂,非见闻觉知思虑分别所能到。"宣问再三,师历举西天四七,东土二三;达磨诸祖,南能北秀;德山临济,棒喝因缘。大抵教是佛语,禅是佛心。正法眼藏,涅盘妙心。趣最上乘,孰过于禅。词指明辩,余二千言。又宣进榻前,与仙林诸教徒返复论难。(3)林问:"禅宗得法几人?"师云:"从上佛祖天下老和上,尽恒河沙莫穷其数。"林云:"只这是谁?"师云:"含元殿上更觅长安。"又问:"如何是禅?"师打一圆相,林不省。师曰:"只这一圈透不过,说甚千经万论。"林辞屈。上大说,众喙乃熄,禅宗按堵如初。陛辞南归,示众云:"我本深藏岩窦,隐遁过时,不谓日照天临,难逃至化。"又云:"衲帔蒙头万事休,此时山僧都不会。"径山轮奂甫备,延燎复尽。师谓众曰:"吾负此山债耳。"遂竭力再建。

汇殿坡为池,他屋皆易置佳处,五年而成。癸巳六月初,小参训饬学者。十七日,书偈而逝。师生于嘉定己卯(1219)二月十七日,寿七十五,腊五十九。葬于寺西之居顶庵。①

这份有关径山云峰妙高禅师的传记资料,提供的信息极为丰富,研究元代江南佛教史者对此尤为关注。不过,此处并不欲就佛教史层面的问题来解析该材料,而是从政治史的角度来加以梳理。其中尤可留意者,为引文中特别标示出的三点,在此稍作分析引申:(1)文中所谓"句之长溪人",即指妙高和尚为福建长溪人(今福建霞浦)。(2)至元十二年,所谓"丞相伯颜公见师加敬,舍牛百、斋粮五百,寺赖以济。颜公又戒诸将:'此老非常人比,宜异目待之。'"其实此已十分清楚地揭示出,妙高和尚其时已与蒙古人交好,而且其所接触者,正是元下江南时的元军大统帅伯颜。另外,文中称赞妙高和尚"辞气雍容,了无怖畏",实乃虚饰之词耳。(3)至元二十五年,因禅教之争而出现廷辩,妙高和尚"遂拉一二同列趋京",所谓"又宣进榻前,与仙林诸教徒返复论难""上大说"云云,实则清楚地表明,妙高和尚获近天颜,与忽必烈的亲近关系实非同寻常。以上解析所透露出的讯息或可提示,妙高和尚或有可能就是曾于至元十九年向元廷进言的那位"闽僧"。②

---

① 释念常撰:《佛祖历代通载》卷二二。
② 一般而言,大汗(忽必烈)身边常会有诸种宗教人士,以备顾问。有些宗教人士或许会久居禁中,常备顾问;有些则可能是临时征召赴都,提供谏言;再或者,大汗或遣使前往各大教派驻地,问询方略。当然,也有许多宗教人士只是提供星占巫术。据《马可波罗行纪》载:"大汗每年居留此地之三月中,有时天时不正,则有随从之巫师星者,谙练巫术,足以驱除宫上之一切风云暴雨。此类巫师名称脱孛惕(Tebet)及客失木儿(Quesimour),是为两种不同之人,并是偶像教徒。盖其所为者尽属魔法,乃此辈诳人谓是神功。"所谓"闽僧",应该就是位能占星象的高僧。妙高和尚作为江南佛教界的代表人物,在此次廷辩发生之前,肯定见过忽必烈,并且关系特殊,文中所谓"遂拉一二同列趋京",就十分形象地描绘出妙高和尚地位之特殊。因其所具有的特殊身份,他在忽必烈宫廷中就涉故宋之事发表意见,是完全可以想见的。据黄溍所撰《南天竺崇恩演福寺记》载:"至元戊子,云梦泽被旨入觐,对御说法,深称上意,特赐玺书,作大护持。"是知至元二十五年廷辩,云梦泽和尚亦曾赴京师参与辩论。另据前引《剡源先师法嗣》文称:"师凡再诣阙庭,世祖神功文武皇帝召见,问佛法大旨,赐齐香殿,授以红金襕大衣,锡'佛慧玄辨'之号。玺书屡降,光被诸方。"此处所记即指允泽和尚参与至 (转下页)

妙高和尚的行实告诉我们,早在至元二十五年佛教廷辩之前,他很有可能就曾经在蒙古宫廷中出现过。径山禅寺于宋元时代颇有声名,郑思肖在胪列江南诸禅寺时,即将该寺列于首位。① 《佛祖历代通载》所记妙高和尚得寿七十五,其圆寂之年当在癸巳岁(1293),与周密《二僧入冥》记载僧茂入冥所提及的云峰和尚甲午岁(1294)之事,实有所冲突,此阙疑待考。然而最为重要的是,《二僧入冥》实际上已十分明确地揭示出,高云峰和尚与盗掘南宋攒宫之事所涉匪浅。倘若《二僧入冥》所记僧茂口中的那位"叫号秽臭不可闻"的和尚确为福闻,那么妙高和尚师徒二人所充当的角色,其实是一脉相承的。他们作为南方佛教界的代表人物,为元廷处置故宋遗留问题,谏言献策,充当前卒。

当然这绝非定谳,此处所考释出的"闽僧"妙高和尚,与邓光荐《文丞相传》中所指的"闽僧"妙曦和尚,尚有难以弥缝之处。至于"闽僧"是否曾改名,则不得而知。亦或有论者以为,禅僧通星象者寡鲜,似存疑窦。不过,《佛祖历代通载》提及妙高和尚"谈牛过窗棂"之事,或是要在揭示其禅之悟性,聪颖可见。此外,研究元代江南佛教史的学者大致同意,当时南方存有禅、教之争,那为何禅僧妙高与属于教派的密教僧人杨琏真加会走到一起呢?事实上,当日禅、教之争确实存在,但也并不是说就处于绝然对立的状态。虽然忽必烈即位后有所谓"崇教抑禅"的倾向,不过此举最为根本的目的还在于平衡各派势力以强化控制,所谓"'汉地'各教派中禅宗势力独大,忽必烈抬高其他教派地位,抑制禅宗,有利于对'汉地'佛

(接上页)元二十五年廷辩事。惟此处所揭"再诣阙庭"一语,或可解读为在此之前,允泽和尚就已曾赴阙庭。因此,妙高和尚于至元二十五年前已曾赴阙庭觐见,这一推测应该可以说是并非无据的。有关妙高和尚的研究,以往学界多从佛教史的角度来进行讨论。以上详参冯承钧译《马可波罗行纪》第七十四章《上都城》,第174—175页;王颋点校:《黄溍全集》上册,天津古籍出版社,2008年,第345—346页;《续佛祖统纪》卷一《剡源先师法嗣》;任宜敏:《中国佛教史·元代》第四章《禅宗的演化》,人民出版社,2005年,第237—241页;杨增文:《宋元禅宗史》第八章第三节《径山妙高及其进京与教僧辩论》,中国社会科学出版社,2006年;陈高华:《元代江南禅教之争》,载《隋唐辽宋金元史论丛》2012年第2辑,上海古籍出版社,该文后收于氏著《元代佛教史论》,上海古籍出版社,2021年,第298—312页;以及周清澍《论少林福裕和佛道之争》、李辉《至元二十五年江南禅教廷净》。

① 参阅《郑所南先生文集·十方禅刹僧堂记》,《郑思肖集》,第284页。

教的控制"。① 因此,忽必烈与禅宗人物有所亲近,也完全不必惊讶。杨琏真加作为元朝管理江南佛教的实权人物,佛教诸派自然都要接受其管领,作为禅宗代表人物的妙高和尚,与杨琏真加有某种联系或合作,亦属必然。由此也可以很自然地理解,属禅宗的妙高之徒福闻和尚,与属教派天台宗的允泽和尚,②能够与江南释教都总统西番僧杨琏真加合作。他们虽分属佛教各派,却共同策划导演出这起骇人的历史事件。

四、余　　论

至此,对于"闽僧"谏言与杨琏真加盗掘南宋皇陵之事的关联性问题,已有比较清晰的认识。盗掘宋陵,实乃大忌。灭宋前不数年,当时文天祥曾赴北与伯颜谈判,蒙古人的态度是"决不动三宫九庙"。③ 逮至南宋覆亡,"三宫"被北押至大都,仅获免"系颈牵羊"的羞辱,④已算作是优礼。到至元十九年时,瀛国公及宋宗室等又再北撵至上都,宋故相文天祥则被处死。不惟如此,继之而起又出现更为骇人听闻的盗掘宋陵事件。此一系列历史事件发展的逻辑链条,于此清晰可辨。

至元二十三年(1286)二月,忽必烈派程钜夫南下"求好秀才":

> 集贤直学士程文海言:"省院诸司皆以南人参用,惟御史台按察司无之。江南风俗,南人所谙,宜参用之,便。"帝以语玉速铁木儿,对曰:"当择贤者以闻。"帝曰:"汝汉人用事者,岂皆贤邪?"……三月己巳,御史台臣言:"近奉旨按察司参用南人,非臣等所知,宜令侍御史、行御史台(等)[事]程文海与行台官,博采公洁知名之士,具以名

---

① 《元代江南禅教之争》。
② 《南天竺崇恩演福寺记》,《黄溍全集》上册,第345—346页。
③ 《文山先生全集》卷一三《指南录·自序》,第311页。
④ 刘敏中撰:《平宋录》卷中,清《守山阁丛书》本。

闻。"帝命赍诏以往。①

或许,这正是忽必烈对江南统治态度的一种变化。在历经处死文天祥以及盗掘宋陵事件之后,元廷意图重新修复与南方的关系,以安抚江南士人与民众。

杨琏真加盗掘南宋皇陵之事,其余响一直延续至元亡明兴之际。据宋濂《书穆陵遗骼》称:

> 初,至元二十一年甲申,僧嗣古妙高上言,欲毁宋会稽诸陵。江南总摄杨辇真加与丞相桑哥,相表里为奸。明年乙酉王(正)月,奏请如二僧言。发诸陵宝器,以诸帝遗骨建浮屠塔于杭州之故宫,截理宗顶以为饮器。大明洪武二年戊申正月戊午,皇帝御札丞相宣国公李善长,遣工部主事谷秉毅,移北平大都督府及守臣吴勉索饮器于西僧汝纳监藏深惠,诏付应天府守臣夏思忠,以四月癸酉瘗诸南门高座寺之西北。明年己酉六月庚辰,上览浙江行省进宋诸陵图,遂命藏诸旧穴云。呜呼,上之德可谓至矣哉。②

明人将掘宋陵之事全系于西番僧身上,出主意者为嗣古妙高,力赞其事者则为杨琏真加与桑哥。这完全不同于宋元时期周密、陶宗仪等人的记述,

---

① 《元史》卷一四《世祖一一》,第287页。
② 《宋濂全集》卷八〇,第1918页。原点校者将"嗣古妙高"作"嗣古、妙高"两人,并将"汝纳监藏深惠"作"汝纳、监藏深惠"两人。有论者据《解醒语》记载,"僧嗣占妙高上言,欲毁宋会稽诸陵,西僧杨琏真伽又请,乃如所请,发陵取宝器",也认为应作"嗣占、妙高","宋濂明言'如二僧言',则嗣古、妙高为二人无可怀疑"。然而,据前引《元史·世祖本纪》记载,至元二十二年春正月,"桑哥言:'杨辇真加云,会稽有泰宁寺,宋毁之以建宁宗等攒宫……'"宋濂所称"如二僧言",或应指桑哥上奏时定会言及的杨琏真加和"嗣古妙高"这两位僧人,而非指"嗣占""妙高"二僧,此其一;其二,若从禅僧取名的一般规则上去理解,也应以"嗣古妙高"更为合适。关于"汝纳监藏深惠",也不能断作两人,"汝纳监藏"或可构拟为藏文 ∗ bsod nams rgyal mtshan,译言"福幢",这是常见的藏人名。此承任小波教授赐教。参阅佚名撰《解醒语》,明万历间孙幼安刻黄昌龄印秤乘本;马娟:《〈解醒语〉与元代相关人物史事释证》,《元史及民族与边疆研究集刊》第41辑,上海古籍出版社,2021年。

他们的记载清楚地表明,起意者与力赞其事者,实为福闻与允泽这两位汉僧。明人的描述是十分让人怀疑的。至于"嗣古妙高"其人,就宋元时代载籍而论,史传无闻。① 所谓"嗣古妙高"其人的出现,最早即见于宋濂《书穆陵遗骼》一文。②

另据《明史·危素传》记云:

> 先是,至元间,西僧嗣古妙高欲毁宋会稽诸陵。夏人杨辇真珈为江南总摄,悉掘徽宗以下诸陵,攫取金宝,哀帝后遗骨,瘗于杭之故宫,筑浮屠其上,名曰镇南,以示厌胜,又截理宗颅骨为饮器。真珈败,其资皆籍于官,颅骨亦入宣政院,以赐所谓帝师者。素在翰林时,宴见,备言始末。帝叹息良久,命北平守将购得颅骨于西僧汝纳所,谕有司厝于高坐寺西北。其明年,绍兴以永穆陵图来献,遂敕葬故陵,实自素发之云。③

危素为元末明初重要人物,曾在元朝为官,并参与纂修《宋史》。此处描写危素所亲见者,乃指其所见为宋理宗之颅骨为饮器事,而并不是说危素知晓"嗣古妙高"其人其事。那么,所谓"嗣古妙高",会否是宋濂有意曲笔不揭,意指"妙高和尚之法嗣"? 此留诸博雅君子求之。

---

① 据《元史·张思明传》载:"仁宗即位,浮屠妙总统有宠,敕中书官其弟五品,思明执不可。"此"妙总统"不知何人,当非"嗣古妙高"。仁宗时去掘宋陵时间已二三十年,杨琏真加等参与掘陵之人,都因"江南民怨",而遭致处理。倘若真有"嗣古妙高"其人,亦应早已被处置。参阅《元史》卷一七七,第4122页。

② 洪武三年(1370),明廷将理宗头骨重新安葬于绍兴旧穴,其地立有"大明敕葬宋理宗顶骨之碑",现碑文已漫漶,但比对《康熙会稽县志》等载籍,其文甚明:"元至元二十一年,僧嗣古妙高请毁宋绍兴诸陵。江南总摄夏人杨琏真伽,与丞相桑哥表里为奸恶。明年正月,奏如二僧言,发诸陵金宝。"云云。此碑文所述盗掘宋陵之事,与宋濂《书穆陵遗骼》文的记载一般无异。需进一步指出的是,明代不少载籍论及元掘南宋皇陵事,其所提及谋划盗掘宋陵诸人,主要有两条线索:一条线索即以"嗣古妙高"为主,此显系蹈袭宋濂之说;另一条则因循周密、陶宗仪之说,以"闽僧闻、剡僧泽"为主。因涉及盗掘宋陵事件的明清载籍太多,兹不一一具引。惟清人万斯同所集之《南宋六陵遗事》,或可参详。以上参阅林梅村《宋六陵访古》一文,见氏著《大朝春秋:蒙元考古与艺术》,故宫出版社,2013年,第203—222页;杨复吉编:《昭代丛书·己集广编》卷五〇,道光七年吴江沈楙德世楷堂藏板,光绪二年沈楙德世楷堂重印本。

③ 《明史》卷二八五,第7315页。

事实上,明太祖反元,其旗号即为"驱逐胡虏,恢复中华"。① 宋濂为明太祖随侍文臣,诸多诏命典诰均出其手,他撰写的《书穆陵遗骼》,显然代表明官方口吻。明初故意将盗掘南宋皇陵之事全部推到西番僧身上,而与汉僧全然无涉,实不可排除其政治上的考虑。明人戴冠在《濯缨亭笔记》开篇即言及此事,实已将明廷处理元人盗掘宋陵之后续问题的真实用意透露无遗:

> 元主忽必烈用西僧嗣古妙高及杨琏真加之言,尽发宋诸陵之在绍兴者及大臣冢墓,凡一百一所,窃其宝玉无算,截理宗顶骨为饮器。胡主吞灭中国之初,即行此盗贼不仁之事。我太祖即位之元年戊申(1368)正月戊午,即御札丞相宣国公李善长,遣工部主事谷秉毅,移北平大都督府及守臣吴勉,索饮器于西僧汝纳监藏深惠,诏付应天府守臣夏思忠,以四月癸酉瘗诸南门高座寺之西北。明年己酉(1369)六月庚辰,上览浙江行省进宋诸陵图,遂命藏诸旧穴。时开国之初,庶务方殷,而首求先代帝王之遗骸,若救焚拯溺之不暇,往返数千里,首尾不逾三月,即得旧物归瘗中土。又仅逾年,而即返诸故穴,其敏于举义如此。英明刚果之志,慈祥恻隐之心,虽尧舜汤武,不是过矣。于乎休哉!②

由是观之,明初急于就有关南宋攒宫遭盗掘之前朝遗事加以处理,实际上是朱明政权在为其取代元王朝统治的正当性而张本。

---

① 朱元璋的《喻中原檄》,该文由宋濂起草。参阅程敏政编《皇明文衡》卷一,《四部丛刊初编》景明本。
② 戴冠:《濯缨亭笔记》卷一。

第六章 文天祥"死国":另一种"宋亡"历史观

一、小　　引

"宋亡"的标志性年代及历史事件,两说并存:丙子岁(南宋景炎元年,元至元十三年,1276年),临安陷落;己卯岁(元至元十六年,南宋祥兴二年,1279),崖山倾覆。两种"宋亡"说法,元时代在在可见。

至元十三年正月甲申,元军统帅伯颜"受降表、玉玺";六月戊寅,元廷"诏作平金、平宋录";七月乙未,孟祺"以亡宋金玉宝及牌印来上";逮至至元十四年(1277)十一月庚子,元廷"命中书省檄谕中外,江南既平,宋宜曰'亡宋',行在宜曰'杭州'"。① 元人竞相言称"至元丙子,宋亡","[至元]十三年,宋亡","丙子,宋亡"。② 不过,元初名臣徐世隆于至元十三年上《贺平宋表》云:"幼君遐窜于海中。"③"幼君"之语,某种程度上或可解读为仍然承认宋统未绝。

据入元后南宋遗民所作《昭忠录》称:"[己卯]四月八日,至海陵港遇飓风,舟遂覆,世杰溺焉……明日,文英收世杰尸,火于海滨。文英以世杰

---

① 《元史》卷九《世祖六》,第177、183、184、193页。
② 《姚燧集・牧庵集》卷六《圣元宁国路总管府兴造记》、卷二三《皇元故怀远大将军同知广东道宣慰司事王公神道碑铭并序》,第92、358页;《欧阳玄全集》卷九《元故奎章阁侍书学士翰林侍讲学士通奉大夫虞雍公神道碑》,第218页。丙子"宋亡"说,元代文献叙述颇多,兹不赘述。
③ 《元文类》卷一六《东昌路贺平宋表》(徐世隆撰),第295页。

枢密印及余兵赴广降。宋亡。"①元末陈桱《通鉴续编》载:"[己卯]春正月,帝在厓山……二月甲申,师大溃,帝崩。左丞相陆秀夫死之。宋亡。"②如果说上述史料是出于忠宋者或奉宋正朔者所书写,具有一定偏向性,或可另以元修《宋史》为说明。至元十六年二月,陆秀夫负赵昺投海死,杨太后闻之,遂亦赴海死,"已而[张]世杰亦自溺死。宋遂亡"。③ 此记载明确称,崖山惨败,遂告宋亡。

又,元人黄溍在《陆君实传后叙》中称:"宋益王之践帝位也,不逾年而改称景炎岁。"④苏天爵曾说:"理、度两朝,事最不完……今《理宗实录》未完,度宗、卫王(哀帝)皆无《实录》,当先采掇其事补为之乎? 即为正史乎?"⑤"景炎"为端宗年号,卫王赵昺为"哀帝",这似乎都承认,丙子之后,南宋统绪犹存。刘岳申在《书崖山碑后》中写道:"及至元乙亥(1275),命丞相伯颜下江南,而后大统一。越三年,戊寅(1278),命元帅张公平崖山。明年(1279),崖山平而后正统定。"⑥刘岳申认为,江南虽下,但崖山未平,则正统未定。由上述可知,无论在宋末元初,抑或是在整个元代,己卯年"宋亡"的历史观,同样风行。

诚然,丙子、己卯"宋亡"的标志性意义,并无争议。从某种意义、某一层面言之,两说均可取,不必非此无他。然而,在上述"宋亡"两说外,元代尚有另两种"宋亡"历史观。一种历史观认为,"自建炎之后,中国非宋所有","向者靖康间,宋祚已绝"。⑦ 这是有关金宋"正统论"争辩中的极端观点,指向性极鲜明,自不待言。另一种"宋亡"历史观,则与文天祥"死

---

① 佚名编:《昭忠录·张世杰枢密》,清《守山阁丛书》本。
② 《通鉴续编》卷二四,"己卯,祥兴二年,大元至元十六年"条,第24册,页466。
③ 《宋史》卷四七《瀛国公二王附》,第946页。
④ 《黄溍全集》上册,第220页。
⑤ 《滋溪文稿》卷二五《三史质疑》,第425页。原标点作"卫王、哀帝",兹改为"卫王(哀帝)"。另,苏天爵撰有《卫王事迹》,已佚,参阅钱大昕撰《补元史艺文志》卷二,清光绪间广雅书局刻、民国九年番禺徐绍棨汇编重印《广雅丛书·史学》本。
⑥ 《申斋刘先生文集》卷一五,第606页。
⑦ 参阅《元文类》卷四五《辨辽宋金正统》(脩端撰),第922、924页。此为金章宗时出现的一种议论,金末人脩端对此明确予以驳斥。另,靖康变后,刘豫伪齐政权称宋为"亡宋",指斥偏安江南一隅的南宋,已失天命。参阅杨尧弼撰《伪齐录》卷上《伪齐诏谕士民榜》,清刻《藕香零拾》本。

国"之事相关联。①

　　黄溍为文天祥祠堂作《祠堂记略》,内中有云:"宋之亡,不亡于皋亭之降,而亡于潮阳之执;不亡于厓山之崩,而亡于燕市之戮。使天而有意于宋也,赵有中山之孤,汉有豫州之胄,以公为程婴、孔明有余矣!"②然而,今已无法从元代文本中完全确认此语是否出自黄溍。③ 不过,类似说辞可在另一元人文集中找到。揭傒斯于元统二年(1334)称:"文丞相斩首燕市,终三百年火德之祚。"④是知,这种"宋亡"历史观在元代确然存在。而这一观念也影响及于后世,清人尝言:"且当宋之亡也,一亡于南海之溺丞相,再亡于燕市之杀信国。"⑤

　　本章欲以文天祥死国事件为中心,思考元人有关"宋亡"的另一种历史叙述问题,即为何后世会有宋"不亡于厓山之崩,而亡于燕市之戮"之说。文天祥在宋亡元兴之际究竟扮演着何种角色,具有何种地位? 从其勤王抗元开始直至被杀期间,有哪些不为人们所留意的遗文轶事值得关注? 文天祥死国当年的纪事,在诸种"文天祥传"中又有着怎样不同的叙述? 元人的这种"宋亡"历史观及书写,在当日史学作品中又有哪些文本可供解析? 这是本章欲予回答的问题。

　　本章所称"元人"范围较宽泛,凡生活于元时代的人均包含在内,入元后原金遗民和坚持奉宋正朔的原南宋遗民,以及历元而又入明的元遗民,都包括在此范围内。至于当日蒙古统治者对于"宋亡"又有何种观念或立场,因今天据以研究的史料多为汉语文献,实已无从察考。

---

① "死国"之语,见揭傒斯撰《书王鼎翁文集后序》。参阅《揭傒斯全集·文集》卷三,第314—315页。
② (民国)王补、曾灿材纂:《庐陵县志》卷一六《耆献志·列传》之"文天祥"条,民国九年刻本。
③ 此语见明人著述。据《庐陵县志》卷一三(上)《礼典·祠·文丞相祠》载,成化十三年(1477),提学夏寅所作《新迁祠堂记》中有此语,然未明来源。万历三十五年(1607),黄淳所作《厓山志》,明确将此语系于黄溍名下。参阅黄淳等撰、陈泽泓点校《厓山志》卷四,广东人民出版社,2018年,第190页。
④ 《揭傒斯全集·文集》卷五《杨氏忠节祠记》,第363页。
⑤ (嘉庆)李书吉、蔡继绅纂修:《澄海县志》卷二五《澄海陆丞相祠祀议》,清嘉庆二十年刊本。

二、文天祥抗元复宋活动中的角色与地位

"宋之亡,不亡于皋亭之降,而亡于潮阳之执;不亡于厓山之崩,而亡于燕市之戮",这一说法在当时代,是出于对文天祥忠宋道德的一种极度褒扬,还是当日人们对文天祥中兴宋朝的可能抱持着切实的期待?换言之,文天祥于宋亡元兴之际兴兵反元,给当时代期待故国复兴的人们以怎样的冀望呢?

文天祥反元抗元、不降不死的行为举止,在当时代尤为突出。元人郑玉尝言:"亡宋丞相文天祥,以亡国之遗俘,为当时之柱石。从容就死,慷慨不回。"刘诜则云:"宋虽亡国,而景光无穷,先生(文天祥)力也。"钱惟善亦称:"我朝初下江南,有故宋丞相文山先生,锐志恢复。"①所谓"当时之柱石""景光无穷""锐志恢复"诸语,表明当日人们对文天祥中兴南宋寄予巨大的期望。

自德祐元年(乙亥,1275)大宋濒危,迄至至元十九年(壬午,1282)文天祥被杀,文天祥始终忠宋的决绝之心及锐意复兴宋朝的行迹,可从其本人所作《指南录》《指南后录》《吟啸集》《集杜诗》,以及他在狱中手书自订的"年谱"中得知梗概,这是最为重要的第一手史料。② 不过,文天祥本人的撰述有一定局限,此处钩稽部分遗文轶事,对文天祥于德祐之后不为人们所留意的史事予以补充,以进一步考察他在抗元复宋活动中的特殊角色与地位。

1275年二月,文天祥"起兵勤王"。③ 据南宋遗民所撰《钱塘遗事》载,此年四月,文天祥"入卫","为江西提刑,募兵于赣州。台州杜浒纠合四千人从之。至九月,天祥将吉赣民人及峒丁二万人入卫。衣装器械

---

① 参阅郑玉撰《师山先生遗文》卷三《与丞相书》;刘诜撰:《桂隐文集》卷四《跋四君图后》;钱惟善撰:《江月松风集·补遗》之《海宁州重修双庙记》,清《武林往哲遗著》本。
② 《文天祥全集》卷一三《指南录》、卷一四《指南后录》、卷一五《吟啸集》、卷一六《集杜诗》、卷一七《宋少保右丞相兼枢密使信国公文山先生纪年录》,第311—468页。
③ 《宋史》卷四七《瀛国公》,第926页。

戈甲精明，人心喜慰。诏褒奖，除江浙制置使、知平江府，提兵捍御。是时陈宜中归永嘉，留梦炎当国。梦炎意不相乐，乃以天祥为制阃，出守吴门"。① 值得指出的是，《宋季三朝政要》亦录有此段文字，但并无"人心喜慰"之语。② 它某种程度上折射出，南宋遗民对于文天祥勤王抱有更为切身的感受与期待。同年十一月，"天祥自吴门还，遣守独松关。时天祥军三万，张世杰军五万，诸路勤王师犹有四十余万"；十二月，宋太皇太后"诏民兵罢团结"，又诏文天祥罢兵，"'卿之忠义，朕已素知。见今遣使请和，卿宜自靖自献，慎勿生事，乃所以保全吾与嗣君也。'天祥捧诏号泣，于是不敢出师矣"。③ 后世有人对文天祥奉罢兵诏提出批评，④实属过分苛责。

1276 年正月，文天祥奉命"同吴坚使大元军"，他写道："众谓予一行，为可以纾祸。国事至此，予不得爱身，意北亦尚可以口舌动也。""[正月]二十日，以资政殿旧职，诣北营，见伯颜，陈大谊，词旨慨慷，虏颇倾动，留营中不遣……二月八日，虏驱予随祈请使吴坚、贾余庆等入北。"⑤当年二月"廿三日，吴合赞、孙通直、阿尤平章欲命诸使亲札，劝扬州制置李庭芝纳降。众从之，独文丞相不画名"；廿九日，"文丞相脱去"。⑥ 文天祥逃至京口，"得间奔真州，即具以北虚实告东西二阃，约以连兵大举。中兴机会，庶几在此。留二日，维扬帅下逐客之令"。⑦ 文天祥脱走后，前往闽、赣、粤诸地，继续抗元。

1277 年，文天祥在漳州杀掉此前一直在江西一带抗元的吴浚（字允文）。文天祥手订年谱称："正月，移屯漳州龙岩县。"该处注云："公移次漳

---

① 《钱塘遗事校笺考原》卷八"文天祥入卫"条，第 278 页。
② 《宋季三朝政要笺证》，第 415 页。
③ 《钱塘遗事校笺考原》卷八"诸郡望风而降""罢团结""诏罢兵"诸条，第 281、290、289 页。
④ 王夫之著，舒士彦点校：《宋论》卷一五《恭宗、端宗、祥兴帝》，中华书局，2017 年，第 259—260 页。
⑤ 《宋史》卷四七《瀛国公》，第 938 页；《文天祥全集》卷一三《指南录·后序》、卷一七《纪年录》，第 312、453 页。
⑥ 《钱塘遗事校笺考原》卷九《祈请使行程记》，第 322 页；卷八"诏罢兵"条，第 324 页。
⑦ 《文天祥全集》卷一三《指南录·后序》，第 312 页。

州龙岩县,时赏孟溁还军,追及于中途。吴浚以俘命来招降,人情汹汹,殛浚,乃定。"①据元人刘埙称:"临安失守后,福州建行朝,允文奉密诏举义。初,建梱属余作谢表,起句曰:'天临南面,将恢正统之山河;地复西江,重见中华之日月。'允文甚喜之。其后允文事不成,为文丞相所杀。"又称:"奉密诏以江西招讨使举义反正,结约次山,协谋兴复,战不利。允文奔漳州,为都督文丞相天祥所杀。"②袁桷说道:"允文畴昔素论兵……流离南方,寓虔州时,文丞相总兵,兵浸弱,允文复以平时论兵,丞相独倾下之。兵日迫,丞相酒酣,与允文论生死,允文未及答,丞相呼军校斩之。"又云:"[浚]兵事不济,议降,文丞相杀之。"③综而观之,吴浚"以俘命来招降"之说,与刘埙、袁桷说法均有出入。文天祥反元心情之迫切,且不容他异,其不无暴戾的刚烈脾性,于此可窥一斑。④

同年,文天祥又辗转至家乡江西抗元,他在当地拥有很强的号召力。⑤ 自德祐元年以来,他在江西募兵、筹饷抗元等活动中留下不少手札。虽真假难论,但后世针对这类作品分析的文字,为我们留下一些今已亡佚的史料片段,可补充不少信息。如元末明初人宋濂曾云:"予尝见文山公与黄伯正手帖云,赣州大姓,起义旅相从者,如欧阳冠侯等凡二十三家。史多不载其名,今莫可考矣。宁都陈蒲塘父子亦二十三家之一,乃因从子景茂请铭于公,答书仅存,而其氏名因籍以弗

---

① 《文天祥全集》卷一七《纪年录》,第 456 页。孟溁即赵孟溁(深道),据《赵深道墓志铭》载:"时则有抚州幕属赵公深道,亦由赣趋闽,从丞相。丞相异之,留佐都督府。江淮劲勇多恋旧,亦趋闽入广……丞相掩袭北去,公收散卒,鼓行转斗将进,卫厓山行朝。逮己卯春,厓山倾覆,公羁岚雾中,四顾傍徨曰:孤臣畴依乎? 然犹强自立。"参阅刘埙撰《水云村稿》卷八,文渊阁《四库全书》本。
② 刘埙撰《隐居通议》卷二二《吴允文诸作》、卷九《云舍赵公诗》,清《海山仙馆丛书》本。
③ 袁桷撰:《清容居士集》卷二《哀兰操序》、卷三三《先君子蚤承师友晚固艰贞习益之训传于过庭述师友渊源录》,《四部丛刊》景元本。
④ 谢慧贤(Jennifer Jay)论及文天祥个人"缺陷"时用了三个词形容:"傲慢(arrogance)""放肆(extravagance)"和"夸张(exaggeration)"。参阅 Jennifer W. Jay, "Memoirs and Official Accounts: The Historiography of the Song Loyalists", *Harvard Journal of Asiatic Studies*, Vol.50, No.2 (1990), p.611.
⑤ 当日也有不响应其事者,如赣人颜奎:"文山文公尝延致幕下。德祐间,文山起兵汀赣,以书来招,为之感泣,而竟不起……其不应文山之招,知时之不可为也。"参阅《至正集》卷五七《吟竹先生墓表》,第 266 页上。

泯，不亦幸哉！"①此文天祥手帖揭示出赣南民众响应其事，积极参与抗元。

清人金武祥称，曾见及文天祥三通手迹，年代"皆在德祐元年乙亥"，他作跋称："详味此书，乃空坑之败之后，遗其所知者之书。盖是时天陁甫脱，劲敌在后，正流离颠沛之际，荒迷不次之秋也。而其笔意乃雍容闲雅，无一毫惊惧荒迫之状。"②另据清人乐钧所撰《题文信国与吴新溪先生手札卷后》，该文录文天祥三通手札，为"文公宣抚江西时所与，后以丞相督师再出江西，先生乃复入其幕也"。又称："宋礼部郎中邓光荐《续宋书·文丞相附传》云：吴名扬，字叔瞻，金溪人。丞相起兵，踊跃赴义，率巨室积钱粟备军需，意甚感激，倾动一时，辟礼兵部架阁。文公空坑之败，浮沈乡里，计今尚存。""先生裔孙嵩梁补撰《家传》，其略云：……德祐乙亥，丞相文公辟署府尉帅佥郎中，次年奏补江西制干兼礼兵部架阁，佥丞相幕府军事。空坑既败，文公驰蜡书属宾僚，各护部曲以归，公由是遂不复出……居恒奉文公画像，严对终日，出所贻手书展观，往往流涕。"③邓光荐《续宋书》今已不传，于此可窥一二；而所叙吴名扬事迹，则可略补文天祥抗元史事，恰又凸显出欲图匡复南宋的人们对于文天祥的极度推崇。

文天祥在江西抗元活动中留下的相关文书、书信，后来成为元军追缴对象。元将李恒下江西，"故太保滕国武愍公之下庐陵也，虽以忠节故邦、文丞相乡国，又当忠勇偏师挑战之后，公不疑不怒，按甲入城，城中老弱不知革命于反掌间，其所活庐陵之人，不知其几。及文丞相檄江乡士大夫举义兴复，公尽得其所檄名籍而焚之。其所活庐陵江西之人，又不知其几"。④ 略取建昌时，"军中有得宋相文天祥与建昌故吏民书，恒焚之，人心乃安"。⑤ "而军中又往往搜购文丞相所与建昌故官大家书札，事连数

---

① 《宋濂全集》卷三九《题文天祥手帖》，第855页。
② 金武祥撰：《粟香随笔·粟香二笔》卷八，清光绪刻本。
③ 乐钧撰：《青芝山馆诗集》卷一四，清嘉庆二十二年刻后印本。
④ 《申斋刘先生文集》卷七《滕国武愍李公庙碑》，第316页。
⑤ 《元史》卷一二九《李恒传》，第3157页。

百家。时留成诸将校因是欲激公一言,遂其私利。公微知之,且起坐谯楼,召诸将校俱前,立所逮人其下,趣取书焚之,谕以逆祸顺福"。① 李恒将与文天祥相关的文书、书信悉数烧毁,既是为了斩断文天祥与当地民众的关联,同时也是为免除人们受牵连之苦,以慰安人心。

丙子变后,"朝臣或降或遁,独文天祥、陆秀夫、张世杰,鞠躬尽瘁,死而后已",②南宋的人们寄望于文、陆、张三人。然而,当陆、张或沉或亡之后,文天祥成唯一希望,即便他于至元十五年(1278)十二月被元军俘获后,人们仍对他复宋寄予期待。王炎午撰《生祭文丞相》,虽意在促文天祥以死报效宋王朝,但对于文天祥的不死不降,他质问道:"丞相再执,就义未闻……岂丞相尚欲脱去耶? 尚欲有所为耶? 或以不屈为心,而以不死为事耶? 抑旧主尚在,不忍弃捐耶?""识时务者在俊杰,昔东南全势,不能解襄围,今以亡国一夫,而欲抗天下。"云云。③ 在当日已经降元的南宋人的思维意识中,似乎仍然在关切并质问文天祥是否仍冀望中兴南宋。

三、文天祥死国事件的不同历史叙述

至元十九年冬,元廷最终处死文天祥。文天祥于狱中手订《纪年录》称:"是岁春,作'赞',拟终时,书之衣带间。……其赞曰:'孔曰成仁,孟云取义。惟其义尽,所以仁至。读圣贤书,所学何事? 而今而后,庶几无愧!'"④文天祥自作"叙""赞",以为绝笔。文天祥死后,不少士人为他作传,如邓光荐、龚开、郑思肖、刘岳申等人;元末纂修《宋史》,亦为其立传。文天祥被处死当年的纪事,在上述诸种文天祥传记中有着怎样不同的书写,它们之间又有何种关联呢?

在各种"文天祥传"中,邓光荐所作《丞相传》最为突出。邓光荐,号中

---

① 《柳贯诗文集》卷九《李武愍公新庙碑铭并序》,第 182—183 页。
② 胡一桂撰:《双湖先生文集》卷一〇《度宗恭宗端宗》,康熙四十二年刻本。
③ 《吾汶稿》卷四《生祭文丞相》。
④ 《文天祥全集》卷一七《纪年录》,第 465 页。

斋,庐陵人。他于"宋末革命"时,一路追随文天祥抗元。至元十五年,他与文天祥被张弘范所统领的军队俘获,"在海上得宋礼部侍郎邓光荐,礼之于家塾以为子师"。① 文天祥对邓光荐信任有加,至元十八年(1281),他写信给幼弟文璋交待后事,称:"自广达建康日,与中甫邓先生居,具知吾心事,吾铭当以属之。若时未可出,则姑藏之将来。"②文天祥墓志今已于吉安出土,志尾署"邑人邓光荐书",内中有云:"因属予铭,时未便故传,是以归之。至元二十一年甲申阳月吉日,邑人邓光荐书。"③邓光荐完成了文天祥的遗愿。

邓光荐是宋亡时刻的亲历者与见证人:"宋且亡,礼部随驾入海,亲见厓山战败,陆秀夫抱幼君沉海,遂亦蹈海者再,为北军所钩,致不死。知当时兴亡事极详。后文丞相囚金陵,礼部实与俱,日夜相与唱和诗歌,以娱悲纾痛。张弘范元帅以客礼谒请为其子师。及归庐陵,以所闻见,集录为野史若干卷,藏不示人。"④邓光荐著有《续宋书》《填海录》《德祐日记》等,其中《填海录》根据陆秀夫手书日记而成。⑤ 据黄溍《陆君实传后叙》载:"陆君秀夫之死,楚人龚先生开既为立传,且曰君实死事,得之里人尹应许,尹得之翟招讨国秀,翟得之辛侍郎来莘。而君实在海上,乃有手书日记,日记藏邓礼部光荐家,数从邓取之不得,故传所登载,殊弗能详。"《填海录》一书后来上呈元廷,黄溍显然读到过此书:"仆为此叙时,固已不敢悉以客语为信。及来京师,将取正于太史氏,而《新史》所纪二三事,乃与《皇朝经世大典》自有不尽合者。史既成,而邓氏光荐家始以其《填海录》等书上进,又不能无所见所闻之异辞。谨摭其一二,附注于旧文之下,

---

① 《元朝名臣事略》卷六《元帅张献武王》,第108页。
② 《文天祥全集》卷一七《纪年录》,第465页。
③ 参阅陈伯泉《元至元二十一年文天祥墓志铭》,《文史》第17辑。另,该墓志文字实已收于嘉靖、崇祯的两种《文天祥全集》中,参阅邓碧清《也谈至元二十一年〈文天祥墓志铭〉》,《文史》第38辑。
④ 《桂隐文集》卷四《题危大朴与邓子明书后》。
⑤ 雒竹筠遗稿,李新乾编补:《元史艺文志辑本》,燕山出版社,1999年,第108页。新近熊燕军认为,《德祐日记》非邓光荐作,《填海录》也非据《陆秀夫日记》而成,暂备一说。参阅熊燕军《邓光荐史学著述杂考》,《元史及民族与边疆研究集刊》第35辑,上海古籍出版社,2019年,第53—60页。

以订其讹舛,补其阙逸云。"①

邓光荐对于文天祥抗元行迹及其所思所想了解最多且深,他撰述的"故史遗文",亦为当时所重。元末危素参修辽、金、宋三史,曾向邓光荐之孙邓子明求书:"遇圣朝修辽金宋三史,诏求天下故史遗文。大朴实衔朝命来江西,至庐陵,求礼部所为书。子明虽谊不敢秘,值有祖母之丧,不即送上,大朴先后有此二书……子明不隳世学,抱其先祖所著,上进史馆,以成前代之书。"②而据《西台恸哭记注跋》称:"文丞相忠义明白,世多为之记载。礼部侍郎邓公光荐作《续宋书》最为详备,文公之将校名姓,往往在焉。"③危素曾说,"从国史院史库得《德祐日记》","素读宋礼部郎官邓公光荐《续宋书》",云云。④ 是知,邓光荐《续宋书》中有《文丞相传》,且内容应当十分详实而具体。

邓光荐所作《丞相传》,或为最早的一篇传记,今可从文天祥《纪年录》内由后人所作的补注中读获部分内容。该传所述至元十九年文天祥被处死事甚为详赡,为免去繁琐征引,兹梳理该传所记当年关键事项于下,俾便后文讨论:(1)二月,南人谢昌元、王积翁等十人谋合奏,请以公为黄冠师,因现分歧,未及上奏;(2)八月,王积翁、谢昌元在文天祥与忽必烈之间劝说、游说,无果;(3)参政麦述丁曾目睹文天祥在江西的影响力,极力倡言处死天祥;(4)十一月,中山府薛保住聚众,欲劫狱救文天祥,元廷将赵氏宗族迁往上都;(5)十二月初八日,忽必烈正式召见文天祥,劝谕其降元,遭拒;(6)十二月初九日,有宰执臣奏请赐死文天祥,麦述丁从旁力劝,忽必烈最终同意处死文天祥;(7)文天祥向南三拜后引颈就戮,当是之时,有驰骑奔来,教再听圣旨,受刑已毕;(8)十二月初十日,欧阳夫人得旨收尸;(9)文天祥被杀,"时连日大风,埃雾,日色无光"。⑤ 以上诸事项,在晚出诸种"文天祥传"中,都可看到它们的"影踪"。

---

① 《黄潛全集》(上册),第220—223页。
② 《桂隐文集》卷四《题危大朴与邓子明书后》。
③ 《危太朴全集·续集》卷九。
④ 《危太朴全集·危太朴文集》卷七《昭先小录序(丙戌)》。
⑤ 《文天祥全集》卷一七《纪年录》,第465—466页。

龚开（1222—1305?），淮阴人，撰有《宋文丞相传》。他自称："仆见青原人邓木之藏文公手书'纪年'，皆小草，首尾备具。因求得誊本，取其始末为传，与赵、陆二传并存。"①龚开所作《宋文丞相传》，叙述文天祥至元十九年被杀史事极简，开篇云："岁在壬午，乃至元十九年也。于是，祥兴亡且三年矣。"紧接此语之后，再录以前述文天祥自作"叙""赞"即告结束。②

《忠义集》《昭忠录》两书，均收录有同一份"文天祥传"，该传叙述文天祥自乙亥春江西起兵勤王始，至壬午燕市就戮而止。该传所述至元十九年文天祥当年被杀史事，几乎全部袭自邓光荐《丞相传》，不过末尾添有一小插曲，稍显不同："天祥死后，大风忽起扬沙石，昼晦咫尺不见人，守卫者皆惊。吉州士人张宏道，字毅夫，号千载心，与天祥善，随至燕，负其颅骨归葬庐陵。"云云。③

郑思肖（1241—1318）亦撰《文丞相叙》，除去开篇"论""赞"数语，也是从乙亥岁写起，起首叙称："丞相文公天祥，才略奇伟，临大事无惧色，不敢易节。德祐一年乙亥夏，遭鞑深迫内地，公时居乡，挺然作檄书，尽倾家赀，纠募吉赣乡兵三万人勤王。""思肖不获识公面，今见公之精忠大义，是亦不识之识也。人而皆公也，天下何虑哉？意甚欲持权衡笔，详著《忠臣传》，苦耳目短，不敢下笔。然闻为公作传者，甚有其人，今谅书所闻一二，助他日太史氏采摭，当严直笔，使千载后逆者弥秽，忠者弥芳，为后世臣子龟鉴与。"《文丞相叙》所述至元十九年文天祥被杀史事如次：（1）是年冬，南人谋刺忽必烈不果，大臣建议杀文天祥；（2）忽必烈遣留梦炎劝降

---

① 参阅陶宗仪撰《草莽私乘》，清初钞本。
② 同上。另，张枢（1292—1348）曾读过龚开《文丞相传》，并作《文丞相传补遗》，他补充道："丞相既俘，其夫人欧阳氏为大将军军将校所执，将逼而辱之。夫人曰：'吾有死耳，义不以洁白之躯，辱于贱卒。夫，吾天也！夫既执，尚安所顾藉哉。夫不负国，我独安忍负夫也！'遂自到死。丞相闻之，哭而祭之，曰：'节妇不事二夫，忠臣不事二主。天地之间，惟我与汝。'予既美龚氏能序丞相之忠之烈，亦憾其无闻于夫人之义。故书之，以补其阙文云尔。"张枢称欧阳氏死夫节，实误，欧阳氏于大德年间方去世。参阅佚名撰《宋遗民录》卷一〇，清乾隆三十七年至道光三年长塘鲍氏刻《知不足斋丛书》本。
③ 《忠义集》卷四《丞相信国公文公天祥》；《昭忠录·文天祥丞相信国公》。

文天祥,遭面唾;(3)中山府薛姓者向忽必烈告密,称汉人欲劫狱救丞相,拥德祐嗣君为主;(4)忽必烈就告密事召见文天祥,文天祥自认出于己谋,后遭全太后、德祐嗣君等否认;(5)忽必烈再三劝谕文天祥,虽屡遭骂詈,仍欲释之,并愿尊其为"国师""天师",或放还归乡,但均遭拒绝;(6)忽必烈最终下令处死文天祥,"及斩,颈间微涌白膏,剖腹而视,但黄水,剖心而视,心纯乎赤。忽必烈取其心肺,与众酋食之"。① 于上所述观之,郑思肖是在看到他人所撰"文天祥传"之后再作此传,其基本元素与邓光荐《丞相传》颇多重合,但具体情节却迥乎其异。郑思肖所述诸多情节,夸张失实处甚多,恐难径信。

逮至元中期,刘岳申撰作《文丞相传》。刘岳申,庐陵人。他曾说道:"宋亡,丞相信国文公以光明俊伟死燕市,闻天下。"②刘氏"撼公所著《日录》《吟啸集》《指南录》《集杜》二百首,及宋礼部郎官邓光荐所述《督府忠义传》以作公传,视《史》加详实焉"。③ 刘岳申完成《文丞相传》后,据许有壬于元统元年(1333)所作《文丞相传序》称:"孙富为湖广省检校官,始出辽阳儒学副提举庐陵刘岳申所为传,将刻之梓,俾有壬序之。有壬早读《指南录》《吟啸集》,见公自述甚明,三十年前游京师,故老能言公者尚多。而讶其传之未见于世也,伏读感慨,惜京师故老之不见及也。公之事业,在天地间炳如日星,自不容泯。而史之取信,世之取法,则有待于是焉。若富也,可谓能后者也。"④是知,刘岳申完成《文丞相传》后,文天祥之孙文富向许有壬求序。⑤ 这表明该传之撰写应得到官方认可,或至少得到默许。刘岳申《文丞相传》所记文天祥当年被杀之事的主干内容,如群臣议释文天祥、麦述丁倡言杀文天祥、忽必烈召见文天祥诸条事项,⑥均未超出邓光荐《丞相传》的内容。

---

① 参阅《郑思肖集·心史·文丞相叙》,第122—129页。
② 《申斋刘先生文集》卷五《褒忠庙记》,第202页。
③ 杨士奇:《文丞相祠重修记》,载《文天祥全集》卷二〇《附录》,第516页。
④ 《至正集》卷三〇,第159页上。
⑤ 许有壬称:"有壬早慕文山公风节,与其孙富游,尝序公传而未得拜公像,意其雄杰峭异,若太史公疑张子房为魁梧奇伟也。富弟寔奉像求赞,始遂瞻拜。"参阅《至正集》卷六七《文文山画像赞》,第303页下。
⑥ 详可参阅《申斋刘先生文集》卷一三《文丞相传》,兹不俱引。

元后期官方修纂《宋史》，危素曾参与其事。① 据前文所述危素与邓光荐后人之间往来事实，或可认为危素与《宋史·文天祥传》的纂作不无关系。《宋史·文天祥传》肯定参考过邓光荐的《丞相传》，两者所述文天祥至元十九年死国事件的主干内容基本相同。因《宋史·文天祥传》极易翻检，恕不一一俱引。②

以上所述诸种"文天祥传"，是今天仍能读到的元代有关文天祥的全部传记作品。③ 明清时代虽有不少人为文天祥立传，但大都基于元代文献，偶有发挥或补充，价值不大。④ 在前述诸传中，邓光荐《丞相传》和《宋史·文天祥传》，对于文天祥死国事件前因后果的描述最为详细。当日元廷官员们曾讨论过释放文天祥的问题，有官员认为，一旦释放文天祥，"忽有妄作"，则将无以应对；色目大臣麦述丁"尝开省江西，见公出师震动"，他见识过文天祥在江西的巨大影响力，因此极力谏言处死文天祥。而就在此当口，又出现中山府薛宝住事件，⑤它背后牵涉的不仅是故宋皇帝及赵家宗室之事，且与文天祥有巨大关联。忽必烈因此大受震动，决意处死文天祥。

如果将文天祥死国事件与当日汉人起事反元的情势联系起来加以观

---

① 孔繁敏：《危素与〈宋史〉的纂修》，载罗炳良主编《〈宋史〉研究》，中国大百科全书出版社，2009年，第160—175页。
② 参阅《宋史》卷四一八，第12533—12540页。
③ 元末吴莱自称曾经见到过一种"文天祥传记"，并用四百余字对该传作了简要叙述，然并未见叙及文天祥当年死国之事，兹不引入讨论。参阅《渊颖集》卷一二《桑海遗录序》。
④ 明代赵弼的传奇小说集值得留意，其中有《续宋丞相文文山传》，该传所述内容，并非空穴。如，文内有云："其日大风扬沙，天地昼晦，咫尺不辨。城门昼闭，南士留燕者，无不悲悼。或以酒肴酹奠。明日，世祖临朝抚髀叹曰：'文丞相好男子，不肯为吾用。一时轻信人言杀之，诚可惜也。'……世祖叹曰：'吾亦悔杀此人，至今伤悼，噬脐无及。'"赵弼描绘文天祥被处死后现奇特天象，与邓光荐《丞相传》相同；而赵弼述忽必烈对文天祥的态度亦应有所本，元末郑玉有言："世祖皇帝天纵圣神，既不屈之于未死之前，又复惜之于已死之后。"可为明证。参阅赵弼撰《效颦集》上卷《续宋丞相文文山传》，明宣德刻本；郑玉撰：《师山先生遗文》卷三《为丞相乞立文天祥庙表》。
⑤ 前引《元史·世祖本纪》，至元十九年十二月乙未，中书省臣言："以中山薛保住上匿名书告变，杀宋丞相文天祥。"次年正月，右丞相和礼霍孙又称："去冬中山府奸民薛宝住为匿名书来上，妄效东方朔书，欺罔朝廷，希觊官赏。"此为处死文天祥之事的正式官方记录。参阅《元史》卷一二，第249页。

察的话,它不是孤立事件。自至元十六年至至元十九年,南方多地反元活动不断,反抗活动频次明显高于其他时期。① 南方曾两度出现建国、称伪号事件,至元二十年(1283)三月,"广州新会县林桂方、赵良铃等聚众,伪号罗平国,称延康年号";十月,"建宁路管军总管黄华叛,众几十万,号头陀军,伪称宋祥兴五年"。② 迄至至元二十一年(1284),江南仍"人心未宁"。③ 只要文天祥不死不降,他始终就是南宋旧有势力存续的一种象征,是恢复大宋的希望所在,而这正是元王朝最为担忧的事情。因此,处死文天祥成为忽必烈当时必然的政治抉择。④

倘若体察到文天祥在宋亡元兴这一特殊历史转折时期所扮演的角色以及他在当日反元人群心目中的影响,那么后来所谓他"忠义"形象的高大,当非只是一种"塑造"。⑤ 文天祥在当日现实社会中本有它实在的位置。当然不可否认的是,为文天祥立传、呼吁为其立祠的众多士人中,大多为江西籍人士,他们确实起到推波助澜的作用。元代中后期,揭傒斯说:"当其(宋)亡也,文丞相斩首燕市,终三百年火德之祚,为万世亡国之光,而皆出于庐陵,何其盛哉!"⑥ 刘岳申《文丞相传》之"赞"最末句又称:"死之日,宋亡七年。崖山亡,又五年矣。"⑦ 此传之作,似乎就是在为文天祥死南宋"国事"张本。

---

① 详可参阅杨讷、陈高华编《元代农民战争史料汇编》上编,中华书局,1985年,第26—42页。
② 《元史》卷一二《世祖九》,第252、257页。
③ 《奉训大夫瑞州路总管府判官致仕黄公墓志铭》,《黄溍全集》下册,第465页。另,至元二十一年,时人讥称,"新附民易动难安"。参阅陆文圭撰《墙东类稿》卷一二《中大夫江东肃政廉访使孙公墓志铭》,文渊阁《四库全书》本。
④ 据《元史·世祖后察必传》载:"[至元]十三年,平宋,幼主朝于上都。大宴,众皆欢甚,唯后不乐……时宋太后全氏至京,不习北方风土,后为奏令回江南,帝不允,至三奏,帝乃答曰:'尔宋人无远虑,若使之南还,或浮言一动,即废其家,非所以爱之也。苟能爱之,时加存恤,使之便安可也。'后退,益厚待之。"由此可窥,忽必烈对于南宋问题特别警觉。参阅《元史》卷一一四《后妃一》,第2871—2872页。
⑤ 有关文天祥忠义形象在元代"塑造"的问题,可参阅陈功林《文天祥形象的塑造与演变》,江西师范大学硕士研究生学位论文,2016年。
⑥ 《揭傒斯全集·文集》卷五《杨氏忠节祠记》,第363—364页。
⑦ 《申斋刘先生文集》卷一三《文丞相传》,第578页。

四、文天祥死国事件在元代史著中的呈现

如果明了文天祥当日在反元复宋人群中的巨大号召力、影响力,以及他不死不降所具有的象征意义,那么对南宋"不亡于厓山之崩,而亡于燕市之戮"的说法,就会有比较真切的理解。宋元之际抱持"忠宋"立场的宋遗民们对文天祥抱有切实的期待,然而他们或已意识到,文天祥死国则意味着宋已不可复。元代士人所表达的宋"亡于燕市之戮"的观念,又从何而来呢?在回答此问题前,有必要交代元人从文天祥忠义道德的角度对其加以叙述的问题。① 在宋代,人们对士大夫道德上的要求超过以往,对忠义气节极为推重。宋元之际士人言称:"盖近年进士为宰相能守节作全人者,二人焉。洁然清流而不污者,公也;毅然朔庭而不屈者,文山公也。""三百年社稷,痛哉尤此公!偷生皆负愧,既杀即褒忠。不屈夸箕并,罹殃巡杲同。"②而到元代,不仅蒙古人对忠诚故主的人士格外激赏,大部分士人在很大程度上也继承了传统儒家的节义观念,当时代士人对文天祥极度褒扬:"孔子称:志士仁人,有杀身以成仁。宋亡,惟庐陵文丞相一人而已!""宋养士三百余年,死国之昭昭者,文丞相一人。"③元代江西安福人周霆震所撰《阅晏彦文所论王生江南野史》载:

郡人有王炎登者,滥名忝宋季士流,鬻爵登仕,著《江南野史》,不录文丞相,以吕文焕卖降为不得已。晏彦文按《春秋》追论之,虽难掩庐陵之愧,愈于知而不言……江南自革命以来,学校碑刻,悉刊去宋

---

① 谢慧贤曾探讨过宋代忠义人物的历史编纂问题,详可参阅 Jennifer W. Jay, "Memoirs and Official Accounts: The Historiography of the Song Loyalists"。
② 刘埙撰:《水云村稿》卷七《题古心文后》;陈栎撰:《陈定宇先生文集》卷一六《文丞相》,清康熙刻本。
③ 《申斋刘先生文集》卷九《倪处士墓志铭》,第 422 页;《元文类》卷六五《集贤直学士文君神道碑》(元明善撰),第 1329 页。

年号,朝廷初不知其所为。仁宗在东宫,一日问左右:"文丞相何如?"对者皆贬其不知天命。仁宗作色曰:"如卿所言,则冯道却不是忠臣矣。"众恧屏气,相视惕然。信公日见表彰,扬于内外。临御之日,语廷臣曰:"儒者握纲常如拳。"盖为信公而发。①

从此段叙述可知,元廷对文天祥可谓推崇有加,这自然会影响到当时代人对文天祥的评价,元人文集中存有不少关于文丞相祠、祭文等篇什,可为明证。元代的历史编纂者们在编修史著时对"忠义"者予以特别的表彰。元人纂修《宋史·忠义传》称:"靖康之变,志士投袂,起而勤王,临难不屈,所在有之。及宋之亡,忠节相望,班班可书,匡直辅翼之功,盖非一日之积也。""捐躯徇节,之死靡二,则皆为忠义之上者也。"②文天祥因其"死国"的忠义形象,更是备受推崇。《宋史》"列传"部分每一卷末都有"赞""论",对该卷人物加以评论。在《宋史》所有列传人物中,唯文天祥一人独有一份"论"。③

元代对文天祥的推崇,势必会影响到对其形象的"塑造",但这是否又会进而影响到人们对于"宋亡"的认识?此中之关联及可能,尚难遽断。文天祥"死国"标志"宋亡"的这种历史观,与前述其他三种"宋亡"历史观不同,它应是宋元之际及元代士人对文天祥以及他所代表的忠宋气节完结的一种极度褒扬。从忠义道德层面描述文天祥,构成宋元之际及元代有关文天祥历史书写的一条主线,黄溍、揭傒斯等浸染于传统儒家节义观念之中的士人,必当受此影响。黄溍将文天祥宋末救危之举,比之于程婴救赵、诸葛亮匡扶汉室,此种观念与宋遗民们的认识应是前后相续的。

文天祥"死国"被视为另一种意义上的"宋亡",这种历史观在元代史著的书写中究竟存不存在,是否有其具体的呈现呢?最可注目者为郑思肖所著《心史》。郑思肖是始终忠宋的典型人物,即便"宋亡"多年,仍坚持用"德祐"年号,坚信南宋可再度中兴。他于1281年6月作《南风堂记》,

---

① 周霆震撰:《石初集》卷一〇,民国十年南昌《豫章丛书》编刊局刊《豫章丛书》本。
② 《宋史》卷四四六《忠义一》,第13149—13150页。
③ 《宋史》卷四一八《文天祥传》,第12540页。

称:"养其未死之身,必一见中兴盛事。"在《大义略叙》中则声言:"旦旦颙望中兴。"①特别值得注意的是《大义略叙》,其意在撰作"宋史":

> 闻叛臣在彼,教忽必烈僭俾南儒修纂《大宋全史》,且令州县采访近年事迹,又僭作敨史,逆心私意,颠倒是非,痛屈痛屈,冤何由伸!此我《大义略叙》实又不容不作。《略叙》之作,主乎大义大体,有所不知,不求备载。我纪庶事,虽不该博于众人,惟主正理,实可标准于后世。……大宋德祐遗臣三山郑思肖述,德祐八年岁在壬午之春述,德祐九年癸未春正月重修。②

作史即意味着过去时代的终结。郑思肖作《大义略叙》以述故宋历史,某种程度上表明他已接受"宋亡"的现实。此处称"壬午之春"撰述,次年癸未春"重修",而文天祥恰又于壬午岁殉节,此该当作何种解析呢?

《大义略叙·自跋》(1282年冬作)尾题"维大宋德祐甲甲甲甲甲甲甲甲甲之壬午岁冬至日",《盟言》(1283年作)尾署"大宋德祐甲甲甲甲甲甲甲甲甲之癸末岁三月二十六日庚辰",③郑氏所书十"甲"字,含义不明。④ 不过,据明佚名《藏心史》称,当年《心史》铁函出,外缄封"大宋世界无穷无极/大宋铁函经/德祐九年佛生日封/此书出日一切皆吉"。⑤ 郑思肖之所以选择"德祐九年"封函,⑥应有所寄寓。文天祥死国意味"宋亡",故宋旧地的人们不得不接受宋不可复的事实! 至此之后,"德祐"年号已不再现,宋确已亡矣。

另一部值得注意的元代史著是陈桱的《通鉴续编》。黄时鉴曾指出:

---

① 《郑思肖集》,第145、190页。
② 同上书,第190—191页。
③ 同上书,第198、199页。
④ 陆坦《心史跋》称:"至'德祐'下十'甲'字,颇似隐语,抑效渊明书甲子之意乎? 将必有详辨之者。"参阅《郑思肖集》附录一《序跋》,第304页。
⑤ 《郑思肖集》,第338页。
⑥ 《心史》记事最末年代晚至至元二十一年,杨讷早已指出,《大义略叙》曾再修三修,写毕《盟誓》篇后,并未立即将《心史》沉于古井,至少还在手上保存了一年以上。参阅杨讷《〈心史〉真伪辨》。

"此书是仍然持宋正统论观点的第一部也是唯一的一部代表作。"①该书是一部有关宋代历史的"纲目"体作品,其体裁始于朱熹《通鉴纲目》,它的呈现形态,通常由提要"纲"(大字)和叙事"目"(小字)构成。全书止于己卯岁,即"祥兴二年,大元至元十六年","纲"称:"春正月,帝在厓山。大元张弘范袭厓山,张世杰力战御之。二月甲申,师大溃,帝崩。左丞相陆秀夫死之,宋亡。"而"目"所叙内容,则止于文天祥死国之事。因史文常见,兹不俱引。②

陈桱叙文天祥事迹,应源于《宋史·文天祥传》及邓光荐《丞相传》无疑。《通鉴续编》之"纲",以"崖山之破"收尾,明人对此曾指出:"陈子桱之续通鉴纲目,其知此旨乎? 故崖山之破,特书宋亡,盖以巴延(伯颜)入临安,宋犹未亡也。及帝昺蹈海,宋始亡矣。"③该书虽仍以己卯厓山倾覆为"宋亡"标志,但值得注意的是,该书之"目"却以文天祥死国之事煞尾。倘不揣陋劣,此或正凸显出文天祥"燕市之戮"与"宋亡"之间的某种关联。④ 大宋三百年史事,至此完结。

---

① 《〈通鉴续编〉蒙古史料考索》,《黄时鉴文集Ⅰ·大漠孤烟》,第136页。
② 《通鉴续编》卷二四,第24册,页466—486。
③ 何乔新撰:《椒邱文集》卷一九《辨通鉴纲目书汉亡》,文渊阁《四库全书》本。
④ 有论者指出:"'文谢之死'被《宋史纪事本末》视为宋史的完结,是南宋一朝在精神上真正终结的象征。"此或受《通鉴续编》之影响欤? 尚值留意。参阅刘婷婷《文、谢之死:兼谈宋亡之际士大夫的人伦困境与抉择》,《长江大学学报》(社科版)2013年第11期。

结语：大元一统

蒙元统一所及的大中国范围，不仅涵盖蒙古诸部以及西夏、金、大理、南宋等政权，还包括吐蕃诸部以及位于我国新疆及邻近地区的畏兀儿、哈剌鲁、西辽等。本书主要围绕蒙元统一西夏、金、大理以及南宋的历史过程进行讨论，对于西域及吐蕃地区的统一问题未安排专门章节讨论，在此需稍作补充阐述。

蒙古人于蒙古高原崛兴之后，不断南向进取之外，还将目光投向了西部。畏兀儿、哈剌鲁以及吐蕃等政权先后归顺蒙古，西辽则为蒙古所攻灭。

蒙古对西域的统一，大体完成于成吉思汗时期。西域对于蒙古人而言并不陌生，蒙古向西进征既有更早的突厥人群导夫先路，又因他们同处内陆亚洲地区，在经济、社会以及文化各层面也相对更为接近，他们之间的连接以至统合，或更易于理解。1209年，主要活跃于今吐鲁番盆地和吉木萨尔县一带的高昌畏兀儿亦都护巴而朮阿而忒的斤，杀西辽所置"少监"脱离西辽控制归附蒙古，并于羊儿年（1211）前往怯绿连河畔觐见成吉思汗。① 几乎同时（1211），活动于海押立（Qayaligh）一带的哈剌鲁部（又称哈剌鲁、合儿鲁、匣剌鲁、罕禄鲁等）首领阿尔思兰罕（Arslan Khan）也归附成吉思汗，驻牧于伊犁河谷阿力麻里的哈剌鲁人则在首领斡匝儿的带

---

① 参阅乌兰校勘《元朝秘史》（校勘本）第238节，第313页；《元史》卷一二二《巴而朮阿而忒的斤传》，第3000页。赵孟頫写道："太祖皇帝既受天命，略定西北诸国，回鹘最强，最先附，遂召其主亦都护为第五子，与诸皇子约为兄弟，宠异冠诸国。"赵孟頫撰，任道斌辑集、点校：《赵孟頫文集》卷七《大元敕赐故荣禄大夫中书平章政事守司徒集贤院使领太史院赠推忠佐理翊亮功臣太师开府仪同三司上柱国追封赵国公谥文定全公神道碑铭》，上海书画出版社，2010年，第134页。

领下归顺蒙古。① 天山北部地区尽为成吉思汗所统辖,而此时天山南路地区则仍处于西辽统治下。1218 年,成吉思汗遣大将哲别率军进征仍控制天山南路并掌管西辽权柄的乃蛮人屈出律(《史集》译作"古失鲁克",西辽王位为乃蛮王子屈出律所篡夺),西辽遂告覆亡。② 至此,天山南北尽归于蒙古统治之下。③

成吉思汗分封诸子术赤、察合台、窝阔台于西域及以远地带,察合台和窝阔台的封地主要在中亚和我国新疆地区。西北诸王中察合台系、窝阔台系后王,与蒙古汗廷以及元廷之间的矛盾由来已久。忽必烈夺取大汗位后,有意将自己的统治势力向西延伸,与西北诸王之间的争斗不断出现,元西北形势常出现复杂而剧烈的变化。至元年间西北诸王海都、都哇与元朝的战争尤为突出,正是由于战火不断,亦都护家族和大批畏兀儿人东迁至今甘肃境内永昌。元朝在西北的军事行动屡屡引发西北诸王将战火引向岭北"祖宗根本之地",导致元朝需同时应对西域和岭北的战事。因军事行动成效不显,元朝最终不得不被迫收缩西北方向的战线。至元二十六年(1289),元退出斡端(今和田);忽必烈去世之后,别失八里、哈剌火州等地被察合台兀鲁思所控制。元朝势力自此基本退出中亚。④ 至大三年(1310),"西北叛王"海都之子察八儿来归,牙忽都进言声称:"太祖

---

① 据《元史》,太祖六年辛未(1211 年)春,"西域哈剌鲁部主阿昔兰罕来降"。《秘史》载:"太祖命忽必来征合儿鲁兀惕种,其主阿儿思阑即投降了,来拜见太祖。"参阅《元史》卷一《太祖本纪》,第 15 页;《元朝秘史》(校勘本)第 235 节,第 312 页。另可参阅《世界征服者史》上册,第 86—88 页。
② 据史载:"哲伯令曷思麦里持屈出律首往徇其地,若可失合儿、押儿牵、斡端诸城,皆望风降附。"参阅《元史》卷一二〇《曷思麦里传》,第 2969 页。
③ 成吉思汗统一西域问题的最新成果,参阅田卫疆《论成吉思汗对西域的统一管辖》,《西部蒙古论坛》2022 年第 4 期。有关元代畏兀儿的问题,尚衍斌、田卫疆、杨富学等学者的研究值得关注,参阅尚衍斌:《元代畏兀儿研究》,民族出版社,1999 年;田卫疆:《高昌回鹘史稿》,新疆人民出版社,2006 年;王红梅、杨富学:《元代畏兀儿历史文化与文献研究》,甘肃教育出版社,2015 年;王红梅、杨富学、黎春林:《元代畏兀儿宗教文化研究》,科学出版社,2017 年。海外有关元代畏兀儿的相关研究,则可看杨富学的研究述评,杨富学:《海外元代畏兀儿人研究述评》,《中国边疆史地研究》2017 年第 3 期。
④ 参阅白寿彝总主编、陈得芝主编《中国通史·元时期(上)》(13),第 422—431 页。有关元与西北诸王之间的战争详情,可参阅刘迎胜《察合台汗国史研究》,上海古籍出版社,2006 年,第 247—309 页。

皇帝削平四方,惟南土未定,列圣嗣位,未遑统一。世祖皇帝混一四海,顾惟宗室诸王,弗克同堂而燕。今陛下洪福齐天,拔都罕之裔,首已附顺,叛王察八儿举族来归,人民境土,悉为一家。"①这当然只是虚饰之誉。不过,此后西北诸藩与元朝大体相安无事。

　　蒙元统一我国西藏地区的具体历史过程是一个持久不衰的学术话题,研究成果十分丰富。然而,在探讨早期蒙藏关系史中却存有一个长期争论未决的问题,即早在成吉思汗时期蒙古是否就已进入藏地并已有统一西藏的长算远略?成吉思汗进征西藏究竟是虚构还是真实?大部分学者对成吉思汗进征西藏问题持怀疑态度,蒙古经略西藏不始于成吉思汗,而始于窝阔台之世。② 怀利(Turrel V. Wylie)认为,史料将西藏列为成吉思汗最早征伐的对象,是误将西藏当作西夏。成吉思汗时期西藏并未归附蒙古,也没有纳贡。在阔端驻扎青海之前,没有证据表明蒙古人同藏人之间发生过直接接触。至 1240 年,阔端统治青海地区,标志着蒙古第一次远征入藏才合乎情理。③

　　何史谛(Stephen G. Haw)近年提出新说,他部分赞同怀利的观点,又指出这可能并非历史的全部。他认为,1240 年之前,蒙藏间已有相当程度的接触,成吉思汗或许从未进征过西藏,但毫无疑问他有这样做的意图。成吉思汗有意将西藏纳入蒙古帝国,他的继任者也没有放弃这一意图。蒙古早期

---

① 《元史》卷一一七《牙忽都》,第 2909 页。
② 如陆宽田(Luc Kwanten)、怀利(Turrel V. Wylie)、冈田英弘、毕达克(Luciano Petech)等,参阅 Luc Kwanten, "Chingis Kan's Conquest of Tibet. Myth or Reality?" *Journal of Asian History*, Vol.8, No.1 (1974), pp.1–20; T.V. Wylie, "The First Mongol Conquest of Tibet Reinterpreted", *Harvard Journal of Asiatic Studies*, Vol.37, No.1, 1977, pp.103–133; 冈田英弘:《蒙古史料に見える初期の蒙藏関係》,载《東方學》第 23 卷,1962; Luciano Petech, "Tibetan Relations with Sung China and with the Mongols", In Morris Rossabi (ed.), *China among Equals: The Middle Kingdom and Its Neighbors, 10th–14th Centuries*, pp.173–203. 其中三篇文章分别由邓锐龄、陈得芝汉译,详见怀利撰、邓锐龄译《蒙古初次征服西藏史实再释》;冈田英弘撰、邓锐龄译:《蒙古史料中的早期蒙藏关系》,载中国社会科学院民族所历史研究室资料组编译《民族史译文集》第 4 集,1978 年;陈得芝译:《吐蕃与宋蒙的关系》,载《蒙元史与中华多元文化论集》,第 361—388 页。
③ 参阅怀利撰、邓锐龄译《蒙古初次征服西藏史实再释》。

曾侵入藏地边界,随后在1240年代展开了更加深入的进征。① 何史谛注意到汉文资料的相关记载,认为有关蒙藏问题最可信赖的资料是汉语文献,他通过梳理汉文资料得出上述新认识。对于成吉思汗早在1215年之前就已有进征西藏意图的问题,他特别注意到《元史·郭宝玉传》的记载:"帝将伐西蕃,患其城多依山险,问宝玉攻取之策,对曰:'使其城在天上,则不可取;如不在天上,至则取矣。'帝壮之。"②然而,《元史·郭宝玉传》恰恰是备受争议的文献。此外,成吉思汗知道并了解西藏,与他是否要进征这个地区并在彼时已有意将该地区纳入蒙古统治之下,是两个不同层面的问题。混淆两者,则又不免陷于后见之明的尴尬!

艾骛德同意何史谛的观点,1240年前蒙藏间已有接触,甚至早在成吉思汗之世。艾骛德同样注意到《元史·郭宝玉传》,认为成吉思汗已非常了解西藏。他另外留意到郭宝玉建言灭金事,"中原势大,不可忽也。西南诸蕃勇悍可用,宜先取之,藉以图金,必得志焉"。艾骛德据此认为成吉思汗接受了一些投诚者的建言转而先去攻金,而取西藏则"可能已经记在心里了"。艾骛德征引《元史·石抹明安传》的记载,成吉思汗"欲休兵于北",石抹氏则建言成吉思汗取金。不过从该记载反而可窥知,当时(1215年之前)成吉思汗并无取金之意,又怎会欲图远取藏地? 艾骛德所论,同样不可信从。不过,艾骛德在讨论蒙藏之间的早期接触是如何遵循蒙古人与其他人群接触的模式却是个饶有兴味的话题,即蒙古进征之下逃离的民众涌入尚未被征服的地区,蒙古人就会以未被征服地区庇护逃亡者为由而对其宣战。③

---

① Stephen G. Haw, "The Mongol conquest of Tibet", *Journal of the Royal Asiatic Society*, series 3, Vol.24, 2014, pp.37 – 49.
② 《元史》卷一四九,第3521页。
③ 参阅 Christopher P. Atwood, "The First Mongol Contacts with the Tibetans", in *Trails of the Tibetan Tradition: Papers for Elliot Sperling*, pp. 21 – 45. 此外,正如艾骛德所注意到的,通过佛教的视角来书写藏蒙关系常易出现问题,晚出的蒙藏历史叙述非常值得怀疑,如17世纪的蒙古史书常将蒙古汗统与印度王统、西藏王统嫁接到一起,编造出印藏蒙一统的故事。有关该问题的详细讨论,亦可参阅乌兰《印藏蒙一统传说故事的由来》,原载《蒙古史研究》2000年第6辑。后收于氏著《文献学与语文学视野下的蒙古史研究》,第515—523页。

蒙元与高丽之间存在一种特殊的关系。高丽在军事和外交上的协调运用一直发挥着重要作用，11世纪他们在与契丹辽政权的周旋中就取得过类似的成功。高丽在面对蒙古和元王朝数次来袭时，在臣服与毁灭之间周旋游走，①高丽王国长期保持了其政权的独特性。② 诚如前文所论，忽必烈通过联姻等怀柔手段调整双方关系，蒙丽之间形成"义虽君臣，而欢若父子"的关系。"欢若父子"之谓，就是一种臣服的表现。③ 元朝在朝鲜半岛设"征东等处行中书省"，这究竟该如何理解呢？征东等处行中书省与其他行中书省赫然并列在《地理志》中，④该行省置于高丽且高丽国王常被任命为左丞相、行中书省事，与内地行省相比肯定有其特殊性。⑤ 当日汉人士大夫对于元与高丽关系的描述某种程度上仍依照汉地传统的朝贡体系加以叙述，⑥倘若以蒙元统治者的角度来理解，元设置征

---

① 据《高丽史》，辛卯（1231）十二月，蒙古致谍高丽，"皇帝圣旨道：'若你每待厮交，阿每一处厮相杀住到老者。若还要投呵，依前一番投了者去。若你每民户根底的爱惜，依前一番投拜来。下去底使臣快快地交回来者。若要厮杀，你识者！皇帝大国土里达达每将四向周围国土都收了，不投底国土都收了，你每不听得来？……高丽国王每底民户里投拜了的人，依旧住坐，不投拜底人户杀，有虎儿年投拜了，咱每不奄一家来那什么"。这则史料从侧面可看到高丽与蒙古的周旋。参阅《高丽史校注》卷二三《高宗二》，第623页。
② 元人注意到蒙元对高丽的特殊对待："遇高丽氏则不然，有宗庙蒸尝，以奉其先也；有百官布列，以率其职也；其刑赏号令，专行其国。征赋则尽是三韩之境，惟所用之，不入天府。""高丽于国家有甥舅之好，是以王国得建官拟于天朝，他属国莫之敢也。"参阅《姚燧集·牧庵集》卷三《高丽沈王诗序》，第55页；《送宪部张乐明还海东诗序》，《虞集全集》上册，第531页。
③ 这在游牧社会传统中屡屡可见。成吉思汗尊克烈王罕为义父，实际就是成吉思汗依附于克烈部。畏兀儿主亦都护为成吉思汗"第五子"，就是归顺蒙古。至元二十八年（1291）元在劝降安南时仍称声，"安南永享千年之国，犹子与父世世相亲乐"。参阅《安南志略》卷五《张尚书立道显卿与世子书》，第107页。
④ 《元史》卷六三《地理志》，第1562页。
⑤ 关于征东行省置废变迁问题，尤其是该行省不同时期呈现出不同性质的问题，参阅薛磊《征东行省与元丽政治关系》，载氏著《元代东北统治研究》，社会科学文献出版社，2012年，第287—318页。
⑥ 许有壬称："开辟以来，幅员之广，莫若我朝。东极三韩，南尽交趾，药贡不虚岁；西逾于阗，北逾阴山，不知各几万里。驿传往来，不异内地，非与前代虚名羁縻，而异方物产邈不可知者比。"张显明写道："大哉元朝，自三代以降，未之有也。北越阴山，本圣朝之基业；南逾炎海，馨诸国之称臣。回纥西域之酋王，度流沙而入贡；高丽东夷之国主，跨瀛海以来庭。契丹女真西夏之君，盖逆命而殄灭；白鞑畏吾吐蕃之长，由用命以婚姻。云南金齿蒲甘，遣男奉质；大夏中原亡宋，率土为民。"参阅《至正集》卷三一《大元本草序》，《元人文集珍本丛刊》第7册，第166页上；《安南志略》卷五《张尚书立道显卿与世子书》，第106页。

东等处行中书省,且又立站赤,设屯田,与其他行省有诸多相同之处,高丽应是元统治下复合区域中的一个特殊区域。① 正如韩国学者所言,"前近代时期的王朝与今天的国家非常不同",②讨论蒙元与高丽之间的关系时,放回到历史中去观察应是合乎情理之事。

"天讫宋命,皇元一四海而统之",③元灭南宋意味着自晚唐藩镇割据以来"三百余年"的分裂局面结束,大元混一的格局于此形成。④ 当日人们对于大元一统赞叹不已,"我朝起自漠北,剪金茹宋,讨服薄海内外诸国,凡天所覆日所照莫不臣属,而为一家。于是斯民得见一统太平之盛,此我朝之有大功德于天下,而天之所以爱斯民也"!⑤ "我国家奄有六合,自古称混一者,未有如今日之无所不一,则天地气运之盛,无有盛于今日者矣"。⑥

元武宗即位诏书中有称:"昔我太祖皇帝以武功定天下,世祖皇帝以文德洽海内,列圣相承,丕衍无疆之祚。"⑦自太祖成吉思汗之后,蒙古帝国几代大汗的对外征伐渐有变化,至忽必烈时代已发生巨大转变。忽必

---

① 正如金浩东所言,"当时的非汉人并不将'中国'看作一个实体,而是理解为由'契丹'和'蛮子'组成的复合区域。若以蒙古统治者的观念来理解,高丽亦当作如是观。参阅金浩东撰、崔允精译《蒙古帝国与"大元"》,载《清华元史》第 2 辑。需指出的是,高丽与安南、日本、缅甸等同列于《元史·外夷传》中,这应是汉文化传统观念的表达。
② [韩]李康之著,秦菲、李彬彬译:《13—14 世纪高丽和元朝的贸易史》,上海交通大学出版社,2021 年,第 2 页。
③ 《元文类》卷六七《故宋文节先生谢公神道碑(李源道)》,第 1351 页。
④ 王磐称:"自五代以降,南北分裂,不相统一,三百余年。大元圣天子至元十三年,岁在丙子,始以王师平定江南,师至临安城下,宋主㬎奉表称臣,纳地入觐,赐封瀛国公。然后天下合而为一,民知有息肩之望。"参阅杨晨纂[光绪]《定兴县志》卷一七《张宏范墓碑》(又作《大元故银青荣禄大夫平章政事武烈张公神道碑》),清光绪十六年刻本。元代南北混一,不少人为之欢欣鼓舞。北方人刘因称:"东南富山水之奇秀,而限于南北,不得周游而历览之,使人恒郁郁不乐,而若有所失。自宋亡,百五十年之分裂,一日复合,凡东南名胜之迹,一日万里,而惟其所欲焉。"南方人王谦道则说:"曩者足目所及,海之北、江淮之南而止耳。幸甚遭时盛明,车书万里,而身犹局局然守一隅,殆将抱恨没齿。明年将问津度淮,由徐、兖历青、齐,放览赵、魏之郊,闾首神皋,一观上国之光。天不尼我,又将出居庸,望辽东、西,缘古塞涉安西北庭,东入阳关,下陇坂,访秦汉之故迹……此我之志也。"参阅《刘因集》卷一一《送张仲贤序》,第 191 页;《程雪楼文集》卷一四《送王谦道远游序》,第 558 页。
⑤ 《程雪楼文集》卷一六《济南公世德碑》,第 613 页。
⑥ 《元文类·序二》,第 9 页。
⑦ 《元史》卷二二《武宗纪一》,第 479 页。

烈的对外征伐与此前诸汗有所不同,尤其是在统一江南之后仍继续用兵,则已与此前中原汉地的帝王如汉武帝、唐太宗等无异。①

诏书称"世祖皇帝以文德洽海内",则是颂扬忽必烈的文治之功。后世评论忽必烈时通常会突出这一点:"世祖承之,而宋箓遂讫。立经陈纪,用夏变夷。肆宏远之规模,成混一之基业。""知非汉法不足治汉民,故即位后,引用儒臣,参决大政。诸所设施,一变祖父、诸兄武断之风,渐开文明之治。"②至元二年(1265),许衡上陈忽必烈"非用汉法不可":"国朝土宇旷远,诸民相杂,俗既不同,论难遽定。考之前代,北方奄有中夏,必行汉法,可以长久。故魏、辽、金能用汉法,历年最多。"③"用汉法"就是采行中原的制度与礼仪。

游牧人群的思想、观念和意识,与农耕定居世界人群不同。游牧人群因其游牧经济本身的自主性、分散性甚至独立性,他们并不追求一种中央集权制下的直接施治,而更倾向于实施间接统治。大蒙古国时期蒙古对中原汉地的统治就是间接统治。中统三年李璮之乱导致忽必烈采取一系列变革措施,标志着蒙古统治的转变。元廷逐步建立起汉式中央集权的统治体制。④ 忽必烈于汉地采行汉法,自然会引起蒙古贵族不满。至元五

---

① 赵翼写道:"至世祖时,用兵已四十余年,世祖即位又攻讨三十余年。""自高丽臣服,即招谕日本,日本不通。先平耽罗,继而有事于南宋……先后凡十余年。甫讫事,又议征日本……而其时又兴安南之役、占城之役、缅国之役、爪哇之役……统计中统、至元三十余年,无岁不用兵。……此其好大喜功,穷兵黩武,至老而不悔者也。"屠寄评述道:"惟志勤远略,平宋之后,不知息民。东与日本之役,南起占城、交趾、缅甸、爪哇之师,北御海都、昔里吉、乃颜之乱,而又盛作宫室,造寺观,干戈土木,岁月不休。"参阅《廿二史札记校证》卷三〇《元世祖嗜利黩武》,第685—686页;《蒙兀儿史记》卷八《忽必烈汗本纪下》,第104页下。
② 李善长:《进元史表》,《元史》,第4673页;《蒙兀儿史记》卷八《忽必烈汗本纪下》,第104页下。
③ 《许衡集》卷七《时务五事·立国规摹》,第265—266页。
④ 特别需指出的是,关于元政府集权与分权的问题长期以来一直存在争论,尤其是考虑到蒙古传统政治文化的特殊性(如将权力集中于一人或一个职位上就并非是蒙古传统政治文化的一部分),其影响肯定会延伸至政治和行政领域,从而呈现出与汉式集权体制不同的情状。参阅 Elizabeth Endicott-West, *Mongolian Rule in China: Local Administration in the Yuan Dynasty*, Cambridge: Council on East Asian Studies, Harvard University and Harvard-Yenching Institute, distributed by Harvard University Press, 1989, pp.125-128。

年(1268),西北藩王遣使入朝质问忽必烈:"本朝旧俗与汉法异,今留汉地,建都邑城郭,仪文制度,遵用汉法,其故何如?"①

当然,用"汉法"只是元诸多统治设施中的一项而已,元代统治的特点在于其多样性。吴澄写道:"皇朝区宇之广,鸿濛以来所未有。天之所覆,地之所载,九州内外,靡不臣属,合诸国诸部而为一家,盖各从其俗,而莫之或同者也。"②所称"各从其俗",就是在"大一统"下不抹杀各地域、各人群的独特性,保持各地的多样性才可将"广土众民"统合在一起。③

回到本书开头所提及的"大一统"问题。中国历史上"大一统"的标准和尺度,不同时代、不同语境下会有所不同,它既与疆域观念有关,又与"正统论"相关联。④ 宋人言称:"上下一千七百余年,天下一统者,五百余年而已……然则三代以来治平之世,未有今之盛者也。""宋之有天下,九世有德,比隆汉、唐,实异两晋。"⑤宋人对于自身所处王朝的说辞是站在"正统"的立场来论说,且自比汉、唐。元人对于自身所处王朝当然持肯定态度,而对宋则持不同立场和见解。前引姚燧、吴师道、郑介夫对于宋是否具有"大一统"地位就持有不同的观点。至顺元年(1330),陈思谦上陈四事,"中论秦、汉以来,上下三千余年,天下一统者,六百余年而已。我朝开国,百有余年,混一六十余年,土宇人民,三代、汉、唐所未有也"。⑥ 陈思谦显然将两宋排除在"天下一统者"之列。许有壬写道:"臣闻《春秋》所以大一统者,六合同风,九州共贯也。然三代而下统之一者,可考焉。

---

① 《元史》卷一二五《高智耀传》,第3073页。
② 《吴文正公集》卷五《沙的行之字说》,《元人文集珍本丛刊》第3册,第141页下。
③ 萧启庆提出元朝"统一与统合"的问题,认为元朝能够统一中国而无法加以统合,元所采取巩固统一的政策着重因俗而治、多制并举以及对不同的族群给予差别对待,这些政策导致政治参与、民族融合与社会阶级等方面的统合程度不高。萧启庆借用政治学上的"国家统合"这个现代概念来分析元朝情形,自有其特殊考量。本书对"统一"与"统合"不作区分。参阅萧启庆《元朝的统一与统合:以汉地、江南为中心》,《内北国而外中国:蒙元史研究》上册,第17—38页。
④ "大一统"概念内涵的讨论,详可参阅杨念群《"天命"如何转移:清朝"大一统"观的形成与实践》,第24—37页。
⑤ 参阅司马光撰《温国文正公文集》卷一八《进五规状(嘉祐六年八月十七日上)》,民国八年上海商务印书馆《四部丛刊》景宋绍熙刻本;《挥麈录·第三录》卷之二《秦会之陈议状》。
⑥ 《元史》卷一八四《陈思谦传》,第4238页。

汉拓地虽远,而攻取有正谲,叛服有通塞,况师异道人异论,百家殊方,指意不同,无以持一统,议者病之。唐腹心地为异域而不能一者,动数十年。若夫宋之画于白沟,金之局于中土,又无以议为也。我元四极之远,载籍之所未闻,振古之所未属者,莫不涣其群而混于一。则是古之一统,皆名浮于实,而我则实协于名矣。"①许有壬认为三代以下"大一统"者,汉、唐名不副实,宋、金则皆受地理疆域之限而无足道,只有大元混一天下,才实现真正的"大一统"。许有壬显然意在强调疆域的统合及施治。

　　蒙元时代不仅要关注由北而南的漠北、漠南、中原以及江南,还应注意自东向西的新疆、中亚、西亚北非以至欧洲。元代是真正大统一的时代,不同地域、不同人群、不同文化形成"混一"格局。姚大力指出,中国历史上有两种国家建构模式,一种是汉唐式的,另一种是边疆帝国的模式,正是后者完成了中国的大统一。他将后一种模式凝练概括为:"萌芽于辽,发育于金,定型于元,而成熟、发达于清。"②尽管元统治之下各地仍存诸多差异,但经历过元时代的"混一"之后,这片地域以及这片地域上的民众已历史性地紧密联系在一起,直至今日。

---

① 《至正集》卷三五《大一统志序》,第180页下。
② 姚大力在数篇文章中多次强调这一模式,这是理解历史上的中国与今天中国形成的极重要的见解。参阅姚大力《追寻"我们"的根源:中国历史上的民族与国家意识》。

参 考 文 献

基本史籍类

（以著者、编者、校注者或译者等姓氏拼音为序）

阿旺贡噶索南著，陈庆英等译注：《萨迦世系史》，西藏人民出版社，2002年。

巴卧·祖拉陈瓦著，黄颢、周润年译：《贤者喜宴——吐蕃史译注》，中央民族大学出版社，2010年。

班固撰，颜师古注：《汉书》，中华书局，1962年。

李尤鲁翀：《菊潭集》，《元人文集珍本丛刊》第6册，台北新文丰出版公司，1985年。

毕沅撰：《续资治通鉴》，中华书局，1964年。

蔡巴·贡嘎多吉著，东嘎·洛桑赤烈校注，陈庆英、周润年译：《红史》，西藏人民出版社，2014年。

察罕编，黄谏重订：《重订帝王纪年纂要》，民国九年上海博古斋景清嘉庆十一至十七年虞山张氏刻《借月山房汇钞》增修本。

陈高华、张帆、刘晓、党宝海等校注：《元典章》，中华书局、天津古籍出版社，2011年。

陈建：《皇明通纪法传全录》，《续修四库全书》第357册，上海古籍出版社，2002年。

陈桱编：《通鉴续编》，日本内阁文库本。

陈栎撰：《陈定宇先生文集》，清康熙刻本。

陈思编，陈世隆补编：《两宋名贤小集》，文渊阁《四库全书》本。

陈元靓编：《新编纂图增类群书类要事林广记》，元至顺建安椿庄书院刻本。

程钜夫撰:《程雪楼文集》,《元代珍本文集汇刊》,台北"中央"图书馆编印,1970年。

程敏政辑:《皇明文衡》,《四部丛刊初编》景明本,上海书店出版社,1989年。

达仓宗巴·班觉桑布著,陈庆英译:《汉藏史集》,青海人民出版社,2017年。

戴表元撰,陆晓冬、黄天美点校:《戴表元集》,浙江出版联合集团、浙江古籍出版社,2014年。

戴冠:《濯缨亭笔记》,明嘉靖二十六年华察刻本。

道森编,吕浦译,周良霄注:《出使蒙古记》,中国社会科学出版社,1983年。

杜范:《清献集》,文渊阁《四库全书》本。

杜佑撰,王文锦等点校:《通典》,中华书局,2016年。

杜预注:《春秋左传集解》,上海人民出版社,1977年。

杜预注,孔颖达等正义:《春秋左传正义》,上海古籍出版社,1990年。

方大琮:《宋宝章阁直学士忠惠铁庵方公文集》,北京图书馆古籍出版编辑组:《北京图书馆古籍珍本丛刊》(89),书目文献出版社,1990年。

方回撰:《桐江集》,影印《宛委别藏》,江苏古籍出版社,1988年。

冯承钧译:《马可波罗行纪》,上海书店出版社,2001年。

高岱撰:《鸿猷录》,明万历四十五年阳羡陈于廷刻纪录汇编本。

格日乐译注:《黄史》,内蒙古教育出版社,2007年。

管·宣奴贝著,王启龙、还克加译,王启龙校注:《青史(足本)》,中国社会科学出版社,2012年。

郭良翰:《续问奇类林》,明万历三十七年黄吉士等刻(增修本)。

郝经著,张进德、田同旭编年校笺:《郝经集编年校笺》,人民文学出版社,2018年。

何乔新撰:《椒邱文集》,文渊阁《四库全书》本。

洪钧撰,田虎校注:《元史译文证补校注》,河北人民出版社,1990年。

胡翰撰:《胡仲子集》,清同治七年至光绪八年永康胡氏退补斋刻民国间补刻金华丛书本。

胡一桂撰:《双湖先生文集》,康熙四十二年刻本。

胡祗遹撰,魏崇武、周思成校点:《胡祗遹集》,吉林文史出版社,2008年。

胡助撰:《纯白斋类稿》,文渊阁《四库全书》本。

黄淳等撰,陈泽泓点校:《厓山志》,广东人民出版社,2018年。

黄淮、杨士奇编:《历代名臣奏议》,上海古籍出版社,1989年。

黄溍撰,王颋点校:《黄溍全集》,天津古籍出版社,2008年。

黄镇成撰:《秋声集》,明洪武十一年黄钧刻本。

贾敬颜,陈晓伟整理:《圣武亲征录校注》,中华书局,2020年。

揭傒斯撰,李梦生标校:《揭傒斯全集》,上海古籍出版社,2012年。

金武祥撰:《粟香随笔·粟香二笔》,清光绪刻本。

柯劭忞撰,张京华等总校:《新元史》,上海古籍出版社,2018年。

孔齐撰,李梦生等校点:《至正直记》,上海古籍出版社,2012年。

拉施特主编,余大钧、周建奇译:《史集》,商务印书馆,1997年。

乐钧撰:《青芝山馆诗集》,清嘉庆二十二年刻后印本。

李京撰,王叔武校注:《云南志略辑校》,云南民族出版社,1986年。

李昴英撰:《文溪集》,文渊阁《四库全书》本。

李齐贤撰:《益斋乱稿》,[韩]崔昌源等辑:《韩国文集中的蒙元史料(上)》,广西师范大学出版社,2014年。

李庆善整理,金少英校补:《大金吊伐录校补》,中华书局,2001年。

李书吉、蔡继绅纂修:[嘉庆]《澄海县志》,清嘉庆二十年刊本。

李焘撰:《续资治通鉴长编》,中华书局,1995年。

李庭撰:《寓庵集》,《元人文集珍本丛刊》,台北新文丰出版公司,1985年。

李心传撰,徐规点校:《建炎以来朝野杂记》,中华书局,2016年。

李延寿撰:《南史》,中华书局,1975年。

李曾伯撰:《可斋杂稿》,《宋集珍本丛刊》影印清钞本,线装书局,2004年,第84册。

李曾伯撰:《可斋续稿后》,《宋集珍本丛刊》影印清钞本,线装书局,2004

年,第84册。

李正儒纂修:［嘉靖］《藁城县志》,明嘉靖刊、民国铅字重印本。

黎崱撰,武尚清点校:《安南志略》,中华书局,2000年。

令狐德棻等撰:《周书》(点校本二十四史修订本),中华书局,2022年。

刘伯缙纂修:［万历］《杭州府志》,明万历刻本。

刘克庄撰,辛更儒笺校:《刘克庄集笺校》,中华书局,2011年。

刘敏中撰:《平宋录》,清《守山阁丛书》本。

刘祁撰,崔文印点校:《归潜志》,中华书局,1983年。

刘诜撰:《桂隐文集》,清抄本。

刘时举撰,王瑞来点校:《续宋中兴编年资治通鉴》,中华书局,2014年。

刘文源校笺:《文天祥诗集校笺》,中华书局,2017年。

刘埙撰:《水云村稿》,文渊阁《四库全书》本。

刘埙撰:《隐居通议》,清《海山仙馆丛书》本。

刘一清撰,王瑞来校笺考原:《钱塘遗事校笺考原》,中华书局,2016年。

刘因撰,商聚德点校:《刘因集》,人民出版社,2017年。

刘应李辑:《新编事文类聚翰墨全书》,明初刻本。

刘岳申撰:《申斋刘先生文集》,《元代珍本文集汇刊》,台北"中央"图书馆出版,1970年。

柳贯撰,柳遵杰点校:《柳贯诗文集》,浙江古籍出版社,2004年。

陆文圭撰:《墙东类稿》,文渊阁《四库全书》本。

吕邦耀撰:《续宋宰辅编年录》,清抄本。

罗桑丹津著,色道尔吉译:《蒙古黄金史》,蒙古学出版社,1993年。

雒竹筠遗稿,李新乾编补:《元史艺文志辑本》,燕山出版社,1999年。

茅元仪撰:《暇老斋杂记》,清光绪李文田家钞本。

迺贤撰:《金台集》,清光绪三十四年至民国十四年武进董氏刻《诵芬室丛刊》本。

倪朴撰:《倪石陵书》,民国十三年永康胡氏梦选楼刻《续金华丛书》本。

欧阳修撰:《新五代史》(点校本二十四史修订本),中华书局,2015年。

欧阳玄撰,汤锐校点:《欧阳玄全集》,四川大学出版社,2010年。

房玄龄等撰:《晋书》,中华书局,1974年。

浦铣辑,何新文、路成文校证:《历代赋话校证》,上海古籍出版社,2007年。

钱大昕撰:《十驾斋养新录》,上海书店出版社,1983年。

钱大昕撰,方诗铭、周殿杰校点:《廿二史考异》,上海古籍出版社,2004年。

钱大昕撰:《补元史艺文志》,清光绪间广雅书局刻、民国九年番禺徐绍棨汇编重印《广雅丛书·史学》本。

钱惟善撰:《江月松风集》,清《武林往哲遗著》本。

丘濬撰:《大学衍义补》,明成化刻本。

全祖望撰:《鲒埼亭集外编》,清嘉庆十六年刻本。

盛如梓撰:《庶斋老学丛谈》,《知不足斋丛书》本。

释慧皎撰,汤用彤校注:《高僧传》,中华书局,1992年。

释念常撰:《佛祖历代通载》,日本大正新修大藏经本。

释祥迈撰:《至元辨伪录》,北京图书馆古籍出版编辑组:《北京图书馆古籍珍本丛刊》(77),北京图书馆出版社,1998年。

宋褧撰:《燕石集》,清抄本。

宋濂等撰:《元史》,中华书局点校本,1976年。

宋濂撰:《洪武圣政记》,明钞本。

宋濂撰,黄灵庚编辑校点:《宋濂全集》,人民文学出版社,2014年。

司马光撰:《资治通鉴》,中华书局,1956年。

司马光撰:《温国文正公文集》,民国八年上海商务印书馆《四部丛刊》景宋绍熙刻本。

司马迁撰:《史记》(点校本二十四史修订本),中华书局,2019年。

孙梦观撰:《雪窗集》,文渊阁《四库全书》本。

孙诒让撰:《温州经籍志》,民国十年刻本。

苏天爵辑撰,姚景安点校:《元朝名臣事略》,中华书局,1996年。

苏天爵撰,陈高华、孟繁清点校:《滋溪文稿》,中华书局,1997年。

苏天爵编,张金铣校点:《元文类》,安徽大学出版社,2020年。

陶宗仪撰：《南村辍耕录》，中华书局，1959年。

陶宗仪撰：《草莽私乘》，清钞本。

田汝成撰：《田叔禾小集》，明嘉靖四十二年田艺蘅刻本。

屠寄撰：《蒙兀儿史记》，中国书店，1984年。

脱脱等撰：《宋史》，中华书局，1985年。

脱脱等撰：《辽史》（点校本二十四史修订本），中华书局，2016年。

脱脱等撰：《金史》（点校本二十四史修订本），中华书局，2020年。

王补、曾灿材纂：[民国]《庐陵县志》，民国九年刻本。

王鹗撰：《汝南遗事》，文渊阁《四库全书》本。

王夫之撰，舒士彦点校：《宋论》，中华书局，2017年。

王礼撰：《麟原后集》，文渊阁《四库全书》本。

王明清撰：《挥麈录》，世纪出版集团、上海书店出版社，2001年。

王世贞撰：《弇州四部稿》，明万历刻本。

王棠撰：《燕在阁知新录》，清康熙五十六年刻本。

王暐撰：《道山清话》，民国十六年至十九年武进陶氏景宋咸淳《百川学海》本。

王炎午撰：《吾汶稿》，《四部丛刊三编》景印明钞本。

王恽撰，杨亮等校订：《王恽全集汇校》，中华书局，2013年。

王恽撰，杨晓春点校：《玉堂嘉话》，中华书局，2006年。

汪圣铎点校：《宋史全文》，中华书局，2016年。

汪元量撰，胡才甫点校：《汪元量集校注》，浙江古籍出版社，1999年。

魏濬撰：《西事珥》，明万历刻本。

魏了翁撰：《重校鹤山先生大全文集》，《四部丛刊》景宋本。

魏收撰：《魏书》（点校本二十四史修订本），中华书局，2017年。

魏源撰：《元史新编》，清光绪三十一年邵阳魏氏慎微堂刻本。

魏徵等撰：《隋书》（点校本二十四史修订本），中华书局，2019年。

魏志江、李廷青、陶莎等校注：《高丽史校注》，江苏人民出版社，2024年。

危素撰：《危太朴全集》，吴兴刘氏嘉业堂刻本，1913年。

文天祥撰：《文天祥全集》，中国书店，1985年。

翁相纂修：［嘉靖］《广平府志》，明嘉靖刻本。

吴澄撰：《吴文正公集》，《元人文集珍本丛刊》第 3 册，台北新文丰出版公司，1985 年。

吴海撰：《闻过斋集》，民国《嘉业堂丛书》本。

吴莱：《渊颖集》，《四部丛刊》景元至正本。

吴师道撰，邱居里等点校：《吴师道集》，浙江古籍出版社，2012 年。

乌兰校勘：《元朝秘史》（校勘本），中华书局，2012 年。

谢翱撰：《晞发集》，明万历刻本。

谢枋得撰，熊飞等校注：《谢叠山全集校注》，华东师范大学出版社，1994 年。

谢应芳撰：《龟巢稿》，清光绪二十一至三十三年武进盛氏恩惠斋刻、宣统间汇印《常州先哲遗书》本。

熊梦祥撰：《析津志辑佚》，北京古籍出版社，1983 年。

许衡撰，许红霞点校：《许衡集》，中华书局，2019 年。

许全胜校注：《黑鞑事略校注》，兰州大学出版社，2014 年。

许有壬撰：《至正集》，《元人文集珍本丛刊》，（台北）新文丰出版公司，1985 年。

薛居正撰：《旧五代史》（点校本二十四史修订本），中华书局，2015 年。

杨晨纂：［光绪］《定兴县志》，清光绪十六年刻本。

杨复吉编：《昭代丛书·己集广编》，道光七年吴江沈楙德世楷堂藏板、光绪二年沈楙德世楷堂重印本。

杨讷、陈高华编：《元代农民战争史料汇编》，中华书局，1985 年。

杨慎撰：《南诏野史》，《中国西南文献丛书》第 86 册，兰州大学出版社，2003 年。

杨尧弼撰：《伪齐录》，清刻《藕香零拾》本。

阳枋撰：《字溪集》，文渊阁《四库全书》本。

姚燧撰，查洪德编辑点校：《姚燧集》，人民文学出版社，2011 年。

耶律楚材撰，谢方点校：《湛然居士文集》，中华书局，1986 年。

耶律楚材撰，向达校注：《西游录》，中华书局，1981 年。

耶律铸撰：《双溪醉隐集》，文渊阁《四库全书》本。

叶子奇撰:《草木子》,中华书局,1997年。
佚名撰:《觧醒语》,明万历间孙幼安刻黄昌龄印稗乘本。
佚名撰:《炀王江上录》,清钞杂史五种本。
佚名撰:《昭忠录》,清光绪十五年上海鸿文书局景清金山钱氏刻《守山阁丛书》本。
佚名撰,王瑞来笺证:《宋季三朝政要笺证》,中华书局,2010年。
佚名撰:《续佛祖统纪》,藏经书院编辑《新编卍续藏经》第131册,台北新文丰出版股份有限公司,1995年。
佚名撰:《宋遗民录》,清乾隆三十七年至道光三年长塘鲍氏刻《知不足斋丛书》本。
余大钧译注:《蒙古秘史》,河北人民出版社,2001年。
余阙撰,付明易校注:《青阳先生文集》,上海古籍出版社,2022年。
虞集撰,王颋点校:《虞集全集》,天津古籍出版社,2007年。
宇文懋昭撰,崔文印校证:《大金国志校证》,中华书局,2011年。
元好问撰,姚奠中主编,李正民增订:《元好问全集》,山西古籍出版社,2004年。
元明善撰:《清河集》,清光绪宣统间江阴缪氏刻宣统二年汇印《藕香零拾》本。
袁甫撰:《蒙斋集》,文渊阁《四库全书》本。
袁桷撰:《清容居士集》,《四部丛刊》景元本。
袁翼撰:《邃怀堂全集》,清光绪十四年袁镇嵩刻本。
曾燠撰:《赏雨茅屋诗集》,清嘉庆刻增修本。
张师颜撰:《南迁录》,清道光十一年六安晁氏木活字排印学海类编本。
张廷玉等撰:《明史》,中华书局,1974年。
张铉纂修:《至正金陵新志》,中华书局编辑部编《宋元方志丛刊》,中华书局,1990年。
张昱撰:《张光弼诗集》,民国二十三年上海商务印书馆《四部丛刊续编》景明钞本。
赵㧞撰:《效颦集》,明宣德刻本。

赵秉文撰,孙德华点校:《闲闲老人滏水文集》,科学出版社,2016 年。
赵景良编:《忠义集》,文渊阁《四库全书》本。
赵孟頫撰,任道斌辑集、点校:《赵孟頫文集》,上海书画出版社,2010 年。
赵世延、虞集等撰,周少川等辑校:《经世大典辑校》,中华书局,2020 年。
赵翼撰,王树民校正:《廿二史札记校证》,中华书局,1984 年。
真德秀撰:《西山先生真文忠公文集》,《四部丛刊》初编景明正德刊本,上海书店印行,1989 年。
郑思肖撰,陈福康点校:《郑思肖集》,上海古籍出版社,1991 年。
郑玉撰:《师山先生遗文》,明嘉靖刻补后印本。
志费尼著,何高济译,翁独健校:《世界征服者史》,内蒙古人民出版社,1981 年。
周峰编:《贞珉千秋——散佚辽宋金元墓志辑录》,甘肃教育出版社,2020 年。
周密撰,张茂鹏点校:《齐东野语》,中华书局,1983 年。
周密撰,吴企明点校:《癸辛杂识》,中华书局,1988 年。
周南瑞编:《天下同文前甲集》,明常熟毛氏汲古阁影抄元大德刻本,台北"国图"藏。
周霆震撰:《石初集》,民国十年南昌《豫章丛书》编刊局刊《豫章丛书》本。
朱风、贾敬颜译:《汉译蒙古黄金史纲》,内蒙古人民出版社,2007 年。
朱元璋撰,胡士萼点校、刘学锴审定:《明太祖集》,黄山书社,1991 年。

今人著述类

汉文研究论著

(以著者、编者、校注者或译者等姓氏拼音为序)

著　　作

(含汉译)

[日] 安部健夫著,宋肃瀛、刘美崧、徐伯夫译:《西回鹘国史的研究》,新疆人民出版社,1985 年。
[美] 巴菲尔德著,袁剑译:《危险的边疆:游牧帝国与中国》,江苏人民出

版社,2011年。

[俄]巴托尔德著,张锡彤、张广达译:《蒙古入侵时期的突厥斯坦》,上海古籍出版社,2011年。

白寿彝总主编,陈得芝主编:《中国通史·元时期(上)》(13),上海人民出版社,1999年。

白·特木尔巴根:《〈蒙古秘史〉文献版本考》,北京大学出版社,2014年。

[法]保罗·韦纳(Paul Veyne)著,韩一宇译:《人如何书写历史》,华东师范大学出版社,2018年。

[意]伯戴克著,张云译:《中部西藏与蒙古人——元代西藏历史(增订本)》,兰州大学出版社,2010年。

[法]伯希和著,冯承均译:《交广印度两道考》,中华书局,1955年。

[法]伯希和著,冯承钧译:《蒙古与教廷》,中华书局,1994年。

[法]伯希和、韩百诗注,尹磊译,魏曙光校:《圣武亲征录:成吉思汗战纪》,上海古籍出版社,2022年。

岑仲勉:《中外史地考证(外一种)》,中华书局,2004年。

陈得芝:《蒙元史研究丛稿》,人民出版社,2005年。

陈得芝:《蒙元史与中华多元文化论集》,上海古籍出版社,2013年。

陈高华:《元史研究新论》,上海社会科学院出版社,2005年。

陈高华:《元史研究论稿》,中国社会科学出版社,2020年。

陈高华:《元代佛教史论》,上海古籍出版社,2021年。

陈世松、匡裕彻等著:《宋元战争史》,内蒙古人民出版社,2010年。

[美]丹尼斯·塞诺著,北京大学历史学系民族史教研室译:《丹尼斯·塞诺内亚研究文选》,中华书局,2006年。

[美]丹尼斯·塞诺主编,蓝琪译:《剑桥早期内亚史》,商务印书馆,2021年。

党宝海:《蒙元驿站交通研究》,昆仑出版社,2006年。

[美]狄宇宙(Nicola Di Cosmo)著,贺严等译:《古代中国与其强邻:东亚历史上游牧力量的兴起》,中国社会科学出版社,2010年。

[瑞典]多桑著,冯承钧译:《多桑蒙古史》,上海书店,2001年。

傅海波、崔瑞德编,史卫民等译:《剑桥中国辽西夏金元史》,中国社会科学出版社,2007年。

[前苏联]符拉基米尔佐夫著,余元盦译注,余大钧、余静修订:《成吉思汗传》,上海三联书店,2007年。

高荣胜:《元史浅识》,凤凰出版社,2010年。

韩儒林主编:《元朝史》,人民出版社,1986年。

韩儒林:《元史讲座》,北京出版社,2020年。

胡昭曦主编,邹重华副主编:《宋蒙(元)关系史》,四川大学出版社,1992年。

黄宽重:《政策·对策:宋代政治史探索》,(台北)联经出版事业股份有限公司,2012年。

黄时鉴:《黄时鉴文集Ⅰ·大漠孤烟》,中西书局,2011年。

[美]拉铁摩尔著,唐晓峰译:《中国的亚洲内陆边疆》,江苏人民出版社,2005年。

[韩]李康汉著,秦菲、李彬彬译:《13—14世纪高丽和元朝的贸易史》,上海交通大学出版社,2021年。

李天鸣:《宋元战史》,(台北)食货出版社,1988年。

李治安:《忽必烈传》,人民出版社,2004年。

林梅村:《大朝春秋:蒙元考古与艺术》,故宫出版社,2013年。

刘迎胜:《察合台汗国史研究》,上海古籍出版社,2006年。

刘迎胜:《蒙元史考论》,兰州大学出版社,2014年。

马长寿:《突厥人和突厥汗国》,广西师大出版社,2006年。

[法]马克·布洛赫著,张和声、程郁译:《历史学家的技艺》,上海社会科学院出版社,2021年。

[日]前田正名著,陈俊谋译:《河西历史地理学研究》,中国藏学出版社,1993年。

钱锺书:《宋诗选注》,人民文学出版社,1989年。

邱靖嘉:《〈金史〉纂修考》,中华书局,2017年。

任宜敏:《中国佛教史·元代》,人民出版社,2005年。

［蒙古］沙·比拉著,陈弘法译:《蒙古史学史:十三世纪—十七世纪》,上海古籍出版社,2015年。

［日］杉山正明著,乌兰译:《蒙古帝国与其漫长的后世》,北京日报出版社,2020年。

商聚德:《刘因评传》,南京大学出版社,1996年。

尚衍斌:《元代畏兀儿研究》,民族出版社,1999年。

史卫民:《中国军事通史》第14卷,军事科学出版社,1998年。

田卫疆:《高昌回鹘史稿》,新疆人民出版社,2006年。

［美］托马斯·爱尔森著,马晓林、张斌译:《珍珠在蒙古帝国:草原、海洋与欧亚交流网络》,上海人民出版社,2023年。

王汎森:《权力的毛细管作用:清代的思想、学术与心态》,北京大学出版社,2015年。

王汎森:《执拗的低音:一些历史思考方式的反思》,三联书店,2020年。

王国维:《观堂集林》,《民国丛书》,上海书店,1992年影印本。

王红梅、杨富学:《元代畏兀儿历史文化与文献研究》,甘肃教育出版社,2015年。

王红梅、杨富学、黎春林:《元代畏兀儿宗教文化研究》,科学出版社,2017年。

王颋:《西域南海史地研究》,上海古籍出版社,2005年。

王颋:《西域南海史地考论》,上海人民出版社,2008年。

王颋:《西域南海史地探索》,中国人民大学出版社,2010年。

王小甫:《唐、吐蕃、大食政治关系史》,三联书店,2021年。

王一丹:《波斯拉施特〈史集·中国史〉研究与文本翻译》,昆仑出版社,2006年。

乌兰:《〈蒙古源流〉研究》,辽宁民族出版社,2000年。

乌兰:《文献学与语文学视野下的蒙古史研究》,中国社会科学出版社,2021年。

乌云毕力格:《〈阿萨喇克其史〉研究》,中央民族大学出版社,2009年。

乌云高娃:《元朝与高丽关系研究》,兰州大学出版社,2012年。

夏光南：《元代云南史地丛考》，台湾中华书局印行，1968年。
向达：《唐代长安与西域文明》，三联书店，1957年。
萧启庆：《内北国而外中国：蒙元史研究》，中华书局，2007年。
修晓波：《文天祥评传》，南京大学出版社，2002年。
薛磊：《元代东北统治研究》，社会科学文献出版社，2012年。
杨讷：《元史论集》，国家图书馆出版社，2012年。
杨念群：《"天命"如何转移：清朝"大一统"观的形成与实践》，上海人民出版社，2022年。
杨增文：《宋元禅宗史》，中国社会科学出版社，2006年。
杨志玖：《元史三论》，人民出版社，1985年。
姚大力：《北方民族史十论》，广西师范大学出版社，2007年。
姚大力：《追寻"我们"的根源：中国历史上的民族与国家意识》，三联书店，2018年。
亦邻真著，乌云毕力格、乌兰编：《般若至宝：亦邻真教授学术论文集》，上海古籍出版社，2019年。
[美]伊佩霞、姚平主编：《当代西方汉学研究集萃》（中古史卷），上海古籍出版社，2016年。
俞兆鹏、俞晖：《文天祥研究》，人民出版社，2008年。
札奇斯钦：《北亚游牧民族与中原农业民族间的和平战争与贸易之关系》，（台北）正中书局，1973年。
札奇斯钦：《蒙古黄金史译注》，台北联经出版事业股份有限公司，2007年。
张佳：《图像、观念与仪俗：元明时代的族群文化变迁》，商务印书馆，2021年。
周良霄：《元史》（中国断代史系列），上海人民出版社，2019年。
周清澍：《元蒙史札》，内蒙古大学出版社，2001年。

论　文
（含汉译）

[美]艾骛德（Christopher P. Atwood）撰，陈春晓译：《王汗的诉状：记录成吉思汗崛起故事的最早可复原性蒙古史料》，余太山主编：《欧亚译

丛》第 4 辑,商务印书馆,2018 年。

白·特木尔巴根:《〈元史〉列传所见成吉思汗事迹与〈蒙古秘史〉记载之异同》,《内蒙古师范大学学报》(哲社版)2018 年第 1 期。

[意]毕达克撰,陈得芝译:《吐蕃与宋蒙的关系》,陈得芝编:《蒙元史与中华多元文化论集》,上海古籍出版社,2013 年。

蔡东洲:《蒙军"假道灭金"研究四题》,《四川师范学院学报》(哲社版)1989 年第 2 期。

曹金成:《〈雅隆尊者教法史〉蒙元史事考辨》,《史林》2020 年第 1 期。

陈伯泉:《至元二十一年文天祥墓志铭》,《文史》1983 年总第 17 辑。

陈得芝:《藏文史籍中的蒙古祖先世系札记》,《中国藏学》2014 年第 4 期。

陈功林:《文天祥形象的塑造与演变》,江西师大硕士研究生学位论文,2016 年。

陈庆英:《简论藏文史籍关于西夏的记载》,《中国藏学》1996 年第 1 期。

陈晓伟:《〈元太祖实录〉纂修所见元初史观》,《历史研究》2022 年第 6 期。

陈育宁、汤晓芳:《蒙古与西夏关系略论》,《民族研究》1988 年第 5 期。

党宝海:《外交使节所述早期蒙金战争》,《清华元史》第 3 辑,商务印书馆,2015 年。

道布、照那斯图:《河南登封少林寺出土的回鹘式蒙古文和八思巴字圣旨碑考释》,《民族语文》1993 年第 5 期。

道布、照那斯图:《河南登封少林寺出土的回鹘式蒙古文和八思巴字圣旨碑考释(续一)》,《民族语文》1993 年第 6 期。

[美]德斯蒙德·马丁撰,陈光文,杨富学校译:《1205 至 1227 年间蒙古与西夏的战争》,《西夏研究》2013 年第 3 期。

邓碧清:《也谈至元二十一年〈文天祥墓志铭〉》,《文史》1994 年总第 38 辑。

[美]邓如萍(Ruth Dunnell)撰,聂鸿音译:《西夏佛典中的翻译史料》,《中华文史论丛》2009 年第 3 期。

[美]狄宇宙(Nicola Di Cosmo):《内亚史上的国家形成与阶段划分》,伊

佩霞、姚平主编:《当代西方汉学研究集萃》(中古史卷),上海古籍出版社,2016年。

丁一:《元代监司道区划考——兼论元代政治泛区的划分》,《中国历史地理论丛》2012年第1期。

方龄贵:《忽必烈征大理史事新证——新出元碑〈故大理□□氏躬节仁义道济大师墓碑铭并序〉考释》,《思想战线》1987年第4期。

[日]冈田英弘撰,邓锐龄译:《蒙古史料中的早期蒙藏关系》,中国社会科学院民族所历史研究室资料组编译:《民族史译文集》第4集,1978年。

[英]高奕睿(Imre Galambos)撰,吴宇译:《西夏的北邻》,《西夏研究》2020年第4期。

[日]古松崇志撰,李京泽译:《元代〈辽史〉〈金史〉〈宋史〉三史的编纂过程——以修端〈辩辽宋金正统〉为中心》,载余太山、李锦绣主编《欧亚译丛》(第6辑),商务印书馆,2022年。

郭正忠:《耻堂奏札与蒙攻云南——兼涉晚宋一项岁收年代的考辨》,《中国史研究》2000年第1期。

[美]亨利G·施瓦茨撰,瞿大风译:《讹答剌事件新考》,《蒙古学信息》1999年第4期。

侯旭东:《告别线性历史观》,《理论与史学》第2辑,中国社会科学出版社,2016年。

怀利撰,邓锐龄译:《蒙古初次征服西藏史实再释》,中国社会科学院民族所历史研究室资料组编译:《民族史译文集》第4集,1978年。

黄纯艳:《"汉唐旧疆"话语下的宋神宗开边》,《历史研究》2016年第1期。

金浩东撰,赵阮译:《拉施特和〈史集·部族志〉》,《西域文史》第6辑。

金浩东撰,崔允精译:《蒙古帝国与"大元"》,刘迎胜、姚大力主编,《清华元史》第2辑,商务印书馆,2013年。

孔繁敏:《危素与〈宋史〉的纂修》,罗炳良主编:《〈宋史〉研究》,中国大百科全书出版社,2009年。

李飞:《家事与国事:关于贵州遵义出土〈杨文神道碑〉的几个问题》,《四川文物》2021年第3期。

李辉:《至元二十五年江南禅教廷诤》,《浙江社会科学》2011年第3期。

刘婷婷:《文、谢之死:兼谈宋亡之际士大夫的人伦困境与抉择》,《长江大学学报》(社科版)2013年第11期。

刘迎胜:《陈桱〈通鉴续编〉引文与早期蒙古史料谱系》,刘迎胜、姚大力主编:《清华元史》第4辑,商务印书馆,2018年。

马娟:《〈解醒语〉与元代相关人物史事释证》,《元史及民族与边疆研究集刊》第41辑,上海古籍出版社,2021年。

马晓林:《壬子年祭天与元朝的国史编纂》,《文史哲》2023年第2期。

孟楠:《论克烈人与西夏的关系》,《内蒙古社会科学》1998年第3期。

苗冬:《元代使臣研究》,南开大学博士学位论文,2010年。

穆鸿利:《成吉思汗的"临终遗言"及其军事思想》,《东北师大学报》1985年第1期。

[日]内田吟风撰,童岭译,余太山审校:《古代游牧民族侵入农耕国家的原因——以匈奴史为例的考察》,《西域研究》2016年第4期。

聂鸿音:《西夏帝师考辨》,《文史》2005年第3辑。

聂鸿音:《公元1226:黑水城文献最晚的西夏纪年》,《宁夏社会科学》2012年第4期。

仇鹿鸣:《五星会聚与安史起兵的政治宣传——新发现燕〈严复墓志〉考释》,《复旦学报》(哲社版)2011年第2期。

任崇岳:《论蒙金关系》,《社会科学辑刊》1986年第6期。

沈卫荣:《重构十一至十四世纪的西域佛教史——于俄藏黑水城汉文佛教文书的探讨》,《历史研究》2006年第5期。

史金波:《族际通婚:出土西夏文文献证实民族间的深度融合》,《光明日报》2022年8月1日14版。

石坚军:《"斡腹"考述》,《内蒙古大学学报》(哲社版)2008年第5期。

石坚军:《蒙古前四汗时期蒙藏关系新探——以"斡腹之谋"为视角》,《西藏大学学报》(社科版)2010年第3期。

石坚军:《蒙古与大理关系新探——以"斡腹"之谋为视角》,《北方民族大学学报》(哲社版)2010年第4期。

石坚军:《蒙哥汗灭宋战略计划新探》,《内蒙古大学学报》(哲社版)2010年第4期。

石坚军:《蒙古汗廷壬子年曲先恼儿朝会考论》,《宋史研究论丛》2023年第33辑。

孙卫国:《试析文天祥"黄冠故乡"之谜与朝鲜儒士的解读》,《学术研究》2024年第2期。

田卫疆:《论成吉思汗对西域的统一管辖》,《西部蒙古论坛》2022年第4期。

王汎森:《中国近代思想文化史研究的若干思考》,《新史学》2003年第14卷第4期。

王龙:《从出土文献看西夏与鞑靼的关系》,《西夏学》2021年第2期。

王茂华、刘冬青:《虞集〈刘垓神道碑〉考析》,《河北大学学报》(哲社版)2007年第6期。

王启宗:《元世祖诏谕日本始末》,《大陆杂志》第32卷第5期,1966年。

王慎荣:《对〈元史〉史源之探讨》,《中央民族学院学报》1989年第5期。

王尧:《南宋少帝赵显遗事考辨》,《西藏研究》1981年第4期。

[美]魏特夫撰,唐统天等译:《中国社会史——辽(907—1125):总论》,载王承礼主编《辽金契丹女真史译文集》第1辑,吉林文史出版社,1990年。

温琪宏:《试探成吉思汗灭夏的行军路线》,刘迎胜主编:《元史及民族与边疆研究集刊》第27辑,上海古籍出版社,2014年。

吴倩、郑旭东:《元贺仁杰墓志铭史料价值考略——兼谈〈元史·贺仁杰传〉的史源》,《元史及北方民族与边疆研究集刊》第37辑,上海古籍出版社,2019年。

乌兰:《印藏蒙一统传说故事的由来》,《蒙古史研究》2000年第6辑。

乌兰:《成吉思汗去世及埋葬地问题再研究》,《民族研究》2017年第6期。

乌苏吉撰,王诚译:《哈姆杜拉·穆斯图菲〈胜利之书〉所记蒙古人对中国的占领——与〈史集〉的对比研究》,朱玉麒主编:《西域文史》第 8 辑,科学出版社,2014 年。

咸阳地区文物管理委员会(负安志执笔):《陕西户县贺氏墓出土大量元代俑》"附录",《文物》1979 年第 4 期。

萧启庆:《北亚游牧民族南侵各种原因的检讨》,《食货月刊》1972 年第 1 卷第 12 期。

熊燕军:《战略错位与宋蒙(元)襄樊之战——从南宋援襄诸军的构成谈起》,《宋史研究论丛》第 14 辑,2013 年。

熊燕军:《南宋佚名〈昭忠录〉作者考——兼论〈昭忠录〉与〈昭忠逸咏〉的关系》,刘迎胜主编:《元史及民族与边疆研究集刊》第 27 辑,上海古籍出版社,2014 年。

熊燕军:《邓光荐史学著述杂考》,《元史及民族与边疆研究集刊》第 35 辑,上海古籍出版社,2019 年。

阎简弼:《南宋六陵遗事正名及诸攒宫发毁年代考》,《燕京学报》1946 年第 30 辑。

闫群:《〈忠义集〉研究》,华东师大硕士论文,2011 年。

杨德华:《蒙古与南宋的外交》,《云南师范大学学报》(哲社版)1989 年第 3 期。

杨富学:《海外元代畏兀儿人研究述评》,《中国边疆史地研究》2017 年第 3 期。

姚大力:《匈奴帝国与汉匈关系的演化——早期北亚史札记》,《中华文史论丛》2021 年第 2 期。

姚大力:《跨区域版图整合是怎样实现的:中国史被忽略的一个方面》,《江汉论坛》2023 年第 3 期。

于磊:《元朝"六事"外交模式再探》,《史林》2023 年第 1 期。

曾现江:《先取西南诸蕃,后图天下——蒙古对藏彝走廊的军事征服》,《西藏研究》2005 年第 4 期。

曾现江:《蒙古与大理国早期关系探析》,《贵州民族研究》2005 年第 4 期。

曾祥波:《宋末襄樊围城陷落的一个内部原因:以李曾伯、贾似道关于襄樊战略地位的矛盾为起点》,《国学学刊》2020 年第 2 期。

翟禹:《刘整病卒时间及原因探讨:宋元之际降将研究之一》,《内蒙古社会科学》(汉文版)2016 年第 2 期。

张帆:《元朝的特性——蒙元史若干问题的思考》,《学术思想评论》第 1 辑,辽宁大学出版社,1997 年。

张广达、蔡长廷、许正弘:《唐宋变革时期中原王朝与内陆亚洲主要族群政权的互动》,《东吴历史学报》2022 年第 42 期。

张广达、许正弘:《征服者与统治者——唐末五代以来内亚诸草原帝国与中原农耕地区政权的抗争和互动之复杂性》,《东吴历史学报》2023 年第 43 期。

张晓源:《〈帝师热巴传〉所见西夏政史考论》,《西夏学》2021 年第 1 期。

钟焓:《〈心史·大义略叙〉成书时代新考》,《中国史研究》2007 年第 1 期。

周清澍:《论少林福裕和佛道之争》,《清华元史》,2011 年第 1 辑,商务印书馆。

周曲洋:《南宋荆湖地区军事补给体制的构建与运作——兼论宋元襄樊之战失利之原因》,《学术研究》2016 年第 3 期。

西文研究论著

(以西人名首字母为序)

Anatoly M. Khazanov, *Nomads and the Outside World*, Madison: University of Wisconsin Press, 1994.

Anatoly M. Khazanov and Andre Wink (eds.), *Nomads in the Sedentary World*, London: Routledge, 2001.

Chen Edith Xin, *Southern Iranian Vassal States under the Ilkhanate: 1220 - 1300*, Academic dissertation at Princeton University, 2021.

Christopher P. Atwood, "The First Mongol Contacts with the Tibetans", in Roberto Vitali with Gedun Rabsal and Nicole Willock (eds.), *Trails of the Tibetan Tradition: Papers for Elliot Sperling*, Dharamshala (H.P.), India: Amnye Machen Institute, 2014.

Christopher P. Atwood, "Pu'a's Boast and Doqolqu's Death: Historiography of a Hidden Scandal in the Mongol Conquest of the Jin", *Journal of Song-Yuan Studies*, Vol.45, 2015.

Christopher P. Atwood, "The Indictment of Ong Qa'an: The Earliest Reconstructable Mongolian Source on the Rise of Chinggis Khan", *Historical and Philological Studies of China's Western Regions*(《西域历史语言研究集刊》), No.9, 2017.

Christopher P. Atwood (trans.), *The Rise of the Mongols: Five Chinese Sources*, Cambridge MA: Hackett Publishing Company, 2021.

Denise Aigle, "The Letters of Eljigidei, Hülegü and Abaqa: Mongol overtures or Christian Ventriloquism?", *Inner Asia*, Vol. 7, No. 2, 2005.

Denise Aigle, *The Mongol Empire between Myth and Reality: Studies in Anthropological History*, Leiden and Boston: Brill, 2015.

David Sneath, *Headless State: Aristocratic Orders, Kinship Society, and Misrepresentations of Nomadic Inner Asia*, New York: Columbia University Press, 2007.

David Curtis Wright, "The Mongol Conquest of Xi Xia", in Timothy May and Michael Hope (eds.), *The Mongol World*, New York: Routledge, 2022.

D. S. Richards (trans.), *The Chronicle of Ibn al-Athīr for the Crusading Period from al-Kāmil fī'l-ta'rīkh*, Farnham, Surrey: Ashgate, 2008.

Denis Sinor (ed.), *The Cambridge History of Early Inner Asia*, Cambridge University Press, 1990.

Elizabeth Endicott-West, *Mongolian Rule in China: Local Administration in the Yuan Dynasty*, Cambridge: Council on East Asian Studies, Harvard University and Harvard-Yenching Institute, distributed by Harvard University Press, 1989.

Erich Haenisch, "Die letzten Feldzüge Cinggis Han's und sein Tod Nabeh der ostasiatischen Ueberlteferung", *Asta Major*, IX, 1933.

Francesca Fiaschetti, "The Six Duties: Yuan Diplomatic Interactions with East and Southeast Asia", *Archivum Eurasiae Medii Aevi*, Vol.23, 2017.

Frederick W. Mote, "*Confucian Eremitism in the Yüan Period*", in Arthur F. Wright(ed.), *The Confucian Persuasion*, California: Stanford University Press, 1960.

Herbert Franke, *From Tribal Chieftain to Universal Emperor and God: The Legitimation of the Yüan Dynasty*, München: Verlag der Baerischen Akademie der Wissenschaften, 1978.

Henry Desmond Martin, *The Rise of Chingis Khan and His Conquest of North China*, Baltimore: The Johns Hopkins Press, 1950.

H. F. Schurmann, "Mongolian Tributary Practices of the Thirteenth Century", *Harvard Journal of Asiatic Studies*, Vol.19, No.3/4, 1956.

H. G. Raverty (trans.), *Ṭabaqāt-i Nāṣirī: A General History of the Muhammadan Dynasties of Asia*, New Delhi: Oriental Books Reprint Corporation, 1970.

Igor de Rachewiltz (trans.), *The Secret history of the Mongols: A Mongolian Epic Chronicle of the Thirteenth Century*, Brill: Leiden and Boston, 2004.

Jennifer W. Jay, "Memoirs and Official Accounts: The Historiography of the Song Loyalists", *Harvard Journal of Asiatic Studies*, Vol.50, No. 2, 1990.

Joseph Fletcher, "The Mongols: Ecological and Social Perspectives", *Harvard Journal of Asiatic Studies*, Vol.46, No.1, 1986.

József Laszlovszky, Stephen Pow, Beatrix F. Romhányi, László Ferenczi, Zsolt Pinke, "Contextualizing the Mongol Invasion of Hungary in 1241 – 42: Short- and Long-Term Perspectives", *Hungarian Historical Review*, 7, No.3, 2018.

Karl A. Wittfogel and Feng Chia-sheng, *History of Chinese society: Liao, 907–1125*, Pennsylvania: Lancaster Press, 1949.

Luc Kwanten, "Chingis Kan's Conquest of Tibet. Myth or Reality?", *Journal of Asian History*, Vol. 8, No.1, 1974.

Luc Kwanten, "The Career of Muqali: A Reassessment", *Bulletin of Sung and Yüan Studies*, No.14, 1978.

Luciano Petech, "Tibetan Relations with Sung China and with the Mongols", in Morris Rossabi (ed.), *China among Equals: The Middle Kingdom and Its Neighbors, 10th – 14th Centuries*, Berkeley and Los Angeles: University of California Press, 1983.

Michal Biran, *The Empire of the Qara Khitai in Eurasian History: Between China and the Islamic World*, New York: Cambridge University Press, 2005.

Michal Biran and Hodong Kim (eds.), *The Cambridge History of the Mongol Empire*, Cambridge University Press, 2023.

Morris Rossabi, *Khubilai Khan: His Life and Times*, Berkeley and Los Angeles: University of California, 1988.

Nicola Di Cosmo, Allen J. Frank, and Peter B. Golden (eds.), *The Cambridge History of Inner Asia: The Chinggisid Age*, Cambridge University Press, 2009.

Paul Demiéville, "Les Tombeaux des Song méridionaux", *Bulletin de L'École Française d'Extrême-Orient*, (25) 1925.

Paul Pelliot Reviewed, Die letzten Feldzüge Cinggis Han's und sein Tod Nabeh der ostasiatischen Ueberlteferung by E. Haenisch, *T'oung Pao*, Vol.31, No.1/2 (1934), pp.157–167.

Paul Pelliot and Louis Hambis (trans.), *Histoire des campagnes de Gengis Khan: Cheng-wou T'sin-Tcheng Lou*, Leiden: Brill, 1951.

Peter Jackson, "The Dissolution of the Mongol Empire", *Central Asiatic Journal*, Vol.22, No.3/4, 1978.

Peter Jackson, *The Mongols and the West: 1221 – 1410*, Harlow: Pearson Longman, 2005.

Peter Jackson, *The Delhi Sultanate: A Political and Military History*, Cambridge University Press, 1999.

Peter Jackson, "World-Conquest and Local Accommodation: Threat and Blandishment in Mongol Diplomacy", in Judith Pfeiffer and Sholeh A. Quinn (eds.), *History and Historiography of Post-Mongol Central Asia and the Middle East Studies in Honor of John E. Woods*, Wiesbaden: Harrassowitz Verlag, 2006.

Reuven Amitai-Preiss, *Mongols and Mamluks: The Mamluk-Ilkhanid War, 1260–1281*, Cambridge: Cambridge University Press, 1995.

Robert. P. Blake and Richard N. Frye (eds.), "History of the Nation of the Archers (The Mongols) by Grigor of Akanc", *Harvard Journal of Asiatic Studies*, Vol.12, No.3/4, 1949.

Robert Michell and Nevill Forbes (trans.), *The Chronicle of Novgorod 1016–1471*, New York: AMS Press, 1970.

Ruth W. Dunnell, "Naming the Tangut Capital: Xingqing/Zhongxingfu and Related Matters", *Bulletin of Sung and Yüan Studies*, No.21, 1989.

Sechin Jagchid and Van Jay Symons, *Peace, War, and Trade along the Great Wall: Nomadic-Chinese Interaction through Two Millenia*, Bloomington, Indiana: Indiana University Press, 1989.

Stefan Kamola, *Making Mongol History, Rashid al-Din and the Jamiàl-Tawarikh*, Edinburgh: Edinburgh University Press, 2019.

Stefan Kamola, "Untangling the Chaghadaids: why we should and should not trust Rashīd al-Dīn", *Central Asiatic Journal*, Vol.62, No.1, 2019.

Stephen G. Haw, "The Mongol conquest of Tibet", *Journal of the Royal Asiatic Society*, Series 3, Vol.24, 2014.

Sun Laichen, "Imperial Ideal Compromised: Northern and Southern Courts Across the New Frontier in the Early Yuan Era", in James A. Anderson and John K. Whitmore (eds.), *China's Encounters on the South and Southwest: Reforging the Fiery Frontier over Two Millennia*, Brill: Leiden and Boston, 2014.

Thomas Allsen, "The Yüan Dynasty and the Uighurs of Turfan in the 13th

Century", in Morris Rossabi (ed.), *China among Equals: The Middle Kingdom and Its Neighbors, 10th – 14th Centuries*, Berkeley and Los Angeles: University of California Press, 1983.

Thomas Allsen, *Mongol Imperialism: The Policies of the Grand Qan Möngke in China, Russia, and the Islamic Lands, 1251 – 1259*, Berkeley: University of California Press, 1987.

Thomas Allsen, "Mongols and North Caucasia", *Archivum Eurasiae medii aevi*, Vol.7, 1987 – 1991.

Thomas Allsen, *Culture and Conquest in Mongol Eurasia*, Cambridge: Cambridge University Press, 2001.

Thomas J. Barfield, Review of *Peace, War, and Trade along the Great Wall: Nomadic-Chinese Interaction through Two Millenia* by Sechin Jagchid and Van Jay Symons, *Journal of Field Archaeology*, Vol.18, No.2, 1991.

Thomas Barfield, Review of *The Headless State: Aristocratic Orders, Kinship Society, and the Misrepresentation of Nomadic Inner Asia* by David Sneath, *Comparative Studies in Society and History*, Vol.51, No.4, 2009.

T. V. Wylie, "The First Mongol Conquest of Tibet Reinterpreted", *Harvard Journal of Asiatic Studies*, Vol.37, No.1, 1977.

Е. И. Кычанов. *Монголо-тангутские войны и гибель государства Си Ся*, Татаро-монголы в Азии и Европе, М., Наука, 1977 г.

日文研究论著
（以作者日语音读为序）

安部健夫：《西ウィグル国史の研究》，中村印刷出版部，1955。

冈田英弘：《蒙古史料に見える初期の蒙蔵関係》，《東方學》第 23 卷，1962。

爱宕松男：《鎌倉時代の對外交涉——日元關係》，《愛宕松男東洋史學論集·第四卷·元朝史》，三一書房，1988。

堤一昭：《クビライ政権の成立とスベエテイ家》，《東洋史研究》48 - 1，1989。

小林高四郎：《元朝秘史の研究》,日本学術振興会,1954。

櫻井智美：《元代江南士人にとっての「中國」——「混一南北」の意味から考える》,《東洋史研究》第 78 卷第 1 号,2019。

志茂碩敏：《Ghazan Khan 政権の中核群について——Il Khan 国史上におけるGhazan Khan 政権成立の意義》,《アジア・アフリカ言語文化研究》(18),1979。

海老沢哲雄：《モンゴルの対金国外交》,《駒沢史学》(52),1998。

乙坂智子：《元代『内附』序論——元朝の対外政策をめぐる課題と方法》,《史境》第 34 號,1997。

乙坂智子：《元朝の対外政策——高麗・チベット君長への処遇に見る『内附』体制》,《史境》第 38・39 號,1999。

萩原淳平：《木華黎王國の成立過程について》,内田吟風博士頌壽紀念會(編)：《内田吟風博士頌壽紀念東洋史論集》,京都：同朋社,1978。

荒川正晴：《遊牧國家とオアシス國家の共生關係——西突厥と麹氏高昌國のケースから》,《東洋史研究》第 67 卷第 2 號,2008。

宮崎市定：《洪武から永樂へ：初期明朝政権の性格》,《東洋史研究》第 27 卷第 4 號,1969。

森平雅彦：《モンゴル覇権下の高麗：帝国秩序と王国の対応》,名古屋大学出版会,2013。

复旦大学中古中国研究中心丛刊

专刊　第一辑

博望鸣沙——中古写本研究与现代中国学术史之会通	余　欣　著
晏殊《类要》研究	唐　雯　著
魏晋之际的政治权力与家族网络	仇鹿鸣　著
中古时代的历史书写与皇帝权力起源	徐　冲　著
画境中州——金元之际华北行政建置考	温海清　著

专刊　第二辑

北宋经筵与宋学的兴起	姜　鹏　著
事邦国之神祇：唐至北宋吉礼变迁研究	朱　溢　著
中国古代地方监察体系运作机制研究	余　蔚　著
西汉侯国地理	马孟龙　著
神文时代：谶纬、术数与中古政治研究	孙英刚　著

集刊

中古时代的礼仪、宗教与制度	余　欣　主编
存思集：中古中国共同研究班论文萃编	余　欣　主编
瞻奥集：中古中国共同研究班十周年纪念论丛	余　欣　主编

专刊　第三辑

蒙古帝国视野下的元史与东西文化交流	邱轶皓　著
唐宋之间的国家与祠祀 ——以国家和南方祀神之风互动为焦点	杨俊峰　著
中古官修史体制的运行和演进	聂溦萌　著
佛足迹寻踪 ——佛教美术样式的跨文化传播	祁姿妤　著

图书在版编目(CIP)数据

混一戎华：元朝统一中国的历史进程／温海清著．
上海：上海古籍出版社，2025.3
（复旦大学中古中国研究中心丛刊）
ISBN 978－7－5732－1524－6

Ⅰ．K247.07

中国国家版本馆 CIP 数据核字第 2025CH4555 号

复旦大学中古中国研究中心丛刊
混一戎华：元朝统一中国的历史进程
温海清　著

上海古籍出版社出版发行

（上海市闵行区号景路159弄1－5号A座5F　邮政编码201101）

（1）网址：www.guji.com.cn
（2）E-mail：guji1@guji.com.cn
（3）易文网址：www.ewen.co

常熟文化印刷有限公司印刷

开本 635×965　1/16　印张 19.5　插页 3　字数 281,000
2025 年 3 月第 1 版　2025 年 3 月第 1 次印刷
ISBN 978－7－5732－1524－6
K·3814　定价：98.00 元

如有质量问题，请与承印公司联系